사회적 가치 시대를 연다

한국사회복지협의회

발간사

한국 사회는 지난 60년간 눈부신 경제발전을 통해 '한강의 기적'을 이루어냈고, 그 결과 우리 국민의 삶의 질은 크게 신장하였습니다. 하지만 경제적 가치 중심의 한계와 피로감은 현재 우리 사회에 다양한 부작용으로 표출되고 있습니다.

18세기 영국의 산업혁명에서 본격화된 경제적 가치 시대는 공동체 위기와 양극화 문제, 인간 소외 등 다양한 사회문제를 야기했고, 2008년 세계금융 위기와 특히 코로나19로 인한 경제적 충격은 이를 더욱 부각시키고 있습니다. 이에 어떻게 안정적이고 지속적인 방법으로 대응해 나갈 것인가를 고민하다 보면 늘 사회적 가치와 맞닿게 됩니다.

세계금융 위기와 포스트 코로나19 시대에 적합한 패러다임은 경제적 가치 시대를 넘어 사회적 가치가 존중되는 새로운 형태가 될 것입니다. 경제적 가치의 대체재가 아닌 보완재 개념으로 사회적 가치 창출에 지혜를 모아야 할 때입니다.

지금 우리 사회는 시대적 전환과 가치 패러다임의 변곡점에 놓여 있습니다. 바로 이것이 『사회적 가치 시대를 연다』를 발간하게 된 배경입니다. 이 책은 불균형 시대를 넘어 균형 시대로 넘어가는 시대적 과제와 사명에 대한 고민에서 출발했습니다. 그 과정에서 사회혁신과 임팩트금융, 시민정신과 공동체, 컬렉티브 임팩트Collective Impact와 사회가치 전달체계 같은 핵심어를 도출하였습니다. 총 4부로 구성된 이 책은 사회적 가치에 관심을 가지고 있는 모두에게 기본적인 개념뿐 아니라 유익한 정보를 제공해 줄 것입니다.

제1부 '시대적 전환과 사회적 가치'는 사회적 가치 시대의 도래에 관한 서문으로, 경제적 가치 시대의 진화와 사회적 가치 시대로의 이행 과정

에 대한 사회적 배경에 대해 논하고, 사회적 가치의 철학과 비전에 대한 개념을 정립하여 모호하고 추상적인 사회적 가치에 대해 쉽게 이해할 수 있도록 하였습니다. 제2부 '사회혁신과 임팩트금융'은 사회혁신을 효과적으로 이루는 방안을 모색하고, 지속가능한 사회적 가치를 창출하는 새로운 기제로 임팩트금융을 제시하였습니다. 제3부 '시민정신과 공동체'에서는 시민권에 대한 역사적 고찰과 함께, 우리 사회의 공동체 의식과 시민정신의 모습을 사례를 통해 알아보았습니다. 마지막으로, 제4부 '컬렉티브 임팩트와 사회가치 전달체계'는 컬렉티브 임팩트가 구현된 다양한 사례를 살펴보고, 지속가능한 복지생태계를 구축하는 '사회가치 전달체계'의 모델을 제시하였습니다.

이 책을 출판하기까지 각계 전문가의 많은 도움이 있었습니다. 바쁜 가운데서도 옥고를 써주신 김경동 교수, 이종수 대표, 신현상 교수, 김정태 대표, 이동형 교수, 조상미 교수 그리고 한국사회복지협의회 장영신 정책연구실 실장, 김가원 연구원에게 감사드립니다. 마지막으로, 원고 전체의 틀을 바로 잡고 문장을 다듬어 주신 허정회 지역복지개발원 원장과 실무를 맡은 안선아 차장, 모수진 주임의 노고를 치하합니다.

'사회적 가치 시대'는 새로운 한국 사회를 열 시대적 과제이자 사명입니다. 갈등과 대립, 불균형의 시대를 넘어 사회적 가치가 새로운 이정표가 되어 행복을 향해 힘차게 도약하는 대한민국을 기대해 봅니다.

2020년 11월
한국사회복지협의회 회장 서 상 목

목차

1부
시대적 전환과 사회적 가치

◆

1장. 경제적 가치 시대를 넘어서

경제적 가치 시대의 진화

"지난 5백 년간 인류는 숨 가쁠 정도의 급격한 변화를 경험하였다. 지구는 하나의 생태계적 그리고 역사적 공동체로 통합되었다. 경제는 기하급수적으로 성장하였고, 오늘날 인류는 동화에서나 있을 정도의 물질적 풍요를 즐기게 되었다. 과학과 산업혁명은 인류에게 초인간적 수준의 힘과 사실상 무한정의 에너지를 선물로 주었다. 정치, 일상생활, 인간심리는 물론 사회질서 역시 완전히 바뀌어 버렸다." ― Yuval Harari(2015), 『Sapiens』, Harvill Secker

19세기와 20세기는 경제적 가치 창출 과정에서 대혁신이 일어난 시기라고 할 수 있다. 7만 년 전 인지 혁명으로 시작된 인류 역사는 1만 2천 년 전 한 곳에 정착하여 농사를 짓고 가축을 기르는 농업혁명을 통해 도시와 국가를 형성하게 되었다. 그러나 농지를 지키고 빼앗기 위한 전쟁이 빈번히 발생함으로써 인구의 20~30%가 전쟁에서 사망하였고[1] 전쟁에서 진 부족은 노예로 전락하였다. 그 결과 농업사회는 왕과 귀족으로 구성된 지배

---

1 Yuval Harari(2011), 『Sapiens: A Brief History of Humankind』

계급, 농민 그리고 노예로 이어지는 계급사회를 형성하였다. 농민의 노동으로 만들어진 잉여농산물은 농지를 소유한 지배계급의 몫이 됨으로써 농민의 생활수준은 별로 개선되지 못하였다.(표1)

농업혁명으로 생활이 안정되었지만 인구가 빨리 증가하여 1인당 소득이나 소비는 오랜 농업혁명 기간 내내 크게 증가하지 못했다. 미국 인구 조사국Bureau of Census이 추계한 세계 인구 추이를 살펴보면 세계 인구는 농업혁명 이후 증가하기 시작해 산업혁명 이후 증가 속도가 가속화된 것을 알 수 있다. 예를 들어, 100년 단위 인구 증가율은 1500~1600년 중 7.2%, 1600~1700년 중 17.3%에서 산업혁명의 물결이 세계 전역으로 확산된 1900~1950년까지 50년 동안에는 145.2%나 급증하였다.

18세기 말 영국에서 시작된 산업혁명으로 인해 1인당 소득 및 소비의 증가가 가능해진 이른바 '경제적 가치 시대'가 본격적으로 열렸다. 산업혁명이 급속히 진행되면서 실질소득의 증가 속도는 빨라졌다. 예컨대, 산업혁명 이전 영국의 1인당 소득은 연 1000천 파운드 수준에 그쳤으나, 지난 2백 년 동안에는 산업혁명에 힘입어 1인당 소득이 29배나 증가하여 연 3만 파운드에 이르게 되었다.2 (그림1) (그림2) (그림3)

산업혁명 이후 경제성장률이 인구 증가율을 상회할 수 있었던 원인은 기술혁신과 경영혁신에 따른 생산성 향상에 있다고 할 수 있다. 산업혁명은 기술혁신과 이의 사업화로 요약할 수 있기 때문에, 기술혁신의 기본이 된 과학의 발달과정을 살펴보아야 한다. 기술혁신이 가능해진 것은 아이작 뉴턴Isaac Newton으로 대표되는 현대과학의 출현이다. 과거와 다른 점은 첫째, 무지Ignorance를 인정하는 의지 둘째, 관찰과 수학을 활용한 새로운 지식의 축적 그리고 셋째, 새로운 기술 및 비즈니스 창출을 위해 과학적 연구를 활용했다는 사실이다. 1687년 뉴턴의 '자연철학의 수학적 원리'는 아

---

2 Max Roser(2020), "Economic Growth", in 『Our World in Data』, Oxford Martin School

〔표1〕 세계 인구 추이

단위: 백만 명

연도	최저	최고
5000 BC	5	20
1000 BC	50	-
1 AD	170	400
1000 AD	254	345
1500 AD	425	540
1600 AD	545	579
1700 AD	600	679
1800 AD	813	1,125
1900 AD	1,550	1,762
1950 AD	2,400	2,558

자료: US Bureau of Census(2010), 『Historical Estimation of World Population』

〔그림1〕 지난 2000년간 세계 GDP 추이

단위: 일조 달러

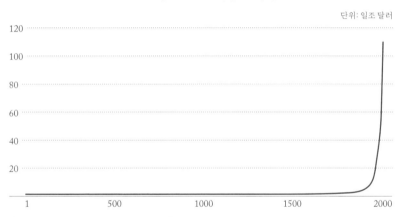

자료: Max Roger(2020), "Economic Growth", in 『Our World in Data』, Oxford Martin School

인슈타인Einstein의 '상대성 원리'가 나올 때까지 물리학의 기본을 이루었다.

이로부터 약 1세기 후 엔지니어 출신 제임스 와트James Watt와 기업가 출신 매튜 볼튼Matthew Boulton은 과학 원리를 실생활에 적용하여 새로운 기

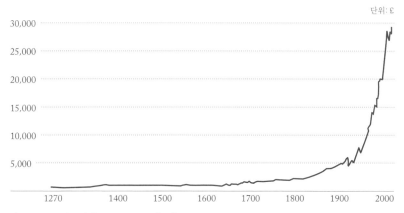

〔그림 2〕 영국의 1인당 GDP 추이

단위: £

자료: Max Roger(2020), "Economic Growth", in 『Our World in Data』, Oxford Martin School

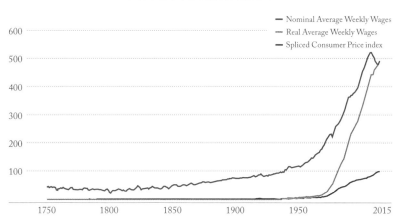

〔그림 3〕 영국의 명목 및 실질 임금 추이

— Nominal Average Weekly Wages
— Real Average Weekly Wages
— Spliced Consumer Price index

자료: Max Roger(2020), "Economic Growth", in 『Our World in Data』, Oxford Martin School

술을 창안하고 이를 이용해 사업을 일으킨 1차 산업혁명을 대표하는 인물이라고 할 수 있다. 이와 같이 수학에 근거한 현대과학의 출현, 과학에 기반을 둔 기술개발, 그리고 개발된 기술을 활용한 사업화는 영국에서 산업혁명을 촉발시키고 그 결과 인류 역사를 새로 쓰는 원동력이 되었다.

애덤 스미스Adam Smith의 '국부론'으로 상징되는 자유시장경제 이론과 이를 뒷받침하는 자유주의 사상 역시 산업혁명을 가속화한 또 하나의 원동력이라고 할 수 있다. 이런 관점에서 1776년은 인류역사에서 큰 전환점이 된 해였다고 할 수 있다. 와트와 볼턴이 개량된 증기기관을 생산하는 합작회사를 설립하였고, 애덤 스미스가 국부론을 출간하였으며, 미국이 독립한 해 역시 1776년이었기 때문이다.

자유무역과 이로 인한 세계화 역시 영국에서 시작된 산업혁명의 불씨를 전 세계로 확산시키는 계기가 되었다. 산업혁명의 주역인 영국은 신흥시장에 엄청난 규모의 자본을 투자했고, 유럽과 미국이 그 뒤를 이었다. 당시에는 국가 간 자본은 물론 사람의 이동도 매우 자유로웠다. 예를 들어, 1914년까지는 여권 없이 해외여행을 했고, 허가받지 않고도 미국으로 이민이 가능했다. 이 과정에서 기차, 증기선 등의 운송수단은 물론 전보, 전화 등 통신수단의 혁명이 세계화를 촉진하였다. 또한 영국, 유럽 대륙, 미국 간 금융자산의 이동도 자유로워 세계화는 더욱 가속화되었다.

이와 같이 진행된 1차 세계화는 두 차례의 세계대전, 러시아 혁명 그리고 경제대공황으로 제동이 걸렸다. 그러나 1945년 2차 세계대전이 연합국의 승리로 마무리되고, 많은 개발도상국이 독립함으로써 2차 세계화가 시작되었다. 소련의 붕괴로 세계경제가 자유자본주의 체제로 일원화되고, 정보화 기술혁명이 급진전되면서 1990년 이후 3차 세계화가 금융부문을 중심으로 급속도로 진행되었다.

산업혁명의 중심이 영국에서 시장규모가 훨씬 큰 미국으로 이동하면서 생산방식과 기업경영의 효율성을 중시하는 경영학이 새로운 학문분야로 발전하게 되었다. 1911년 프레드릭 테일러Frederick Taylor의 '과학적 경영 원칙'은 합리적 경영방식을 통해 생산성을 크게 높일 수 있다는 새로운 인식을 경영자들에게 심어주었다. 1903년 헨리 포드Henry Ford의 '조립 라인Assembly Line' 생산방식은 경영혁신으로 작업효율을 거의 4배나 증가

시킬 수 있음을 입증하였다. 그 결과 1차 산업혁명으로 시작된 경제적 가치 시대는 2, 3차 산업혁명 과정을 거치면서 다양한 경영혁신 노력에 힘입어 눈부신 발전을 거듭했다. 경제성장률은 물론 1인당 국민소득이 큰 폭으로 증가함으로써 경제적 가치 시대는 최고의 전성기를 누리게 되었다.

과학이 기술혁신으로 발전하려면 투자가 필요하고, 이 과정에서 주역은 기업가이다. 조지프 슘페터Joseph Schumpeter의 '창조적 파괴' 개념은 기업가가 주역인 시장자본주의의 특징을 가장 잘 표현해주고 있다. 낡은 것을 파괴하고 새로운 것은 계속 창조하면서 끊임없이 경제 구조를 혁신해가는 산업개편 과정이 기술혁신을 산업혁명으로 연결시킨 고리라고 할 수 있다. 이런 시각에서 외부 환경 변화에 민감하게 대응하면서 항상 기회를 추구하고, 그 기회를 잡기 위해 혁신적인 사고와 행동을 하며, 그로 인해 시장에 새로운 가치를 창조하고자 하는 생각과 의지가 바로 '기업가정신Entrepreneurship'인 것이다.

이와 같이 경제적 가치 시대는 자본주의라는 틀 속에서 발전·진화되었다고 할 수 있다. 재화의 사적 소유를 인정하고, 재화의 배분이 시장경제를 통해 이루어지는 자본주의는 위기에 봉착할 때마다 새로운 형태로 진화함으로써 사회주의와의 경쟁에서 승리함은 물론, 경제적 가치 시대 발전과정에서 모태母胎 역할을 성공적으로 해왔다. 애덤 스미스의 고전적 자유주의 사고에 기반 한 '자본주의 1.0'이 경제 대공황으로 위기에 처하자 정부의 개입을 정당화하는 케인스Keynes 경제학을 받아들이고, 베버리지Beveridge 보고서에 기초한 '복지국가' 모델을 구현함으로써 '자본주의 2.0' 시대가 열렸다.[3] 1970년대 두 차례 석유파동으로 인해 스태그플레이션Stagflation이 발생하고, 인구 고령화로 복지국가 재정이 어려워지자 복지지출의 효율화를 강조하는 신자유주의 이론을 받아들여 '자본주의 3.0' 시대가 열리게 되었다.

그러나 신자유주의적 경제정책이 2008년 세계 금융위기와 최근의 코로나19 팬데믹 위기를 겪으면서 자본주의는 새로운 패러다임을 모색하는 전환기로 진입하게 되었다. 포스트 세계 금융위기 그리고 포스트 팬데믹 시대에 적합한 패러다임은 경제적 가치 시대를 넘어 사회적 가치가 존중되는 새로운 형태가 될 것이다. 이와 관련하여, 필자는 경제와 복지의 융합을 의미하는 '웰페어노믹스Welfarenomics'4를 '자본주의 4.0' 시대의 새로운 경제·복지 패러다임으로 제시한 바 있다.

사회적 가치 시대의 필연성: 매슬로의 동기 이론

> "인간의 기본적 욕구는 생리적 욕구, 안전 욕구, 소속감 및 애정 욕구, 자존 욕구, 그리고 자아실현 욕구 등이다. 우리 인간은 이러한 기본적 욕구는 물론 좀 더 지적인 욕구가 충족될 수 있는 환경을 만들고 유지하려는 욕망에 의해 동기 부여되고 있다. 그리고 이러한 기본적 욕구는 서로 연결되어 있다. 가장 절실한 욕구가 우리의 의식을 독점하게 되고 이에 따라 우리 신체의 다양한 능력이 총동원된다. 이 과정에서 상대적으로 덜 절실한 욕구는 잊히거나 부정되기도 한다. 그러나 첫 번째 욕구가 어느 정도 충족되면, 다음으로 절실한 욕구가 우리의 의식을 지배하게 된다." —A. H. Maslow(1943), "A Theory of Human Motivation", Psychological Review

심리학자인 매슬로Maslow의 '동기 이론Motivation Theory'5은 인간의 욕구를 단계별로 생리적 욕구, 안전 욕구, 소속감 및 애정 욕구, 자존 욕구, 그리고 자아실현 욕구의 다섯 가지로 구분한다. 이는 인간이 경제발전으로 물질적 욕구가 어느 정도 충족되면, 자기만족을 위해 좀 더 높은 차원의 욕구

---

3   Anatole Kaletsky(2010), 『Capitalism 4.0』, Bloomsbury
4   서상목(2013), 『웰페어노믹스: 지속가능한 자본주의와 복지국가의 길』, 북코리아
5   Abraham Maslow(1943), "A Theory of Human Motivation", Psychological Review

를 필요하게 된다는 것을 의미한다. 경제발전은 1단계 생리적 욕구와 2단계 안전 욕구 충족 과정에서는 필수적이나, 그 이상 단계에서는 결정적 요인이 되지 못한다. 결국 물질적 욕구 충족을 의미하는 '경제적 가치 시대'를 넘어 자존, 자아실현 등 다양한 욕구 충족이 필요한 '사회적 가치 시대'로 이동하는 것은 인류 역사의 자연스러운 진화과정이라는 것이다.

한국인의 가치관, 무엇이 문제인가?

> "경제적 번영에도 불구하고 한국인이 행복하지 않다고 느끼는 첫 번째 이유는 인생의 가치를 경제적 요인에 두는 경향이 높기 때문이다. 삶의 가치를 경제적 번영에 두기 때문에 한국의 경제 발전은 전 세계인의 부러움을 사고 있음에도 불구하고 한국인이 느끼는 행복감은 오히려 낮아지는 모순이 발생하고 있다."
> ― 서상목(2013), 『웰페어노믹스』, 전게서前揭書

UN은 매년 『행복보고서Happiness Report』를 발표한다. 한국의 국가 행복 순위는 2019년 현재 세계 153개국 중 61위로 중위권이며, OECD 34개국 중에서는 32위로 최하위권이다. 더 큰 문제는 한국의 행복도 순위가 2013년 41위, 2015년 47위, 2017년 56위, 2018년 57위 그리고 2019년에는 61위로 계속 나빠지고 있다는 사실이다. 부문별로는 건강수명이 4위로 최상위권이고 1인당 국민소득 역시 28위로 상위권에 있으나, '사회적 지지' 95위, '삶을 선택할 수 있는 자유' 139위로 삶에 대한 주관적 지표가 최하위권이다. 한국인의 행복지수가 악화되고 있는 것은 건강상태, 소득수준 등 객관적 지표보다는 사회적 지지, 삶에 대한 선택권 등 주관적 지표에 기인하고 있음을 알 수 있다. 이는 경제발전에도 불구하고 한국인의 핵심 욕구가 아직도 매슬로의 1, 2단계에 머물러 있음을 의미한다. 따라서 한국인의 행복도를 높이기 위해서는 경제정책보다는 국민 의식 등 심리적 그리고 사회적 영역에서 그 답을 찾아야 할 것이다.

한국인의 낮은 행복감은 세계에서 가장 높은 자살률과 가장 낮은 출산율로도 확인되고 있다. 2018년 우리나라 인구 10만 명 당 자살자 수는 26.6명이었다. 세계 최고 수준으로 OECD 평균 11.5명의 두 배 이상이다. 특히 자살률의 연령 분포는 매우 충격적이다. 2018년 연령대별 10만 명 당 자살자는 20대 17.6명, 30대 27.5명, 40대 31.5명, 50대 33.4명, 60대 32.9명, 70대 48.9명으로 나이가 많을수록 점진적으로 증가하다가 80대 69.8명으로 급속히 높아지고 있다. 다른 연령층과는 달리 노인 자살은 경제적 빈곤이 가장 중요한 원인으로 지적되고 있어, 노인을 위한 기본소득 보장 대책 마련이 시급한 과제가 되고 있다.

반면, 2019년 우리나라 합계출산율은 0.92명으로 OECD 국가 중 가장 낮다. 지난 15년간 세 차례의 저출산기본계획을 강도 높게 추진하였음에도 불구하고 세계 최저 출산율을 유지하고 있다는 사실은 우리 사회 저출산 문제의 심각성을 단적으로 보여주고 있다. 우리는 1960년대 초부터 강력한 가족계획 정책을 추진하여 나름대로 큰 성과를 거두었으나, 이것이 오히려 '승자의 저주'[6]가 되어 저출산의 늪에서 빠져나오기 어렵게 하고 있다. 이제까지는 보육 등 일-가정 양립을 위한 분야에 정부 저출산 대책의 역점이 주어졌으나, 이제부터는 혼외출산을 금기시하는 등의 가치관 재정립 문제에 정책의 우선순위가 두어져야 할 것이다. 출산 억제의 기본 논리는 '아이를 적게 낳아 잘 살아보자'라는 경제적 가치를 최우선시하는 정책 기조에 근거를 두고 있다. 이제 새로운 사회적 가치 시대를 맞아 학교교육은 물론 시민 대상 사회교육에 가족의 중요성과 인본주의적 가치관을 강조하는 내용을 담아 이를 적극적으로 추진해야 저출산 문제를 원만히 해결할 수 있을 것이다. 〔그림 4〕〔그림 5〕

또한 세계 가치관 조사World Value Survey에 의하면 한국인의 가치관은

---

6 경매에서 지나치게 높은 가격으로 낙찰 받은 승자가 과도한 지출로 인해 후유증을 겪게 되는 것을 의미한다.

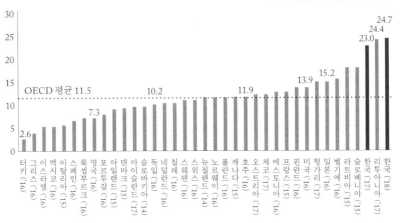

〔그림 4〕 OECD 국가 자살률 비교: 한국 1위

단위: OECD 표준인구 10만 명당 명

OECD 평균 11.5

2.6　7.3　10.2　11.9　13.9　15.2　23.0　24.4　24.7

터키('16) 그리스('16) 이스라엘('16) 멕시코('16) 이탈리아('15) 스페인('16) 룩셈부르크('16) 영국('16) 포르투갈('15) 아일랜드('16) 덴마크('15) 아이슬란드('17) 슬로바키아('14) 독일('16) 네덜란드('16) 칠레('16) 스웨덴('16) 뉴질랜드('14) 노르웨이('16) 폴란드('15) 캐나다('16) 호주('16) 오스트리아('17) 체코('17) 에스토니아('16) 프랑스('15) 핀란드('16) 미국('17) 헝가리('17) 일본('16) 벨기에('16) 라트비아('15) 슬로베니아('15) 한국('17) 리투아니아('17) 한국('18)

자료: OECD, 2015~2019 국가 자살률 통계

〔그림 5〕 출산율 국제비교: 한국 최하위

단위: 명

상위 10개 국가

이스라엘　3.11
멕시코　2.15
터키　2.07
아일랜드　1.88
프랑스　1.86
뉴질랜드　1.81
스웨덴　1.78
칠레　1.77
미국　1.77
덴마크　1.75

OECD 평균 1.65

하위 10개 국가

핀란드　1.49
헝가리　1.49
폴란드　1.45
일본　1.43
룩셈부르크　1.39
포르투갈　1.37
그리스　1.35
이탈리아　1.32
스페인　1.31
한국　1.05

자료: 통계청, 2017년 기준

프랑스, 영국, 스웨덴 등 유럽 선진국에 비해 지나치게 물질주의적인 것으로 나타나고 있다. 이러한 통계자료를 종합해보면, 한국인은 비교적 빠른 기간에 경제발전에 성공함으로써 유럽 선진국과 같은 수준의 인본주의적 가치관을 확립하는 단계에는 아직 이르지 못하고 있다는 결론에 도달하게 된다. 그 결과 경제적 성과에도 불구하고 한국인의 행복감은 여전히 낮은 수준에 머물러 있는 것이다. 한국인 가치관의 또 하나 특징은 사회적 신뢰도가 매우 낮다는 사실이다. 이는 한국 사회가 '경제적 가치 시대'를 넘어 '사회적 가치 시대'로 도약해야 하는 또 하나의 이유가 되고 있다. 〔표2〕〔표3〕〔표4〕〔표5〕

사람은 의미 있는 일을 하고 있다고 생각할 때 행복하다고 한다. 또 사람은 남을 도우면서 삶의 의미를 느낀다고 한다.[7] 이는 지역사회에서의 나눔 활동이 구성원의 행복 수준을 높이는 수단이 될 수 있음을 의미한다. 이러한 논리는 '사랑 호르몬'이라고 하는 옥시토신을 활용한 실험을 통해 분명히 입증되고 있다. 봉사 등 나눔 활동에 참여한 사람은 혈액검사 결과 옥시토신 수치가 상대적으로 많이 증가한다는 것이 실증적 실험의 공통된 결과이기 때문이다.

빈부격차, 무엇이 문제인가?

"2008년 『Growing Unequal』 OECD 보고서는 대다수 선진국에서 빈부격차가 심화되고 있음을 지적했다. 그 후 3년이 지난 지금 빈부 격차는 이들 국가의 정책 당국이나 국민에게 보편적 사실로 인지되고 있다." — OECD(2011), 『Divided We Stand: Why Inequality Keeps Rising』

---

7   Victor Frankl(2006), 『Man's Search for Meaning』, Beacon Press

〔표 2〕 당신에게 중요한 것은 무엇인가?

구분	평균	프랑스	영국	미국	스웨덴	한국
경제안정	54.4%	25.7%	29.8%	53.2%	38.8%	75.0%
인간적 사회	16.4%	36.2%	16.7%	15.4%	27.2%	16.8%
돈보다 아이디어	8.3%	14.7%	10.4%	13.3%	10.1%	4.6%
범죄 추방	21.0%	23.3%	43.1%	18.1%	24.0%	3.5%

자료: World Value Servey(2005~2008), 허경회·인경석(2011), "새로운 복지 패러다임을 찾아서",
서상목·양옥경 편, 『21세기 한국 사회의 새로운 복지 패러다임』, 학지사

〔표 3〕 당신은 물질주의자인가?

구분	평균	프랑스	영국	미국	스웨덴	한국
물질주의자	32.2%	25.4%	9.9%	21.5%	5.5%	54.0%
혼합	56.4%	57.0%	66.3%	60.7%	69.7%	43.9%
탈물질주의자	11.3%	17.6%	23.8%	17.8%	24.8%	2.0%

자료: World Value Servey(2005~2008), 허경회·인경석(2011), 전게서

〔표 4〕 처음 만나는 사람을 신뢰하는가?

구분	평균	프랑스	영국	미국	스웨덴	한국
완전 신뢰	2.3%	6.4%	2.4%	0.3%	6.1%	1.1%
조금 신뢰	23.4%	38.7%	46.9%	40.2%	63.4%	13.8%
조금 불신	46.1%	34.8%	36.5%	45.5%	24.5%	58.4%
완전 불신	28.2%	20.1%	14.2%	14.0%	6.0%	26.7%

자료: World Value Servey(2005~2008), 허경회·인경석(2011), 전게서

〔표 5〕 다른 종교를 가진 사람을 신뢰하는가?

구분	평균	프랑스	영국	미국	스웨덴	한국
완전 신뢰	6.6%	29.0%	11.5%	6.1%	16.4%	3.9%
조금 신뢰	41.6%	48.7%	69.4%	73.4%	72.4%	37.8%
조금 불신	35.6%	14.7%	13.6%	16.9%	8.7%	48.1%
완전 불신	16.2%	7.6%	5.5%	4.5%	2.6%	10.2%

자료: World Value Servey(2005~2008), 허경회·인경석(2011), 전게서

"어느 인간 사회나 자체의 불평등을 정당화할 수 있어야 한다. 그렇지 않으면 정치적 그리고 사회적 체계가 붕괴하는 위험에 직면하기 때문이다. 따라서 각 시대는 존재하는 불평등을 정당화하기 위한 모순적 담론이나 이념을 개발하게 된다. 이러한 담론을 기반으로 기존의 사회구조를 정당화하는 경제적, 사회적 그리고 정치적 규범이 만들어진다." —Thomas Piketty(2020), 『Capital and Ideology』, Harvard Press

기술혁신 속도의 가속화와 세계화 추세가 분배 문제를 악화시키고 있다는 사실 역시 경제적 가치 시대를 넘어 사회적 가치 시대로의 발전 필연성을 예고하는 지표가 되고 있다. 분배 문제의 심각성을 처음으로 지적한 기관은 '선진국 클럽'인 OECD 이었다. OECD가 2008[8]년과 2011[9]년 발간한 보고서에 따르면 선진국 빈부격차는 세계화가 본격화된 1980년대 이후 지속적으로 확대되고 있으며, 그 원인으로 기술혁신의 속도가 빨라지면서 노동시장에서 임금 격차가 커지고 있다는 사실을 지적하고 있다. 이에 더해 세계화 역시 개인 간 빈부 격차를 확대하는 요인이었으나 중국, 인도 등 개도국이 세계화에 참여하면서 국가 간 빈부 격차는 오히려 감소한 것으로 나타났다.

1990년대 이후 진행된 빈부 격차의 확대는 사회적 갈등을 심화시키는 원인으로 작용하고 있다. 빈부 격차의 확대 이유는 기술혁신의 속도가 빨라지면서 이에 적응하는 사람과 그렇지 못한 사람 간 임금과 소득 격차가 확대되고 있기 때문이다. 세계가 IT기술과 바이오 등 여러 분야의 기술이 융합하여 시너지 효과를 발휘하는 4차 산업혁명 시대로 진입하면서 빈부 격차는 더욱 심해지고 있다. 기술 수준이 고도화되면서 이를 습득하기 위해서는 높은 수준의 교육과 훈련이 필요하기 때문에 학력 수준에 따

---

8   OECD(2008), 『Growing Unequal』
9   OECD(2011), 『Divided We Stand』

른 사회계급화 현상Meritocracy Phenomenon마저 발생하고 있다는 것이 전문가들의 공통된 의견[10]이다. 또한 사회계급화 역시 점차 세습화되고 있다는 사실 역시 실증적 자료를 통해 입증되고 있다. (그림 6)

　　최근 프랑스 경제학자 토마 피케티Thomas Piketty[11]는 18세기 이후 유럽과 미국의 소득 및 재산 분배 추이를 분석한 결과 자본수익률이 경제성장률을 상회함으로써 부의 분배가 악화되었다고 지적하고 있다. 이로 인한 사회경제적 불안 요인을 해소하기 위해 최고세율 80% 수준의 누진적 소득세와 연 2%의 재산세를 부과할 것을 주장하고 있다. (그림 7)

　　또한 브랑코 밀라노비치Branco Milanovic[12]는 1988년 베를린 장벽 붕괴부터 2008년 세계 금융위기까지 20년간 세계화는 급속히 진전되었으나 그 혜택은 불균등하였다고 지적하고 있다. 이 과정에서 가장 큰 혜택을 본 그룹은 세계 각국의 최고 부유층으로 최상위 1%에 해당하는 사람들이다. 이들의 절반은 미국인이고, 이들은 '글로벌 금권집단Global Plutocrat'을 형성하고 있다. 반면 미국, 일본 등 전통적인 부자나라에서 하위 절반에 해당하는 계층은 이 기간 중 실질소득이 전혀 증가하지 않았다. 선진국 내에서의 이와 같은 빈부격차 확대는 2011년 스페인에서 시작된 '월가 점령Occupy Wall Street' 운동이 발생한 근본적인 원인으로 작용하였다. (그림 8)

　　3차 세계화가 진행되는 과정에서 국가 간 격차 역시 확대되고 있다. 세계화 과정에 참여한 중국, 인도, 베트남 등 아시아 국가들은 이제까지의 역사적 흐름과는 반대로 지구적 차원의 빈부 격차를 완화하는 데 기여하고 있으나, 아프리카 최빈국 등 세계화 과정에서 소외된 개발도상국들은 소득이 거의 증가하지 않아 지구촌에서 최빈곤층을 형성하고 있다.

10　Daniel Markovits(2019), 『The Meritocracy Trap』, Penguin

11　Thomas Piketty(2014), 『Capital in the 21st Century』, Harvard

12　Branco Milanovic(2016), 『Global Inequality: A New Approach for the Age of Globalization』, Harvard

〔그림 6〕 **고소득층끼리 결혼하는 비율: 미국**

단위: %

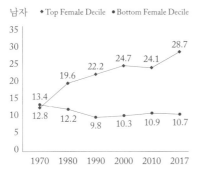
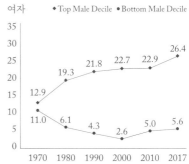

자료: Branco Milanovic(2014), 『Global Inequality』, Harvard

〔그림 7〕 **악화되는 주요국의 소득분배 추이**

▲ 미국 ●유럽 ◆일본

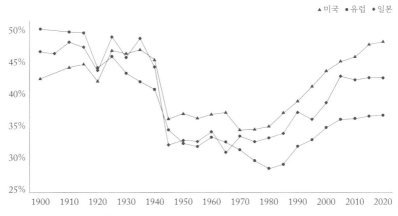

자료: Thomas Piketty(2020), 『Capital and Ideology』, Harvard

　　우리나라는 해방 직후 취해진 농지개혁 조치와 국민의 높은 교육열
에 힘입은 교육 수준의 전반적 향상으로 인해 소득분배 구조가 매우 양호
한 상태에서 경제개발이 시작되었다. 1960년대 시작된 수출산업 육성정
책으로 노동집약적 상품 수출이 급격히 증가하였고, 이는 실업률 하락과
실질임금 상승으로 이어졌다. 결과적으로 우리는 1960년대 말까지의 경

〔그림 8〕 밀라노비치의 전 세계적 소득분배, 코끼리 곡선

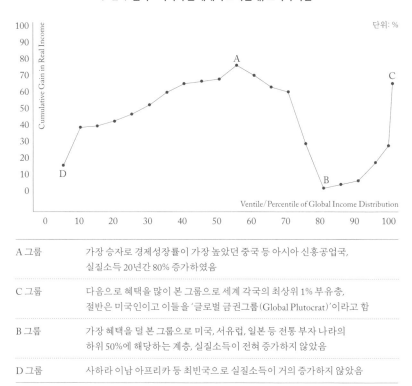

A 그룹	가장 승자로 경제성장률이 가장 높았던 중국 등 아시아 신흥공업국, 실질소득 20년간 80% 증가하였음
C 그룹	다음으로 혜택을 많이 본 그룹으로 세계 각국의 최상위 1% 부유층, 절반은 미국인이고 이들을 '글로벌 금권그룹(Global Plutocrat)'이라고 함
B 그룹	가장 혜택을 덜 본 그룹으로 미국, 서유럽, 일본 등 전통 부자 나라의 하위 50%에 해당하는 계층, 실질소득이 전혀 증가하지 않았음
D 그룹	사하라 이남 아프리카 등 최빈국으로 실질소득이 거의 증가하지 않았음

자료: Branko Milanovic(2016), 『Global Inequality』, Harvard

제개발 기간 중 고도성장과 소득분배 개선이라는 두 마리 토끼를 모두 잡을 수 있었다.

　　그러나 1970년대부터 자본 및 기술집약도가 높은 중화학공업이 핵심 수출산업으로 부상하면서 임금격차가 확대되고 소득분배가 나빠지는 현상을 보이고 있다. 특히 1997년 외환위기 이후 경제성장률이 하락하고 노동시장에서 비정규직 비중이 증가하면서 그동안 양호한 상태를 유지하던 소득분배 구조가 서서히 악화되고 있다. 한국의 지니계수는 2016년 기준 0.355로 스웨덴 0.282보다 높으나 미국 0.391보다는 낮은 것으로

나타났다. 이와 같이 한국의 소득 격차 수준은 대체로 OECD 평균치인 0.320에 근접해 있으나, 3차 산업혁명 이후 미국 등 다른 선진국과 같이 격차가 계속 증가하고 있는 것으로 전문가들은 분석하고 있다. 이 과정에서 최상위 1%의 소득점유율 역시 상대적으로 크게 상승하고 있다는 것이 김낙년[13]의 분석이다. 이에 더해, 미국 등 선진국과 같이 자산 정도와 학력 수준에 따른 사회계급화Meritocracy 현상마저 나타남으로써 우리 사회의 불균형 문제는 매우 우려스러운 상황으로 진행되고 있다.〔표 6〕〔그림 9〕

2019년 세계가치관조사에 의하면 한국인 10명 중 9명은 '경제적 양극화' 문제가 심각하다고 생각한다. 특히 중요한 것은 그렇게 생각하는 응답자 비중이 2013년 86.9%에서 2016년 87.7% 그리고 2019년 90.6%로 지속적으로 증가하고 있다는 사실이다. 또한 가정 경제 수준을 스스로 '중산층'이라고 생각하는 비중은 2013년 43.9%에서 2016년 38.8% 그리고 2019년 34.6%로 감소한 반면, '중산층 이하'라고 생각하는 비중은 2013년 50.9%에서 2016년 53.1% 그리고 2019년 59.8%로 증가하였다. 이는 우리 사회의 분배 구조가 악화되고 있다는 또 하나의 증거가 되고 있다.〔그림 10〕〔그림 11〕

좌우 갈등, 무엇이 문제인가?

"우리 사회는 일제 강점기를 거치면서 우파와 좌파로 양분되었고, 오늘날 좌우 갈등은 매우 심각한 상황에 이르게 되었다. 이젠 좌파와 우파 간 갈등 관계를 생산적 경쟁 관계로 승화·발전시켜야 한다. 이를 위해서는 소통과 대화를 통해 '두 개의 시선'을 '하나의 공감'으로 모으는 노력을 경주해야 한다." ─서상목(2020),

---

13 김낙년, "한국의 소득집중도 추이와 국제비교", 『정세분석』, 한국은행 2012

좌파와 우파 또는 진보와 보수라는 구분이 생기게 된 계기는 프랑스 혁명이었다. 혁명으로 왕정이 붕괴되고 소집된 첫 국민회의에서 의장석을 중심으로 좌측에는 급격한 개혁을 주장하는 자코뱅Jacobin파가, 우측에는 입헌군주제를 추구하는 온건한 성향의 지롱드Gironde파가 앉았다. 이러한 역사적 사실에 기반 해 급격한 사회변혁을 추구하는 것은 좌파의 특징이 되었고, 상대적으로 온건하고 점진적인 개혁을 지향하는 정치세력을 우파로 부르게 되었다.

보수주의는 프랑스 혁명의 폭력성과 비연속성에 대한 반발로 영국에서 시작되었다. 진보주의가 이상적인 목표를 향해 급격한 변화를 추구하는 반면, 보수주의는 인간 능력의 한계와 전통을 존중하면서 점진적인 변화를 모색하는 특징이 있다. 유럽에서는 자유민주주의가 보편적 정치·경제체제로 자리 잡게 되면서 진보주의는 전혀 다른 양태로 발전했다. 마르크스Marx 공산주의 이론은 1917년 러시아 볼셰비키Bolsheviki 혁명을 통해 현실화되기 시작해 동유럽, 중국, 북한 등 세계 각처로 확산되었다. 공산주의 실험이 지속되는 동안 서구 진보사상은 자본주의와의 타협을 통해 복지국가 형태로 진화했다. 따라서 선진국에서 진보주의는 형평을 핵심 가치로 내세우면서 이의 실현을 위한 '큰 정부'를 주장하는 반면, 보수주의는 효율을 핵심 가치로 삼으면서 '작은 정부'를 추구한다.

조선시대 붕당정치는 당파 간 이념의 차이가 거의 없었기 때문에 이

〔표6〕 지니계수 국제비교

국가	한국	일본	미국	영국	독일	프랑스	핀란드	스웨덴
지니계수	0.355	0.339	0.391	0.351	0.294	0.291	0.259	0.282

자료: 통계청, 2016년 기준

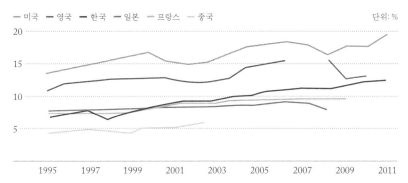

〔그림 9〕 상위 10% 소득집중도 국제비교

— 미국 — 영국 — 한국 — 일본 — 프랑스 — 중국   단위: %

20

15

10

5

1995   1997   1999   2001   2003   2005   2007   2009   2011

* 그래프에서 끊어진 구간은 데이터가 없는 시기다.
자료: 김낙년, "한국의 소득집중도 추이와 국제비교", 『정세분석』, 한국은행 2012

〔그림 10〕 경제적 양극화 인식 추이

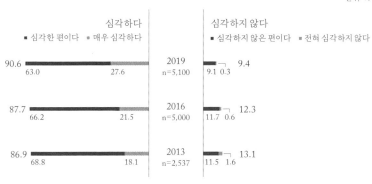

단위: %

심각하다   심각하지 않다

■ 심각한 편이다   ■ 매우 심각하다   ■ 심각하지 않은 편이다   ■ 전혀 심각하지 않다

90.6   2019   9.4
63.0   27.6   n=5,100   9.1 0.3

87.7   2016   12.3
66.2   21.5   n=5,000   11.7 0.6

86.9   2013   13.1
68.8   18.1   n=2,537   11.5 1.6

자료: 문화체육관광부·Gallup(2019), 『2019년 한국인의 의식·가치관 조사』

〔그림 11〕 가정 경제 수준

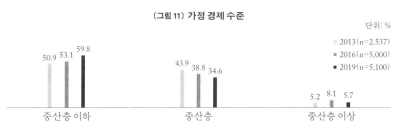

단위: %

■ 2013(n=2,537)
■ 2016(n=5,000)
■ 2019(n=5,100)

50.9   53.1   59.8   43.9   38.8   34.6   5.2   8.1   5.7

중산층 이하   중산층   중산층 이상

자료: 문화체육관광부·Gallup(2019), 『2019년 한국인의 의식·가치관 조사』, 전게서

를 보수와 진보로 나누는 것은 불가능하다. 그러나 조선 왕조가 멸망하면서 개화파의 상당수는 중국, 미국 등지로 망명하여 독립운동을 하면서 자유민주주의를 신봉하는 우파 세력을 형성했다. 반면 공산주의에 심취한 인사들의 다수는 만주 등지에서 독립군 활동을 했고, 일부는 국내에서 산업계에 침투하여 노동운동과 더불어 공산당을 창당했다. 따라서 한국 사회는 보수와 진보라기보다는 우파와 좌파로 나뉘게 되었다.

1945년 해방 이후 우리 사회는 좌우 세력 간 힘겨루기가 극렬하게 전개되었다. 그러다 북한에 공산당 정권이 들어섰고, 남한에는 우파 세력이 정국의 주도권을 잡게 되었다. 특히 한국전쟁은 공산주의에 대한 전면 부정을 한국 보수주의의 절대적 가치관으로 각인시키는 계기가 되었다. 1997년 대선에서 김대중 후보의 승리는 그간 정치적으로 소외되었던 호남과 진보 세력이 권력을 장악했다는 측면에서 큰 의미가 있었다. 그러나 햇볕정책의 추진은 우리 사회에서 우파와 좌파 간 이념 논쟁과 갈등을 불러일으키는 계기가 되었다.

특히 2017년 대선에서 촛불시위 여파로 진보 진영의 문재인 후보가 당선되고, 그 후 대북은 물론 경제 및 외교 분야 정책 추진과정에서 좌파적 정책 기조를 견지함으로써 우리 사회에서 좌파와 우파 갈등은 더욱 격화되는 상황에 이르게 되었다. 따라서 우리의 당면 과제는 최근 좌파와 우파 간 소모적 갈등 관계를 서구 선진국과 같이 진보와 보수 간 생산적 경쟁 관계로 승화·발전시키는 것이다. 이를 위해서는 좌파와 우파 진영 모두 소통과 대화를 통해 '두 개의 시선'을 '하나의 공감[14]'으로 모으는 노력을 경주해야 할 것이다.

『좌파와 우파를 넘어서[15]』는 영국의 좌파 사회학자 앤서니 기든스 Anthony Giddens가 집필한 책이다. 세계화와 정보혁명이 대세를 이루는 상황

---

14 사회통합위원회(2011), 『두 개의 시선, 하나의 공감』, 중앙북스

15 Anthony Giddens(1994), 『Beyond Left and Right』, Cambridge Press

에서 영국 좌파인 노동당은 새로운 국정운영 패러다임으로 '사회투자 국가' 개념에 근거한 '제3의 길'을 제시했다. 그리고 이를 선거공약으로 제시해 1997년 선거에서 승리한 토니 블레어Tony Blair는 '일자리 복지Welfare to Work' 정책과 사회금융시장 육성정책을 성공적으로 추진함으로써 경제 위기를 극복하고 장기집권에 성공하였다.

1997년 외환위기 과정에서 DJP연합으로 집권한 김대중 정부는 IMF가 제시한 신자유주의적 경제개혁을 추진함은 물론 김영삼 보수 정권이 마련한 '국민복지기획단' 정책 건의를 거의 그대로 받아 집행함으로써 외환위기를 단기간 내 성공적으로 극복했다. 경제 위기와 코로나19 팬데믹 위기를 동시에 극복해야 하는 난제를 안고 있는 오늘날 보수와 진보를 아우르는 국가운영 패러다임을 새롭게 정비하는 것은 시급한 당면 과제가 되고 있다.

2019년 세계 가치관 조사에서도 '보수와 진보 간의 갈등'을 한국에서 가장 치열한 갈등으로 지적하고 있다. 한국인 10명 중 9명이 우리 사회에 진보와 보수의 갈등이 크다고 인식하고 있고, 이러한 추세는 2016년 이후 급격히 증가한 것으로 나타나고 있다. 예를 들어 '진보와 보수 갈등이 크다'라고 응답한 비율은 2006년 70.2%에서 2016년 77.3% 그리고 2019년 91.8%로 급증하였다. 이는 최근 우리 사회에 만연한 '촛불 시위'와 '태극기 집회' 등에 기인한 것으로 판단된다. 2019년 조사 기준으로 사회적 갈등이 심각한 순위는 1위 '진보와 보수 간 갈등', 2위 '정규직과 비정규직 간 갈등', 3위 '대기업과 중소기업 간 갈등', 4위 '부유층과 서민층 간 갈등' 그리고 5위 '기업가와 근로자 간 갈등' 순으로 나타났다. (그림 12)

〔그림 12〕 집단 간 갈등에서 '갈등의 크기'의 응답 비율 추이

단위: %

구분	'갈등이 크다'의 응답비율			
	2006 n=2,580	2013 n=2,537	2016 n=5,000	2019 n=5,100
진보 vs. 보수	70.2	83.4	77.3	91.8
정규직 vs. 비정규직	83.3	-	90.9	85.3
대기업 vs. 중소기업	78.2	-	87.2	81.1
부유층 vs. 서민층	89.6	89.7	85.4	78.9
기업자 vs. 근로자	84.5	85.2	79.7	77.7
기성세대 vs. 젊은세대	81.0	75.7	68.7	68.0
수도권 vs. 지방	66.5	68.4	55.4	61.7
남성 vs. 여성	53.5	46.5	43.1	54.9
한국인 vs. 외국인	-	-		49.7

자료: 문화체육관광부·Gallup(2019), 『2019년 한국인의 의식·가치관 조사』, 전게서

UN의 균형 발전 노력

"인류는 지금 매우 중요한 역사적 순간에 서 있다. 우리는 국가 간 그리고 국가 내에서 점차 심화되고 있는 불평등, 빈곤, 기아, 질병, 문맹 그리고 환경 파괴 등의 문제를 안고 있다. 그러나 환경과 개발에 대한 관심과 이에 대한 통합적 접근은 기본수요 충족, 삶의 질 향상, 개선된 환경, 한층 번영된 미래로 우리를 안내할 것이다. 이러한 결과는 어느 한 나라의 힘으로는 이루어질 수 없으며, 모든 나라가 지속가능한 발전을 위해 파트너십을 이루어 협력할 때 비로소 가능해지는 것이다." —UN Conference on Environment & Development(1992), 『Agenda 21』

국제사회에서 '불균형 시대'를 '균형 시대'로 전환하려는 노력은 유엔UN에 의해 시작되었다. UN은 1992년 브라질 리우 세계환경회의에서 '지속가능한 발전Sustainable Development'을 아젠다로 제시하였다. 이 회의는 국가 운영의 목표를 경제개발과 환경보전을 동시에 추구하는 것으로 전환하

는 것을 의미함으로써 국제무대에서 '균형 시대'를 여는 촉진제 역할을 했다. 이후 1995년 덴마크 코펜하겐에서 열린 '사회개발정상회의'는 사회개발의 역할을 강조하면서 이제까지 경제개발 중심의 국가운영을 경제개발과 사회개발 간 균형을 잡는 것으로 전환함으로써 본격적인 '균형 시대'의 출발을 선언하는 계기가 되었다.

새 천 년을 맞아 UN 차원의 지속가능발전 노력은 일상이 되었다. 2000년 뉴욕에서 UN 새천년정상회의Millennium Summit를 개최해 8개 분야에서 정책목표MDGs를 정하고 이를 2015년까지 달성할 것을 약속했다. 2015년에는 이를 더욱 발전시켜 17개 분야 169개 발전목표SDGs를 설정하고 이를 2030년까지 달성할 것을 UN 차원에서 결의했다. UN은 SDGs 계획 수립과정에서 전문가의 참여와 과학적인 결과 분석을 위해 지속가능발전해법 네트워크SDSN: Sustainable Development Solution Network라는 전문가 그룹을 구성·운영하고 있다. SDSN은 매년 SDGs 성과를 측정하는 지표를 개발하여 그 결과를 보고서 형태로 발표하고 있다. 이에 더해, SDSN은 행복지수도 개발하여 각국의 상황을 분석하고 이 역시 보고서로 매년 출간하고 있다.

기업 활동의 사회적 가치 제고

"기업인의 결정과 행동은 우리 삶에 직접적인 영향을 미친다. 따라서 기업인은 자신의 결정에 따른 사회적 결과에 대해 생각해야 하며 기업주와 주주 차원을 넘어 기업의 사회적 책임을 다해야 한다." —Howard Bowen(1953), 『Social Responsibilities of the Businessmen』

"자본주의가 공격받고 있다. 기업에 대한 신뢰 하락은 정치인들에게 기업발전과 경제성장을 저해하는 정책을 수립하게 함으로써 반 기업정서와 저성장의 악순환이 반복되고 있다. 그러나 기업 활동의 목적이 공유가치를 창출하는 방향으로 재정립된다면, 혁신과 성장의 새로운 물결이 일어나 위기에 처한 자본주의를 재창출할 수 있을 것이다." — Porter & Kramer (2011), "Creating Shared Value", HBR

'균형 시대'를 열려는 UN 차원의 노력은 기업경영 분야에서는 이미 실천되고 있었다. 하워드 보웬Howard Bowen이 1953년 '기업인의 사회적 책임'에 관한 책을 출간한 이후 기업의 사회적 책임CSR은 이론적 그리고 실천적 차원에서 지속적으로 발전하여 왔다. 1984년 에드워드 프리먼Edward Freeman16은 기업이 이해당사자 모두를 아우르는 경영을 하는 것이 중장기적 차원에서 기업에 이득이 된다는 '이해당사자 이론'을 제시하였다. 이해당사자 이론을 전개한 프리먼은 "이해당사자의 이해가 충돌하는 경우에도 새로운 가치 창출의 기회가 존재하게 된다. 따라서 이해당사자 이론은 기업경영에서 윤리, 책임 그리고 지속가능성을 이윤과 같은 정도의 비중을 두는 것이다"라고 주장하고 있다.

이해당사자 이론과 비슷한 개념으로 '협력적 경쟁Co-opetition 이론'이 있다. 이는 경쟁 관계에 있는 참가자들이 상호 협력을 통해 서로의 이익을 극대화할 수 있다는 주장이다. 기업은 다른 기업과의 경쟁에서 상대적으로 우월한 성과를 올려 이윤을 창출할 수도 있으나, 다른 기업과 협력해서 새로운 기업환경을 조성함으로써 상생할 수 있다는 것이 '협력적 경쟁'의 기본 논리이다. 그러나 케이크의 크기를 결정하는 과정은 협력적일지라도 이를 나누는 과정은 경쟁적일 수밖에 없다. 따라서 '협력적 경쟁'은 가치를 창출하는 과정에서 강조되는 개념이라고 할 수 있다.

기업의 사회적 책임은 1953년 보웬Bowen이 이에 관한 책을 출간할 당시에는 매우 생소한 개념이었으나, 기업의 사회적 역할이 중요해짐에 따라 1990년 이후부터는 기업경영의 핵심 가치로 인식되고 있다. 이런 추세를 반영하여 국제표준협회는 2010년 기업의 사회공헌에 관한 국제규정인 'ISO 26000'을 발표하였다. ISO 26000은 책임성, 투명성, 윤리적 행동, 이해당사자 이해에 관한 배려, 법규범의 준수, 국제적 행동규범의 존중, 인권 존중 등 7가지 원칙을 강조하면서 인권, 노동관행, 환경, 공정한 집행 관행, 소비자 문제, 지역사회의 참여와 개발 등을 핵심과제로 채택했다.

'제3의 길'이 진보 세력이 내놓은 우파와 좌파를 아우르는 합리적 절충안이라고 한다면, 기업의 사회공헌과 2011년 포터Porter와 크레이머Kramer17가 제시한 '공유가치창출CSV' 이론은 보수 세력이 내놓은 우파와 좌파 간 타협안이라고 할 수 있다. 기존의 CSR 활동이 기업 이윤의 일부를 사회적 목적으로 사용하는 제로섬Zero-sum 성격이 강하고 사회기여도 역시 낮은 반면, 기업의 경제적 가치와 사회적 가치가 만나는 영역에서 기업 활동을 적극적으로 전개해야 한다는 CSV 개념은 플러스섬Plus-sum성 격이 강하고 기업 전체 차원에서 추진할 수 있기 때문에 사업 규모 역시 제한 받을 필요가 없다는 장점이 있다.

불균형을 넘어 균형의 시대로

"20세기는 경제적 가치 창출 과정에서 대혁신이 일어난 시기다. 반면 21세기는 경제적 가치 시대를 넘어 사회적 가치의 중요성이 새롭게 부상하는 시대가 될 것이다. 사회적 가치가 지속적으로 창출되기 위해서는 시장원리를 과감히 도입해야 한다. 사회금융 시장 육성을 통해 기업가정신으로 무장된 사회적 기업이 활

---

16 Edward Freeman(1984), 『Strategic Management: A Stakeholder Approach』, Pitman

17 Michael Porter & Mark Kramer(2011), "Creating Shared Value: A Wave of Innovation and Growth", HBR

성화되고, 배분된 자원의 사회적 가치가 극대화되는 생태계를 만들어가야 한다." ― 서상목(2020), 『균형의 시대』, 전게서

19세기와 20세기는 경제적 가치창출 과정에서 대혁신을 이루어 큰 성과를 거둔 시기였으나 빈부격차, 물질주의적 가치관으로 인한 인간성 상실 등의 심각한 불균형 문제를 야기하기도 했다. 이러한 인식을 바탕으로 1990년대 이후 국제사회에서 새바람이 불고 있다. 국가운영 목표 설정에 있어 경제발전에 더해 사회발전과 환경보전을 추가하고, 기업경영에서도 경제적 가치와 함께 사회적 가치를 동시에 창출하는 것을 시도하며, 개인의 삶에서도 건전한 시민정신과 이타적 가치관에 기반 한 나눔 활동의 소중함이 강조되는 새로운 사회 분위기가 조성되고 있다. 이는 경제발전으로 기본적 욕구가 충족되면 한 단계 높은 차원의 욕구를 추구하는 것이 인간의 심리적 본능이라는 매슬로의 가설과 맥을 같이하는 것이다. 이에 더해, 기술혁신과 경영혁신이 경제적 가치창출 과정에서 중요했듯이, 사회적 가치 시대를 여는 과정에서는 사회혁신과 지역공동체가 중요한 역할을 할 것으로 기대되고 있다.

시계추나 그네의 움직임을 살펴보면 뉴턴의 '작용과 반작용의 법칙'을 피부로 느낄 수 있다. 한 방향으로 가고 나면 반드시 반대 방향으로 오려는 힘에 의해 시계추나 그네가 움직이기 때문이다. 산업혁명 이후 세계사의 흐름을 보면 뉴턴의 법칙이 인류 역사에도 적용된다는 생각을 하게 된다.

1차 산업혁명의 불씨를 당긴 애덤 스미스의 자유주의경제 논리는 세계화 과정을 통해 경제적 가치 시대를 활짝 여는 역할을 담당했다. 그러나 두 차례의 세계대전과 경제대공황을 거치면서 세계화 추세는 위축되었고 정부의 역할은 강화되었다. 2차 세계대전이 마무리되면서 서방 선진국 정부는 복지국가를 만드는 경쟁에 돌입하여 성장과 복지를 동시에 이루는 업적을 이루었다.

그러나 뉴턴 법칙에 의한 역사의 수레바퀴는 1970년대 두 차례의 석유파동과 인구 고령화 등을 겪으면서 비대한 정부의 비효율을 축소하는 방향으로 가게 되었고, 우리는 이를 신자유주의라고 부른다. 신자유주의는 금융산업의 세계화로 급진전하였고, 이러한 추세는 IT혁명의 물결을 타고 가속화되었다. 그러나 세계화는 2008년 세계 금융위기로 다시 위축되는 모습을 보이고 있다. 이에 더해, 최근의 코로나19 사태로 인한 방역 위기와 경제위기 상황은 세계화의 흐름을 억제하는 또 하나의 요인으로 작용할 것으로 전망하고 있다.

18세기 말 이후 2백여 년간 지속된 산업혁명과 세계화 시대는 시장원리가 지배하는 '경제적 가치 시대'였으나, 개인 간은 물론 국가 간 빈부격차라는 불균형 문제를 야기하였다. 경쟁과 효율 중심의 경제적 가치 시대는 필연적으로 협력과 형평을 중시하는 사회적 가치 시대를 잉태한다는 것이 뉴턴의 작용과 반작용 법칙의 결과이다. 이러한 움직임은 1990년대 UN을 중심으로 시작되었고 새 천 년 시대로 들어서면서 MDGs와 SDGs 형태로 발전하고 있다. 기업경영 분야에서도 사회공헌과 사회적 가치를 중시하는 새로운 분위기가 조성되고 있고, '행복학'이라는 학문 분야가 생기면서 나눔 활동이 개인의 행복을 증진시킨다는 새 이론이 등장하고 있다. 이에 더해, 21세기는 사회구성원 모두의 공감 능력이 높아지는 '공감 문명the Empathic Civilization' 시대가 열리게 될 것이라는 전망[18]도 나오고 있다.

이와 같이 불균형 시대를 넘어 균형 시대로 가려는 움직임이 국제사회에서 활발히 전개되고 있음에도 불구하고, 이와 반대 방향으로 가는 사건도 발생하고 있다. 특히 이러한 움직임이 그간 산업혁명과 세계화 과정을 선도해 온 미국과 영국에서 일어나고 있다는 사실에 놀라지 않을 수

---

18 Jeremy Rifkin(2009), 『The Empathic Civilization: The Race to Global Consciousness in a World in Crisis』, Penguin

없다. 미국 트럼프Trump 대통령의 '미국 우선주의America First'와 영국 존슨 Johnson 내각의 브렉시트Brexit 정책이 대표적 사례이다.

최근 발생한 코로나바이러스 사태 역시 상황을 악화시킬 우려가 있다. 한국에서도 문재인 정권의 정책 노선이 좌파 이념 성향을 분명히 함으로써 보수와 진보 세력 간 대립이 날로 거세지고 있다. 그러나 시계추의 움직임이 시간이 갈수록 진폭이 작아지듯, 보수와 진보 간 갈등과 대립 역시 시간이 갈수록 그 정도가 약화되는 것이 역사적 순리라는 생각을 하지 않을 수 없다. 불균형과 사회갈등의 정도를 둔화시키려는 개인과 국가 그리고 국제사회 차원의 노력을 배가하여 불균형 시대를 넘어 균형 시대로 갈 수 있도록 노력하는 것이야말로 우리 모두에게 주어진 시대적 과제이자 사명인 것이다.

사회적 가치 시대의 성공조건 ❶
사회공헌 활동 활성화로 '행복한 한국' 만들기

> "인간은 자신이 보람된 일을 하고 있다고 생각할 때 행복하고, 남을 도울 때 가장 보람을 느낀다고 한다. 결국 나눔 활동은 사람에게 행복이라는 신의 선물을 가져다주는 것이다. 우리 한국인은 상대적으로 행복하지 않은 것으로 나타났다. 따라서 사회공헌 활동 활성화는 우리 사회문제를 해결하는 만병통치약이 될 수 있을 것이다." ─서상목(2020), 『균형의 시대』, 전게서

경제적 가치 시대의 문제점이 가장 뚜렷하게 나타나고 있는 나라가 대한민국이라는 생각이 든다. '한강의 기적'을 이루어 불과 30여 년의 짧은 기간에 최빈국에서 선진국으로 도약한 세계 유일의 나라가 대한민국이다. 그리고 같은 기간에 원조를 받는 나라에서 주는 나라로 변신한 나라가 바

로 우리 대한민국이다. 또한 세계에서 가장 강력한 가족계획 사업을 추진하여 1960년 6명이었던 합계출산율이 지금은 0.9명으로 급감한 세계기록이 있는 나라도 대한민국이다. 교육 부문에서도 1945년 해방 당시 문맹률이 78%로 세계 최고 수준이었으나, 지금은 대학 진학률이 78%로 세계최고 수준에 이를 정도로 교육 수준이 획기적으로 높아진 나라 역시 대한민국이다.

영국, 미국 등 서구 선진국이 산업혁명으로 2백여 년에 걸쳐 경제발전을 이룩한 반면, 대한민국은 해방 이후 75년이라는 상대적으로 짧은 기간에 인적자본의 획기적 축적과 눈부신 경제발전을 이루어냈다. 그러나이 과정에서 한국인의 의식구조는 우리도 모르는 사이 매우 물질주의적으로 변모했다는 사실을 세계가치관조사 결과를 통해 확인할 수 있다. 한국인의 물질주의적 가치관의 문제점은 다양한 형태로 나타나고 있다. 한국의 젊은이들은 스스로 경제적 여유가 없다고 생각해 결혼도 미루고 아이도 가급적 적게 가지려고 한다. 노인들이 경제적 형편이 어렵다는 이유로 스스로 목숨을 끊는 사태가 벌어지고 있는 곳이 바로 대한민국이다.

따라서 '행복한 한국' 만들기는 우리 사회가 당면한 가장 중요하고도 시급한 과제라고 판단된다. 이를 위해 우리는 무엇을 해야 하는가? 첫번째 과제는 한국인의 지나치게 물질주의적 가치관을 인본주의적으로바꾸는 것이다. 이를 위해서는 우선 기존의 입시 제도를 학력 위주에서학력과 인성이 조화를 이루는 방향으로 개편해야 한다. 미국, 영국 등 선진국에서 일류대학은 사회지도자를 양성하는 기관이라는 인식을 바탕으로 리더로서의 인성을 학생 선발의 가장 중요한 기준으로 삼고 있다. 그러나 우리나라에서는 인성을 판단하는 기준이 주관적일 수 있다는 이유로 수치화할 수 있는 학력 위주로 학생을 선발하고 있기 때문에 이를 개선하는 것이 급선무라고 생각한다. 이에 더해, 건전한 시민정신 함양을 목적으로 하는 다양한 시민교육이 지역사회 중심으로 이루어져야 한다. 이를 위해서는 시민의 관심과 사랑을 받을 수 있는 프로그램의 개발과 더불어 이를 지역 단위로 시행할 수 있는 조직의 활성화가 필요하다.

'행복한 한국' 만들기의 두 번째 과제는 각종 나눔 사업의 활성화를 통해 자연스럽게 나눔 문화를 확산하는 것이다. 자원봉사나 기부활동 등 나눔 활동은 혜택을 받는 사람뿐 아니라 이러한 활동을 하는 사람에게도 보람과 행복감을 동시에 안겨준다는 것이 최근 행복학 분야의 연구 결과이다. 현재 한국사회복지협의회는 나눔 분야에서 정부를 대신하여 푸드뱅크, 자원봉사, 멘토링, 사랑나눔실천 등 다양한 사업을 전개하고 있다. 푸드뱅크 사업에는 매년 1만 6000개 기업과 개인이 2000억 원 규모의 식품과 생필품을 기부하고 있고, 기부된 물품은 우리 사회 취약계층에게 전달되고 있다. 또한, 매년 850만 명의 사회복지 분야 자원봉사자 활동을 관리하면서 이들에게 필요한 교육도 실시하고 있다. 멘토링 분야에서도 2019년 1048개 협력기관과 연계하여 5만 2342건의 멘토링 사업을 추진했다. 따라서 이러한 한국사회복지협의회의 나눔 사업을 활성화하는 것은 '행복한 한국' 만들기 프로젝트의 시발점이 될 수 있을 것이다.

'행복한 한국' 만들기의 세 번째 과제는 기업의 사회공헌 생태계를 조성하는 것이다. 개인의 나눔 활동과 같이 기업의 사회공헌 활동 역시 중장기적 차원에서 이를 행하는 기업에 더 큰 경제적 이득을 안겨준다는 것이 '이해당사자 이론'이나 '공유가치 창출 이론'의 핵심 논리다. 우리나라에서도 기업의 사회공헌에 대한 기업 차원의 인식이 크게 달라져 많은 기업이 CSR 또는 CSV 활동을 하고 있다. 한국사회복지협의회와 상공회의소가 공동으로 작성한 『2019 사회공헌 백서』에 의하면 국내 상위 100대 기업이 2018년 한 해 동안 지출한 사회공헌 규모는 1조 7145억 원에 이르는 것으로 집계되었다. 한국사회복지협의회는 정부를 대신해 '사회공헌센터'를 운영하면서 2019년부터 '지역사회공헌 인정제'를 실시하고 있고 사회공헌 분야 전문지로 계간지 'Social Innovation in the Community'를 발간하고 있다. 또한 한양대학교와 함께 미국 스탠퍼드 대학과 영국 옥스퍼드 대학이 참여하는 국제 심포지엄도 매년 개최하고 있다. 한국사회복지협의회의 이러한 활동은 기업의 사회공헌 생태계를 만들어 가는데 큰 도움이 될 것이다.

사회적 가치 시대의 성공조건 ❷
민관 협치 체제 구축으로 '지역공동체' 만들기

> "지역공동체는 정부, 시장과 함께 균형 사회가 갖춰야 할 세 기둥 중 하나라 할 수 있다. 지역공동체는 경제공동체, 복지공동체 그리고 문화공동체 등으로 나눌 수 있는데, 이 중 상대적으로 취약한 복지공동체 구축 과정에서 한국사회복지협의회가 적극적인 역할을 수행해야 한다." ─서상목(2020), 『균형의 시대』, 전게서

경제적 가치와 사회적 가치의 균형을 강조하는 경제학자 라구람 라잔 Raghuram Rajan은 그의 최근 저서[19]에서 국가State, 시장Market, 공동체Community를 균형 사회를 지탱해주는 세 가지 기둥으로 꼽았다. 라잔은 이 책에서 미국 등 대다수 선진국의 역사 발전과정에서 지속적으로 막강한 권력을 유지해온 '국가', 산업혁명 이후 영향력이 급격히 증가한 '시장'에 비해 '공동체'는 발전이 상대적으로 미약하다는 사실을 지적하고 있다. 그는 이 문제를 해결해야 사회 안정과 국가 발전을 동시에 도모할 수 있다고 주장한다. 이러한 해법은 오늘날 우리 사회에도 그대로 적용된다고 생각한다.

인류학자들은 인간이 무리지어 살면서 공동체를 형성한 것을 다른

---

19 Raghuram Rajan(2019), 『The Third Pillar: How Markets and the State Leave the Community Behind』, Penguin

동물과의 경쟁에서 승리하게 된 근본적인 원인으로 지적한다.[20] 인류는 한곳에 정착하여 농사를 짓고 안정된 삶을 살게 된 농업혁명 이후 인구가 급속히 증가했고 국가가 형성되었다. 따라서 농업혁명은 힘의 중심이 '공동체'에서 '국가'로 이동하는 결과를 초래하였다. 19세기 말 영국에서 시작된 산업혁명은 경제적 가치 시대를 여는 계기가 되었고, 이 과정에서 기업으로 대표되는 '경제'는 '국가' 못지않은 막강한 힘을 갖게 되었다.

산업혁명의 진화와 함께 정치·사회 부문에서 진행된 민주화는 선진국으로 하여금 복지국가 건설 경쟁에 뛰어들게 했다. 국가운영 패러다임 역시 경제개발과 사회개발을 동시에 추진하는 방향으로 전환되면서, 세계는 이제 본격적으로 경제적 가치에 더해 사회적 가치를 강조하는 '균형의 시대'로 발전하고 있다. 이 과정이 성공하려면 라잔 교수가 지적한 '공동체' 역할의 강화가 절대적으로 필요하다. 이는 지역공동체 활성화를 통해 구체화될 수 있을 것이다. 지역공동체는 크게 경제공동체, 복지공동체, 그리고 문화공동체로 나눌 수 있으며, 이에 대한 부문별 활성화 대책을 수립하여 추진해야 한다. 우리나라의 경우 경제공동체 분야는 농협, 수협, 축협, 신협 등을 중심으로 각종 사업이 활성화되어 있다. 문화공동체 분야 역시 지방자치제가 정착되면서 지역 단위로 문화원 활동이 활성화되어 있고 지역축제 등 각종 문화행사가 활발히 전개되고 있다. 따라서 본고에서는 복지공동체 활성화를 중점적으로 다루고자 한다.

복지공동체를 활성화하기 위해서는 중심이 되는 추진 주체가 필요하다. 현시점에서 볼 때 전국 및 시도는 물론 시·군·구 단위 조직을 갖추고 있는 한국사회복지협의회가 이러한 기능을 수행하기에 가장 적합하다고 판단된다. 일본은 지역복지공동체 관련 사업이 일본사회복지협의회 중심으로 일원화되어 운영되고 있다. 그러나 우리는 다양한 조직이 각기

---

20 배철현(2017), 『인간의 위대한 여정』, 21세기북스

독자적 기능을 수행하고 있어, 그 효율성이 매우 낮기 때문에 다음과 같이 개선되어야 할 것이다.

첫째, 한국사회복지협의회가 '사회복지인의 협의체' 차원을 넘어 주민 전체의 협의회가 될 수 있도록 회원 구조 및 운영 방식을 개선해야 한다. 이를 위해서는 「사회복지사업법」의 개정도 필요할 것이다. 둘째, 한국사회복지협의회가 기존의 협의체 성격을 넘어 지역복지공동체 구축에 필요한 사업을 개발하고 이를 집행하는 주체로 거듭나야 한다. 이를 위해서는 한국사회복지협의회 구성원 모두가 새로운 사업을 개발·추진하는 사회적 기업가가 될 수 있도록 많은 노력을 경주해야 할 것이다. 셋째, 사업 개발 및 추진에 필요한 재원을 마련하기 위해서는 직접 모금 활동을 추진하고 이와 더불어 유관 기관과의 협업체계를 조속히 구축해야 한다. 이런 차원에서 사회복지계 구성원 모두가 '단독의 힘Isolated Impact'보다는 '협력의 힘Collective Impact'을 통해 더욱 큰 성과를 거둘 수 있다는 인식을 바탕으로 서로 협력하는 전통을 새롭게 만들어가야 할 것이다.

21세기 4차 산업혁명 시대에 적합한 공동체를 구축하기 위해서는 시민정신에 기반 한 시민사회의 활성화가 필요하다. 고대 그리스 철학자들은 시민사회를 시민이 공동의 이익과 정의를 위해 협력하고 대화를 나누는 '좋은 사회'로 인식했다. 시민사회는 자유민주주의 발전과 밀접한 관계가 있다. 시민사회의 자유로운 활동을 보장하는 제도와 법치주의가 확립돼야 하기 때문이다. 민주화를 오래전에 완성한 서구 사회에서는 1980년대 이후 복지국가 모델이 경제적 어려움을 겪자 시민사회가 복지 분야에서 정부의 역할을 상당 부분 대체하는 세력으로 부상하고 있다.

우리 시민사회의 시작은 근대사상이 태동한 구한말이라고 할 수 있다. 일제 강점기에서도 독립운동 형태로 시민사회가 발전하였다. 그러나 해방 이후 좌우 이념 대립이 극심해지면서 시민운동은 이념화되었다. 한국전쟁 이후 반공 정책 기조가 이어지면서 시민사회 활동은 크게 위축되었다. 그러나 1987년 6·29 민주화 선언을 전환점으로 시민사회도 새로운 도약기를 맞게 되었다. 사회정의, 환경, 복지 등의 분야에서 많은 시민단체가 만들어졌고, 나름 활발한 활동을 펼치고 있다. 그러나 민주화 이후 시민사회의 양적 성장에도 불구하고, 우리 시민사회는 몇 가지 문제점을 안고 있다. 우선 시민사회는 다원적 가치를 지향하면서도 협력과 연대를 강조해야 하는데, 우리는 경직된 정치 이데올로기에 지나치게 경도되어 사회통합보다는 사회분열을 조장하고 있다. 또한 시민 참여가 부족하고 소수의 전문가가 주도하기 때문에 '시민 없는 시민사회'라는 비판마저 받고 있다.

민주화가 이루어진 현시점에서 우리 시민사회의 시대적 역할은 공생 발전의 새로운 생태계를 만드는 데 주도적 역할을 하는 것이어야 한다. 이를 위해서는 시민사회가 보수와 진보라는 이데올로기 다툼에서 벗어나고, 집단이기주의적 행동을 자제하는 전통을 새롭게 정착시켜야 한다. 이에 더해, 시민사회가 정부는 물론 기업과도 파트너십을 구축해 환경, 빈곤, 양극화 등 시대적 과제를 해결하는 과정에서 공동전선을 형성하고 공생 발전 생태계를 만들어가는 데 앞장서야 할 것이다.

사회적 가치 시대의 성공조건 ❸
사회금융 활성화로 '사회혁신 생태계' 만들기

"역사적으로 사회복지는 산업혁명 과정에서 사회혁신의 핵심 수단으로 활용되었다. 사회혁신을 위해서는 혁신과 혁신가의 중요성이 인식되고 이를 지원하는 생태계가 조성되어야 한다. 사회복지계는 사회혁신가 정신으로 무장되고, 정책 역시 기존의 '정부주도형'에서 사회금융 시장을 통한 '생태계 조성형'으로 전환되어야 한다." ─ 서상목(2020), 『균형의 시대』, 전게서 산업혁명이 경제발전은 물론 사회발전으로 이어진 것은 기술발전을 통해 산업화가 이루어졌고 이 과정에서 발생한 사회문제를 새로운 방식으로 해결하는 이른바 '사회혁신'이 동시에 이루어졌기 때문이다. 역사적으로도 사회복지는 산업혁명 과정에서 사회혁신의 핵심 수단으로 활용되었다.

예를 들어, 19세기 말 독일에서 처음 도입된 사회보험제도는 한편으로는 당시 투표권을 갖게 된 노동자의 정치적 지지를 확보하여 사회주의 혁명을 사전에 방지하고, 다른 한편으로는 날로 커지는 자본가 계급의 영향력을 견제하기 위한 귀족 출신 재상 비스마르크Bismarck의 사회혁신적 조치였다. 또한 1990년대 후반 영국 블레어Blair 노동당 정부가 추진한 '일자리 복지Welfare to Work' 사업 역시 한편으로는 재정위기에 처한 '영국형 복지국가 모델'을 구하고, 다른 한편으로는 영국 진보 세력의 정치적 재기를 도모하기 위해 블레어 노동당 정부가 추진한 사회혁신 정책이었다.

멀간Mulgan[21]은 사회혁신이 다양한 분야의 융합은 물론 그룹 간 협력 과정을 통해 발생하며, 이 과정에서 여러 분야를 섭렵할 수 있는 지적 능력과 아울러 그룹들을 하나로 이끌고 갈 수 있는 리더십을 갖춘 연결자 또는 지도자가 필요하다고 주장하고 있다. 일찍이 슘페터Schumpeter는 혁신의 주체로 기업가를 지목하였는데, 사회혁신 과정에서도 사회적 기업가 또는 혁신가가 있어야 한다. 4차 산업혁명의 특징이 IT와 여타 분야의 융합인 것과 같이 사회혁신도 분야 간 융합이 필요하기 때문에 이러한 과정을 총괄할 수 있는 리더십이 요구되는 것은 당연하다.

니콜즈Nicholls와 머독Murdock[22]은 인류 역사가 지난 2세기 반 동안 다섯 차례의 기술혁신에 의해 눈부신 경제발전을 이룩해왔는데, 이제는 사회

---

21 Geoff Mulgan(2007), 『Social Innovation: What It Is, Why It Matters and How It Can Be Accelerated』, Young Foundation

22 Alex Nicholls & Alex Murdock(2012), 『Social Innovation: Blurring Boundaries to Reconfigure Markets』, Palgrave Macmillan

혁신의 역할을 주목해야 한다고 강조하고 있다. 사회혁신은 기존 시스템의 내적 변화를 넘어 내적 규범과 가치의 변화를 통해 시스템 자체를 근본적으로 재설계하게 되며, 기술혁신 역시 사회혁신을 동반하지 않으면 큰 성과를 거둘 수 없다는 것이 이들의 주장이다. 사회혁신은 크게 세 가지로 분류할 수 있다. 첫째는 사회문제의 효율적 해결을 위한 점진적 혁신이고 둘째는 새로운 사회적 가치 창출을 위한 제도적 혁신이며, 셋째는 시스템의 근본적 변화를 시도하는 파괴적 혁신이다. 점진적 혁신은 새로운 제품 또는 서비스 개발 형태로 이루어지고, 제도적 혁신은 시장구조의 변화를 시도하지만, 파괴적 혁신은 정치·사회적 운동의 형태로 진행된다고 한다.

기술혁신의 상징인 실리콘 밸리의 성공 요인으로 스탠퍼드 대학 연구진[23]은 다음의 세 가지를 지적하고 있다. 첫째 실패를 두려워하지 않으면서 새로운 기술과 아이디어로 무장한 벤처기업가, 둘째 이를 재정적 그리고 경영적으로 뒷받침해주는 벤처캐피털, 셋째 실패를 자산으로 인정하고 동업자 간 교류와 협력이 활발한 열린 기업문화이다. 이러한 조건은 사회혁신의 경우에도 거의 그대로 적용된다고 할 수 있다. 다시 말해, 사회혁신을 촉진하기 위해서는 첫째 관련자들을 격려하는 리더십과 여러 분야를 섭렵하는 지식을 갖춘 리더가 있어야 하고, 둘째 사회혁신을 재정적 그리고 경영적으로 지원하는 공공 또는 자선기관은 물론 사회금융시장이 필요하며, 셋째 사회혁신이 장려되고 사회혁신의 기회가 모두에게 주어지는 열린 사회분위기가 만들어져야 한다.

그러나 현재 우리나라 상황은 이상적인 '사회혁신 생태계'와는 너무 차이가 있다. 우선 사회혁신의 주체가 되어야 할 사회복지계는 민간 사회복지 재정이 자립형에서 정부의존형이 되면서 '사회혁신가 정신'이 점차 퇴색하고 있다. 19세기 후반 산업혁명 과정에서 발생한 도시 빈곤 문제를

---

23 Lee, Miller, Hancock & Rowen(2000), 『The Silicon Valley Edge: A Habitat for Innovation and Entrepreneurship』, Stanford Press

해결하려고 나선 영국의 민간 자선사업가들과 같이, 한국의 민간 사회복지계 역시 한국전쟁으로 발생한 고아와 전쟁미망인을 도우려고 나섰고 그 후에도 정부를 대신해 증가하는 복지서비스 수요를 충족시키는 역할을 담당해왔다. 그러나 1980년대 후반 민주화 이후 사회복지서비스 분야에서 정부의 역할이 확대되면서 민간의 역할은 상대적으로 작아지게 되었다. 이 과정에서 일부 민간 사회복지법인은 활동 범위를 해외로 확장하는 등 새로운 변신에 성공하였으나, 상당수 사회복지법인은 새로운 돌파구를 찾지 못하고 정부 재정에 전적으로 의존하면서 제자리걸음을 하고 있다. 따라서 사회복지계에 새로운 사회혁신 바람을 일으키기 위해서는 능력의 한계에 이른 법인에게 퇴로를 열어주고, 그 빈자리를 새로운 피로 수혈하는 방향으로 관계법과 제도가 정비되어야 할 것이다.

사회혁신에 대한 정부의 철학과 정책 역시 대대적인 수술이 필요하다. 오랫동안 정부주도 경제 운용을 해온 우리 정부는 사회혁신 과정도 정부가 직접 관장해야 한다고 생각하고 있다. 그 대표적인 사례가 정부가 인위적인 기준을 정해 사회적 기업을 지정하고 지정된 기업에 대해서는 다양한 형태의 혜택을 주는 '정부주도형' 사회적 기업 육성정책이다. 이를 개선하기 위해서는 정부는 사회금융 활성화 등 사회혁신 생태계 조성에 주력하고 이를 통해 능력 있는 사회혁신가에게 필요한 자금이 시장기능을 통해 지원되는 방향으로 기존의 '정부주도형' 사회혁신 정책을 '생태계 조성형'으로 전면 수정해야 한다. 이 과정에서 영국 블레어 노동당 정부가 2000년부터 10년간 '사회금융위원회'를 운영하면서 사회금융시장을 적극 육성한 사례를 참고할 필요가 있다. 또한 미국에서 IT 기술혁신의 산실 역할을 한 스탠퍼드 대학이 사회혁신 분야에서도 미국은 물론 세계적인 중심축이 되고 있는 사례 역시 우리에게 시사하는 바 크다.

사회혁신 분야에서 재계 역할 역시 활성화되어야 할 것이다. 기업가는 경제 분야 혁신의 주체이다. 사회혁신 분야에서도 같은 방식이 적용되어야 한다. 기술혁신은 혁신 과정에서 발생한 이득이 혁신을 주도한 개인이나 조직에 돌아가는 데 반해, 사회혁신은 혁신으로 인한 과실이 사회 전체로 귀속되는 이른바 '사회적 성과' 형태로 나타난다. 이 분야에서 기업의 역할은 크게 두 가지이다. 첫째는 기업 활동을 통해 직접 사회혁신을 촉진하는 것이고, 둘째는 자금 지원을 통해 사회혁신을 간접적으로 후원하는 것이다. 전자는 '공유가치 창출' 형태로 현재 많은 세계적 기업들이 기업 활동의 경제적 가치와 사회적 가치를 동시에 추구하고 있다. 후자는 기업이 '사회공헌 활동'을 통해 NGO의 사회혁신 활동을 지원하는 것이다. 이는 정부의 사회혁신 지원정책과 비슷하지만, 혁신 분야는 정부보다 기업이 더 잘할 수 있기 때문에 기업 역할의 활성화가 필요하다.

2장. 사회적 가치의 철학과 비전

서론

현금現今 우리나라에서는 사회적 가치에 관한 연구와 이를 구현하기 위한 실천이 비교적 활발하게 진행 중인지라 이를 두고 일종의 '사회적 가치 운동'이라 일컬어도 손색이 없을 정도라 할 수 있을 것 같다는 생각이 든다 (고동현·이재열·문명선·한솔, 2018; 박명규·이재열, 2018). 다만 그러한 움직임의 주된 성격으로 볼 때는 주로 경영부문에서 가령 사회적 기업의 경영활동이 어느 정도의 사회적 가치 창출에 기여하는지를 계량적으로 측정하여 그것을 기업성과의 일환으로 보고 이에 상응하는 포상을 수여하는 모습으로 진행하는 것이라는 점을 무시할 수가 없다. 물론 이러한 실천은 그 자체로서도 매우 의미 있는 일임을 충분히 인정하지만 기왕에 그처럼 가치 있는 사업을 추진하려면 적어도 학계에서는 그 가치와 의미를 제대로 규명하고 이론적으로 뒷받침하는 노력을 게을리하지 말아야 한다는 소명을 충실히 이행하는 것 또한 중요하고 필요하다.

실제로 현재 진행 중인 사회적 가치 연구의 현황을 분석한 최근의 한 연구보고서에서 지적한 현황을 그대로 옮긴다(한국행정학회, 2019: 128).

사회적 가치 연구 역시 공공가치 연구와 같이 개념적 정의가 빈약하다는 비판을 받고 있다…사회적 가치는 학술적 측면에서 이론적으로 다루어진 개념이라기보다는 실천적인 측면에서 대두되고 발전해 온 개념이라고 볼 수 있다. 사회적 가치도…명료하게 정의된 개념은 아니지만, 현실적 그리고 실무적 차원에서 기업, 사회적 기업, NGO, 공공기관 등을 대상으로 사회적 가치를 측정하고 평가하기 위해 정부, 국제기구, NGO 등 다양한 조직에 의해 정의된 개념이다…정부와 시장 모두 현대 사회의 복잡한 문제에 효과적으로 대응할 수 없다고 비판하며 현실적 차원에서 대두된 개념이다.

따라서 이 글의 목표는 이러한 우리 학계의 빈자리를 겨냥하여 하나의 체계적인 이론틀을 조성하기 위한 철학적 담론과 이론적 천착에 집중하고자 한다.[1] 특히 이런 과업을 수행할 때 대개 우리나라의 사회과학계가 아직은 대체로 서구에서 개발한 개념과 이론을 원용 또는 수정하여 접근하는 관행이 지배적이지만, 이 글에서는 동방의 주요 사상도 일부 함께 참작하여 우리 자신의 대안적 패러다임으로 주제를 다룬다는 점도 미리 밝혀 둔다.

사람들이 무슨 일을 시도할 때나 일상에서 선택과 결정을 할 때는 반드시 그 사람의 마음의 '프레임Frame'이 작용한다는 심리학의 이론을 노벨경제학상 수상자인 다니엘 카너만Daniel Kahneman이 제창한 바 있는데, 이 프레임이 인간의 세계관과 행동의 선택 등을 좌우함으로써 행복과 의미 추구에 결정적인 영향을 미친다는 이론이다. 이 프레임의 이론에서는 상위 수준Upper Level과 하위 수준Lower Level 프레임이 있다는 연구를 발표한 사례도 있다(Gilovich, T., D. Griffin, and D. Kahneman. 2002).

상위 프레임에서는 '왜Why'를 묻고 하위 프레임에서는 '어떻게How'를 묻는다는 프레임의 차이를 이렇게 비교한다(최인철, 2008: 24-25). 상위

1 마침 서상목 회장의 제안으로 한국사회복지협의회가 이 운동을 우리 사회 각계에 널리 확장하려는 취지에서 출판 사업을 시도하는 데 참여하게 되어 반가운 마음 금치 못하면서 이 글을 상재하는 바, 주로 최근 발간한 졸저『사회적 가치: 문명론적 성찰과 비전(2019)』의 내용을 축약, 발췌한 것임을 양지하시기 바란다.

프레임은 왜 이 일이 필요한지, 그 이유, 의미, 중요성, 목표, 가치 등을 묻고 비전을 물어 이상을 세운다. 따라서 안목은 장기적이고 결과는 근본적인 해결에 가까이 간다. 하지만 하위 프레임은 그 일이 쉬운지, 어려운지, 시간은 얼마나 걸리는지, 성공 가능성은 얼마나 되는지, 어떤 순서를 밟아야 하는지 등 실용적이고 기술적인 절차를 묻는다. 그래서 궁극적인 목표나 큰 그림을 놓치고 주변머리의 이슈들을 좇느라 에너지를 허비한다. 그러므로 우리가 견지해야 할 프레임은 상위수준의 삶의 태도이고 자손에게 물려줄 위대한 유산이라고 한다.

여하간에, 본 연구의 목표는 상위 수준의 '왜'를 묻는 담론에 초점을 맞춘다는 의미가 있다. 우리가 다루는 사회적 가치라는 주제는 생각해보면 인간의 삶을 좌우하는 사회의 특성을 겨냥한 매우 의미심장한 것이다. 그러므로 이에 관여하는 연구자나 실천적 정책적 활동 종사자나 모두 이런 마음가짐으로 접근하는 것이 유익하다는 생각에서 이 글에서는 현재 진행 중인 이 분야의 연구에서 대체로 미진하다고 여기는 '왜'라는 질문을 하는 철학적 담론과 이론적 천착에 집중하고자 한다.

그 '왜'를 추구하는 이 글은 우선 현대 전 지구적 영향력을 맹렬히 발휘하는 신자본주의 세계 경제의 틀에서 사회적 가치라는 개념이 새로운 의미를 담고 등장하게 된 배경을 간략하게 살펴보는 데서 시작한다. 이어서 본격적으로 유가의 핵심적 도덕률도 곁들이면서 사회적 가치라는 개념의 철학적 의미와 사회학적 해석을 검토한다. 그리고 사회적 가치를 구현하기 위한 미래사회의 비전을 제안하면서 사회적 가치의 일반적인 가치체계를 구축하고자 하는 필자 나름의 이론틀을 시사할 것이다.

현대 자본주의 전개 과정에서 사회적 관심의 변천

먼저 경제·경영 부문에서 '사회적'이라는 단어가 자주 등장하게 된 배경은 현대문명이 신자유주의적 시장경제를 추구하는 상황과 밀접한 관련이 있음을 추적할 필요가 있다. 특히 20세기 중반 제2차 세계대전 종전 후 구미 각국의 전후 복구 과정에서 이룩한 이른바 풍요의 시기를 구가하던 1950년대를 거치면서 시장경제체제에 구멍이 뚫리기 시작한 것이 주된 배경으로 자리한다.

그것은 기본적으로 자본주의적 경제성장이 초래한 물질적 풍요를 둘러싼 가치관과 생활양식의 변화를 반영하는 현상의 하나이기도 하다. 시장원리를 추구하는 자본주의는 화폐가 모든 가치를 좌우하는 '교환가치'가 우선하므로 황금만능 문화를 조장하고, 소비가 필요조건이므로 소비문화를 부추긴다. 물질지상, 소비지향, 쾌락주의가 지배하면서 사람들의 정신세계는 황폐해지기 시작했고, 삶의 진정한 가치에 관한 판단이 혼란해지면서 사회적 규범을 보는 관점에도 난맥상이 나타난다. 게다가 부정과 부패로 얼룩진 정치경제의 역사는 일반 시민들의 준법정신에도 영향을 미쳐 질서관념이 희박해지고 일탈을 보고도 쉽게 용납하는 도덕적 마비를 초래하였다.

특히 경제 부문에서는 1970~80년대의 불황 속에 기업 내부에서는 각종 비리와 편법, 방만한 경영 등의 심각한 부정적 문제가 불거지기 시작하였고 마침내 여기에 경각심을 불러일으킨 사회문화적 반응은 1960년대의 청년문화, 민권운동, 여성해방운동과 같은 기성체제를 비판하는 폭발적인 시민사회의 저항으로 표출하였다. 이러한 사회문화적 환경 속에서 기업경영은 효율과 이윤에 눈이 멀어 사회적 복리의 책임을 외면하면서 도덕적으로 부조리한 경영으로 과연 지속가능할까 하는 새로운 도전에 봉착하게 되자 이제부터는 살아남기 위해서라도 '사회'에 관심을 가져야 하겠다는 각성이 싹틀 수밖에 없는 계기가 거기서 발생한 셈이다. 그러한 각성이 현실 속에서 대두하여 스스로 진화해온 발자취를 도식화 하면 〔그림 1〕과 같은 역피라미드로 요약할 수 있다(김정년, 2008; 심상달 외, 2008; 김경동·김여진, 2010; 244-245; 조동성 외, 2014).

우선 그림 맨 아래는 사회적 관심은 의미가 없고 순전히 경제적 책무에서 시작한다. 이때 책무라 함은 책임져야 할 의무라는 강제성을 함축하는데 거기서 사회적 관심은 예외라는 뜻이다. 여기서 등장한 첫 번째 반응은 우선 법을 어긴 것이 잘못 되었으니 준법을 강화하면서 그래도 이제는 준법 자체로서는 미흡하니 한 발자국 더 나아가 이제는 가치전환Value Shift의 담론으로 '윤리경영'을 추구하기 시작하였다. 이 단계는 아직도 대내적 맥락에서 윤리에 어긋나는 관행을 척결하자는 수준이라 대사회적 대응에는 미비하다는 각성이 생김으로써 한 발 더 나아가 일반적 표현으로 '기업의 사회적 책임'이라는 새로운 담론으로 이행하게 되었다. 〔그림 1〕

이제 비로소 '사회'를 무시할 수 없다는 자세가 기업경영 문화에 자리를 잡기 시작한 셈이다. 그러나 단순히 사회를 향해 책임지겠다는 것만

〔그림 1〕 **기업의 사회적 관심 역피라미드**

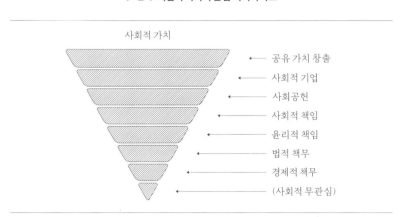

사회적 가치

공유 가치 창출
사회적 기업
사회공헌
사회적 책임
윤리적 책임
법적 책무
경제적 책무
(사회적 무관심)

으로도 만족스럽지 못하니 앞으로는 더 적극적으로 '사회공헌'으로 나서야 한다는 데까지 생각이 미쳤다. 시간이 흐르면서 공헌과 같은 표현과 자세조차도 어디까지나 기업의 관점에서 일방적으로 사회를 향해 무엇인가를 해야 한다는 기본태도를 반영하기 때문에 다시 '사회적 기업'을 제창하기에 이르렀던 것인데, 이제는 더 나아가 '공유가치'로까지 진화한 것이다. 이 맥락에서 마침내 앞으로는 더 일반적인 개념인 기업의 사회적 가치 창출 기능을 중시해야 한다는 생각으로 진화하였다고 볼 수 있다.

'사회적 가치'의 철학

그러면 이제는 본격적으로 사회적 가치의 의미를 고찰한다. 먼저 '사회'와 '가치'라는 개념의 뜻을 간략하게 정리하고 나서 사회적 가치의 철학적 해석을 시도한다.

사회와 가치의 의미

사회적 가치 연구에서 사회라 함은 주로 경제외적 부문을 총칭한다. 흔히 정치·경제·사회·문화 등으로 인간의 공동생활 영역을 구분할 때 쓰는 용법이다. 그러나 사회학적으로는 사회라는 말이 매우 추상적인 개념인지라 한마디로 규정하기가 쉽지 않다. 이에 필자는 유가儒家의 즉물적 인식 Experiential Cognition의 방법론으로 접근하는 것이 유용하다고 생각한다. 이런 인식론은 서구 사회과학의 실증주의와 관념주의 또는 경험주의와 주관주의식의 이분법적 방법보다 경험과 직관을 융합하여 사물의 본성을 인식하고 이해하려는 것이다. 이 같은 공부방법을 유학에서는 격물치지格物致知라 한다. 성심을 다하여 집중하며 관찰하고 공부하면 사물의 이치를 깨닫는 경지에 이른다는 철학적 사상이다(김학주, 2009a: 9).

그렇게 보면 사회란 함께 살아가는 사람들이 맺는 '관계'가 가장 기본적인 구체적 현상으로 떠오른다. 관계란 사물의 의미를 상징적 기호(언어)로 학습하고 해석하는 능력을 갖춘 인간이 그 의미를 서로 소통하는 사회적 상호작용에 의하여 형성하며, 그런 관계의 맥락에서 사람들은 일정한 '지위'를 차지하고 그에 걸맞은 '역할'을 수행하면서 한 집합체(집단) 단위로 공동생활을 하는 현상이 사회다. 그러한 관계 속의 상대적 위치가 지위이고 각각의 사회적 지위에는 반드시 지키기로 약속한 규범이 따른다.

사회의 구성원들이 지위에 걸맞은 관계를 잘 유지하지 못하면 사회질서가 무너지고 사회는 존속하기가 어려워진다. 그러므로 구성원들과 집단들은 그러한 관계적 맥락에서 질서를 흩트리지 않도록 하는 약속에 기초한 규범의 체계를 구축하여 그들의 행동을 제재하도록 하였다. 그리고 이런 규범은 가족을 위시하여 사회의 초년생들에게 주입하는 사회화라는 교육적 과정에서 습득하는 문화의 소산이면서, 집합체들은 그 나름의 규범체계를 구축하여 구성원 각자의 개인적 욕구충족과 아울러 구성원의 집합체인 사회의 기능수행과 존속을 도모하는 것이 사회제도다.

여기서 주목할 점은 동방의 유가사상은 '사회'라는 관념을 기본적으로 원초적 집단인 가족의 확장이라는 관점에서 정립한다는 특징이다. 인간관계의 기본을 효孝로 규정하고 친척, 친지, 이웃, 다중의 사람들과 맺는 관계를 설정하는데, 다만 한 사회 구성원의 사회적 지위나 관계도 마치 가족 내부의 관계와 근본적으로 다른 것으로 보지 않는다고 할 수 있다. 아무리 인구가 증가하고 사회의 기능 분화로 복합성과 다양성이 커진다 해도, 인간관계의 원리에서는 가족적인 특성을 기본으로 유지하면서 각각의 맥락에 걸맞게 대처한다는 기본인식에는 변함이 없다는 관념이 핵심을 이룬다. 그러므로 이 글에서는 사회적 가치를 논할 때도 '사회' 혹은 '사회적'이라는 용어의 의미를 이러한 유가적 관점에서 접근하려는 시도를 곁들일 것임을 미리 천명한다.

그러면 '가치'는 무엇을 뜻하는가? 일부 사회적 가치 연구자는 가치라는 말 자체의 철학적 의미에 관한 철학적 논쟁을 해설하고 그 중 어떤 특정 학파의 견해를 채택하는 관행을 보이기도 하는데(한국행정학회, 2019), 여기서는 철학적 논쟁이 필요하거나 유용하다고 보지 않으므로 이를 생략하고 간략한 개념규정만 소개한다. 대개 가치Values 또는 가치관, 가치의식이란 다음과 같은 다양한 의미를 내포한다.

① 사람들이 어떤 대상을 판단할 때 바람직스럽다Desirable, 선호한다Preferable, 좋다Good, 옳다Right, 중요하다Important, 아름답다Beautiful, 유쾌하다Pleasant, 또는 그 반대로 생각하는 기준;
② 개인과 사회가 추구하는 목표Goal를 선택할 때나 행동을 하려 할 때 의지하고 그 행동의 동기를 정당화하는 원칙과 기준;
③ 무슨 행동을 어떻게 해야 하는지에 관한 관념 내지 신념;
④ 무엇을 평가하기 위해 설정하는 표준Standard 등이다.

요는 인간의 판단, 평가, 선택의 행위를 결정하는 의식의 내용이며 그에 기초하여 행동으로 표출하는 기준이다. 이런 의미의 가치는 인간의 관념이나 신념 중에서도 쉽사리 변하지 않고 비교적 지속하는 성질을 띠는 것이 특징이다(Bell, 2004: 4; Rokeach, 1973; 1979; Williams, 1970; Zavalloni, 1980).

사회적 가치의 철학적 해석

왜 지금 사회적 가치를 주요 담론의 주제로 삼는가? 이 질문은 우리에게 철학적 대답을 요구한다. 지금까지의 대세는 경제·경영 분야에서 사회적 가치의 중요성을 기업 차원에서 다루고 있지만, 이제는 그 영역을 넘어 공공기관, 시민사회 전반, 나아가 전 지구적 수준으로까지 주목을 받고 있는 점을 고려할 때, 그 이면에는 분명히 인류가 추구하는 미래의 인간사회가 달성해야 할 목표에 사회적 가치가 중요한 자리를 차지하게 될 것이라는 희망이 도사리고 있음을 읽을 수 있기 때문이다.

그러한 글로벌한 관심사는 무엇인가? 적어도 서양에서 크게 부각시키고 있는 사회문제는 지나친 개인중심주의가 자아낸 가족관계의 변질과 공동체의 와해 현상, 그리고 거기서 파생한 인간의 고독과 소외 등임을 고려할 때, 인간관계의 정상화를 위해서도 유교를 중심으로 하는 동방사상의 인정주의적인 인간관계관과 공동체주의적인 사회관이 매우 중요한 지침이 될 수 있다. 비록 민주주의와 자본주의가 보편성을 확보했다고 해도, 아직도 많은 약점과 부작용을 발견하는 점을 고려하면 분명히 보완이 필요한데, 여기에 유교 등 동방사상의 기여 가능성을 무시하기 어렵다는 대안적 사고의 필요성이 떠오른다. 풍부한 동방의 문화적 유산이 그러한 사회문제뿐 아니라 생태계의 교란에 대처함에서도 지구촌 전 인류의 화합, 평화, 번영, 행복을 위하여 어떤 메시지를 전할 수 있는지는 한 번 과감하게 물어볼 수 있다는 말이다. 그러면 이제 사회적 가치의 철학적 의미를 하나씩 음미해본다.

1. 공공성 가치로서 사회적 가치

근자에 철학과 사회과학에서 '공공성 회복'이라는 화두가 상당한 주목을 끌기 시작하였다. 지나친 개인의 취득욕심Acquisitiveness을 자극하는 신자유주의적 자본주의 경제체제에서 개인중심주의 인간관과 사회관에 대응하는 새로운 철학적, 사회과학적 사고를 장려하려는 지성계의 운동이다. 거기에 사회적 가치가 자리하고 있으며, 그러한 추세의 한 축이 바로 공공성Public Spirited, Public Minded Orientation이다. 사회적 가치는 곧 공공성의 가치가 된다.

공공성의 개념 풀이와 이론적 관점은 서구학계의 담론과 동방사상의 관념으로 크게 나누어 개요만 해설하겠다. 서양 철학에서 공공성 이론은 기본적으로 개인중심에서 사회중심으로 초점을 옮긴다. 첫째, 존재론적으로 인간은 태어날 때부터 개인이 따로따로 완전히 별개로 존재할 수 없는 필연적 관계성의 존재라는 관점에서 공공성의 의미를 찾는다. 둘째, 신자유주의적 인식론은 인간이 근본적으로 자기 이익 추구의 목표로 타인과 관계를 맺는다고 보지만, 인간은 그런 이익 추구만이 아니라 필연적 관계와 연대 속에서 협력, 화합, 애정, 의지, 상상력을 교류하는 존재로서 상호 이해와 감정이입이 가능한 공감의 전인적 교류가 가능한 존재로 인식하므로 공공성 철학은 공감의 인식론이다. 세 번째, 가치론의 관점에서 자유주의적 해석은 어떤 행동이든 그 책임의 소치는 개인 각자의 몫이라고 하지만 인간의 사회는 관계의 복합적인 구조와 제도 속에서 이루어지고 유지 변천하므로 책임의 문제도 전적으로 개인의 몫이라기보다는 사회 구성원들이 함께 지기도 한다는 공유 책임도 생각해야 하는 것이 공공성 윤리의 가치론이다. 결국 공공성 철학의 관점으로 보면 공공성의 가치는 곧 사회적 가치가 되는 것이다(임의영, 2017).

한편, 동방의 유가사상은 공사구분이 국가와 사회를 지칭하는 공적 영역Public과 개인을 가리키는 사적 영역Private의 확연한 차별을 지목하는 서양과는 달리, 우주론에서 심리학에 이르는 광폭의 철학인 성리학의 관점에서 공공성의 담론을 제공한다. 요약하면, 공公이란 천리지공天理之公 혹은 도심道心을, 사私는 인욕지사人欲之私 즉 인심人心을 표상한다. 유학의 공사 관념은 개인이 늘 사회와 연관되어 있다는 것, 그리고 사회적 질서는 개인의 심리적·정신적 건강에 의존하고 있다는 발상으로서 『중용장구』에서 인욕지사를 '극복'하고 천리지공을 '확보'하라고 권하는 것이다(한형조, 2013: 024-027). 이를 위해서는 '경敬'의 자세로 끊임없이 스스로를 수양하고 훈련할 것을 답으로 제시하였다. 이런 경지에 이르면 삶의 문제를 해결하는 과정은 국가라는 강제적 규범으로서 공이 아니라 심리적·정신적으로 건강한 개인이 구성하는 자율적인 퍼블릭이라는 공의 공간에서 자발적인 각성과 협력으로 이루어지게 된다(한형조, 2013: 024-038). 이런 의미에서도 사회적 가치는 마땅히 공공성의 가치일 수밖에 없다.

2. 인간주의 가치로서 사회적 가치

사회적 가치는 사회가 창출하는 모든 활동과 제도가 가치 있는 것이어야 한다는 명제를 전제하므로, 그 가치는 당연히 인간주의적이어야 한다. 인간주의Humanism의 핵심적 지향은 '인간 중심People-centered' 사상이다. 사람은 이성적일 수 있고 자유로울 수 있으며, 사랑할 줄 알고 사람답게 살 수 있는 잠재력을 지닌 존귀한 존재임을 믿고, 사람을 향한 동정심과 연대의식에 기초한 책임감과 주관적인 삶의 세계에 관한 깊은 이해에 바탕을 둔 사상이다. 동시에 인간주의는 인간을 지배하는 어떤 표준이든 반드시 인간 자신으로부터 도출해야 하고 인간의 척도에 맞게 설정해야 한다. 어떤 문화, 생활양식, 관습, 금기, 신앙, 제도, 사회구조 또는 기술이라도 인간의 자유나 권리를 파괴하고 인간이 지닌 잠재력의 계발을 저해하며 인간의 삶 자체를 위협할 때는 언제든지 폐기하거나 개선해야 한다고 믿는다(김경동, 1978). 요컨대 인간주의가 추구하는 사회는 사람이 진정으로 사람답게 살 수 있는 조건을 제공해야 한다. 그것이 바로 사회적 가치의 진정한 의미다.

인간을 중시하는 동방의 유가적 인간주의는 유아교육의 교재인『동몽선습』에서 "하늘과 땅 사이의 만물 중에 오로지 인간이 가장 귀한 존재이다天地之間萬物之衆 惟人最貴"라는 명제를 첫 구절로 제시한다. 귀한 까닭은 사람이 금수와 다르게 오륜五倫이라는 인간관계의 기본원칙을 존중하며 살기 때문이다. 관계를 중시함은 곧 관계의 그물로 이루어진 사회 속의 인간임을 강조하는 것이다. 그 사회가 인간다운 삶을 보장하려면 인간 스스로가 기본적으로 '인의예악지신仁義禮樂智信'이라는 근본적인 사회적 덕목을 실천하며 살아야 한다(김경동, 2002: 450-468).

3. 공동체주의 가치로서 사회적 가치

현대 사회의 변동을 논할 때 거의 반드시 짚어야 하는 항목이 공동체다. 위에서도 누누이 밝힌 대로 현대 사회는 바로 공동체의 와해라는 인간의 사회적인 삶의 근간이 위협을 받는 상황에 주목해야 한다는 명제를 목전에 두고 있다. 기실 공동체의 약화나 상실이 사회문제가 되면서 사람들은 오히려 다시 "공동체의 탐색", "공동체를 향한 동경", "관계를 갈망하는 문화", 혹은 "우리 모두는 의미 있는 관계에 굶주리고 있다"는 말을 자주 듣고 있다(Hesselbein et al. 1998). 그리고 사회적 가치를 표방하는 사회적 기업도 바로 이 공동체주의적 가치의 기치를 내세운다.

먼저 서양의 사회학과 공동체주의 철학에서 제시하는 공동체의 중요성을 간략하게 살펴본다. 인간은 거의 모두 공동체 속에서 태어나서 어린 시절 정상적인 인간이 되기 위한 원초적 사회화(양육과 교화)를 할 뿐 아니라, 자아 정체의식과 '우리'라는 집합적 자아관을 형성한다. 소속감과 안정감을 경험하며 잠재력을 계발 발휘할 수 있고, 타고난 재능을 향상할 수 있다. 그리고 외로움과 버성김(소외)을 느끼지 않아도 된다. 공동체주의 철학은 특별히 규범적·윤리적 함의를 강조하여 공동체 자체가 이미 도덕적으로 좋은 것善, a Good이 된다. 그리하여 이는 인간의 기본욕구와 실질적 이해 관심의 배양과 계발을 위해, 또 인간의 개별적 잠재력과 도덕적 인격의 완벽한 실현을 위해 최적의 조건을 제공한다고 본다(김경동, 2010a: 182-183; Khatchadourian, 1999: 14). 이런 공동체가 요구하는 인간관계는 사려 깊고, 온화하고, 친절하고, 따뜻하고, 자신의 이익을 기꺼이 양보하고, 희생하는 특징을 지닌다. 여기서는 신뢰할 수 있는 형제애적 협동을 추구하므로 서로 의지하고 싶은 욕망을 충족시키는 데 최적의 환경을 제공한다. 그리고 집단은 구성원 간 연대, 충성심, 협동, 일반적 화합, 상호 책임 등을 요청한다. 또 도덕적 공동체는 성격상 공정하고 정의로우며, 애착과 인자함과 사랑으로 돌보아주고, 관용하는 건전한 마음가짐을 장려하며, 동정심을 강조한다. 동방의 공동체주의는 길게 해설할 여유가 없으므로 공자가 천명한 가장 순수한 이념형을 아래에 인용한다(이상옥, 2003: 617; de Barry and Bloom, 1999: 343).

> "공자가 말씀하였다. 큰 도가 행하여지자 천하를 공기公器, 사회의 구성원 전체가 이용하는 도구로 생각하여 사사로이 그 자손에게 세습하는 일이 없고 지혜롭고 유능한 사람이 있으면 선택하여 일을 맡겼다. 성실과 신의를 배우고 익히며 화목함을 닦고 실행하였다. 그러므로 사람들은 홀로 자기의 어버이만을 친애하지 않았으며, 홀로 자기 아들만을 사랑하지 않고 널리 남의 부모나 아들에게도 아낌을 넓혔다. 늙은이로 하여금 그 생을 편안히 마칠 수 있게 하고, 건장한 사람은 쓰일 곳이 있게 하며, 어린이는 의지하여 성장할 곳이 있게 하고, 과부나 외롭고 폐질에 걸린 사람은 다 부양받을 수 있게 하며, 남자는 분수에 맞게 일할 자리를 나누고, 여자는 돌아갈 곳을 얻을 수 있게 하였다. 생활에 쓰는 물품이 헛되게 땅에 버려져 낭비하는 것을 미워하지만, 반드시 자기 혼자 쓰려고 사사로이 감추어 쌓아두지도 않았다. 힘이란 반드시 자신의 몸에서 나와야 하지만, 노력을 자신의 사리를 위해서만 힘쓰지는 않았다. 그런 까닭에 사리사욕에 따르는 모략이 있을 수 없고, 절도나 폭력 같은 일이 없으며, 바깥문을 잠그는 일이 없는 이상적인 공동체가 온 세상에 이루어진다. 이를 일컬어 대동의 사회라 한다."(《예기》, '예운'편).

이 인용문 자체의 내용은 솔직히 과거 농경사회의 소규모 촌락공동체에나 해당하는 것이라 할 수 있지만, 중요한 것은 거기에 담긴 인간관계와 사회조직 원리의 기본이다. 지면 제약으로 자세한 설명은 못하지만 사회적 가치 구현에는 이 정도 최소한의 사회적 환경조건의 제공이 필수일 것이라는 점은 무시하기 어렵다.

4. 생태주의 가치로서 사회적 가치

위에서 인간주의가 '인간 중심'이라 할 때 마치 이른바 인간중심주의 철학Anthropocentrism처럼 우주에서는 인간만이 모든 자연의 혜택을 마음껏 누릴 수 있어야 한다는 생각을 뜻하지 않는다. 오히려 생태주의 내지 생태론적 철학Ecologism의 생태관을 포용하는 것이 진정한 인간주의적 자연관이다. 인간도 자연생태계 속 종Species의 하나로 다른 모든 생명체와 더불어 하나의 생명공동체Eco-system, 생태체계 속에서 상호의존적Interdependent 상호관계Inter-relationship를 맺고 공존하려고 노력해야 한다는 주장을 수용한다. 생태학은 인간을 포함하여 전 생명체가 여타 생명체와 관계를 맺으려는 욕구, 즉 공동체 본능 혹은 '체계 추구' 성향이 있다고 한다(Hesselbein et al., 1998). 체계란 그것을 구성하는 부분들이 상호의존적 관계 속에서 하나의 전체를 이루며 생존하는 것이 특징이다. 생태체계는 상호의존적 공존, 공생을 위한 유동적 균형Moving Equilibrium을 중시하는 개방적 체계 Open System로서 그 안의 모든 생명체는 결코 홀로 생존할 수 없으며, 오로지 관계 속에서만 스스로 완성을 기할 수 있는 존재라는 말이다.

동방에는 인간자연조화론인 '천지인 삼재天地人 三才'의 천인합일 사상이 있다. 이를 현대의 용어로 표현하면 총체론 혹은 총체주의Holism라 한다. 물리학자 카프라(Capra, 2010)의 해석에 의하면, 고대 동방의 신비주의철학은 우주를 분리불가의 연결망Web으로 간주하였다고 한다. 이런 우주연결망의 상호연계는 정태적이 아니라 동적인 것으로 살아서 움직이고 성장하며 계속 변화한다. 현대 물리학 역시 우주를 관계의 연결망으로 이해하고 동방의 신비주의처럼 내재적으로 역동적인 현상으로 인식한다는 것이다. 바로 이런 내재적 변동Immanent Change이 동방 우주관의 요체인 우주 내재론Immanentism이다.

한편, 중국 기술문명사가 조지프 니덤(Joseph Needham, 1973)이 지적하기를, 이 같은 내재적 변화는 그 이면에 신적인 법칙제공자나 창조주를 상정하지 않은 자연스러운 것이라는 사상을 유불도(선)교가 공유한다고 한다. 세상의 모든 존재가 조화롭게 협동하는 것은 저들에게는 외재하는 우월한 권위적 존재의 명령 때문이 아니고 그들은 우주적 유형을 형성하는 전체Wholes의 위계질서 속의 부분들이라는 사실에서 기인한다. 다만 스스로의 자연적 성질의 내재적 지시를 따랐을 뿐이다.

여기에 바로 동방사상의 '천天'의 이론이 등장한다. 하늘이란 유학에서는 여러 가지 복합적 의미를 지닌다. 우주론적으로 천은 그 자체로 우주요 자연이며 삼라만상의 생명의 원천이요, 형이상학적으로는 자연과 인간사회의 질서의 표준, 도道와 천하만물의 작용의 원리, 즉 리理가 되며, 인간본성을 부여하는 우주적 권세. 위에서 언급한 천인합일의 총체주의는 세상의 '만물' 즉 모든 현상은 하나의 전체를 이룬다는 관념이다. 이 관점에서 보면 개개 인간은 우주의 전체(하늘)와 하나 되고, 개인의 영혼도 우주의 영혼에서 연원한다. 그리고 가치론적으로는 인간의 도덕적, 윤리적 본성의 근원이다.

"하늘이 사람들에게 내려준 것을 '본성'이라 하고, '본성'에 따르는 것을 '도'라 하고, '도'를 닦는 것을 '가르침'이라 한다天命之謂性 率性之謂道 修道之謂敎".『중용』의 첫 구절이다(김학주, 2009b: 4-5; Chan, 1973, 78-79; Fung, 1983: 129; Kim, 2017). 맹자의 인간본성론은 더 적극적이다. 하늘이 이상적인 전체인만큼 하늘이 명하여 내린 인간의 본성도 역시 원천적으로 선하다. 그리하여, 맹자는 "누구든지 자신의 마음을 최대한으로 수양하면 자신의 본성을 알게 되고, 스스로의 본성을 알면 하늘을 알게 된다. 그러므로 스스로의 마음을 온전히 보존하고 자신의 본성을 양성하는 것이 하늘에 봉사하는 일이 된다"고 한다(Fung, 1983: 129-130).

이런 점에서, 우주만상의 총체론적 일원으로 생존하는 인간이 추구하는 사회적 가치는 결국 사람도 자연생태계의 온전한 구성원답게 자연을 사랑하고 보호하며 보전 계발하는 것이 마땅하다는 생태주의적 가치를 품는다는 것이다.

음양변증법적 변동의 기본원리

허두에 사회적 가치의 연구에 임할 때 일방적으로 기존의 서구식 패러다임에 언제까지 매여 있을 수 없다는 대안적 접근의 필요성을 언급하였다. 이 대목이 바로 그러한 시도를 할 차례다. 바로 위에서 집약한대로 자본주의 문명의 변혁을 중심으로 인류 전체가 경험하고 있는 혼란은 인간에게 걷잡을 수 없는 충격을 안겨 줌으로써 이에 대처할 길도 차근히 생각해볼 필요가 있는데, 다름 아닌 동방의 주요 사상인 음양오행론이라는 사고유형Thought Pattern에서 그 지혜를 얻고자 한다. 다만 여기에서는 매우 축약적으로 개관할 수밖에 없음을 밝혀 둔다(Kim, 2017).

내용 상 유가와 도가의 이론이 공유하는 음양사상의 주류는『역경易經』, 혹은『주역周易』이라는 유학의 경전이 주된 원전이다. 음과 양은 본시 그늘과 빛을 표상하는 한자를 가리키는데, 그 사상적 의미는 세상만사를 양분법적으로 파악하고 우주론, 형이상학, 도덕철학 등의 의미부여와 해석을 시도하는 것임은 주지의 사실이다. 이 둘은 성질상 차이, 모순, 대치의 상대적 개념이지만, 동시에 서로 보완, 호혜, 조화의 관계라는 대대적待對的인 개념이기도 하다는 점이 단순히 모순으로만 파악하는 서양변증법 논리와는 다르다. 음양은 상호작용하여 우주만상을 생성·변화시키는 힘, '기氣'다. '양'기는 만물을 생성케 하는 시작하는 힘, 생산적 요소, 씨(종자)이고, '음'기는 생산이 이루어지는 바탕, 만물을 완성시키는 요소, 밭이다. 이 둘의 상대적 관계는 오행설에서 유래한 '상생相生' 혹은 '상승相勝'과 '상극相剋'의 역학으로 규정한다. 음양의 생산적인 상호작용은 상생관계고 상극의 상호작용은 변화를 초래한다. 자연을 형성하는 금수목화토의 다섯 가지 요소는 상생(상승)상극의 관계에서 역동적인 변화를 일으킨다.

이처럼 묘한 관계를 '태극도설'이라는 이론에서 유추하면 다음과 같이 요약할 수 있다(배종호, 1985: 79; 김경동, 1993: 27).

> 태극의 움직임이 '양'을 낳고 움직임이 극에 달하면 고요함이 되고…고요함이 '음'을 낳는다. 고요함이 극에 달하면 다시 움직임으로 돌아간다. 한 번 움직이고 한 번 고요함이 서로 그 뿌리가 된다…두 가지 '기'가 서로 감응하여 작용하면 만물을 낳고 변화시키며, 만물이 생성발전生生하여 변화가 무궁하다.

1. 한계\|Limit 및 '반Return'의 원리

여기서 주목할 논리는 음양변증법의 순환론적 세계관이다. 음과 양이 서로 밀어서 변화를 일으키지만 음이 다하면 양이 생기고 양이 다하면 음이 생기는 한계의 현상을 상정한다. 모든 양분적 요소는 각각 끝이 있고, 하나가 끝이 나면 다른 하나가 나타난다는 관념이다. 여기에는 또한 일단 한계에 도달하면 반드시 되돌아온다는 '반反', 즉 복귀의 원리를 내포한다. 『역경易經』의 11번째 태괘泰卦의 해설: "평탄한 물건 치고 기울어지지 않는 것은 없다. 가는 것 치고 돌아오지 않는 것은 없다无平不陂 无往不復"(이가원, 1980: 112).

이런 '반'과 '복復'의 귀환원리는 도가의 『노자老子』에도 찾아볼 수 있다. "근본으로 돌아간다는 것은 '도'의 움직이는 법칙이다反者道之動"〔『老子』40장〕라든지, "천지만물의 현상이 많이 번창해도 결국 각기 그 뿌리道로 되돌아간다夫物芸芸 各復歸其根"〔『老子』16장〕, "고로, 성인은 격심함, 사치, 교만을 버린다聖人去甚 去奢 去泰"〔『老子』29장〕 등이 대표적인 보기다(김경탁, 1979: 115-116; 200-201; 김경동, 1993: 29). 요는 음양변증법은 극단(한계)에 이르면 되돌아오게 마련이므로 삼가고 조심하는 도리가 성인의 길이라 충고한다. 여기서 두 번째 원리와 만난다.

2. 중용의 원리: 절제Moderation와 균형Equilibrium

시스템 이론에서도 시스템에 변화가 생기는 것은 그 체계의 여러 요소 사이에 적정한 균형이 무너질 때 일어난다고 본다. 균형개념의 백미는 아무래도 동방사상의 '중中'의 원리라 할 만하다. '중'은 서양식으로는 아리스토텔레스의 황금률Golden Mean과 유사하지만, 동방사상에서는 유학의 『중용中庸』 사상에 뿌리를 둔 것이다. 『중용』에서 말하는 '중'은 "어느 한쪽으로 기울지도 않고 지나치거나 부족함이 없는 상태로서…천하의 바른 길이다中者不偏不倚無過不足之名…天下之道"(이민수·장기근, 1980: 203; 김경동, 1993: 31).

중용사상은 불행Calamity과 멸망Demise 대신 안정과 안전Security, Safety을 위해서 극단과 불균형을 피하라 한다. 여기에는 일종의 역설이 깃들어 있다. "편안함을 지나치게 믿으면 위험해지고, 순탄하다고 믿어 마음을 놓으면 멸망하고, 태평한 꿈에 취해 있으면 난리가 난다. 그러므로 군자는 편안할 때 위험을 잊지 않고, 순탄할 때 멸망을 잊지 않고, 태평시절에 전쟁을 잊지 않는다. 이로써, 자신은 물론 국가를 보존할 수 있다.〔『易經』계사하전, 5〕(이가원, 1980: 469-470; 김경동, 1993: 32-33).

다만 이 중용사상에는 정중正中과 시중時中을 병설한다. 천명에 따라 '도'에 어긋남이 없이 자기의 자리를 온전하게 지키고 과욕을 부리지 않는 중용, 즉 모든 변화의 양극적 다양성을 선善의 정당성으로 지향시키는 이념적 중용이 정중이고, 그때그때의 시대적 상황에 꼭 알맞은 처신을 하는, 즉 현시적인 사회의 현실 속에서 적절한 적응방법을 확보하는 상황적 중용이 시중이다. 율곡 선생은 사회를 변혁하는 방법으로 근본주의적인 접근從本而言과 현실주의적 관점從事而言으로 나누고, 때에 따라서는 원칙에 따라 문제해결을 시도하지만(정중), 좀 더 실질적인 필요에 착안하여 개혁을 도모할 수도 있음(시중)을 시사하였다. 여기서 우리는 적응성이라는 개념과 만난다. 이 적응성은 다음의 키워드다.

3. 유연성Flexibility과 적응력Adaptability의 원리

시스템도 한 번 균형이 깨지면 변화가 일어나고 이를 회복하려면 변화에 잘 적응하여 시스템 자체의 생존을 지탱하려는 성향이 있다는 것이 진화론적 사회변동론이다. 이때 체계가 유연해야만 적응하기가 수월하므로 적응력 향상을 진화의 한 양상이라고 본다. 유연성의 원리는 중용에서는 균형과 만난다. 균형이 깨지면 사람이나 사회에 변화가 온다는 뜻이다. 그런 상황에서 필요한 것이 바로 '시의時宜'에 잘 적응하라는 '시중時中' 즉 적응력이다. 시의에 따른 변역을 시도하는 것이 곧 적응을 뜻한다면 그러한 적응은 개인의 의식이나 사회의 조직원리나 구조가 유연해야 가능하지 경직할 때는 어려운 법이다.

흥미롭게도 이 같은 유연성, 신축성의 가치를 가장 높이 산 사상이 바로 도교사상이고 그 중 노자의 『도덕경』은 유연함을 칭송하고 강조하는 논리로 가득 차 있다. 그런 담론의 백미라 할만한 구절 하나만 인용한다(김경탁, 1979: 80)〔『노자』8장〕.

> 선善 가운데도 최상의 선은 물水과 같다. 물은 모든 만물을 잘 자라게 하지만, 높고 깨끗한 곳에 있으려고 다른 물건들과 다투지 않는다. 항상 사람들이 비천하고 더럽다고 싫어하는 곳에 스며든다. 그래서 이러한 물의 성질은 도道와 비슷하다.

물은 딱딱한 바위를 당장에 공격해서 이기지 못하는 듯 피해 돌아 흘러가지만 훗날 바위는 어떤 모습으로든 변형을 경험하고 만다. 부드럽고 약한 것이 오히려 딱딱하고 강한 것을 이긴다弱之勝强 柔之勝剛는 유연성의 승리를 비유하는 말이다. 경직한 의식과 행동과 조직원리로 변동하는 시대적 상황에 고집스럽게 대처하다 보면 오히려 체계가 붕괴하고 말지만 유연한 대처는 오히려 적응력 때문에 다시 균형을 찾고 더 뻗어 나갈 기회를 찾을 수 있다.

이상의 세 가지 사회변동 원리는 위에서 개관한 자본주의 경제의 변천사의 성격을 이해하려고 할 때 지나친 편향성, 과도한 경직성의 위험성을 염두에 두고 한계와 반의 원리, 중용 및 유연성의 원리를 되씹어 보면 훨씬 더 의미가 오묘하고 깊이를 느낄 수 있다. 그리고 이제부터 고찰하려는 미래 사회의 비전을 제시할 때도 언제나 한계에 달하면 되돌아오고, 극단으로 치달으면 위태하므로 항상 중용의 유연성으로 적응력을 높일 것을 시사하고 있다. 이러한 맥락에서 사회적 가치를 어떻게 이해하고 진작할 수 있을지를 고민하는 자세가 긴요하다.

사회적 가치의 사회학적 비전 ❶ 선진사회

이상의 철학적 해석에 바탕을 두고 이제는 사회적 가치를 증진시키기 위한 미래의 이상적 사회의 비전은 과연 어떤 것이어야 하는지를 상고할 차례다. 우선 이 대목에서 사회적 가치란 인간의 사회생활에서 구성원들이 희구하는 삶의 가치를 사회가 구현하기를 바라는 가치라고 잠정적으로 정의하고 시작한다. 여기에는 '삶의 가치'라는 개념이 핵심이다. 사회적 가치는 인간의 사회적인 삶에서 얻고자 하는 가치가 무엇이며 또 그런 삶의 가치를 누릴 수 있도록 사회는 어떤 모습으로 구성해야 하느냐 하는 두 가지 차원에서 이해하는 것임을 밝혀둔다.

그러한 바람직한 사회의 비전을 여기에서는 한 마디로 '문화적 교양으로 정화한 성숙한 선진사회'Cultured' Mature Advanced Society'라 규정한다. 이 명칭이 지나치게 긴 탓에 이를 줄여서 '성숙한 선진문화사회'라 약칭하기로 한다(김경동, 2000a; 2002; Kim, 2017). 이 비전에는 성숙, 선진 및 문화(적 교양으로 정화한)라는 3차원의 접근을 요하는 개념이 복합적으로 관여하므로 이를 도식적으로 요약하면 〔그림 2〕와 같다.

지금부터는 이 그림의 가운데를 차지하는 '성숙한 선진문화사회'를

성취하기 위해서 충족해야 할 세 가지 조건인 바닥의 '선진사회'의 기본요
건, 옆구리의 '성숙한 사회'의 기본틀, 그리고 꼭대기의 '문화적 교양으로
정화精華한 사회'의 내용을 차례로 검토하기로 한다. [그림2]

첫 번째, 선진사회의 특성으로 일반적으로 국제사회가 인정하는 보
편적인 지수는 국내총생산GDP이 연간 3만 달러인 사회가 선진국이다. 우
리나라는 2018년 현재 그 고개를 넘었다. 하지만 단순한 수량적 지표로
만 판단하는 것은 기초적이고, 역사적으로 현재까지 일컬어 선진국으로
대우받는 나라 중에서 떳떳하게 타의 모본이 되는 나라가 오랜 세월의 경
륜 속에 갖추고 있는 특성과 장점을 주된 기준으로 삼는다. 이런 조건은
널리 알려진 것이므로 간략한 해설과 함께 일곱 가지만 제시한다(김경동,
2002: 432-442).

1. 지속적 경제성장

국가다우려면 무엇보다도 우선적으로 의식주 생활에서 인간으로서 기본
욕구Basic Needs는 충족시켜 주는 것이 의무라고 보는 생각이 보편적이다.
빈곤 퇴치는 말할 것도 없고 지속적 경제성장을 유지해야 한다. 그러려면

[그림2] 성숙한 선진문화사회 비전의 기본틀(삼차원적 접근)

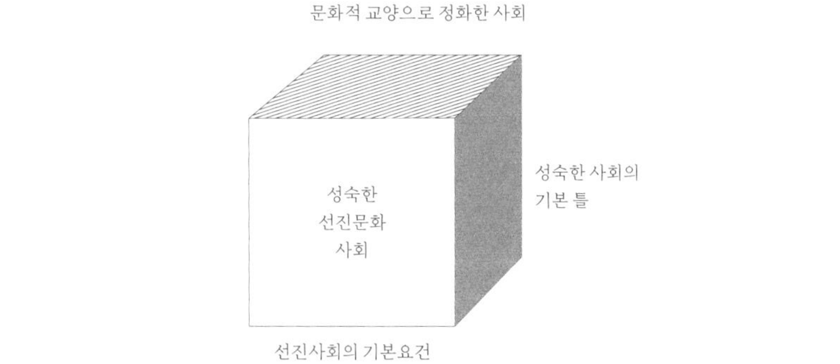

문화적 교양으로 정화한 사회

성숙한
선진문화
사회

성숙한 사회의
기본 틀

선진사회의 기본요건

사회체계가 환경에 적응하는 역량을 키우는 것이 기본이고 특히 시장경제체제를 근간으로 하되 방만함과 과잉경쟁의 제어는 반드시 동반해야 한다. 중용과 윤리적 책임의 원리다.

그리고 이제는 '지식정보사회'에 살고 있는데 지속성장을 위한 핵심 기술의 혁신이 중심이고 두뇌작용인 '소프트웨어 경제'에서 경쟁에 이겨야 하는데 이를 위해서는 창의력을 키워야 한다. 아울러 사회체계는 경제 시스템과 제도의 지속적인 혁신으로 효율성을 높여 유연성을 지탱하면서 사회 전체가 이 목표를 향해 갈등을 극복하고 협동하는 것이 필수다.

2. 삶의 질적 향상을 위한 생태계 보호와 생명존중

산업혁명 이래로 인류는 경제성장을 위해 주로 공업화에 의존했고 그 과정에 급속한 도시화를 경험하였다. 이로 인한 자연생태계의 교란과 파괴는 여기서 일일이 설명할 필요가 없이 보편적으로 인지하는 상태다. 자연 훼손, 공기와 수질 오염, 이로 인한 지구 온난화, 자연생태계 자체의 변질과 함께 인간의 건강을 해치는 각종 심각한 변화가 계속 악화하여 인간의 생명 자체를 위협하는 위험사회에 살고 있다는 경각심이 드높아지고 있다.

천인합일 사상이 아니라도 자연생태계 보호는 경제성장에 장애가 되기보다 그에 우선하는 가치일 뿐 아니라 기술력의 향상으로 생태계를 살리는 노력이 경제적으로도 경쟁력 있는 산업으로 발전 가능한 시대가 되었다. 생명존중의 가치와 이를 위한 안전의 수칙은 일상의 관행에서부터 정책과 제도의 모든 영역에서 기본적인 지향으로 자리 잡아가는 추세다. 이른바 지속가능한Sustainable 발전이라는 선진사회의 요건으로서도 이 항목은 더욱 큰 비중을 차지하고 있다.

3. 성숙한 시민민주정치의 정착과 발전

우리나라가 제2차 세계대전 종전(1945년) 이후 독립한 신생국들 중 경제

성장과 민주적 이행Democratic Transition을 성취한 대견한 모범국임을 세계가 인정한다. 그러나 진정한 민주정치에는 크게 미치지 못하고 오히려 후퇴하는 양상마저 보인다. 권위주의와 특권의식 및 도덕성 마비가 정치 전반에서 발목을 잡고 있음이다. 진정한 민주주의란 유가적 전통의 민본民本, 위민爲民 정신이 투철할 때라야 성립한다. 이를 위해서 기본적인 조건 몇 가지만 열거한다.

① 정치의 효율성 제고와 정상성 회복
② 민주정치의 기본인 삼권분립 원칙 실현
③ 의회정치의 기능 정상화
④ 정당의 전문성 확보
⑤ 이를 뒷받침하는 선거관행과 제도의 대폭적인 개선: 돈 안 드는 선거, 연고주의 지양, 전문가 우대, 정보 개발, 정책지향 등의 개혁
⑥ 지역단위 주민자치의 신장Grassroot Democracy 및 자발적 참여의 확대에 의한 지방자치의 정상적인 정착
⑦ 정치지도자의 권위주의 청산과 정치인의 특권의식 불식
⑧ 국민의 시민의식 향상
⑨ 무엇보다도 사회를 갈기갈기 찢어놓는 각종 소모적 사회적 갈등 해소

4. 억울한 사람이 없는 정의롭고 푸근한 복지사회의 구현

복지사회란 세금 걷어서 전 국민에게 무상 배분이나 하는 정치적 담론의 대상이 아니고 진정한 선진사회가 되려면 다음과 같은 사항에 특별한 주의를 기울여서 비참하고 억울한 국민이 없는 정의로운 복지사회의 구현이 주요 필수 요건이다.

① 특정한 계층이 억울하다 생각하지 않게 분배정의 실현이 시급한

핵심가치다.

② 그 기본은 계층 간의 격차를 최소화하는 일이다.

③ 공정한 경쟁원리가 작동하는 사회라야 선진국이라 할 수 있다.

④ 인정이 넘치고 서로 돕는 따뜻하고 친근한 공동체를 이룰 수 있어야 한다.

⑤ 따라서 베풀기(자원봉사)와 나눔(기부)의 문화를 일상의 생활 속에 뿌리내리기 전에는 선진사회라 할 수 없을 것이다.

⑥ '복지국가'의 일방적 퍼주기의 병폐를 막고 국가가 부족한 자원을 시민사회의 자발적 부문이 충당하는 진정한 협치가 이루어지는 '복지사회'가 답이다.

5. 건강한 도덕사회

우리 사회처럼 사회의 엘리트층부터 가장 부패하고 부정직하다는 평판을 듣는 사회는 진정한 선진사회의 자격이 없다. 그렇다고 도덕사회라면 모두가 도덕군자가 되라는 뜻이 아니다. 최소한도 생활세계 속의 질서와 규칙을 지키는 사회성 제고라는 기초부터 시작하는 현실적 접근이 유효하다. 그 내용은 상식에 해당한다.

① 도덕적 행위의 근간은 정직과 성실Integrity의 실천이 우선하는 가치다.

② 자신부터 성실하고 남에게 정직하면 당연히 자신의 언행을 책임지는 자세로 행동할 것이다.

③ 정직과 책임감을 중시하는 태도는 일상적인 법과 규칙 준수, 기초질서를 중시하는 행동으로 나타나야 한다.

④ 자기중심적인 인간이라도 공동생활에서는 이기심을 극복하고 남을 의식하여 폐를 끼치지 않고 오히려 배려하고 도우려는 마음가짐과 행위가 필수다.

⑤ 선진사회는 공익정신이 투철하여 자원봉사와 나눔 등 자발적으로 헌신하는 활동을 적극적으로 전개한다. 특히 남보다 유리한 위치의 사람이 더 모범적으로 사회에 헌신하는 노블레스 오블리주Noblesse Oblige 정신의 실천이 두드러진다.

⑥ 이런 마음으로 사회생활이 이루어지는 사회는 서로 신뢰하는 사회다.

⑦ 윤리적으로 건전한 선진사회가 되려면 감성을 적절하게 조절하고 이성과 합리성을 더욱 강화할 필요가 있으며, 사회체제도 합리화를 요함은 물론이다.

6. 문화적으로 풍요한 사회

국가의 품격을 가늠하는 한 가지 척도는 그 나라의 '브랜드 가치'라고 한다. '삼성' 하면 '한국'이 떠오르는 식이다. 그 가치를 더욱 높이려면 거기에 '문화적' 가치가 함께 있어야 한다. 우리나라는 그동안 소위 '한류'라는 대중문화의 열풍을 일으키고 있어서 어느 정도의 문화 선진국 대접을 받는 듯하다. 그러나 진정한 문화 선진국은 다음과 같은 조건을 충족시켜야 한다.

① 무엇보다도 독서하는 나라가 진짜 선진사회다. 정보화 시대라 해도 고급문화를 전달하는 수준 높은 독서로써 두뇌를 업그레이드해야 선진사회가 될 수 있다.

② 유익한 선진문화와 기술을 신속히 수용하고 새로이 창조하는 역량이 필수다.

③ 특히 과학기술과 문화의 융합으로 문화산업Culturenomics을 활성화하는 일이 역시 선·후진을 가르는 척도가 될 것이다.

④ 업그레이드한 '한류'로 우리 문화의 대외 전파 역량을 더 확충해야 한다.

⑤ 문학, 미술, 음악, 학문 및 과학에 이르는 고급문화 영역도 세계가

주목하는, 가령 노벨상 급의, 인정과 감동을 받을 수 있는 문화를 창출할 수 있어야 한다.

⑥ 여기에는 우리 전통문화의 콘텐츠를 더 열심히 발굴하여 창조적으로 새로이 계발하는 일에 더욱 박차를 가하는 것이 필요하고 유익하다.

⑦ 누구나 골고루 문화혜택을 누리는 문화복지사회를 지향하는 정책과 프로그램을 더욱 활발하게 기획하고 실현할 수 있어야 진정한 문화선진사회라 할 것이다.

7. 인간을 위한 도덕성·창의성 교육: 교육낭만주의가 답이다

이러한 선진사회의 요건을 구비하자면 역시 교육이 가장 핵심적인 역할을 한다. 다만 우리 교육의 현황은 가령 짐을 넘치도록 실은 수레의 두 바퀴가 거의 완전히 망가진 채 가동이 불가능한 참담한 모습이다. 그 두 바퀴는 도덕성·사회성과 창의성·판단능력 교육의 부재다. 선진사회로 발전하려면 무엇보다도 인간의 창의성을 크게 개발하고 장려하는 동시에 인간다운 삶을 제대로 가르치는 사회성과 도덕성 교육이 절대 필수적이다. 그것은 적어도 다음과 같은 노력을 요청한다(김경동, 1998).

① 무엇보다도 근본적인 해결책은 우리의 '교육가치관' 자체를 교육은 무엇(출세)을 위한 수단이 아니고 그 자체로 가치 있고 즐겁고 행복한 것이라는 '교육낭만주의'로 하루속히 바로 세워야 한다는 것이다.

② 가정교육의 복원과 개선을 서둘러야 한다. 사회 속의 인간다운 인간이 되는 교육, 창의로 문제를 제대로 해결할 수 있도록 키우는 인성교육이 시작하는 곳이 가족이고 그 주체는 대개 어머니(실제로는 아버지가 대체로 열외기 때문에)다.

③ 초중등교육은 학교교육의 정상화가 시급하다. 입시위주의 지식주입식 교육을 지양하기 위해서라도 가장 어린 나이, 인격형성이 활발

하게 일어나는 시기의 어린이집, 유치원, 초등학교의 질적 향상이 참으로 일차적인 관심사가 되어야 한다.

④ 대학교육 정상화도 출세주의와 학력주의를 지양하고 인문학의 기조 위에 교양교육을 강화하는 한편, 전문인 교육을 중시하여 국제경쟁력을 높이고, 기초과학의 발전을 강력히 추구하는 방향의 개혁을 요한다. 이를 위해 반드시 대학 간 분업의 제도화를 선행해야 한다.

⑤ 교육의 근본적인 개혁을 위해서는 교육의 자율화 신장이 급선무다.

⑥ 교육을 생각할 때 마지막으로 강조할 것은 우리 사회에서 미래 세대, 특히 현재의 청소년에게 진정성 있는 사회적 관심을 가져야 한다는 점이다.

사회적 가치의 사회학적 비전❷ 성숙한 사회의 기본 틀

두 번째 미래 사회 비전은 성숙한 사회의 요청이다. 여기서 '성숙'의 의미는 개인과 사회 차원으로 구분하여 설명하는 이론이 다수 있는데 이 글에서는 간단히 그들의 주장을 요약하는 것으로 정리하고 성숙한 사회를 위한 패러다임의 전환을 간략하게 고찰한다(김경동, 2012: 25-31; 40-47).

1. 성숙한 인간의 의미

심리학적 학설에서 사람의 개체가 성숙한다 함은 신체적 성장을 포함하여 '사람다워지는' 변화를 가리킨다. 그 사람다움이란 신체적으로 더 이상 남에게만 의존하지 않고 독자적인 삶을 누릴 수 있는 역량을 갖추는 것을 뜻하며 사회심리적으로는 사회의 다른 구성원들과 온전한 사회적 관계를 맺으며 순탄하게 사회생활을 영위하는 능력을 포함한다. 원래 인간의 갓난아기는 혼자서는 오래 생존하지 못하는 취약한 존재로서 기본적으로 자기중심적이라는 데는 모든 학설이 동의한다. 성장과정에서 다른 사람들과 상호작용하며 사회적 학습을 함으로써 자의식과 타인의식을 모두 갖추어 비로소 성숙한 인간으로 자란다는 것도 의견이 같다. 요컨대, 자기만 알고 남을 생각지 못하는 상태에서 점차 다른 사람을 의식하고, 다른 사람을 배려할 줄 알고, 다른 사람에게 피해를 입히지 않고, 나아가 다른 사람에게 도움을 줄 수 있는 존재로서 사람다워질 것으로 기대하고 그럴 때라야 우리는 성숙한 사람이라고 인정할 수 있다는 말이다. 이처럼 모든 주요 이론에서 공통한 관념은 인간의 성숙이란 자기중심에서 탈피하여 역지사지易地思之가 가능한 사회적 존재로 성장하는 자아발달 과정이라는 생각과, 반대로 미숙한 상태에서는 충동과 욕망이 앞서고 이성적 사유와 합리적 판단이 잘 이루어지지 않는다는 점이다(Freud, 1923〔1961〕; Mead, 1935; Piaget, 1954).

그렇게 인간 개체의 성숙이 곧 사회 구성원으로서 다른 사람들과 정상적으로 사회생활을 영위할 수 있는 사회성과 합리성을 핵심에 두고 있다는 관념에서 우리는 이제 성숙한 사람들이 사는 사회가 성숙한 사회일 수 있다는 단서를 발견한다. 뒤집어 말하면 사회가 성숙해야 그 속에 사는 시민도 성숙할 수 있다는 것을 뜻하기도 한다. 개인과 사회는 항상 마치 음양론과 변증법의 논리처럼 음과 양으로서 서로 극을 이루는 특징을 띠지만 동시에 끊임없는 상호작용 속에서 서로 영향을 미치는 관계에 있기 때문이다. 그렇다면 성숙한 사람들이 그 안에 살면서 또한 사람들이 성숙하도록 하는 성숙한 사회는 과연 어떤 사회일까?

2. 성숙한 사회의 이론

성숙한 사회를 규정하는 데 유용한 이론적 관점부터 잠시 검토하면, '진화론'과 '체계론'이 주종을 이룬다. 진화론의 요체는 모든 생물·무생물은 하나의 체계로 파악할 수 있고, 그 체계가 분화하여 다원적이고 복합적인 구조를 띨수록 진화한 것으로 간주한다. 체계의 분화과정은 주로 균형을 이루고 있다가 분화라는 변화를 겪으면 균형이 깨지고 그런 상태로 계속하면 결국 체계 자체가 와해한다. 그러므로 분화한 체계의 부분요소를 통합하여 다시 평형을 되찾으려는 변화를 시도하는데 이러한 분화와 통합의 반복이라는 변동을 반복하는 과정에 평형을 유지하는 것을 역동적 균형Moving Equilibrium이라 한다. 이때 필요한 것이 환경적 조건에 잘 적응하면서 균형을 찾는 에너지다(Parsons, 1966).

여기까지가 생물학적인 진화론의 체계론이라면 이제는 열역학적인 체계론으로 이행한다. 모든 체계는 환경에 적절히 적응하면서 계속 진화하려면 충분한 에너지가 필요한데, 어느 시점에 가서 그 에너지가 소진하여 더 이상 움직일 수 없는 상태가 되면 결국 체계는 무용지물이 되고 와해한다. 이런 상태를 일컬어 그리스 말로 엔트로피Entropy, 즉 무변화라 한다. 체계가 엔트로피에 빠지지 않으려면 환경에 적응하기 위해서 계속 분화와 통합이라는 움직이는 평형 상태를 유지할 수 있어야 하는데, 여기에 그 체계의 성질이 얼마나 유연하게 적응할 능력이 있느냐가 관건이다. 경직해지면 움직임이 적어지고 움직이려 해도 에너지가 부족하면 결국 엔트로피라는 무기력 상황으로 빠져들어 체계 자체의 와해로 결과한다.

사회의 성숙을 이처럼 진화하는 과정으로 해석하면 사회체계가 분화와 통합을 계속해서 한층 더 복합적이면서 구성원 모두의 행복에 도움이 되는 모습으로 성숙하는지를 가릴 수 있다. 이때 에너지 소모를 피하려면 체계가 필요로 하는 에너지를 투입해서 그 산출이 계속 플러스가 되도록 해야 한다. 다른 말로, 에너지 효율성의 증대가 성숙의 한 지표다. 다만 아무리 에너지 투입산출Input-output이 플러스라 해도 그 결과 체계가 창출하는 사회적 가치가 구성원의 행복증진에 도움이 되어야지 엉뚱한 결과만 내어놓으면 공연한 허비가 될 뿐이다. 여기에 인간사회의 투입산출은 단순한 효율의 척도만으로 계산해서는 되지 않는다는 원칙이 개입한다. 거기에 작용해야 하는 원리가 바로 합리성이다. 효율적이면서 동시에 합리적인 에너지 투입산출에 의한 유익한 결과 창출이 핵심이라는 말이다.

　체계의 효율성은 저절로 생기는 게 아니고 인간의 적극적인 자발적 참여가 있어야 하고 이를 자극하는 동기부여가 필요한데 이를 위해서는 적절한 인센티브Incentive의 제공과 적정 수준의 활발한 경쟁이 일어나야 한다. 이 두 가지는 기실 인간의 기본성향과 직결하는 요소다. 다만 이 두 가지는 가능한 대로 공정성의 원칙 아래 이루어져야 한다. 인간은 그만큼 이성적이지 않기 때문이다. 그래서 효율성에는 합리성이 동반해야 한다. 사람이 합리적이지 못한 공백을 사회의 합리적 운용으로 공정성을 담보해줘야 한다.

3. 성숙한 사회를 위한 패러다임의 전환

이처럼 성숙한 사회를 이룩하려면 특히 우리나라에서는 적어도 다음과 같은 사회적 가치의 패러다임에 변화를 가져오도록 해야 할 것이다.

　① 도덕성과 규범질서의 정상화: 다시 강조하자면, 우리 사회에 만연한 도덕성 마비無道, 無廉, 無禮, 無恥를 청산하고 가치관과 규범질서 교란Normlessness 無規範, 無常識, 無原則, 無秩序의 정상화 과제가 시급하다.

　② 절차의 정상화와 정당한 권위의 복원: 성숙한 사회는 절차를 존중한다. 만연한 편법으로 절차를 무시하는 의식과 관행으로 정당한 권위를 존중하는 풍토가 사라지는 대신 '권위주의' 유산은 끈질기게 남아 있는 현실은 빨리 탈피해야 한다.

　③ 신뢰의 회복: 기득권층의 부정부패와 특권의식이 조장한 불신 풍조로 우리 사회를 좀먹는 갈등과 공동체 붕괴를 초래하였다. 신뢰야말로 정상적인 사회의 운용에 결정적인 효력을 발휘하는 사회적 가

치의 덕목 제1호라 해도 과언이 아니다.

④ 공동체의 복원: 공업화·도시화 과정에서 과열 경쟁이 부추긴 극단적 개인주의와 집단이기주의로 말미암아 공동체마저 붕괴하는 중이다. 인정이 넘치고 푸근하면서도 이성적인 성숙한 사회라면 공동체를 잘 지킬 수 있어야 한다.

⑤ 공공의식의 강화: 극단적인 자기중심성이나 혈연, 학연, 지연, 직연職緣, 도당, 패거리 등 연고주의와 협소한 집단이기주의를 초월한 전체 사회의 공공복지 지향에 기초한 공익정신이 결핍한 것도 극복해야 할 큰 문제다.

⑥ 책임지는 사회: 대형 사고가 나도 아무도 제대로 책임지지 않는 사회의 관행無責任, 無誠意, 不實, 不誠實, 不徹底을 하루속히 타파해야 한다.

⑦ 절실한 합리화: 패러다임의 전환에서 가장 중요한 것은 시스템의 합리화다. 인치人治에서 법치法治로 시스템 전환이 필수적이고, 연고, 패거리 탈피, 적재적소, 공정성과 전문성을 중시하는 합리적인 인사人事가 기본이며, 생각, 행동, 제도, 조직구성과 운영에서 각종 무리無淫渭, 無理, 無謀, 無分別, 無自覺, 無節制 극복, 책임행정, 책임경영의 정신이 투철하게 시스템을 합리화 해야 한다.

사회적 가치의 사회학적 비전❸ 문화적 교양으로 정화한 사회

문화적 교양이란 무엇인가?

미래를 구상할 때 제안한 삼차원적 접근의 세 번째 조건은 문화적 교양이다. 문화란 흔히 정치, 경제, 사회, 문화라고 나열할 때, 음악, 미술, 연극이라 할 때 및 사회학과 인류학에서는 인간사회의 모든 생활양식을 통칭할 때 쓰는 말이다. 이 글에서는 약간 의미가 다른 일반개념으로 사용한다. 동방문명에서 '문文'자는 원래 무늬를 가리키지만 후에 글월이라는 뜻을 갖게 되었다. '화化'는 변화를 의미하므로, 문화는 글(문)로써 변화를 이룬다는 말이다. 여기에 가르칠 '교敎'와 기를 '양養'을 더하여, '문화적 교양'은 사람을 학문과 도덕으로 가르치고 훈육하여 덕을 쌓게 하는 육성을 의미한다(김경동, 2002: 442-449).

서양에서 '문화'는 예술, 풍습, 삶의 양식 등에 더하여 생물의 배양, 양육, 양식, 경작, 품질개량을 비롯하여 사람을 훈련, 수양, 교화하여 세련미를 높이고 교양을 쌓는다는 의미다. 이때는 컬처Culture라는 단어를 동사로 써서 과거형으로 'Cultured'로 표현하면 '문화적 교양으로 정화한'이란 의미를 띤다. 그런 맥락에서 '성숙한 선진문화사회'로 약칭하지만 정확히 부르면 좀 장황한 대로 '문화적 교양으로 정화한 성숙한 선진사회'다. 이런 뜻에서 문화적 교양이 인간에게 어떤 변화를 야기하는지를 간략하게 살펴보겠다.

① 이성적인 인간이 올바른 생각과 판단으로 서로를 이해하고 의사소통을 자유롭게 할 수 있는 사회적 환경을 만들어가려는 자세는 문화적 교양으로 가능하다.
② 동시에 감정적 존재인 인간을 이성으로 조절하는 일도 문화적 교양의 몫이지만 특히 현대적 가치 혼란의 상황에서 윤리도덕의 정상화도 이성이 감당해야 한다.
③ 성숙한 선진문화사회는 '기본이 책임지는 사회'다. 나의 권리만이 아닌 우리 모두가 사회를 위해 책임질 일은 없는지 성찰하는 자세를 중시한다.
④ 날로 자기중심으로 각박해지는 시대에 따뜻한 정을 나누고 사랑과 존중으로 남을 위해 애쓰는 정의적情誼的인 삶도 문화의 교양으로

더욱 고양할 수 있다.

⑤ 도덕적 윤리와 사회적 규범만으로는 삶을 살찌게 하지 못한다. 신비한 초월적 존재와 우주와 자연, 인생과 인간관계의 아름다움을 심미적으로 감상하고 예술로 표현하여 삶을 한결 풍요하게 만드는 일, 또한 문화적 교양의 산물이다.

⑥ 문화적 교양은 절제와 신중의 '중용中庸'을 그 핵심 가치로 삼는다.

⑦ 문화적 교양의 특징에는 유연성도 포함한다. 유연한 사회조직원리에 관해서는 음양변증법 논의에서 언급했지만 곧이어 다시 고찰할 것이다.

문화적 교양의 구체적인 방법과 내용은 상론할 수 없지만 동서양의 고전사상과 교육과정을 상고해 볼 만하다. 이와 같은 교육과정에서 교양이 목표하는 바는 인문과 과학기술의 균형 잡힌 다원적 교육, 훈련에 의하여 육신과 심성을 건전하게 육성하고자 하는 체험교육, 생각과 행위에 세련미를 갖추어 거칠고 질박한 감성이 노골적으로 드러나지 않도록 이성의 힘으로 자제하고 신중하게 행동하는 사려 깊은 자세를 함양하려 함이다. 그렇게 교양을 받은 사람들이 운영하는 사회라야 이성적인 원리로써 균형 잡히고 건강한 사회를 만들 것이라는 이념이 깃들어 있다.

성숙한 선진문화사회의 조직원리

성숙한 선진문화사회로 나아가는 발전을 추구하는 데에는 그런 사회를 조직하는 원리에 관한 지침을 요한다. 이 글에서는 그러한 조직원리를 크게 세 가지 기본적인 사회의 모형으로써 제안하고자 한다(김경동, 2002: 469-472; 김경동, 2012: 22-25).

1. 유연성의 원리

성숙한 선진문화사회는 생산성, 창의성, 자발성, 협동성 등을 필수적으로 요청한다. 바로 여기에 유연하고 신축성 있는 구조와 조직원리가 유리한 까닭이 숨어 있다.

첫째, 경제성장을 하자면 자원 창출을 위한 생산성 제고와 기술혁신을 비롯한 새로운 아이디어가 필요하므로 창의력이 가장 중요하다. 창의성 발휘에는 개인과 집단의 적극성Initiative과 진취적 자세를 장려하고 조직체와 사회 전체의 효율성을 높이는 게 필요한데, 이에는 경직성보다는 유연성이 훨씬 유리하다.

둘째, 유연한 사회는 의사결정 과정에 구성원들의 자유로운 참여를 널리 개방함으로써, 배제와 소외의 문제를 예방할 수 있으므로 생산성과 효율성 제고에 긍정적이며, 소모적인 사회의 분쟁, 갈등, 폭력 대신 사회적 통합과 협동을 유도할 수 있다.

셋째, 그런 유인을 제공하는 유연한 구조는 목표 달성에 유리하다. 일단 결정한 사회적 목표와 채택한 규칙을 서로가 존중하는 태도가 우세해지며, 따라서 개인적 희생을 감수하고 자발적으로 공익에 공헌하려는 성향을 북돋아 주므로 그만큼 일탈과 저항에 의한 낭비가 줄고 생산성이 높아져서 질서가 잡힐 확률이 커질 수 있다.

이러한 사회조직 원리는 앞서 소개한 음양론과 변증법의 이치대로 유연성으로 적응력을 키우고 시의에 맞는 변혁을 도모하여 지속적으로 발전할 수 있게 하는 원리다.

2. 분권적 다원적 공동체주의적 집합주의

그처럼 유연한 조직체와 사회구조의 특성을 표상하는 이념형적인 조직원리는 일종의 분권적 다원적 공동체주의적 집합주의Decentralized Plural Communitarian Collectivism 또는 분권적인 공동체로 규정할 수 있다(Gurvitch, 1971).

① 우선 분권적인 사회는 모든 사회적 자원의 배분에서 과도한 집중을 피하고 권력의 배분이 불공정한 집권적 성향을 극복해야 하는 조건을 요구한다. 이 원리는 정의, 공평, 균등, 나눔, 삶의 기회, 권한(자율권)부여 등의 사회적 가치를 추구한다.

② 다음, 다원화는 사회의 규모가 커지고 제도적 기능도 다기해져서 사회구조가 복합화하면 거기에 참여하는 구성원의 사회문화적 속성도 다양해지는 과정이다.

③ 다만 분권화로 권력이 분산하고 다양한 부문과 집단의 자율성이 확대하면서 모두 각자의 이익 추구에 몰두하고 뜻대로 살아가려는 성향도 커지면 각각 자기중심적 이익을 중심으로 분열하고 상호 간의 불신으로 갈등이 일어나기 쉬워서 사회통합이 어려워진다. 이를 방지하려면 집합체 중심의 공동체적 가치와 규범을 중시함으로써 통합한 하나의 안정적인 사회로 응집하여 생존과 발전을 기할 수 있다.

요컨대 한편으로는 분권적이고 다원적이지만 또 달리는 모두가 공동체적인 가치와 규범을 존중하고 준수하며 공익을 위하여 누구든 포용하여 응집하는 집합주의적 조직원리가 작동해야 사회적 가치를 구현하고 발전을 기할 수 있다.

3. 자발적 복지사회

다음으로 생각할 수 있는 성숙한 선진문화사회의 특징은 기본적으로 자발적 복지사회Voluntary Welfare Society의 이상을 추구한다는 점이다(김경동, 2012).

분권적 다원적 공동체주의적 집합주의가 지향하는 사회는 복지국가가 아니라 진정한 복지사회다. 국가주의의 사슬을 벗어난 시민사회의 자율성은 자발적인 참여와 희생적 봉공의 정신이 없으면 성공할 수 없다. 이런 사회라야 삶의 질적 향상에 필요한 자원의 확충과 자원의 공정한 배분을 기하려 할 때도, 국가의 집권적인 힘만으로는 벅차기 때문에 오히려 시민사회의 자발적 부문이 가진 무한정의 가용자원을 활용하고 협조를 얻는 것이 실질적이고 현명하다. 국가와 시민사회의 자발적 부문 간에 진정한 파트너십에 기초한 협치Governance가 긴요한 이유가 여기에 있다.

이러한 자발적 복지사회는 시민사회의 자발성을 가장 뚜렷하게 부각시키고자 한 '자발적 사회Voluntary Society'라는 이념에 기초한다. 여기에 이 말을 제안한 슐츠(Shultz, 1972; 김경동, 2007; 2012: 109-110)의 개념 정의를 그대로 인용 소개한다.

> '자발적 사회란' 높은 수준의 통합을 이룩하되 힘과 돈에 의존도가 가장 낮은 조직 원리로 구성하는 사회다. 자발적 사회는 상대적으로 비폭력적이고 비강제적이며 비물질적인 사회다. 이런 사회에서는 힘과 돈이 인간사에서 이차적인 인과적 역할밖에 차지하지 못한다. 자발성Voluntarism이 중요한 목표의 하나가 되고 사회적인 우선순위를 설정하고 달성하는 데 있어서나 사회의 문제를 해결하는 데 있어서 주요 수단이 된다. 좀 더 적극적인 개념규정을 하자면 자발적 사회는 봉사의 이상을 깨우치고 장려함을 조직원리로 하는 사회다. 봉사의 이상이란 모든 개인과 조직 단위들이 자율적으로 사회에 공헌해야 한다는 규범으로서 자발적 사회에서는 편재하는 이상이다.

이상의 논의는 주로 서방이론에 기초한 것이지만, 여기서 다시 한번 앞서 제공한 공자의 대동사상이 제시한 공동체적 이념형을 자세히 살펴보기를 권한다. 거기에는 명확하게 자발성이란 개념이 떠오르진 않지만 내용상으로 암시하는 것은 "큰 도가 행하여지자" 세상이 이상적인 공동체가 되더라는 문구가 있다. 이 큰 도란 앞서 인용한 『중용』의 첫 구절, "하늘이 사람들에게 내려준 것을 '본성'이라 하고, '본성'에 따르는 것을 '도'라 하고, '도'를 닦는 것을 '가르침'이라 한다"(김학주, 2009b: 4-5; Chan, 1973, 78-79; Fung, 1983: 129; Kim, 2017)는 문장에서 가리키는 하늘이 내려준 본성을 따라 살아가는 것이 도라 한 것을 상기하자는 것이다. 그렇게 살아가는 자세를 공자는 '인(인간사랑)'의 실천이라는 뜻으로 '극기복례'라 하였다. 다시 말해서 사람이 각자 자신의 욕심을 버리고 남을 위해 살아가는 삶을 살아가는 것이 큰 도를 실천하는 게 된다. 이야말로 자발적 봉사의 정신이 아니고 무엇이겠는가? 동서를 막론하고 이 같은 자발적 봉사의 정신은 맥을 같이 하며 인간의 이상적인 삶의 표상으로 제시하고 있으며 사회적 가치의 노른자라 할 것이다.

사회적 가치의 가치체계

이제 마지막으로 본격적인 사회적 가치의 구성요소 내지 구체적 내용을 한데 모으고 재편하여 하나의 일관적인 준거틀에 담아 가능하면 일목요연하게 눈여겨 볼 수 있는 가치체계 구성에 착수하는 과제가 남았다.

현존 사회적 가치의 구성내용

우선 국내외의 현존 정책에서 규정하는 사회적 가치의 구체적인 보기를 살펴보고 시작한다(한국행정학회, 2019).

첫 번째 보기는 영국의 「공공서비스(사회적 가치)법 2012」(Public Services(Social Value) Act 2012)이다. 이 법령은 법 제정 취지를 다음의 문장으로 표현하고 있다. "이 법령은 공공기관으로 하여금 공공서비스 계약; 그리고 이와 연관성이 있는 기타 목적의 공공서비스 계약과 관련하여; 반드시 경제적, 사회적 및 환경적 안녕을 고려해야 한다An Act to require public authorities to have regard to economic, social and environmental well-being in connection with public services contracts; and for connected purposes".

둘째는, 사회적 영향과 사회적 가치에 초점을 맞추고 활동하는 국제적 시민단체 네트워크Social Value International이다. 이 기구는 사회적 가치의 개념을 이렇게 규정한다(Social Value International, website). "사회적 가치란 사람들이 경험하는 변화에 부여하는 상대적 주요성의 계량화를 가리킨다Social value is the quantification of the relative importance that people place on the changes they experience in their lives". 아울러 "이런 사회적 가치가 우리의 일상적 경험을 수치로 계산함으로써 어디에 투자할 지를 결정하고 우리가 사는 세상을 더 잘 이해하도록 도와줄 수 있는 대단한 잠재력을 갖는다고 믿는다…이런 가치를 잘 따져보고 설명함으로써 세상이 더 평등해지고 더 지속가능해지리라고 믿는다"라고 첨언하고 있다.

세 번째는 우리나라의 보기로, 2017년 10월에 발의한 「공공기관의 사회적 가치 실현에 관한 기본법」에서 명시한 사회적 가치의 정의는 아래와 같다.

제3조(정의) 이 법에서 사용하는 용어의 뜻은 다음과 같다.
1. "사회적 가치"란 사회·경제·환경·문화 등 모든 영역에서 공공의 이익과 공동체의 발전에 기여할 수 있는 가치로서 다음 각 목의 내용을 포괄한다.

　가. 인간의 존엄성을 유지하는 기본 권리로서 인권의 보호
　나. 재난과 사고로부터 안전한 근로·생활환경의 유지
　다. 건강한 생활이 가능한 보건복지의 제공
　라. 노동권의 보장과 근로조건의 향상
　마. 사회적 약자에 대한 기회제공과 사회통합
　바. 대기업, 중소기업 간의 상생과 협력
　사. 품위 있는 삶을 누릴 수 있는 양질의 일자리 창출
　아. 지역사회 활성화와 공동체 복원
　자. 경제활동을 통한 이익이 지역에 순환되는 지역경제 공헌
　차. 윤리적 생산과 유통을 포함한 기업의 자발적인 사회적 책임 이행

카. 환경의 지속가능성 보전

타. 시민적 권리로서 민주적 의사결정과 참여의 실현

파. 그 밖에 공동체의 이익실현과 공공성 강화

이 정도면 윤곽은 드러나지만 현재로서는 매우 실천적인 프로그램을 중심으로 사회적 가치를 이해하고 실현하고자 노력하는 것이 현실이다. 특히 우리나라 법령의 내용은 사회가 인간을 위해 제공해야 한다고 선언하는 가치 있는 갖가지 조건을 거의 망라하고 있음을 직감할 수 있다. 한 가지만 더 소개하면, 국제연합이 2015년 9월 제70차 총회에서 채택한 '2030 지속가능한 발전의 목표'라는 문서다. 거기에는 17개의 목표와 169개의 세부목록을 담고 있지만, 여기서는 17개 목표만을 간추려 제목만 나열한다(Wikipedia, 2019; 이재열, 2018: 377-378).

① 무 빈곤No Poverty

② 무 기아Zero Hunger, 기아 종식End Hunger

③ 양질의 건강과 안녕Good Health and Well-being

④ 양질의 교육Quality Education

⑤ 양성평등Gender Equality

⑥ 깨끗한 물과 위생Clean Water and Sanitation

⑦ 사용가능하게 저렴하고 깨끗한 에너지Affordable and Clean Energy

⑧ 괜찮은 일자리와 경제성장Decent Work and Economic Growth

⑨ 산업, 혁신 및 기반시설Industry, Innovation, and Infrastructure

⑩ 불평등 축소Reducing Inequality

⑪ 지속가능한 도시와 공동체Sustainable Cities and Communities

⑫ 책임성 있는 소비와 생산Responsible Consumption and Production

⑬ 기후 관련 실천행동Climate Action

⑭ 바다 속 생명Life Below Water

⑮ 지상의 생명Life On Land

⑯ 평화, 정의 및 강력한 제도Peace Justice and Strong Institutions

⑰ 목표달성을 위한 파트너십Partnerships for the Goals

이러한 사례만 보아도 현재 국내외에서 추진하는 사회적 가치 프로그램의 내용이 상당히 포괄적이고 상세한 면이 있는 것을 알 수 있다. 다만 왜 그러한 가치 항목이 '사회적 가치'로서 의미가 있는지, 그 이론적 내지 철학적 근거는 밝히고 있지 않다. 따라서 이 글에서는 그런 구체적이고 실천 지향적인 내용을 지지하는 기초로서 한층 더 초월적인 보편적 기준의 탐구를 시도하려고 한다.

보편적 가치와 사회적 가치

사회적 가치의 새로운 체계를 구성하기 위해서 시간과 공간을 넘어 비교적 광범위한 합의를 얻은 인간의 핵심 가치Core Human Values를 보편 가치의 한 모습이라 한다면(Bell, 2004: 177; 179) 사회적 가치는 그러한 보편성을 띠는 가치로 인식하는 것이 온당하다고 하겠다. 지금까지 서구 철학계와 사회과학 분야에서 제시한 대표적인 사례를 검토해보면 한 가지 명백한 사실은 인간의 사회에서 무슨 가치가 가장 소중하고 엄중하게 귀한가를 물었을 때 아마도 '생명Life'이라는 대답이 나오리라고 추정할 수 있을 줄 안다. 기실 예일Yale 대학의 벨Bell 교수도 바로 이 생명이야 말로 세상 어느 누구도 부정하지 못할 지상의 보편적 가치라 해도 좋을 것이라고 보았다. 다만 이 생명의 개념은 양적인 측면에서 수명Longevity, Life span, Life Expectancy이라는 뜻과 질적으로 보는 삶의 질the Quality of Life로 이해하는 양면을 다루어야 한다고 지적한다. 이 글에서도 이 논리를 채택하고 새로운 가치체계를 구상할 것이다.

다만 현재까지 이러한 보편적 가치 논의에서 밝혀낸 항목을 전부 밝혀낼 수는 없지만 가장 다수의 전문가가 지목한 가치항목을 먼저 나열해 보고, 그러한 가치를 구현하기 위한 인간의 노력 가운데 사회적 가치로 인정할 만한 가치체계의 구조를 탐색하고자 한다.

1. 인간사회의 보편적 가치 예시

① 사회적·집합적 차원

건강(Health), 경제적인 부(지나치지 않고 적정한, Riches, Wealth, Economic welfare, Not enormous), 공공 질서(Public order), 공동체(공동체 의식, 우애, 공동체를 위한 의무, a Sense of community, Obligations to community), 정의, 공정, 공평, 공명정대(Justice, Fairness), 관용(Tolerance, Limits in imposing values on others, Respect for the dignity of each person, Right for everyone to have ideas), 권력 형성과 공유(Power shaping & sharing), 권리(건강과 안녕, Health & Well-being), 권리(교육, Right to education), 권리(문화 생활 참여, Right to participate in cultural life), 권리(사생활, Right to privacy), 권리(생명권, Right to life), 권리(일할 권리, Right to work), 권리(자산소유권, Right to own property), 권리(혼인과 가족, Right to marriage & family), 권리(휴식·여가, Right to rest & leisure), 권위 존중(Respect for authority), 근본적 가치의 존중(Respect for fundamental values), 단합(Unity; Fraternity, Group allegiance, oneness with others), 도덕성(정당한 도덕적 요구조건 충족, Morality, Meeting the just requirements of morality), 동정, 박애, 자비심(Charity), 민주사회의 일반적 복지(The general welfare of a democratic society), 비폭력(Nonviolence), 사회적 안정·안전·안보, 삶의 질(The quality of life), 사랑(Love, Love for one another, Caring for others, Mutual assistance, Compassion for others), 사회의 안정보장(Social security), 성적 표현(동격의 동반자로서 사랑하는 관계를 강화하는, Sexuality expresses & reinforces a loving relationship lived by equal partners), 생명권, 생명존중(Right to life, Respect for life, "Thou shalt not kill."), 생태환경 보호(Protection of environments), 신뢰(Trust), 안녕(Well-being), 안전(Safely), 안전보장(Security), 안정(Stability), 양성 평등(Gender equality), 여성권리(Women's rights, Equality), 연대와 관계성(Solidarity

& relatedness of all people), 용서(Forgiveness), 이해와 수용(Understanding & Acceptance), 인간주의(Humanism), 인권(Human rights), 잉여생산(Surplus production), 인종 간 화합(Racial harmony), 자연(자연친화적인 생활 양식, 자연에 경의와 일체감, Nature-friendly ways of life, reverence for & oneness with nature), 자유(Freedom, Liberty) to Marry & family, to own property, 자유(고문에서, Freedom from torture), 자유(노예생활에서, Freedom from slavery), 자유(사상 및 표현, Freedom of thought & expression), 자유(억압과 제도로부터, Democratic liberation from oppression & institutions), 자유(이동, Freedom of movement), 자유(타인에게 해가 안 되는 한에서, Freedom as long as no harm is done to others), 적응력, 생존력(Adaptability, Survivability, To a wide range of environment & To respond to a great variety of challenges), 정부에 참여(Participation in Government), 정의(사회·경제적, Justice, Social/Economic), 지식존중(Respect for knowledge), 지역(Local area), 진보(Progress, Powerful knowledge to help control lives), 집단을 위한 희생 용의(Willingness to sacrifice for the group), 참여(정부에, Participation in government), 책임(Responsibility), 책임(자신과 타인의 돌봄, Taking care of self & others), 책임(공동체의 이익 관심, Concern for community interest), 책임(나에게 대해 주기를 바라는 대로 타인을 대함, Individual responsibility treating others as we wish them to treat us), 충성(Loyalty), 친절과 관대함(Kindness & Generosity), 타인을 위한 의무 존중(Honoring obligations to others), 타인을 정중하게 대함(나이, 성별, 피부색, 신체적·정신적 능력, 언어, 종교, 정치적 견해, 국적, 사회적 배경 등의 차별 없이, Treating others with dignity without distinctions of age, sex, race, skin color, physical/mental ability, language, religion, political view, national/social origin), 평등(Equality before Law), 평화(Peace, world order, reduction of armed aggression, warfare, world law enforced without killing), 평화로운 집회(Peaceful assembly), 협동(Cooperation)

② 개인적·인성적 차원
견인불발, 불굴정신, 꿋꿋함(Fortitude), 근면(Industriousness), 기능, 재능(Skill), 방종 자제(Abstinence from indulgence), 복종의 태도(Obedience), 사려

분별, 신중, 조심, 빈틈 없음, 알뜰(Prudence), 성실, 정직, 진실(Truthfulness), 신빙성(Trustfulness), 안정성(Stability), 예절, 억제, 수양(Discipline), 온건(Moderation), 옳고 그름의 판별력(Knowing right from wrong), 용기(Courage), 유연성(Flexibility), 이성적·객관성(Use of reason, Objectivity), 인내, 끈기(Patience, Perseverance), 자제, 신중, 근신(Self control, Restraint), 절제, 극기(Temperance), 정감, 애정(Affection), 정직, 청렴(Honesty, Rectitude), 존경심(Respect), 지혜(Wisdom), 충성심(Loyalty), 친절, 호의(Friendliness), 환대(Hospitality)

③ 인간본성과 사회가 공유하는 가치

욕구의 형태

애정(Love), 인정·찬성(Approval), 정서적 지지(Emotional support), 의사소통(Communication), 상호작용(Interaction), 가맹, 제휴(Affiliation), 생존의 욕구를 충족하기 위한 소통(Communication satisfies needs for survival; food, clothing, shelter)

집단생활의 전제요건Prerequisites for Group Living

도덕(사회적인 삶을 가능하게 하는 기능 수행; 사람들이 함께 살며 일하면서 집단이 생존하도록 허용, 격려, Morality functions to make social life possible; Permit and encourage people to live & work together, group survival), 협동(Cooperation)

④ 사회의 존속에 필요한 적정한 사회적 기제

재화와 용역의 생산, 분배, 소비(Production, distribution, and consumption of goods and services), 권위체계에 의한 사회통제, 감독, 조정(Social control, supervision, and coordination of its members through authority systems), 어린아이의 출산과 초기 양육(Bearing and early physical care of children), 어린이가 성인으로 살아가기 위한 역할 수행으로 사회에 편입할 수 있도록 하는 교육과 훈련(Education and training of children to occupy adult roles and for children's socialization into the society), 초자연의 미지 세계에 관한 (주술적, 종교적, 과학적) 태도의 지

도와 사회의 핵심 신념, 가치 및 행동 양식의 정당화(Orientations〔magical, religious, or scientific〕toward the unknown and for justifications of the society's core beliefs, values, and ways of behaving), 오락과 유희(Recreation and play), 구성원 간의 애정 교류(Giving and receiving of affection among its members), 성인의 역할(분업)을 배당하여 각각의 지위를 정위함(Allocation of adult roles〔eg. the division of labor〕and for the conferral of status among its members)

⑤ 부정적인 가치
인류사회의 보편적 가치 중 인간에게 유익하고 긍정적인 것이 아닌 부정적 가치로 평가하고 가능하면 기피하고자 한 가치의 예시
거짓말(Lies & deceit), 고문(Torture), 관용부족(Intolerance), 광신(Fanaticism), 기회주의(Opportunism), 도적질(Theft), 무자비(Ruthlessness), 불신(Mistrust), 사기(Swindling), 살인(Killing), 생태계 오용(Abuses of ecosystems), 선동(Demagoguery), 선망(Envy), 신체훼손(Mutilation), 압제(Oppression), 오만(Arrogance), 원한(Resentment), 위선(Hypocrasy), 잔인(Brutality), 적대감(Hostility), 증오(Hatred), 지배(Domination), 질투(Jealousy), 탐욕(Greed), 편견(Prejudice), 폭력(Violence), 타락(Degradation), 테러(Terror)

이상의 목록은 앞으로 사회적 가치를 연구하고자 할 때 준거로 삼을 기초 자료라고 생각하면 그 용도를 이해할 수 있다. 따라서 여기서는 자세한 해설을 하지 않고, 한마디로 가치라는 현상은 그만큼 다양하고 복합적이므로 어떤 맥락에서든 상당한 연구와 심사숙고가 필요하다는 점만 언급하겠다.

사회적 가치의 가치체계 준거틀

이 글의 마지막 과제로 사회적 가치의 의미를 더욱 심화시키면서 그 범위를 확대하는 목적으로 새로운 사회적 가치의 포괄적 가치체계를 구상하는 일을 하기 위해 인간에게 가장 소중한 가치인 삶Life을 핵심으로 하는 하나의 가치체계를 구축하는 전략을 택하기로 한다. 다시 말해서 사회적

가치의 중심에는 '삶의 가치'가 자리한다는 접근이다. 삶, 즉 영어로 Life 는 크게 세 가지 색깔을 띠는 의미로 해석할 수 있다.

첫째는 생명(목숨)이다. 벨(Bell, 2004: 230)에 의하면 "생명이란 엄숙한 지고지상의 가치다A Master Value". 생명이 없으면 '나'라는 존재가 무의미하기 때문이다.

두 번째 의미는 사람이 일생을 살아가는 생애에서 어떤 삶을 살아가는지, 그 삶의 질을 염려한다.

셋째, 삶의 가장 직접적인 경험이 이루어지고 있는 매일매일의 일상생활이 과연 인간에게 얼마나 행복한지 고통스러운지를 생각하지 않을 수 없다.

이처럼 가장 숭고한 가치인 삶을 중심으로 사회적 가치도 다시 개념화하는 것이 필요하다는 관점에서 필자는 오래 전부터 발전의 가치함축성을 주장하고 발전의 핵심 가치도 삶의 가치라고 규정한 바에 기초하여(김경동, 1979; Kim, 1973; 2017), 그 삶의 가치를 사회적 가치의 핵심 가치체계로 다시 엮어〔그림 3〕과 같은 가치의 위계체계적 준거틀Frame of Reference을 정립하였다. 여기서 준거틀이란 앞으로 사회적 가치의 연구를 하고 이를 토대로 사회적 가치증진 내지 구현을 위한 정책과 실천과제를 만들어 실천할 때 어떤 내용의 가치를 중심으로 실행해야 할지를 결정하기 위한 하나의 준거 내지 표준이 되는 정보의 체계라는 뜻이다. 동시에 이 틀이 보여주는 가치의 위계체계는 어떤 사회적 가치를 선택하여 이를 추구하려 할 때 그 가치가 일반적인 가치의 틀 속에서 차지하는 상대적 위치를 확인하여 선후를 가리거나 중요성을 비길 때 다른 가치와 갖는 연관성을 밝히는 지침이 된다.

여기에 이 가치체계가 제시하는 가치의 틀에서 사회적 가치의 위계적 내용을 차례로 살펴보기로 한다. 다만 지적해둘 것은 이 가치체계의 틀에서는 항상 가치의 내용을 개인과 사회의 두 가지 차원에서 일단 분리해 검토하고 맥락에 따라 그 상호관계도 언급한다는 점이다.

1. 사회적 가치의 궁극적 목표: 행복한 인간, 행복한 사회

어떤 기준에서 보든 모든 인간을 위한 가치에서 가장 으뜸인 가치는 삶의 궁극적 목표인 행복이다. 각각의 구성원 개인의 행복한 삶과 동시에 사회의 집합적 차원에서는 구성원에게 행복한 삶을 제공하는 조건을 갖춘 공동체를 추구하는 것이다. 행복의 의미는 규정하는 관점에 따라 다를 수 있으므로 이 글에서는 현재 행복 연구 분야에서 일반적으로 채택하는 개념정의인 인간의 '주관적인 안녕Subjective Well-being'을 뜻하는 것으로 한다 (김경동, 2016; 이용수, 2019; 한국보건사회연구원, 2019). 요컨대 이는 인간을 위한 인간주의적 가치이기도 하며, 사회적 가치도 인간을 위한 행복 추구를 궁극적 목표로 삼는 것이라야 한다는 말이다. [그림 3]

2. 목적적 가치: 개인의 자아실현과 사회의 도덕적·문화적 개화

그러한 행복한 삶의 내용을 한마디로 표현한다면, 개인에게는 각자 타고난 모든 잠재력을 충분히 발휘할 수 있는 자아완성Self-fulfillment 혹은 자아실현Self-realization, Self-actualization의 경지에 이르는 것일 터이고 사회는 '도덕적·문화적 개화'를 달성해야 한다고 규정한다. 여기서 개화라는 단어는 영어의 Flourish꽃 핀다를 차용하여 무성하고 번창하고 융성하다는 뜻으로 쓴 것이다. 여기에 도덕과 문화가 공동으로 간여하는 이유는 앞서 사회적 가치를 인간주의 가치로 해석할 때 암시한 '인의예악지신'의 신육덕만 잘 지킨다면 이런 조건을 충족한다고 볼 만하다. 그리고 선진사회의 필수조건으로도 도덕사회와 문화융성을 꼽았다.

3. 수단적 가치: 개인의 삶의 질과 삶의 기회

그러한 목적을 달성하기 위해 필요한 첫 번째 조건은 인간의 삶의 질적 향

〔그림 3〕 사회적 가치체계의 준거틀: 삶의 가치의 위계서열적 체계

가치 차원	개인차원		사회차원	
궁극적 목표	행복한 개인	'인간중심'	행복한 공동체	
목적적 가치	자아완성(자아실현)	'인간존중'	도덕적·문화적 개화	
수단적 가치	삶의 질적 향상	삶의 기회 확대	구조적 유연성 증대	사회적 질의 향상
하위 가치	물질적 육체적	정신적 심리적	정의·자유 균등 참여	결정참여·선택 사회이동	안정·응집 포용·자율
제도적 영역	경제성장 복지·의료 생태계	정신건강 종교·교육 여가	민주정치 공정배분	개방적·민주적 정치·사회·경제 공정 배분 정책	국가·시민사회 도덕윤리교육 자원봉사
기술적 토대	인간과 사회를 위한 과학기술 혁신			
도덕적· 윤리적 기반	도덕·윤리 개인과 집합체의 책임, 의무, 임무			

상이 필요하다. 일반적인 개념규정에서 "삶의 질the Quality of Life이란 사람들의 삶의 성격이 대체로 '좋다' 혹은 '만족스럽다'고 하는 상태를 가리킨다"고 한다(Szalai, 1980: 8; EPA, 1973; Kim, 1973; 김경동, 1979; Kim, 2017; Bell, 2004). 삶의 질을 향상은 최소한의 육체적인 삶은 물론 정신적 안녕도 요구하며, 이를 위해서는 물질적인 자원도 적정해야 하지만 항상 심리적 안정을 확보할 수 있어야 한다.

다만 자원이 아무리 넉넉해도 사회의 구성원들에게 널리 골고루 가용한 사회적 조건도 충족해야 한다. 사회학의 계층론에서 채용한 '삶의 기회Life Chances'라는 개념이 개입한다. 인간의 행복을 위한 자원을 이용하는 기회를 누구에게나 고르게 동등한 기준에서 누릴 수 있게 해야 한다는 말이다. 자원의 균등한 배분과 보상의 정의라는 하위가치가 자리한다. 그러면 누가 그 정의로운 분배의 규칙을 만들고 실제 배분을 관장하는지가 문제가 된다. 이때 자신의 삶의 기회를 선택할 수 있는 자유와 그 선택의 규칙을 정하는 의사결정 과정에 참여할 자유 및 권리가 필요하다.

4. 제도의 개입: 개인적 차원의 가치 구현

위에서 제시한 가치를 구현하기 위한 제도적 조처도 필요하다. 첫째, 개인의 자아완성에 필요한 삶의 질적 향상에는

① 물질적·육체적 요소를 충족하기 위한 경제성장과 복지·의료 및 생태계의 보존을 다루는 영역에서 제도적 규범 설정과 정책적 행위가 필요하다.
② 정신적·심리적 삶의 질적 개선은 정신건강 분야, 종교와 교육 및 여가 영역의 제도적, 정책적 행동이 감당해야 한다.

둘째, 역시 개인의 자아실현 가치에 기여하는 삶의 기회 확충을 위한 조처는

① 균등한 배분정의 실현을 위한 공정배분의 제도와 정책을 요하고
② 자유로운 선택과 의사결정 참여를 보장하는 민주정치가 작동해야 한다.

5. 수단적 가치: 사회적 차원의 구조적 유연성과 사회의 질

이번에는 사회의 차원에서 수단적 가치로 구조적 유연성과 사회의 질을 알아본다. 주목할 사항은 개인과 사회는 삶의 질과 사회의 질, 삶의 기회와 구조적 유연성이라는 대칭적인 조건을 다루는 가치라는 점이다. 사회의 구조란 사회적 관계의 틀이 잡힌 유형을 가리키며, 행복한 공동체를 위한 도덕적·문화적 개화를 도와주는 사회의 조건은 구조가 유연해야 한다

는 것인데, 이는 삶의 질을 향상하는 데 필수적인 사회적 자원의 배분구조인 삶의 기회가 불평등하다는 문제의식과 관계가 있다. 자원에는 다음과 같은 것이 있다(Schermerhorn, 1961; Lenski, 1966).

> ① 가시적Tangible자원: 물질(경제, 기술적 자원), 생태계의 천연자원, 화폐자본(동산, 부동산), 경제적 생산·유통·소비 자원, 생산활동에 필요한 기술 및 신체
> ② 비가시적Intangible자원: (1)사회적 자원Social Capital으로 사회생활에 불가결하며 인간관계와 사회조직에서 영향력 행사, 의사결정, 사회적 통제Control에 관여하는 힘Force, 권력, 권위, 규범과 질서, 신뢰, 연고 등; (2)문화적 자본Cultural Capital: 교육, 지식, 정보 등; 심리적, 상징적 자원: 위광 혹은 위신Prestige, 영예Honor, 존경, 애정; 그리고 (3)개인적 Personal자원: 자신의 시간, 재능, 전문적 소양, 기술적 재능Skills 등이다.

구조적 유연성이란 자원 배분에서 상대적으로 박탈을 경험하고 소외당하는 다수가 각자의 정당한(이상적으로는 공정한) 자원의 배당을 요구할 수 있을 뿐 아니라 실지로 자기의 정당한 몫을 획득할 수 있도록 그 사회의 구조가 허용하는 정도를 가리킨다(Dahrendorf, 1959; 김경동, 2002: 101). 그리고 유연한 사회 구조를 조성하기 위한 제도적, 정책적 조처는 결국 정치·경제·사회 제반 영역에서 개방적인 민주주의적 제도와 공정한 배분 정책으로 나타날 것이다.

이제는 개인 차원의 삶의 질과 대칭으로 사회의 집합적 수준의 사회의 질Social Quality의 의미를 살펴볼 차례다. 간단히 요약해서 사회의 질이란 그 사회에 사는 사람들이 자신의 복리와 개개인의 잠재력을 키울 수 있는 조건에서 공동체의 사회적, 경제적 및 문화적인 삶에 동참할 수 있는 정도를 가리킨다(이재열, 2018: 369주1). 사회의 질을 높이는 조건으로 다음

의 네 가지 차원을 나누어 생각할 수 있다. ①사회경제적 안정Socio-economic Security ②사회적 포용Social Inclusion ③사회적 응집Social Cohesion 그리고 ④사회적 자율권Social Empowerment 혹은 권한부여(힘 실어주기)다. 각각의 내용을 열거하면 아래와 같다.

① 사회경제적 안정은 (1)직업과 소득의 안정, (2)주거의 안정, (3)노동의 조건과 환경, (4)보건과 의료, (5)교육기회의 확충

② 사회적 응집은 (1)가치와 규범의 질서 확립, (2)투명성Transparency, (3)신뢰Trust, (4)정체의식과 소속감, (5)결사체 참여

③ 사회적 포용은 (1)시민권의 공유, (2)노동시장 참여, (3)공적·사적 서비스의 혜택 부여, (4)사회적 접촉의 개방

④ 사회적 자율권은 (1)정보와 지식에 접근가능성, (2)사회적 이동의 기회, (3)정치적 과정과 공공의사결정에 참여할 권한 및 (4)사적인 관계에서 자율성의 확보를 내포한다.

결론

지면의 제약 탓에 자세한 해설을 곁들이지 못한 아쉬움이 있는 대로, 이 글은 사회적 가치라는 막중한 주제를 연구하는 전문가와 이를 실생활에 구현하기 위한 각종 실천 운동을 펼치는 실천가에게 참고가 되기를 바라는 마음으로 저술한 필자의 저서 내용을 축약, 발췌한 것이다.

먼저 주된 관심사라고 할 수 있는 현대 자본주의 전개과정에서 드러난 경제·경영 부문의 각종 비리와 부조리에 쏟아지는 비판에 대응하려는 노력에서 자아낸 윤리경영, 기업의 사회적 책임, 사회 공헌, 사회적 기업

및 공유가치 창출 등의 새로운 시도를 먼저 살펴보았다. 한 마디로 기업 차원의 반성에서 대사회적 관심이 진화하는 양태를 요약한 것이다.

다음으로는 '사회적 가치'의 철학적 의미를 천착하고자 사회와 가치의 의미를 간략하게 해설한 다음 본격적으로 그 철학적 의미를 ① 공공성 가치 ② 인간주의 가치 ③ 공동체주의 가치 및 ④ 생태주의 가치로 규정하고 그 의미를 새겨보았다. 그리고 이런 담론과 이어질 미래사회 비전을 연결하는 뜻에서 동방사상의 음양론과 변증법적 변동의 기본원리에 관한 해설을 중간에 제시하였다. 이어서 미래 사회를 겨냥하여 사회적 가치의 사회학적 비전을 다루는 논의를 시작하였다. 이 담론은 필자가 독자적으로 고안한 '문화적 교양으로 정화한 성숙한 선진문화사회'라는 개념을 일종의 삼차원적 접근으로 구성한 것인데, 여기에는 ① 선진사회의 기본요건 ② 성숙한 사회의 기본틀 그리고 ③ 문화적 교양으로 정화한 사회라는 세 가지 사회의 비전을 담았다.

마지막에 본격적으로 사회적 가치가 과연 무엇을 담는 가치인지를 탐색하는 작업을 시사하였다. 이를 위해 우선 인류보편적 가치 속에 나타나는 사회적 가치를 찾기 위한 각종의 가치 개념을 요약하여 소개한 다음, 필자 나름으로 구상한 '삶의 가치체계'의 준거틀을 예시하고 앞으로 연구할 때는 이 틀 속에서 사회적 가치의 위치를 정립하기를 제안하였다. 이것이 비록 상당 부문 생소하기도 하고 혹은 오히려 너무 익숙하기도 한 담론이라 생각할 수 있겠으나, 필자는 적어도 이처럼 중요한 주제를 연구할 때는 이만한 체계가 있는 이론적 접근이 중요하다는 신념으로 준비한 것이므로, 바라건대 이 글과 필자의 졸저가 이런 노력에 한 가닥 의미 있는 기여를 할 수 있기를 희망할 따름이다.

참고 문헌

고동현·이재열·문명선·한솔, 2018. 『사회적경제와 사회적 가치: 자본주의의 오래된 미래』. 한울
아카데미.

김경동, 1978. 『인간주의 사회학』. 민음사.

김경동. 1979. 『발전의 사회학』. 문학과지성사.

김경동. 1993. 『한국사회변동론』. 나남.

김경동. 1998. 『한국교육의 사회학적 진단과 처방』. 집문당.

김경동. 2000a. 『선진한국, 과연 실패작인가? 김경동의 문명론적 성찰』. 삼성경제연구소.

김경동. 2000b. 『시니즘을 위하여: 김경동 사회비평시집』. 민음사.

김경동. 2002. 『한국사회발전론』. 집문당.

김경동. 2007. 『급변하는 시대의 시민사회와 자원봉사: 철학과 과제』. 아르케.

김경동. 2010a. 『기독교 공동체 운동의 사회학: Koinonia의 이론과 전략』. 한들출판사.

김경동. 2010b. "성숙사회의 비전과 전략." 제1회 인간과 사회 심포지엄. 『인간다운 삶을 위한
인문사회 연구』. 4월 22: 87-128. 이화여대 국제교육관 LG컨벤션홀. 한국연구재단.

김경동. 2012. 『자발적 복지사회: 미래지향적 자원봉사와 나눔의 사회학』. 아르케.

김경동. 2016. "사회의 발전과 행복: 사회학적 성찰." 한국 행동과학연구소 편. 『한국사회의 발전과
행복』 109-168. 학지사.

김경동. 2019. 『사회적 가치: 문명론적 성찰과 비전』. 푸른사상.

김경동·김여진. 2010. 『한국의 사회윤리』. 철학과현실사.

김경탁. 1970. 『노자』. 현암사.

김정년. 2008. 『윤리경영이 글로벌 경쟁력이다』. 율곡출판사.

김학주. 2009a. 『대학』. 서울대학교출판문화원.

김학주. 2009b. 『중용』. 서울대학교출판문화원.

박명규·이재열. 2018. 『사회적 가치와 사회혁신: 지속가능한 상생공동체를 위하여』. 한울아카데미.

배종호. 1985. 『한국유학사』. 연세대학교 출판부.

심상달 외. 2008. 『나눔과 기부 문화 활성화를 위한 사회적 기업의 역할 제고방안』. KDI
연구보고서, 한국개발연구원.

이가원. 1980. 『주역』. 평범사.

이민수·장기근. 1980. 『대학, 중용, 효경』. 평범사.

이상옥. 2003. 『예기 (중)』. 명문당.

이재열. 2018. "시대적 전환과 사회직 가치." 박명규·이재열 편. 『사회적 가치와 사회혁신:
지속가능한 상생공동체를 위하여』: 357-405. 한울 아카데미.

임의영. 2017. "공공성의 철학적 기초." 『정부학연구』. 23(2): 1-29.

조동성 외. 2014. 『자본주의 5.0: 공유가치창출을 위한 클러스터 중심 자본주의』. Weekly Biz Books.

최인철. 2008. 『나를 바꾸는 심리학의 지혜: 프레임』. 21세기북스.

한국행정학회. 2019. "사회적 가치와 공공가치에 관한 연구." 사회적 가치연구원.

한형조. 2013. "공公으로 사私를 물리치다: 유교적 공동체, 힐링과 참여로 공공을 구현하다." 한형조
외, 『500년 공동체를 움직인 유교의 힘』: 013-043. 글항아리.

Bell, Wendell. 2004. Foundations of Futures Studies: Values, Objectivity, and the Good Society.

Human Science for a New Era vol. 2. New Brunswick USA and London: Transaction Books.

Capra, Fritjof. 2010. The Tao of Physics: An Exploration of the Parallels between Modern Physics and Eastern Mysticism. Boston, MA: Shambhala Publishing, Inc.

Chan, Wing-tsit. 1973. A Source Book in Chinese Philosophy. Princeton, NJ: Princeton University Press.

Dahrendorf, Ralf. 1959. Class and Class Conflict in Industrial Society. Stanford, CA: Stanford University Press.

de Barry, Wm. Theodore, and Irene Bloom. 1999. Sources of Chinese Tradition Volume I, Second Edition. New York: Columbia University Press.

EPA. 1973. The Quality of Life Concept II. Washington, DC: Environmental Protection Agency.

Freud, Sigmund. 1923(1961). "The Ego and the Id." Pp.12-63 in The Standard Edition of the Complete Works of Sigmund Freud. London: Hogart; New York: Macmillan.

Fung Yu-lan. 1983. A History of Chinese Philosophy. I & II. Princeton, N.J.: Princeton University Press.

Gilovich, T., D. Griffin, and D. Kahneman. 2002. Heuristics and Biases: The Psychology of Intuitive Judgment. Cambridge: Cambridge University Press.

Gurvitch, George. 1971. The Social Framework of Knowledge. New York: Harper Raw.

Hesselbein, Frances, Marshall Goldsmith, Richard Beckard, and Richard F. Shubert eds., 1998. The Community of the Future. San Francisco, CA: Jossey-Bass.

Khatchadourian, Haig. 1999. Community and Communitarianism. New York: Peter Lang Publishing.

Kim Kyong-Dong. 1973. "Toward a Sociological Theory of Development: A Structural Perspective." Rural Sociology 38: 462-476.

Kim Kyong-Dong. 2017. Alternative Discourses on Modernization and Development: East Asian Perspectives. London & New York: Palgrave Macmillan.

Lenski, Gerhard. 1966. Power and Privilege. New York: McGraw-Hill.

Mead, George H. 1935. Mind, Self, and Society: From the Standpoint of a Social Behaviorist. Chicago: University of Chicago Press.

Mészáros, István(1970). Marx's Theory of Alienation. London: The Merlin Press.

Needham, Joseph. 1973. Chinese Science: Explorations of an Ancient Tradition. Ed. Shigeru Nakayama, Nathan Sivin. Cambridge, MA: MIT Press.

Parsons, Talcott. 1966. Societies: Evolutionary and Comparative Perspectives. Englewood Cliffs, N.J.: Prentice-Hall.

Piaget, Jean. 1954. The Construction of Reality in Child. trans. by M. Cook. New York: Basic Books.

Rokeach, Milton. 1973. The Nature of Human Values. New York: Free Press.

Rokeach, Milton. 1979. Understanding Human Values. New York: Free Press.

Schermorhorn, R. A. 1961. Society and Power. New York: Random House.

Shultz, James. 1972. "The Voluntary Society and Its Components." Pp.25-38 in Voluntary Action Research, edited by D. H. Smith. Lexington, MA: D. C. Heath.

Szalai, Alexander and Frank M. Andrews eds.. 1980. The Quality of Life. Beverly Hills, CA: Sage.

Wikipedia, 2019

Williams, Robin M. Jr. 1970. American Society. Third Edition. New York: Alfred Knopf.

Zavalloni, Marisa. 1980. "Values." Pp.73-120 in H. C. Triandis and R. W. Brislin eds., Handbook of Cross-Cultural Psychology, Vol. 5. "Social Psychology." Boston: Allyn and Beacon.

2부
사회혁신과 임팩트금융

1장. 사회혁신과 임팩트

사회혁신Social Innovation

일반적으로 혁신Innovation이란 어떤 문제를 해결하는 데 있어서 기존의 대안보다 한층 효율적Efficient이거나 효과적Effective인 새로운 솔루션New Solution을 의미한다. 특히 자본주의 시장 체제에서 혁신이란, 소비자 문제 즉 고객의 니즈Needs를 기존의 솔루션보다 효율적 또는 효과적으로 충족시킬 수 있는 제품, 서비스, 또는 콘텐츠 형태의 새로운 솔루션을 말한다. 예컨대 카톡은 우편이나 이메일에 비해 동일한 커뮤니케이션에 드는 시간 및 비용을 줄여준다는 점에서 좀 더 효율적이며, KF94 마스크는 KF80에 비해 미세입자 차단성이 좋아 코로나 바이러스를 예방하는 데 더욱 효과적이다.

    기업은 시장의 발전 속도에 발맞추어 변화와 경쟁에 뒤처지지 않기 위해, 또는 그보다 더 빠르게 변화를 주도하며 소비자의 니즈를 충족시키는 가운데 생존과 성장을 위한 혁신을 거듭한다. 이러한 노력은 우리 삶의 질 향상에 크게 기여해 왔으나 비즈니스 혁신의 한계는 이 지점에서 발생한다. 기업 생존을 위한 혁신은 이익 극대화 또는 기업가치 향상에 기여할 수 있는 고객 즉 지불능력이 어느 정도 이상인 소비자를 향하며, 시장경제로부터 소외된 사람들의 문제는 혁신의 그늘에 놓일 수밖에 없기 때문이다. 이들의 의식주, 교육, 보건 등에 대한 기본적 니즈가 해결되지 않을 경우 이들이 받게 되는 고통을 우리는 사회문제Social Problem라고 부른다.

사회혁신Social Innovation은 혁신을 통해 창출된 가치가 특정 개인이나 집단이 아닌 사회 전체를 위하는 것for the Society as a Whole이란 점에서 기존의 혁신보다 포용적인Inclusive대안을 제공할 수 있다. 세계적인 사회혁신 분야 정론지 스탠퍼드소셜이노베이션리뷰SSIR: Stanford Social Innovation Review에 따르면 사회혁신은 빈곤, 질병, 환경오염, 교육격차 등의 사회문제를 해결하는데 있어서 기존의 대안보다 더욱 효율적이거나, 효과적이거나, 지속가능Sustainable하거나, 공정한Fair 새로운 솔루션을 의미한다(Phills et al., 2008)[1]. 예컨대 바이오 분야 소셜벤처 '노을Noul'은 인공지능을 활용하여 빠르고 정확한 혈액 분석 및 질병 진단이 가능한 스마트 말라리아 진단 장비를 개발했다. 말라리아로 인한 사망률을 낮추기 위해 시작된 노을의 사업은 기존 기술로 5시간이 걸리던 판독시간을 20분으로 줄였다는 점에서 한층 효율적이고, 기존 진단방식의 정확도가 70% 정도였던 데 비해 90%로 높였다는 점에서 더욱 효과적인 진단을 가능하게 했다. 인공지능을 활용함으로써 진단비용을 크게 감소시켜 의료 서비스 혜택의 사각지대에 놓인 개발도상국 저소득층의 질병 문제를 해결한다는 점에서 기존 방식보다 공정한 솔루션을 제공한다. 여기에 잘 맞는 비즈니스 모델을 구축한다면 기부나 자선에 의존하지 않고도 재무적으로 지속가능한 방식으로 사회적 약자의 건강을 지킬 수 있다. 이처럼 사회혁신을 통해 사회 전체의 관점에서 모든 구성원의 문제를 해결하고자 노력하는 가운데 우리는 좀 더 나은 세상을 만들어 나갈 수 있다.

1 Phills, J.A., Deiglmeier, K., Miller, D.T. (May 2008). Rediscovering Social Innovation. Stanford Social Innovation Review. 34-43.(https://ssir.org/articles/entry/rediscovering_social_innovation)

사회혁신은 그 정의로부터 무궁무진한 확장 가능성을 가진다. 기존 대안보다 더욱 효과적이거나, 효율적이거나, 지속가능하거나, 공정한 솔루션을 의미한다는 점에서, 4가지 조건을 조합해 변화무쌍한 모습의 사회혁신으로 발전할 수 있다. 또한 사회 전체를 위한 솔루션이라는 점에서 유형의 재화나 무형의 서비스, 콘텐츠 형식을 넘어 아이디어, 정책, 캠페인, 프로그램, 프로세스 등의 다양한 형태로 발현될 수 있다. 예컨대 '드라이브스루Drive Thru 선별진료소' 아이디어는 한결 편리하고 빠르고 안전한 코로나 진단을 가능하게 함으로써 국민 건강을 위한 유용한 솔루션으로서 국제사회에서 인정받았다. 2018년 도입된 '1회용 컵·플라스틱 빨대 사용 금지 규제' 정책은 플라스틱 배출량을 70% 이상 감소시키며 환경문제를 효과적으로 해결했다. 또한 2019년 UN의 세계지속가능미래리더 World's Top Sustainability Future Leader와 10대지속가능그룹10 Most Sustainable Groups에 선정된 방탄소년단과 팬클럽 아미는 캠페인 #Loveyourself, #Endviolence 등 다양한 동반가치 창출활동을 통해 우울증, 자살, 폭력 등의 청소년문제 해결을 돕는 솔루션으로서 가능성을 인정받았다. 이상의 예시는 기업, 정부, 소셜섹터, 대중, 언론 등 다양한 이해관계자가 함께 협력하여 의미있는 사회성과Social Performance를 창출할 수 있음을 보여준 좋은 사례다.

이처럼 사회혁신은 사회문제를 해결하는 좋은 솔루션을 의미하며, 이를 통해 개인의 삶을 개선하고 사회에 긍정적인 변화Positive Change 즉 임팩트Impact를 만들고자 하는 것이다. 이러한 임팩트는 기본적으로 수혜자에 대한 임팩트의 도달 수준(넓이, Width), 임팩트의 창출 수준(깊이, Depth), 임팩트의 지속 수준(길이, Length)이라는 3가지 차원에서 분석될 수 있다. 사회혁신 솔루션이 창출한 또는 앞으로 창출할 임팩트에 대한 다차원적 분석이 가능하다면, 사회혁신을 추구하는 조직 예컨대 사회적기업 또는 NGO·NPO 차원에서는 해당 솔루션의 강약점, 차별화 포인트 등을 함께 고려하면서 한층 효과적인 전략적 의사결정이 가능할 것이다.

경영학의 '아버지'로 불리는 피터 드러커Peter Drucker는 '측정할 수 없다면 관리할 수 없다'는 명언을 남겼다. 이 말처럼 사업을 개선하고 임팩트를 중·장기적으로 관리하기 위해서는 임팩트의 측정이 필수적이다. 임팩트는 본질적으로 주관적 성격이 강해서 측정이 쉽지만은 않다. 하지만 UN이 제시한 지속가능개발목표SDGs: Sustainable Development Goals를 기반으로 Toniic, IRIS Metrics 등의 국제적 지표와 연계하여 프로그램·프로젝트 수준의 측정지표를 개발하고 실제로 활용하는 과정을 통해 더욱 설득력 있는 임팩트 측정을 할 수 있다. 이를 통해 개별 조직의 사업 개선은 물론 전체 사회혁신 생태계 차원에서 최적의 자원 배분을 위한 의사결정이 가능해진다. 뿐만 아니라 사회적투자수익률SROI: Social Return On Investment 등의 방식을 활용하여 임팩트를 화폐가치로 표기Monetization하는 과정을 통해 이해관계자와의 소통이 원활해지고, 임팩트 투자 유치 활성화 및 지원금 확보 증대를 기대할 수 있다.

이처럼 사회적으로 가치 있는 솔루션을 끊임없이 개선하고, 의미 있는 사회성과를 지속적으로 창출하기 위해서는 임팩트 측정 및 관리 프로세스가 필수적이다. 이와 관련하여 2절에서는 임팩트 측정 및 관리에 대한 이론적 및 실무적 논의와 활용방안 등을 제시한 후, 3절에서는 실제로 사회적 가치를 측정하고 이를 화폐가치로 환산한 국내 사례를 열거함으로써 사회혁신과 임팩트에 대한 이해를 높이고자 한다.

임팩트 측정 및 관리|Impact Measurement and Management

임팩트 측정 및 관리의 의의: 진실을 알아가는 과정

1985년 태국에서는 무분별한 벌채가 성행하고 있었다. 산림 인근에 사는 주민들이 생계를 유지하기 위해 자연을 훼손하고 있었던 것이다. 이에 태국 정부는 더 이상의 산림 훼손을 막기 위해 자국 땅의 15%를 보호구역으로 지정하겠다고 선언했으며, 1986년 기준 태국 땅의 10%를 보호구역 또는 국립공원으로 지정했다. 실제로 국립공원으로 지정된 산림에서는 벌채 또는 자연 훼손이 그렇지 않은 곳보다 현저하게 적게 일어났다. 태국 정부의 국립공원 지정을 통한 산림보호 정책은 성공한 듯 보였다.

하지만 2001년 발간된 한 논문은 태국 정부의 주장과는 다른 결론을 내렸다. 당시 세계은행World Bank의 이코노미스트였던 죠슈나 퓨리Jyotsna Puri 박사는 그의 논문에서 "태국 정부가 국립공원으로 지정한 산림은 애초부터 경제성이 떨어지는 땅이었다. 이런 땅에서는 어차피 사람들이 벌채를 안했을 것이다"라고 지적했다.[2] 다시 말해, 태국 정부가 지정한 땅은 어차피 경제성이 낮았기 때문에 국립공원 지정 여부와 관계없이 무분별한 벌채가 일어나지 않았을 것이라는 주장이었다.(그림 1)

이 논문은 200회 이상 인용되며 태국은 물론 산림보호를 원하는 다른 나라 정부의 의사결정에도 중대한 영향을 미쳤다. 만약 이와 같은 진실이 임팩트 측정을 통해 밝혀지지 않았다면 여러 나라에서 효과성이 입증되지 않은 태국의 정책을 모방했을 것이다. 이처럼 임팩트 측정은 진실을 찾아가는 과정이라고 할 수 있다. 정부 정책이든 비영리조직이나 소셜 벤처가 진행하는 사업이든 그 효과성이 검증되지 않은 상태에서는 비효율적인 의사결정과 왜곡된 자원 배분이 발생할 수 있다. 한정된 자원으로 날로 증가하는 사회문제를 해결해야 하는 작금의 상황에서 임팩트를 정확히 측정하는 임팩트 측정Impact Measurement 프로세스, 그리고 측정결과를 적절히 분석하고 사업에 적용함으로써 임팩트의 양적·질적 수준을 제고하는 임팩트 관리Impact Management 프로세스를 구축할 필요가 있다. 이처

2 Cropper, M., Puri, J., Griffiths, C.(2001). Predicting the Location of Deforestation: The Role of Roads and Protected Areas in North Thailand. Land Economics, 77(2) 172-186.

럼 임팩트 측정 및 관리IMM: Impact Measurement and Management를 통해 우리는 진실을 직면하고 이에 맞는 대책을 도출할 수 있으며, 증거 기반 의사결정 Evidence-based Decision-making과 효율적 자원 배분Efficient Resource Allocation을 통해 더 나은 세상을 만드는데 기여할 수 있다.[3]

임팩트 측정 및 관리의 이론적 배경

1. 변화이론Theory of Change과 로직모델Logic Model

임팩트 측정 및 관리에서 말하는 '임팩트'는 무엇일까? 혹자는 장기적인 변화 또는 근본적인 변화만이 임팩트이며, 이것의 규모를 알아내는 것이 임팩트 측정이라고 말한다. 어떤 사람은 아무리 사소한 변화일지라도 임팩트 측정의 대상이 될 수 있다고 한다. 따라서 제대로 된 임팩트 측정을 위해서는 임팩트의 조작적 정의Operationalization에 대한 명확한 기준이 우선적으로 필요하다. 이를 알아보기 위해 우선 변화의 논리적 흐름을 추적하는 방법인 변화이론TOC: Theory of Change을 살펴보겠다.

변화이론은 변화를 가져오는 수많은 연결고리를 도식화한 것이다. 예컨대, 농민 소득을 증진시키는 데 도움을 주는 생산성, 농기계, 자연환경, 정책 변화 등 여러 가지 요소가 있을 것이다. 이 요소들이 어떤 방식으로 상호작용해 '농민 소득 증진'이라는 변화를 가져오는지에 대한 '큰 그림Big Picture'을 그린 것이 변화이론이다(〔그림 2〕 참조). 또한 어떤 사회문제(예: 농민들의 낮은 소득)에 대한 근본적 원인Root Causes을 추적해 이를 해결하기 위한 솔루션(비닐하우스, 농기계, 교육 등)을 찾아내는 과정에 있어서도 변화이론이 유용하게 사용될 수 있음을 보여준다. 〔그림 2〕

---

3 신현상(2019). "의도가 선하다고 임팩트 있을까? 5단계 변화이론으로 측정해 보라." 동아비즈니스리뷰 270호.(https://dbr.donga.com/article/view/1206/article_no/9078/ac/magazine)
4 로직모델은 변화이론의 일부이다. 하지만 현장에서 로직모델과 변화이론에 대한 구분은 점차 모호해지고 있으며, 서로 유사한 의미(Interchangeable)로 쓰이고 있다.

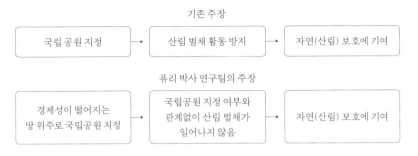

〔그림 1〕 임팩트 측정을 통해 기존 주장의 오류를 발견한 사례

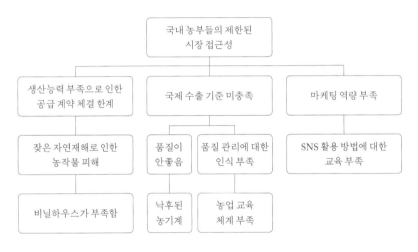

〔그림 2〕 변화이론 예시

　　현실적으로 특정 소셜벤처나 프로그램이 〔그림 2〕에 나오는 변화이론 상의 모든 갈래를 담당할 수는 없다. 아주 큰 재단이나 기관을 제외하고는 대부분 1~2개의 갈래를 맡는 데 그칠 것이다. 이때 변화이론 상의 한 갈래를 투입과 산출의 흐름에 따라 정리한 것이 로직모델Logic Model4이다. 예컨대, 농민들의 생산성을 증진시키기 위한 프로그램을 운영하여 이들의 농업 생산성 및 경쟁력을 강화하고 소득 증진 및 삶의 질 향상을 꾀하

는 경우, 해당 프로그램이 만들어내는 변화의 논리적인 흐름을 로직모델을 통해 추적할 수 있다.(표1)

이와 같이 로직모델 상의 연결고리를 따라 개인과 사회 차원에서 발생한 변화의 정도Degree of Change를 측정하는 것이 현장에서 많이 쓰이는 방법이다. 그런데 이때 측정하려는 것이 반드시 로직모델 또는 변화이론 상의 영향Impact만은 아니라는 점을 기억할 필요가 있다. 임팩트 측정이라 할 때 이론적으로는 협의의 임팩트 즉 영향을 측정하는 것이 맞지만, 실무적으로는 광의의 임팩트 즉 결과Outcome지표를 측정하는 것도 임팩트 측정에 포함시킬 수 있다. 무작위 실험방법RCT: Randomized Control Trial 등을 통해 영향을 정확히 측정하기 위해서는 시간과 비용이 많이 들어갈 수 있기 때문에, 한결 낮은 비용으로 결과 지표를 신속하게 측정해서 중장기 사업 개선 전략 수립에 활용하는 것이 더욱 유용할 수 있다는 점을 고려할 필요가 있다.

사업의 심화 단계에 따라 때로는 단기적인 산출Output지표를 측정해서 모니터링에 사용하고, 이를 기반으로 신속하게 현재의 투입Input과 활동Activity 수준이 적절한지, 그렇지 않다면 이를 어떻게 개선할 것인지를 고민하는 것이 더 유용할 수도 있다Gugerty & Karlan, 2018.5 특히 사업이 아직 안정화되지 않은 경우에는 일단 산출지표가 계획대로 잘 나와야 향후 좋은 수준의 결과 및 영향 지표 측정 결과를 기대할 수 있다. 이런 관점에서 볼 때 영향, 결과, 산출 등을 포함하는 사회성과Social Performance를 예산 규모, 사업 심화단계 등 상황에 맞게 적절히 선택하여 측정할 필요가 있다. 이중 어떤 지표 위주로 측정할 것인지는 결국 이해관계자들이 사회적 합의를 통해 결정해야 할 문제이다. 측정 전문가는 이 과정에서 적절한 조언을 제

---

5 Gugerty, M.K., Karlan, D.(Summer 2018). Ten Reasons Not to Measure Impact - and What to Do Instead. Stanford Social Innovation Review.(https://ssir.org/articles/entry/ten_reasons_not_to_measure_impact_and_what_to_do_instead)

[표 1] 로직모델 예시

투입(Input)	활동(Activity)	산출(Output)	결과(Outcome)	영향(Impact)
개발비	프로그램 기획	프로그램 운영 횟수	생산성 향상	삶의 질 제고
인건비	프로그램 운영	프로그램 참여자 수	소득 증대	
	프로그램 평가			

공하고, 결정이 난 후에는 이에 맞는 측정 계획을 세워야 한다.

2. 기여도Contribution와 사후事後가정적 사고Counterfactual

임팩트 측정의 핵심은 '어떤 변화가 일어났을 때, A라는 프로그램의 기여도Contribution가 어느 정도인지'를 밝혀내는 과정이라고 할 수 있다. 예컨대, 지구 온난화를 막기 위해 친환경 교육 및 홍보 프로그램을 운영하는 소셜벤처가 있다고 가정하자. 이 소셜벤처가 사업을 시작한 1년 뒤 지구 온도가 1도 낮아졌다면, 이것을 전부 해당 소셜벤처의 성과로 돌리기엔 무리가 있을 것이다. 지구 온난화에 영향을 주는 복잡다단한 변수는 물론, 해당 소셜벤처와 유사한 미션을 위해 노력하는 여러 기관 및 단체가 있을 것이다. 이 같은 다중적인 상호작용을 통해 창출된 사회성과를 특정 소셜벤처만의 성과로 결론짓는 것은 논리적인 모순이다. 제대로 된 임팩트 측정을 위해서는 이처럼 다양한 변수를 고려한 뒤, 해당 소셜벤처가 기여한 영향력Attributable Impact만을 솎아내는 작업이 필요하다. 즉, 낮아진 온도 1도 중 소셜벤처가 기여한 부분이 어느 정도인지를 인과관계 분석을 통해 밝혀내는 것이 중요하다.

위와 같은 의미에서 좁은 의미에서의 임팩트 즉 '영향Impact측정'은 단순히 전후Before-after 결과만을 비교하는 '결과Outcome측정'과는 구분되는 개념이다. 이번에는 교육 멘토링을 통해 학생의 성적 상승을 목적으로 하는 소셜벤처를 예로 들어보자. [표 2]에서 볼 수 있듯이 해당 소셜벤처의 멘토링을 받기 전 어떤 학생집단의 평균 성적이 30점이었는데 멘토링을 받은 후 60점이 되었다면 이 소셜벤처가 창출한 임팩트는 성적 30점 상승이라고 할 수 있을까? 만약 멘토링을 받기 이전과 이후의 비교만을 한다면 30점이 상승했다고 할 수 있다. 이를 결과 측정이라고 한다.(표 2)

하지만 성적에 영향을 미치는 요소는 다양하다. 예컨대 첫 번째 시험에 비해 두 번째 시험의 난이도가 하락했을 수도 있다. 이 경우에는 멘토링을 받지 않았어도 학생들의 성적이 상승했을 것이므로 멘토링 프로그램이 성적 상승에 기여한 바는 낮아진다. 또는 멘토링 프로그램이 우수하여 평균이 70점으로 올라갔을 수도 있었지만, 두 번째 시험을 치른 더운 여름날 하필 교실 내 에어컨이 고장 나서 학생들의 집중도가 하락하는 바람에 평균 성적이 60점에 그쳤을 수도 있다. 이 경우 멘토링 프로그램의 공헌도가 과소평가될 수도 있다. 따라서 단순한 전후비교가 아니라, 해당 소셜벤처가 존재하지 않았어도 일어났을 변화What would have Happened Anyway를 측정하는 것이 영향 측정의 핵심이다. 이를 전문 용어로 '사후가정적 사고Counterfactual'라 부른다.

본 사례의 경우 가장 정확한 영향 측정 방법은 RCT를 사용하는 것이다. 예컨대 200명의 교육대상이 있다면 이들을 무작위로 두 그룹으로 나눈 후 6개월간 한 그룹에는 멘토링 프로그램을 제공하여 실험군Treatment Group으로 삼고, 다른 그룹에는 멘토링을 제공하지 않음으로써 통제군Control Group으로 삼는다. 이때 두 그룹의 멘토링 프로그램 전후 성적을 추적 및 비교하면 시험 난이도, 계절요인 등 외적 변수Extraneous Factors에 의한 성적 변동분을 솎아낼 수 있으므로, 온전히 해당 소셜벤처가 성적 변화에 기여한 정도를 알 수 있다.

〔표 3〕에서 볼 수 있듯이 단순 전후 비교만을 하는 결과 측정은 전후 성적 상승분 차이인 30점 모두를 해당 멘토링 프로그램의 성과로 잡는다. 반면 영향 측정은 멘토링 프로그램 없이도 어차피 올랐을 점수 차이 10점

을 제거하므로, 그 '차이의 차이Difference of Differences'인 20점만을 사회성과로 잡는다. 이처럼 차이의 차이를 사후가정적 사고 접근법을 통해 비교함으로써 우리는 해당 소셜벤처의 사회성과 기여분Contribution을 정확히 파악할 수 있다.〔표3〕

그러나 RCT를 실행할 때 발생 가능한 윤리적Ethical 이슈도 고려할 필요가 있다. 똑같이 멘토링이 절실한 학생 200명 중에서 추첨을 통해 누구에게는 멘토링을 제공하고 누구에게는 제공하지 않는 것이 과연 공정한 일인가? 더군다나 교육의 문제가 아니라 말라리아 치료제와 같이 생명에 직결된 경우라면 더 큰 딜레마가 생긴다. 측정에 들어가는 예산으로 약을 하나라도 더 사서 한 생명이라도 더 살리는 것이 옳은 일 아닌가?

만약 해당 말라리아 치료제 또는 멘토링 프로그램의 효과성이 이미 검증된 상황이라면 당연히 영향 측정에 예산을 쓸 필요가 없다. 하지만 말라리아 치료제의 부작용에 대한 정보가 아직 부족하거나, 멘토링 프로그램이 정말 성적 향상에 도움이 되는지 모르는 상황이라면 당연히 해당 개입Intervention 전략의 효과성을 RCT를 통해 측정해보는 것이 자원의

〔표2〕 **결과 측정 예시**

	이전	이후	차이
멘토링 받은 집단	30점	60점	30점
결과 측정		30점 상승	

〔표3〕 **영향 측정 예시**

	전	후	차이
멘토링 받은 집단	30점	60점	30점
멘토링 받지 않은 집단	30점	40점	10점
영향 측정		20점 상승	

낭비를 막고 부작용에 대한 대비책을 세우는 데 유용할 것이다. 또한 교육 프로그램처럼 생명에 직접적인 관련성이 없는 경우라면 첫 번째 그룹에 멘토링을 6개월 먼저 제공하고, 6개월 후 효과성이 입증될 경우 예산을 증액하여 두 그룹에 공히 멘토링을 제공하는 지연전략Delay Strategy을 사용하는 것도 가능하다. 특히 RCT 분석결과를 잘 활용할 경우 사업수행기관이 새로운 펀딩 소스를 발굴하고 이들에게 본 프로그램의 필요성을 설득할 때도 큰 도움이 될 수 있으므로 장기적으로는 오히려 더 많은 수혜자들에게 도움이 될 수 있다. 만약 치료제 또는 멘토링 프로그램의 검증 결과 효과성이 미미하다면 사업수행기관은 해당 사업을 다시 점검하면서 효과성을 높이기 위한 방법을 찾아내거나, 아니면 아예 해당 사업을 빨리 접고 새로운 사업을 찾는 것 즉 피버팅Pivoting 6 전략을 세우는 것이 사업수행기관의 윤리적이고 책임 있는 자세이다.

시간과 비용 측면에서 RCT가 어려울 경우 한 가지 대안은 멘토링을 받은 집단과 모든 측면에서 동질적이거나 최대한 유사한 집단을 설정하여 유사 영향 측정Quasi-impact Measurement을 실행하는 것이다. 예컨대 개도국에서 교육 멘토링 사업을 실행하는 국제구호 NGO의 경우 어차피 예산이 부족하여 모든 마을에 혜택을 주기 어렵다. 따라서 예산 범위 내에서 먼저 사업을 진행할 마을을 실험군으로 선정하고, 주위의 비슷한 마을을 비교군Comparison Group 으로 선택하여 기초선 조사Baseline Survey와 사후 조사 Post Survey를 실행하는 경우가 많다. 이때 주의할 점은 두 집단이 멘토링을 받지 않는 것을 제외하고는 가구소득 수준, 인프라 수준, 기초학력 수준 등 모든 측면에서 동질적이거나 매우 비슷해야 한다는 점이다. 설령 그렇다 하더라도 RCT 결과에 비해 측정 결과의 정확도가 떨어질 수밖에 없다는 점은 감수해야 한다.

---

6 기존 사업 아이템을 바탕으로 사업의 방향을 다른 쪽으로 전환하는 것

3. 이해관계자Multiple Constituency와 사회적 합의Social Consensus

임팩트 측정 프로세스는 본질적으로 다양한 이해관계자와 함께 무엇을 어떻게 측정할지에 대한 사회적 합의를 도출해 나가는 과정이다. 임팩트를 측정한다고 해서 프로그램의 모든 부분을 측정해야 하는 것은 아니고, 이해관계자가 중요하다고 합의한 것을 측정하는 것이다. 그렇기 때문에 유사한 프로그램일지라도 이해관계자의 니즈에 따라 측정의 목표, 지표와 측정방법이 다를 수 있다.

여기서 이해관계자의 범위는 단순히 프로그램 운영자와 수혜자에 국한되지 않는다. 외부효과로 인해 간접적으로 영향 받는 지역사회나 자연환경도 포함되며, 이를 바라보는 언론, 정부 및 공공기관, 대중도 이해관계자 범주에 포함된다. 또한 주요 이해관계자끼리 합의했다고 해서 사회가 그 결과를 무조건적으로 받아들이는 것은 아니기 때문에 측정 과정은 객관적이고 공정해야 한다. 이처럼 임팩트 측정에 대한 사회적 합의를 형성하는 과정은 까다롭지만, 한 번 보편적인 합의가 이루어지면 이후에는 강력한 무기가 된다. 직접적인 이해관계자는 물론 사회 전반으로부터 광범위한 지지를 받은 임팩트 측정 과정 및 결과에 대해 함부로 이의를 제기하기는 어렵기 때문이다.

임팩트 측정의 과정 및 결과를 공유할 때 가장 난감한 경우가 외부에서 '통계적 타당성Statistical Validity'에 대한 의문을 제기할 경우이다. 가장 좋은 방법은 RCT를 활용해서 임팩트를 측정하는 것이다. 하지만 관리자 입장에서 RCT같은 엄격한Rigorous 통계적 기법을 사용하여 임팩트 측정을 진행하는 것은 현실적으로 쉽지 않은 경우가 많다. 그렇다면 어떻게 해야 할까?

이 같은 고민을 해결하게 돕는 것이 바로 사회적 합의이다. 통계적 타당성을 확보하려는 목적은 결국 객관적으로 인정할 만한 결과를 도출하려는 것이다. 정교한 통계기법을 활용하면 오차를 줄이고 진실에 최대한 가까운 결과를 얻을 수 있다. 즉 임팩트 측정을 통해 도출된 정보의 신뢰성Credibility과 객관성Objectivity을 높일 수 있다. 하지만 이를 위해서는 독립성을 갖춘 전문가의 도움이 필요하고 비용과 시간이 많이 들어갈 수 있다. 임팩트 측정 대상 프로젝트가 예컨대 10~20억 원 규모의 프로젝트이고 임팩트 측정의 목적이 사업성과를 증명Prove하는 것이라면 이 중 5% 정도 즉 5천만 원~1억 원 정도의 예산을 투입해서 RCT를 실행하는 것이 좋다. 정부, 재단 등 기금 제공자를 포함하는 해당 사업 관련자는 물론 사회혁신 생태계 전체의 시각에서 볼 때 프로젝트가 창출한 영향Impact에 대한 정확한 정보를 얻어 사업의 교훈을 도출하고 후속사업 진행 여부 및 전략을 세우는 것이 한정된 자원의 낭비를 막고 효율적인 자원 배분을 가능하게하기 때문이다.

반면 임팩트 측정의 목적이 어떤 프로젝트를 수행하는 것이 좋을지, 만약 수행한다면 어떤 전략을 바탕으로 진행하는 것이 좋을지의 의사결정에 필요한 정보를 얻는 것이라면 소규모 파일럿 프로젝트를 수행해 보면서 결과 지표를 측정하여 활용하는 것이 좀 더 효율적일 수 있다. 예컨대, 글로벌 비영리기관 OAFOne Acre Fund는 2011년까지 케냐와 르완다에서 8만여 명의 소작농을 대상으로 소득증대사업을 실행한 결과 연평균 145%의 소득 증가율 및 농가당 연평균 소득 120달러 증가 등의 성과를 올렸다. 동아프리카 지역의 성공을 바탕으로 서아프리카로 사업을 확장하기 위해 준비하던 OAF는 일단 가나에서 500명 대상의 소규모 파일럿 프로젝트를 실행하여 정보를 수집하기로 했다. 구체적 방법론으로는 소득 증가 정도에 대한 결과지표 측정, 농부 대상 인터뷰를 통한 질적 정보 획득, 현지 시스템 다이내믹스System Dynamics7에 대한 리서치 등을 활용했다.

그 결과 현지 농부들의 소득이 농사 이외에도 다양하다는 점, OAF의 비즈니스 모델이 현지에 맞지 않다는 점, 기후조건이 동아프리카와 크게 다르다는 점 등을 발견하여 가나 지역 확장을 중단하기로 했다. 만약 사업 전에 결과지표를 신속하게 측정해보지 않았다면 OAF는 시간과 비용 측면에서 큰 손해를 면하기 어려웠을 것이다. 또한 파일럿 사업을 통해 OAF는 향후 확장 전략 시 고려해야 할 이슈가 무엇인가에 대한 가치 있는 정보를 획득하게 되었다.[8] 이처럼 RCT 없이도 상황에 맞는 사회성과 측정을 통해 사업수행기관은 유용한 정보를 얻을 수 있다. OAF 사례는 이해관계자와의 사회적 합의 도출 과정에서 어떤 점을 함께 고려해야 할지에 대한 중요한 통찰력Insight을 제공한다. 월드비전World Vision과 같은 역량 있는 글로벌 비영리기관의 경우에도 10~15년 단위의 사업을 시작하기 전에 소규모 파일럿 사업을 실행하여 사업 타당성을 평가하는 것으로 알려져 있다.

한편 프로젝트 규모가 작을 경우 RCT는 아예 생략하고, 결과 및 산출지표에 집중하는 것이 좋을 수도 있다. 예컨대 2억 원 규모의 프로젝트라면 이 중 10%인 2천만 원을 임팩트 측정에 쓴다고 해도 실익이 거의 없다. 그 정도 규모의 예산으로는 연구진 쪽에서 RCT 수행 자체가 어려울 가능성이 크며, 사업 실무진 입장에서도 2억 원 규모의 사업에서 2천만 원의 예산을 뺄 경우 오히려 사업진행 자체가 어려워질 위험성Risk이 있다. 이런 경우에는 이해관계자와의 심도 있는 대화와 협의를 통해 상황에 적절한 측정 방식을 정할 필요가 있다. 2~3개의 핵심 결과지표 및 모니터링을 위한 산출지표의 정기적 측정 및 모니터링만으로도 큰 부담 없이 사업 개선Improve에 유용한 정보를 획득할 수 있다. 이에 대한 사회적 합의가 이루어져 있다면 측정결과에 대한 의심이나 심리적인 저항도 줄어든다.

미국의 대표적 임팩트 측정기관인 Impact Matters는 식량을 배급하는 비영리단체가 창출한 성과를 평가할 때, 사회적 합의 개념을 효과적으로 활용한다. 통계적인 타당성을 확보하려면 RCT를 통해 해당 비영리

---

7 시스템 분석의 하나로 시간의 흐름에 따르는 시스템의 상태 변화를 수치 계산으로 그려서 나타낸 도식으로 분석한다.

8 https://impactmanagementproject.com/impact-management/impact-management-norms/contribution/

단체가 수혜자들의 배고픔을 얼마나 해소했는지 밝혀내야 한다. 하지만 Impact Matters는 '식사를 제공하는 행위 자체가 배고픔을 해소하는 데 기여한다'는 보편적인 사회적 합의에 기초해 임팩트 측정을 진행한다. 비영리단체가 제공한 '무료식사 제공 건수'라는 산출지표를 추적하면 수혜자들의 배고픔을 얼마나 해소했는지 '결과지표'를 합리적으로 추측할 수 있기 때문이다. 또한 무료배급을 받으면 식비 지출을 줄일 수 있어 수혜자들의 가처분 소득이 증가할 것 '결과지표'이라는 점도 합리적인 추론이 가능하다. 이처럼 Impact Matters는 '무료식사 제공 건수'라는 산출지표와 결과지표 간의 직접적 연관성에 대한 사회적 합의를 기반으로 식량배급 기관의 임팩트를 평가하고 있으며[9], 이는 미국 사회의 보편적인 지지를 받고 있다.

하지만 Impact Matters가 제시한 산출 위주의 접근방법은 예컨대 '무료 배급을 받아 아낀 돈 즉 증가된 가처분 소득으로 수혜자가 도박이나 음주를 한다면 그들의 삶의 질에 어떤 영향이 있을 것인가?'와 같은 질문에 대해서 적당한 답을 제공하기 어렵다는 한계가 있다. 또한 식사를 몇 건 제공해서 배고픔을 해소하거나 옷을 몇 벌 제공해서 추위를 막을 수 있다는 주장은 해당 산출지표와 결과지표 간의 직접적 연관성이 비교적 명확하여 해당 산출지표가 수혜자에게 가져올 긍정적 변화에 대한 사회적 합의 역시 상대적으로 쉬운 의식주 관련 아이템이라는 점도 염두에 둘 필요가 있다. 반면, 교육을 몇 시간 제공(산출)하면 수혜자의 지식이 증가하고 역량이 제고되므로 좋은 직업을 얻게 될 것(결과)이고 그 결과 삶의 질이 향상될 것(영향)이라는 사업수행기관의 주장은 상대적으로 산출-결과-영향 간의 직접적 연관성이 불명확하여 사회적 합의를 얻어내기 쉽지 않다. 이 경우 해당 교육 프로그램의 품질 이외에도 참여한 교사의 강의 실력과 열정, 학생들의 동기부여 정도 등 다양한 요소가 상호작용하므

---

9 https://www.impactmatters.org/methodology/program-analysis-methodology/
   food-distribution.html

로, 산출지표가 좋게 나오더라도 결국 기대한 변화가 도출되지 않을 가능성도 꽤 높기 때문이다. 따라서 이런 경우에는 산출지표 만으로 임팩트를 주장하는 것이 사회적으로 큰 설득력을 얻기 어려울 가능성이 높다.

여기서 또 한 가지 고려해야 할 사항은 인센티브 왜곡Incentive Distortion 현상이다. 만약 무료식사 제공 건수만을 기준으로 해당 사업의 임팩트를 평가한다면, 제한된 예산 내에서 사업 수행기관은 제공 건수를 최대화하기 위해 노력할 인센티브가 생긴다. 예컨대, 반찬의 맛이라든가 다양성, 영양성분 등 질적 요소를 고려하지 않고 제공 건수 등 양적 요소 증대에만 집중함으로써 자신들의 사회성과를 과장하고, 이를 통해 추가적인 정부 지원이나 재단의 자금 지원을 받을 가능성을 높이기 위해 자신들의 전략을 바꿀 위험성이 커진다. 따라서 산출지표만으로 사회성과를 평가하는 것은 상당히 위험한 일이다.

이상의 이슈를 고려할 때 '임팩트 측정'에서 말하는 임팩트는 결과와 영향을 포함하는 것으로 보는 것이 적절하다. 따라서 결과 및 영향 중심으로 지표를 선정하고 임팩트를 측정하되, 상황에 따라 산출지표를 함께 고려해서 사회성과를 제고하기 위한 의사결정 시 균형을 맞추는 것이 바람직하다.

임팩트 측정 및 관리의 실무적 함의

1. 변화이론 및 로직모델을 활용한 임팩트 측정 및 관리

특정한 사업수행기관이 창출한 영향만을 완벽히 솎아내서 측정하는 것은 쉽지 않은 작업이다. 〔표 2〕에서 논의한 소셜벤처의 멘토링 프로그램 사례처럼 사후가정적 사고 하에서 멘토링 받은 집단과 그렇지 않은 집단 간의 성과 차이를 정확히 비교하려면 RCT 즉 실험적Experimental 연구 디자인 또는 실험에 준하는Quasi-experimental 연구 디자인을 사용해야 하기 때문이다.

하지만 모든 사회적 기업 또는 비영리기관의 프로그램이 창출한 영향을 이 같은 통계적 기법을 활용해 측정하기는 어렵다. 시간적·비용적 측면에서 자원이 한정적이기 때문이다. 이에 대한 현실적인 대안이 변화이론과 로직모델에 기초한 임팩트 측정법이다. 변화이론은 변화를 일으키는 다양한 요소의 흐름을 도식화한 것으로, 특정 프로그램의 인과관계를 밝히는 것은 아니지만 논리적 기여도를 추론할 수 있게 돕는다.[10] 예컨대 두 개의 소셜벤처가 창출한 결과 A와 결과 B가 함께 작용해서 영향 C를 창출했다고 하면, 소셜벤처 A가 창출한 결과 A는 영향 C라는 변화를 이끌어내는 데 기여했다고 말할 수 있다.〔그림3〕

소셜벤처 A가 창출해낸 영향을 측정할 때 중요한 점은, 소셜벤처 B가 창출한 결과 B에 대한 인지Acknowledgement이다. 소셜벤처 B 또한 영향 창출에 기여했는데, 이 사실을 누락한 채 소셜벤처 A의 영향을 평가하면 A의 사회성과가 과대평가되는 오류가 발생한다. 이처럼 변화이론은 임팩트에 영향을 주는 다양한 요소에 대한 인식을 가능하게 한다. 따라서 정교한 변화이론 기반 로직모델을 구축하면 한층 정밀한 임팩트 측정이 가능해진다.

이러한 논리는 임팩트 측정에 관한 글로벌 합의Consensus를 구축하는 포럼인 IMPImpact Management Project에서 말하는 '시장환경 조사Market Research'와도 유사한 개념이다. IMP는 어떤 프로그램의 기여도를 측정할 때, 다른 조직이나 정부에서 제공하는 유사한 프로그램의 존재 여부를 조사하라고 한다. 만약 다른 프로그램이 존재하지 않아 수혜자가 해당 프로그램에만 전적으로 의존하는 경우라면, 창출된 영향의 상당 부분을 해당 소셜벤처의 성과로 잡아도 논리적 타당성이 확보될 수 있다. 하지만 만약 수혜자가 다른 프로그램들의 혜택을 동시에 누리고 있다면 해당 소셜벤처는 이를 감안해 자신의 사회성과를 낮춰Discount 보고해야 할 것이다.

---

10 Mayne, J.(2011). Contribution analysis: Addressing cause and effect. in Evaluating the complex, Forss, K., Marra, M., Schwartz, R.(Eds.), Transaction Publishers, 53-96.

〔그림 3〕 변화이론을 활용한 기여도 추정

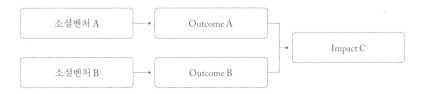

결국 핵심은 변화이론 기반 사업모델을 얼마나 잘 그리느냐에 달렸다. 교육 멘토링을 제공하는 소셜벤처의 예로 돌아가서, 성적에 영향을 주는 다양한 요소를 파악하고 변화이론 기반 로직모델을 그려보면 큰 그림 속에서 해당 소셜벤처의 기여도를 합리적으로 파악할 수 있다. 하지만 이 과정을 생략한 채 자기의 사업 범위만을 고려하여 로직모델을 구축하면 자신의 사회성과가 과대평가될 가능성이 있으며, 도출된 정보의 타당성이 떨어지게 된다.

2. 임팩트 측정 및 관리의 실무적 유용성

실무자 입장에서 임팩트 측정을 해야 하는 다양한 이유가 있다.

첫째, 자금 확보Financing 노력에 유용하다. 어떤 프로그램 또는 조직의 확장Scale-up을 위해서는 후속 투자금Investment 또는 지원금Grant 확보가 필요하다. 이때 자금제공자Funder가 자금을 투입하기에 앞서 자신의 의사결정을 정당화할 근거를 사업수행기관 측에서 제공해야 한다. 앞서 태국 정부 사례에서 봤듯이, 표면적으로는 임팩트를 창출하고 있는 것으로 보이나 실제로는 그렇지 않은 경우가 종종 있다. 이 같은 프로그램은 제대로 검증하지 않고 자금을 투입하기로 결정하면 결국 자원이 낭비되기 쉽다. 반면 임팩트 측정을 통해 성과가 확실하다는 것이 밝혀지면 자금 제공자 입장에서는 과감한 자금 투입을 통해 사회적 성과를 극대화할 수 있을 것이다.

둘째, 프로그램 관리자의 자발적인 의사와 무관하게 이해관계자 또는 후원자의 요청에 의해 임팩트 측정을 진행하는 경우도 있다. 정부지원금으로 진행하는 사업의 경우 사회성과에 대한 모니터링이 거의 필수이다. 사회성과를 중시하는 민간 임팩트 투자자 중 상당수도 피투자기업 Investee에 임팩트를 측정할 것을 요구하거나, 아예 임팩트 측정 과정에 참여하는 경우도 있다.

셋째, 이전에 시도되지 않은 새로운 프로그램일수록 임팩트 측정의 필요성이 높을 수 있다. 모기장 보급을 통해 말라리아 발병을 낮추는 프로그램처럼 과거에 많이 시도되었고 효과성 또한 입증된 프로그램은 굳이 임팩트 측정을 하지 않아도 어느 정도 효과성을 예측할 수 있다. 하지만 과거에 시도된 적 없는 혁신적인 프로그램의 경우 이 같은 검증 과정을 충분히 거치지 못했기 때문에 효과성에 대해 다양한 이견이 생길 수 있다. 이런 경우 파일럿 프로그램에 대한 임팩트 측정을 통해 효과성이 입증되면 혁신이 보편화되어 세상에 미치는 파급력이 커질 것이다. 전술한 OAF 사례처럼 효과가 미약한 것으로 나타나면, 아직 초기 단계에 있으므로 임팩트 측정을 통해 프로그램 운영상의 문제점을 찾아서 개선하거나 사업 전략을 수정하면 된다.

하지만 주의할 점은 경우에 따라 임팩트 측정이 부적절할 수도 있다는 것이다. 초기 단계이지만 향후 프로그램 운영이 어느 정도 큰 틀에서 예측 가능한 경우는 임팩트 측정을 해도 괜찮다. 하지만 한창 피버팅 중인 프로그램의 경우 중간에 운영 방식이 계속 바뀔 수 있는데, 이러한 단계에서 임팩트 측정을 진행하면 일관성이 떨어지고 비효율적인 측정이 이뤄질 가능성이 높기 때문에 주의해야 한다.

3. 임팩트 측정 및 관리의 현실

사실 임팩트 측정을 통해 기존의 생각이나 믿음이 완전히 뒤바뀌는 사례는 생각보다 많지 않다. 즉 '어떤 프로그램이 효과가 있을 줄 알았는데 알고 보니 반대더라'와 같은 소위 '유레카 모멘트Eureka Moment'는 드물다. 오히려 기존의 생각이나 가설을 재확인하게 되는 경우가 많다. 배고픈 사람에게 밥을 주면 그 사람의 배고픔이 덜해진다는 것을 검증할 필요가 없듯이, 사회에 도움이 될 법한 일을 하면 어느 정도 효과를 낼 것임은 자명하다. 다만 임팩트 측정을 통해서 우리는 해당 사업이 어느 정도의 사회적 효과를 창출했는지를 더욱 정밀하게 계량화할 수 있으며, 이를 기반으로 향후 사업성과를 개선하기 위한 전략을 좀 더 명확하게 세울 수 있다.

그런데 유레카 모멘트가 드물다면 프로그램 관리자 입장에서 임팩트 측정을 굳이 해야 할 이유는 무엇일까? 어차피 대략적인 방향성, 즉 프로그램이 긍정적인 효과를 창출할지 아닐지를 확실히 안다면 시간과 비용을 들여 임팩트 측정을 할 필요성은 줄어든다. 물론 임팩트의 크기를 확인하고 싶은 경우라면 임팩트 측정을 진행해야 하겠지만, 대다수의 경우에는 오히려 프로그램 운영비나 인건비에 좀 더 많은 자원을 투입하고 싶을 것이다.

글로벌 회계 및 컨설팅 회사인 KPMG의 2017년 조사[11]에 따르면, 비영리 및 개발협력 사업에서 임팩트 측정 및 관리에 사용되는 예산의 비중은 매우 적다. 적어도 전체 프로그램 예산의 10%를 임팩트 측정 및 관리에 사용하라는 전문가들의 권고와는 달리 94%의 기관이 10% 미만의 예산을 배정하고 있다. 더구나 50% 정도의 기관이 임팩트 측정에 전체 예산의 2% 이하를 배정하고 있는 현실은 그다지 고무적이지 않다.

어떻게 하면 사업 수행기관이 임팩트 측정에 관심을 갖고 자발적으로 더욱 많은 투자를 하도록 할 수 있을까? 여기에 대한 답을 알기 위해서는 우선 이들이 왜 임팩트 측정에 상대적으로 적은 예산을 배정하는지 알

---

11   KPMG(2017). Monitoring and Evaluation in the Development Sector:
A KPMG International Development Assistance Services(IDAS) Practice Survey.

아볼 필요가 있다. 전술한 KPMG 조사에 따르면 상당수 실무자가 임팩트 측정에 대한 투자를 늘리기 어려운 이유로 '자원 제약' 즉 부족한 자원(55%)을 꼽았다.

만성적인 예산 부족에 시달리는 소셜섹터의 자금 사정을 감안하면 이는 당연한 결과이다. 하지만 응답 내용의 이면까지 해석해 본다면, 자원이 절대적으로 부족하다기보다는 임팩트 측정에 추가적인 자원을 투입하는 것이 투자수익률ROI: Return on Investment 측면에서 덜 매력적이기 때문이라고도 볼 수 있다. 즉 실무자 입장에서는 프로그램을 확장하여 수혜자 수를 늘리거나 정책입법 관련 옹호활동Advocacy 등을 통해 추가적인 투자나 예산을 배정받는 것이 임팩트 측정에 투자하는 것보다 기대수익률이 높은 선택일 수 있다. 예산도 문제지만, 임팩트 측정에 투자하는 것 자체의 매력도가 떨어지기에 추가적인 예산 배정을 하지 않을 가능성이 높다는 것이다.

이처럼 실무자는 임팩트 측정의 필요성에 대한 공감과는 별도로, 실제로는 임팩트 측정을 거의 하지 않거나 형식만을 갖추는 경우가 많다. 이러한 상황에서 임팩트 측정을 활성화하기 위해서는 임팩트 측정만이 가지는 확실한 가치를 강조해야 할 것이다. 임팩트 측정 결과를 활용해 대내외 이해관계자와의 소통을 원활하게 하고 투자 및 지원을 더 이끌어내는 등의 효과만이 아닌, 임팩트 측정 그 자체가 가지는 매력 포인트에 주목할 필요가 있다는 것이다.

4. 임팩트 측정 및 관리의 가치: 성과중심 사고와 조직학습Organizational Learning

태국 정부의 산림정책에 관한 임팩트 연구와 관련하여 전술한 퓨리Puri박사는 현재 녹색기후기금GCF: Green Climate Fund의 임팩트 측정 부서장Director, Impact Measurement Unit을 맡고 있으며, 동시에 미국 컬럼비아대학교Columbia University 국제대학원SIPA: School of International and Public Affairs에서 겸임교수 Adjunct Faculty로서 '임팩트 측정 실무Impact Evaluation in Practice'를 가르치고 있

다. 이 수업에서 재미있는 실험을 한 적이 있다. 학생을 두 그룹으로 나눠 한 그룹은 임팩트 측정을 전문으로 하는 기업(A)의 역할을, 다른 하나는 비영리 프로그램을 운영하는 기업 또는 기관(B)의 역할을 맡게 했다. 이 실험은 A그룹이 자신에게 임팩트 측정을 맡기라고 B그룹을 설득하는, 한마디로 말해 영업을 하는 것이었다. 곧 B그룹의 학생들은 기업 또는 기관의 입장에서 임팩트 측정을 굳이 안 해도 되는 이유를 들기 시작했다. 특히 '가뜩이나 예산이 부족한 상황에서 임팩트 측정에 돈을 쓸 특별한 이유가 없다', '다른 곳에 돈을 쓰는 것이 더 효율적이다' 등 ROI 관점에서 임팩트 측정의 낮은 효용성은 임팩트 측정의 필요성을 설득해야 하는 A그룹의 입장에서 돌파하기 어려운 대답이었다.

그럼에도 불구하고 B그룹이 거절하기 힘들었던 제안은 바로 임팩트 측정만의 고유 가치인 '정기적인 데이터 수집과 이를 통한 프로그램 운영 개선'이었다. 임팩트 측정을 하는 과정에서 수집된 데이터는 다양한 통찰력Insight을 제공한다는 점에서 비영리, 재단, 사회적 기업 등 조직 형태를 막론하고 높은 가치를 인정받을 수 있었다. 퓨리 박사는 이와 관련 "이는 현실에서도 마찬가지이다. 이해관계자에게 임팩트 측정을 하라고 설득할 때 가장 강력한 논리가 되는 것은 정기적인 데이터 수집 및 관리이다"라며, "당신들의 데이터를 정기적으로 수집하고 관리하는 것은 물론, 여기에서 얻은 교훈Lessons Learned과 통찰력을 제공하겠다고 제안하는 것이 잠재 고객을 만족시키는 방법이다"라고 말했다.

2017년 녹색기후기금에 합류한 퓨리 박사는 당시 이사회에 독립적인 임팩트 측정 기구 설립을 요청할 때도 "조직 내부에서의 배움은 저절로 이뤄지지 않기 때문에 체계적인 데이터 수집을 통해 녹색기후기금의 사업이 올바른 방향으로 가는지를 알아야 한다"라고 설득했다고 한다. 그 후 녹색기후기금은 이사회에 직접 보고하는 독립적인 임팩트 측정 부서Independent Evaluation Unit를 설립했다. 2019년 기준 약 12조 원의 자금을 운

〔그림 4〕 성과 중심 사고를 통한 조직학습 과정

용하는 녹색기후기금의 전체 사업[12] 중 약 30%는 임팩트 측정 부서의 최종적인 허가가 있어야만 자금 집행이 가능하다. 데이터 수집을 포함한 임팩트 측정에 관한 계획이 명확히 수립돼 있을 때 비로소 자금이 집행될 준비가 되어있다고 보는 것이다. 퓨리 박사는 "이전에는 거의 모든 사업이 임팩트 측정에 관한 사전 계획 없이 진행됐다. 현재는 30%지만 앞으로는 모든 사업이 우리를 거쳐 진행될 수 있게 하여 임팩트 측정에 대한 조직 차원의 체계를 마련할 것이다"라고 말했다.

이처럼 데이터를 수집하는 과정에서 얻은 통찰력을 프로그램 운영에 반영하고 사업을 개선해 나가는 것은 임팩트 측정만이 제공하는 가치라고 할 수 있다. 예를 들어, A라는 프로그램을 도입하면 10만큼의 사회성과가 있을 줄 알았는데 임팩트 측정을 해보니 5밖에 나오지 않았다면, 가설과 현실 사이에 5만큼의 격차가 있음이 밝혀진 것이다. 프로그램 운영자는 임팩트 측정 과정에서 수집한 데이터, 수혜자 인터뷰, 현장 실사 등을 토대로 차이 발생 원인을 파악할 수 있다. 그리고 여기에서 얻은 통찰력을 향후 프로그램 운영에 반영하여 사업을 개선하고 발전시킬 수 있는 것이다.

이와 같은 논리는 사회성과(Output, Outcome, Impact)에 기초한 사업전략을 수립하는 '성과 기반 매니지먼트RBM: Results-Based Management'의 원리와 일맥상통한다.[13] 기업이 매출, 영업이익 등 사업의 재무적 성과를 바탕으로 경영전략을 발전시켜가는 것처럼 비영리·소셜 섹터에서는 임팩트 측정을 통해 프로그램의 사회성과를 모니터링하고, 필요한 경우 개선점을 찾아 사업전략에 반영할 수 있는 것이다. 이 같은 성과 중심 사고 및 이를 통한 조직학습 과정Organizational Learning Process은 임팩트 측정 및 관리 프로세스의 도입이 제공하는 고유하고 핵심적인 가치라고 할 수 있다. (그림 4)

임팩트 측정의 활용방안: 임팩트 커뮤니케이션 전략

임팩트 측정의 핵심 목적 중 하나는 이해관계자 대상 임팩트 커뮤니케이션이다. 이해관계자에는 프로그램의 직접 수혜자는 물론, 조직 내부의 임직원, 이사회 구성원, 조직 외부의 투자자, 후원자, 언론, 정부, 대중 등이 포함된다. 영리기업에서 매출과 영업이익 등 재무성과에 기초해 내·외부 이해관계자와 소통하는 것처럼, 비영리조직과 사회적 기업의 경우에는 임팩트 측정 결과를 예컨대 팀원들끼리 공유함으로써 사업을 발전시켜 나갈 수 있으며, 잠재 자금 투자자에게 사업 전망을 설명하거나 투자자 및 후원자들에게 사업성과를 공유할 때도 활용할 수 있다.

이해관계자와의 원활한 소통을 위해서는 임팩트 측정의 완성도도 중요하지만, 측정 및 분석 결과, 시사점 등을 어떤 방식으로 이해관계자와 소통할 것인가도 중요하다. 만약 임팩트 측정 결과를 측정에 직접 관여한 소수의 사람들만 이해할 수 있다면 결과의 활용도는 떨어질 수밖에 없다. 게다가 수많은 사회적 기업과 비영리단체로부터 IR 정보를 제공받는 이해관계자의 관심을 사로잡으려면 직관적이고 효과적인 임팩트 커뮤니케이션 방식이 필요하다.

---

12   https://www.nature.com/articles/d41586-019-03330-9

13   OECD(2002). Glossary of key terms in evaluation and results based management. Retrieved from http://www.oecd.org/dac/evaluation/2754804.pdf

1. 사회투자수익률 SROI: Social Return On Investment

대표적인 임팩트 커뮤니케이션 방식으로는 미국의 비영리조직 지원기관인 REDF Robert Enterprise Development Fund에서 개발한 사회투자수익률 SROI: Social Return on Investment이 있다. 영리기업에서 사용하는 투자수익률, 즉 ROI Return on Investment 앞에 알파벳 S를 붙인 것이 SROI이다. SROI는 회수 Return의 개념을 사회적 회수 Social Return의 개념으로 확장시킴으로써 투자 금액 대비 성과를 산출할 때 사회성과까지 포함시킬 수 있도록 했다. SROI는 일반적인 ROI와 마찬가지로 비율로 표시된다. SROI가 3이라는 의미는 투입한 금액 대비 창출된 사회성과가 3배수라는 의미이다. 즉 1만 원을 투입했을 때 3만 원어치의 사회성과가 창출되었다는 것이다. 이처럼 숫자로 표현되기 때문에 비영리섹터는 물론 영리섹터의 이해관계자까지 직관적으로 이해할 수 있다는 장점이 있다. 또한 내부적으로는 SROI 비율을 참고해 프로그램의 효과성을 지속적으로 모니터링할 수 있다. 예컨대 작년에는 SROI가 3이었는데 올해 2로 떨어졌다면, 운영상 문제가 있는 것으로 판단하고 개선점을 찾을 수 있다.

하지만 SROI는 임팩트를 표현하는 방식일 뿐, 그 자체로 임팩트 측정을 가능하게 하는 도구는 아니다. SROI를 도출하려면 사회적 회수에 대한 정보가 있어야 하고, 이 정보를 도출하는 것이 바로 임팩트 측정이기 때문이다. 또한 SROI는 배수로 결과 값을 표현하기 때문에 창출된 사회적 성과를 화폐화 Monetization할 수 있어야 한다. 그렇기 때문에 SROI의 가치는 계산식 자체가 아니라, 얼마나 정교하게 프로그램이 창출한 임팩트를 측정하고 화폐화할 수 있는가에 달려 있다.

2. BACO와 Impact Matters

또 다른 대표적인 임팩트 표현 방식으로 Acumen에서 사용 중인 BACO Best Available Charity Option가 있다. 유사한 수준의 임팩트를 창출하는 프로그램 중에서 어떤 것이 가장 효과적으로 운영되는지를 비교하여 표현한다. 이 방법은 측정된 임팩트를 화폐화하는 것이 부적절하거나 불가능할 때 주로 사용된다. 미국의 대표적인 임팩트 측정 기관인 Impact Matters도 이 같은 방식을 사용하고 있다.[14]

다시 교육 멘토링을 제공하는 소셜벤처의 사례로 돌아가서, 해당 소셜벤처가 학생의 점수를 20점 올렸다고 가정해보자. 그런데 20점이라는 점수가 학생의 자존감에 관한 점수여서 화폐화하는 것이 매우 까다롭고 사회적으로 부적절하기까지 하다면 앞에서 설명한 SROI 표현 방식을 사용하기는 어려울 것이다. 이때 Acumen과 Impact Matters는 점수를 20점 올리는 데 들어간 비용을 계산하고, 이를 다른 단체와 비교한다. 만약 다른 기관이 훨씬 더 적은 비용으로 같은 성과(20점 상승)를 냈다면, 사례 속의 소셜벤처는 같은 예산 투입 대비 더 작은 임팩트를 창출한 것이다. 따라서 자신의 프로그램 운영에 문제가 없는지 검토해야 한다.

이 방식은 투자자 또는 기부자와 커뮤니케이션할 때 유용하다. 사람들은 효율적으로 일하는 단체에 돈을 주고 싶어 한다. 돈을 효율적으로 쓴다는 것은, 같은 비용으로 더 큰 성과를 창출한다는 의미이다. 예컨대 노숙자 문제에 관심 있는 사람이 Impact Matters의 홈페이지에 들어오면, 노숙자를 돕는 여러 단체의 효율성을 한눈에 비교할 수 있다. 노숙자에게 쉼터Shelter 1개를 제공하는데 A라는 단체는 100달러를 쓰고 B는 200달러를 쓴다면, 같은 돈을 기부했을 때 A가 B보다 2배의 더 많은 사회성과를 창출한다는 것이므로 의사결정을 내리기 쉽다.

BACO와 Impact Matters처럼 특정한 목적 달성을 위해 소요되는 비용과 성과를 비교하는 방법을 '비용편익 분석Cost-benefit Analysis'이라고 한다. 하지만 여기에서도 전제는 목적을 얼마나 달성했는지에 대한 임팩트

---

14 Impact Matters 홈페이지. (https://www.impactmatters.org/)

측정이 선결되어야 한다는 점이다. 학생들의 점수가 20점 오른 것이 순수하게 소셜벤처의 기여 덕분인지를 먼저 알아야 의미 있는 분석 및 비교가 가능하다.

3. Rating Management

앞서 살펴본 SROI, Acumen의 BACO, Impact Matters 등의 사례가 사회성과를 정량화하여 표현하는 데 특화된 방식이라면, Rating Management는 사회성과를 등급이나 별점으로 표현하는 방식이다. 사회혁신가 및 사회혁신조직의 글로벌 네트워크를 제공하는 비영리조직 아쇼카Ashoka는 대학의 사회혁신 성과를 평가할 때 정량적인 숫자보다는 등급에 기초한 평가를 진행한다. 예를 들어 'A 대학 재학생들이 사회혁신 프로그램에 대한 이해도가 높은가?'라는 항목에 대해 아쇼카에서 파견한 평가자Evaluator들이 '매우 우수', '우수', '보통' 등의 등급을 부여하는 것이다.

Rating Management는 성과의 값이 서로 다를지라도 특정 범주 안에 포함된다면 이들을 모두 하나의 등급으로 간주한다. 그렇기 때문에 같은 등급을 받은 조직 간에도 실제 창출한 성과에는 편차가 있을 수 있다. 이 같은 방식은 정량화 내지 화폐화를 하는 방식에 비해 정교하지는 않지만, 조직들의 사회성과 수준을 그룹화Grouping하는 데 유용하다. 또한 등급 내의 표준편차는 크지만 등급 간의 편차는 작다는 점에서 측정 결과에 대한 공정성 및 비교가능성을 확보하기 용이하다. 예를 들어, '매우 우수'라는 등급 안에 속한 조직 사이에 편차가 존재하는 것은 사실이지만, 해당 등급 내에서 가장 상단 또는 하단에 있는 경우를 제외하고는 해당 등급에 속한 조직은 일반적으로 유사한 사회성과 수준을 가지고 있다고 보는 것이 보편적으로 타당하기 때문이다.

하지만 Rating Management 역시 '어떤 조직이 얼마만큼의 임팩트를 창출했는가?'에 대한 임팩트 측정을 전제로 한다. 어떤 등급을 부여할지

결정하는 것 또한 임팩트 측정 이후에 이뤄질 수 있기 때문이다. 예를 들어, 연간 탄소배출량을 전년도 대비 10% 이상 줄여야 '매우 우수' 등급을 받고, 5~10% 사이면 '우수' 등급을 부여하는 기준이 있다고 하자. 평가자는 결국 평가 대상 조직이 탄소배출 감축에 기여한 퍼센트(%)를 측정해 내야 등급을 부여할 수 있다.

이처럼 SROI, BACO, Impact Matters, Rating Management 등은 임팩트를 표현하는 방식에 차이가 있을 뿐 특정 조직 또는 사업이 기여한 사회성과만을 솎아내는 임팩트 측정을 필요로 한다. 즉, 임팩트 측정은 사회성과를 특정한 방식으로 표현하여 하나의 결과로써 활용하기 위한 선행조건으로 기능하는 것이다.

이상과 같이 2절에서는 임팩트 측정 및 관리의 정의, 이론적 배경, 실무적 함의, 활용방안 등에 대해 전반적으로 살펴보았다. 3절에서는 국내 비영리조직의 실제 사회성과 측정 및 화폐화 연구 사례를 통해 얻은 교훈과 시사점을 살펴보겠다.

임팩트 측정 사례: 비영리조직 '따뜻한동행'의 사회성과 측정 및 화폐화 연구

들어가며

1. 기관 소개

'따뜻한동행'은 장애없는 따뜻한 세상을 만들기 위해 2010년에 설립된 사회복지법인으로서, '장애인시설 개선을 주도하고 장애인 리더를 양성하는 최고의 사회복지법인'이라는 비전을 기반으로 다양한 사업을 수행해오고 있다. 따뜻한동행은 7개 사업 분야에서 총 11개의 개별 사업을 수

〔표 4〕 **따뜻한동행 주요사업 정리**

사업 분야	개별 사업명
공간복지 지원	국내 공간복지 지원사업
	특수학교 안전인프라 구축사업
	포스코 '희망공간' 구축사업
	해외 공간복지 지원사업
자원봉사 협력	한미글로벌 임직원 봉사활동
첨단보조기구 지원	첨단보조기구 지원사업
장애인 일자리창출 공모	장애인 일자리창출 공모사업
장애인식개선 교육	장애인식개선 교육사업
북한이탈주민 지원	여명학교 미술·심리치유 프로그램 지원사업
	미래동행 멘토링 사업
대외협력	홍보 및 모금사업

행하고 있으며 대표사업으로는 시설 장애인들의 주거 및 생활환경을 개선하는 '공간복지 지원사업', 장애 유형 및 특성, 생활환경에 맞춤화된 첨단보조기구를 지원하는 '첨단보조기구 지원사업', 전국 40여 개 사회복지 시설에 협력기업 임직원의 정기봉사활동을 지원하는 '자원봉사 협력사업' 등이 있다.〔표 4〕

2. 연구 목적 및 방법

2019년 임팩트 측정 및 컨설팅 기관인 (주)임팩트리서치랩에서 수행한 '따뜻한동행 사회성과 측정 및 화폐화 연구'[15]는 따뜻한동행 설립 10주년을 맞아 조직의 비전 및 미션 재정립을 위한 근거자료를 마련하고, 기존 사업에 대한 분석 및 평가를 통한 향후 사업 방향성 설정을 목적으로 수행되었다.

본 연구를 위해 약 10개월간에 걸쳐 기존 문헌을 검토하고, 기존 사

15 신현상·김하은·장서윤 (2020). 따뜻한동행 사회성과 측정 및 화폐화. (주)임팩트리서치랩 연구보고서

업 자료는 물론 이해관계자 대상 설문 및 인터뷰 등을 통해 본 연구를 위한 데이터를 수집했다. 이를 바탕으로 2018~2019년 2년간의 전체 사업에 대한 지표 선정, 성과 측정 및 분석을 실시했다. 기존의 회계정보 생성 원칙인 객관성Objectivity, 신뢰성Credibility, 타당성Validity, 보수성Conservatism 등을 적용하여 사회성과를 측정하고 화폐화했으며, 이를 위한 계산 근거 및 계량화된 결과치를 제공했다.

동시에 따뜻한동행 내부 구성원과 연구진이 함께 여러 차례 워크숍을 진행해 내부 구성원의 사회성과 측정 및 평가 역량을 제고하고 지속가능한 사회성과 관리 체계를 내재화하기 위해 노력했다.

3단계 연구수행전략

본 연구의 사회성과 측정 및 화폐화 과정은 다음과 같이 3단계로 진행되었다.

1. 1단계: 사업별 변화이론 적용 분석 및 사회성과 지표 설정

사업별 심층 분석 과정에서는 기존 사업 자료 및 이해관계자 인터뷰 결과를 기반으로 변화이론Theory of Change 프레임워크를 적용하여 사업별 투입Input, 활동Activity, 산출Output, 결과Outcome, 영향Impact 간의 연결고리를 분석했다. 이를 기반으로 사회성과 지표를 설정했으며, 이때 사업 활동으로 인한 수혜자 그룹Target Population의 변화를 측정하기 위한 결과지표Outcome Index를 중점적으로 활용했다. 결과지표 선정 시 본 연구의 성격 및 시간적 제약 등을 고려하여 활용 가능한 측정지표 위주로 연구를 진행했다.

2. 2단계: 결과지표 관련 재무적 대용치Financial Proxy 설정

결과지표 설정 완료 후 2단계에서는 화폐화 계산을 위한 지표별 재무적 대용치를 설정했다. 시장가격이 매겨져 있지 않은 결과지표에 대한 가치를 산정하고 그에 대한 화폐가치를 부여하는 과정에서 활용될 수 있는 방법으로는 조건적 가치 접근법과 현시선호기법顯示選好技法이 있다.[16] 이상의 두 가지 방법은 사회적 비용·편익 분석 및 화폐화 과정에서 널리 활용되고 있다.[17] 본 연구에서는 상기 2가지 방법을 사업별 특성에 맞게 적용했다.

① 결과지표의 가치산정Valuation of Outcome Index에 대한 직접적 접근방식: 결과의 화폐가치와 관련된 시장 데이터가 존재하거나, 사업 수혜자로부터 결과와 관련해 직접 얻은 데이터가 존재할 경우, 해당 데이터를 결과지표의 재무적 대용치로 활용할 수 있다. 직접적 가치산정 접근방식 중 본 연구에서 활용한 조건적 가치 접근법Contingent Valuation Method의 경우 사회적 비용·편익 분석 과정에서 공공정책의 결과가 만들어내는 가치를 수혜자의 지불의사 또는 수용의사 측정 결과를 기반으로 산정하는 방식이며, 사회성과 측정결과를 화폐화하는 과정에서 많이 활용된다.

조건적 가치 접근법은 이해관계자에게 지불의사금액WTP: Willingness To Pay 또는 수용의사금액WTA: Willingness To Accept을 직접 묻고 계산하는 방식이다. 지불의사금액의 경우 어떤 위험 또는 불이익을 해결하기 위해 그 대가로 지불할 의사가 있는 금액의 크기를 의미한다. 반면 수용의사금액의 경우 어떤 위험 또는 불이익을 받아들이는 대가로 원하는 금액의 크기를 의미한다. 측정된 지불의사금액 또는 수용의사금액은 사회성과에 대한 화폐화 과정에서 재무적 대용치로 활용할 수 있다.

② 결과지표의 가치산정에 대한 간접적 접근방식: 결과의 화폐가치를 직접적으로 계산할 수 없는 경우에는 간접적 접근방식을 활용했다.

---

16 The SROI Network(2012). A Guide to Social Return On Investment

17 서성아(2017). 사회적 비용·편익 분석조사. 한국행정연구원

해당 결과를 산출하기 위해 투입되었던 활동과 관련한 데이터를 분석하거나, 또는 사업 활동 외부에서 실제 투입된 활동과 유사한 활동의 시장가격과 가격 형성 추이를 분석하는 과정을 통해 결과에 대한 가치를 간접적으로 계산하고 이를 결과의 화폐가치로 대입했다.[표5]

3. 3단계: 결과지표에 대한 재무적 가치의 부여 및 조정계수를 반영한 사회성과(사회적 편익·비용)의 계산 및 논리 검증

① 결과지표에 대한 재무적 가치 부여: 사업별 특성 및 변화이론 프레임워크 적용 결과, 결과지표의 측정 가능성 등을 고려하여 지표별 재무적 대용치Financial Proxy를 설정한 이후 재무적 대용치 설정 과정에서 수집한 기존 문헌자료 등의 데이터를 기반으로 산식을 수립하여 지표별 재무적 가치를 계산했다.

② 조정계수Adjustment Factor 반영: 결과지표의 재무적 가치 계산 결과는 시간의 흐름에 따른 결과의 변화, 실제 수혜자의 변화 정도, 위험 정도 등 다양한 요인을 반영하여 수치를 조정할 필요가 있다. 사업 활동을 통해 만들어진 실제 변화의 크기, 지속가능성 등에 맞춰 결과의 정량화된 가치를 보수적으로 검토하는 과정에서〔표 6〕에 제시된 3가지 조정계수를 활용할 수 있다. 본 연구에서는 사업별 특성에 맞게 조정계수를 선정하고, 결과지표별 최종 재무적 가치 계산식에 반영했다.[표6]

사회성과 측정 및 화폐화 과정

여기에서는 본 연구에서 분석한 총 11개 사업 중 국내 공간복지 지원사업과 임직원 자원봉사 협력사업을 대표 예시로 삼아 사회성과 측정 및 화폐화 과정을 소개하고자 한다.

시장비교방법 (Market Analogy Method)	투입된 활동(Activity)과 동일한 또는 유사한 성격을 가진 활동의 시장가격과 비교하는 방식으로, 투입된 활동의 성격을 가진 활동의 시장가격과 그렇지 않은 활동의 시장가격을 비교하여 프리미엄 가격(Premium Price)을 산출하고 이를 결과(Outcome)의 재무적 대용치로 활용할 수 있다.
특성가격방법 (Hedonic Pricing Method)	활동의 각 특성이 활동의 가격에 대해 미치는 영향력의 크기를 분석하는 방식이다. 목표 활동의 각 특성별 가격 영향력을 산정할 수 있다면, 결과와 관련된 특성에 대한 가격을 산정하여 이를 결과의 재무적 대용치로 활용할 수 있다. 예컨대, 소방서의 사회적 가치는 소방관처럼 특정한 위험을 감수해야 하는 직업과 그 정도의 위험이 수반되지 않는 직업의 임금 차이를 기반으로 산정할 수 있다.
대체법 (Replacement Method)	손상된 자산(Damaged Asset)을 대체 또는 복구하는 데 드는 비용에 대한 시장가격을 분석하는 방식이다. 만약 손상된 자산을 대체하거나 복구함으로써 결과를 창출하는 활동이라면, 해당 활동과 관련되거나 유사한 활동의 시장가격을 재무적 대용치로 활용한다.
예방·방지 비용 방법 (Prevention/Defensive Expenditure Method)	특정 위험을 예방하거나 방지하기 위해 지출하는 비용의 수준을 분석하는 방식이다. 만약 특정 위험을 예방하거나 방지함으로써 결과를 창출하는 활동이라면, 해당 활동을 위해 지출하는 비용 수준을 재무적 대용치로 활용할 수 있다. 예를 들어, 특정 질병을 예방하기 위한 마스크 등의 보건용 제품 등에 소비하는 비용 수준을 분석하여 특정 질병 예방을 위한 서비스가 창출하는 사회적 가치를 화폐가치로 계산할 수 있다.
델파이 방법 (Delphi Method)	전문가집단의 컨센서스(Consensus)를 기반으로 사회적 편익 또는 비용을 산정한다.
트레이드-오프 방법 (Trade Off Method)	시간비용을 포함한 기회비용의 절감 수준을 편익의 증분으로 계산하는 방식이다. 이때 통계적 생명가치(VSL: Value of Statistical Life)의 개념이 활용될 수 있다. 통계적 생명가치란 사망 위험이 감소하고 생명이 연장됨에 따라 발생하는 효용 수준을 화폐화한 것으로, 본 개념의 적용분야의 특성에 따라 그 가치를 산출하기 위한 다양한 접근방식과 계산식이 존재한다. 조기사망을 감소시키는 정책이나 사업, 프로그램의 비용과 편익을 분석하는 과정에서 활용되고 있으며 사회적 안전 증대, 삶의 질 향상 차원을 넘어 생명가치의 보존 관점에서 기회비용을 산정할 수 있기 때문에 더욱 장기적인 관점에서 목표 수혜자 집단의 변화 정도 추정 시 활용할 수 있다.

1. 국내 공간복지 지원사업

따뜻한동행의 공간복지 지원사업은 장애인 거주시설에 대한 맞춤형 시설 개보수 및 리모델링 지원사업으로서, 시설 장애인들의 주거 및 생활환경 개선을 통해 장애인의 개인화된 삶의 질 향상과 자립·자활을 지원한다. 국내 공간복지 지원 사업의 경우 2010년에 시작되었으며, 2020년 8월 현재 전국 370개 시설을 대상으로 공간복지 지원을 수행해 왔다. 〔그림 5〕는 2018년 300번째 공간복지 지원 드림하우스로 선정된 서울 소재 소규모 장애아동 시설인 '라파엘의 집'의 공간복지 지원사업 이후 모습이다. 〔그림5〕

본 연구에서는 국내 공간복지 지원사업의 경우 조건가치접근법을 활용하여 사회성과를 측정했다. 2018~2019년도의 국내 공간복지 수혜기관을 대상으로 심층인터뷰 및 설문조사를 진행하여 공간복지 지원 경험 이후의 유사시설에 대한 지불의사금액WTP 및 지속성 가치를 측정했다. 설문조사의 경우 공간복지 지원 이후의 장애인 당사자의 변화를 리커트 5점 척도 기반 설문지를 통해 측정하였으며 설문 결과를 100점으로 환산하여 백분율(%)로 수치화하여 60% 초과분을 프리미엄 요인 조정계수 값으로 산정했다.

〔그림 5〕 **국내 공간복지 지원 사업: '라파엘의 집' 내부 전경**

프리미엄 요인 (Premium Factor)	창출된 결과에 대한 설문 분석 등의 결과를 기반으로, 창출된 결과에 대해 양(+)의 가치, 즉 프리미엄(Premium)을 부여하여 결과지표의 측정치를 상향 조정하는 계수(Plus Factor)이다. 예컨대, 결과지표에 대한 재무적 대용치 설정 과정에서 유사한 활동(Activity)의 시장가격을 활용할 경우, 실제 사업 활동의 차별화된 질(Quality)이나 효과성(Effectiveness), 그리고 의도한 결과의 질적·양적 창출 수준 등을 고려하여 기존 시장가격에 프리미엄을 부여하여 결과지표 측정치를 상향 조정할 수 있다. 사업별 프리미엄 요인 설정 과정에서 사업 수혜자 및 다양한 이해관계자에 대한 설문 과정이 병행될 수 있는데, 이때 설문을 통해 활동의 효과성 및 수혜자 관점에서의 실제 변화의 정도(Outcome 창출 수준) 등을 직접적으로 측정하고 그 결과를 기반으로 양(+)의 가치 반영 수준을 설정할 수 있다.
디스카운트 요인 (Discount Factor)	창출된 결과에 대한 사업 활동의 영향력을 산정하는 과정에서 과대계상을 막기 위해 결과지표의 측정치를 하향 조정하는 계수(Minus Factor)이다. 디스카운트 요인에는 다음의 4가지 요인이 포함되며, 사업별 특성에 맞게 적합한 요인을 선정하여 결과값에 반영한다.
A. 사중 (Deadweight)	특정 활동이나 정책이 도입되지 않은 경우에도 발생했을 결과의 양을 의미한다. 결과의 총 가치에서 사중의 추정값만큼을 제외함으로써 결과값에 반영하며, 사중이 증가됨으로써 결과(Outcome)에 대한 사업 활동 또는 정책의 기여도는 감소한다.
B. 귀인효과 (Attribution)	결과의 총 가치에서 다른 조직이나 다른 요인들에 의해 창출된 결과의 양을 의미한다. 귀인효과 발생 값은 결과의 총 가치에서 제외된다.
C. 대체효과 (Displacement)	특정 사업이 창출한 결과가 의도하지 않은 다른 결과로 대체되는 것을 의미한다. 이 경우 의도하지 않은 결과의 크기, 즉 대체되어 나타난 다른 결과의 크기만큼을 결과의 총 가치에서 제외한다. 가령 '거리조명 밝히기 프로그램'의 경우, 해당 프로그램을 도입한 이후 목표 지역의 범죄율이 감소함과 동시에 인근 지역의 범죄율은 도리어 증가했다면 감소된 범죄율(프로그램이 의도한 결과)이 인근지역의 범죄율 증가(의도하지 않은 결과)로 대체되었는가의 여부를 확인할 필요가 있다. 그 결과치를 대체효과 또는 풍선효과의 결과로써 총 결과의 가치에 반영할 수 있다.
D. 감소효과 (Drop-off)	시간의 흐름에 따른 총 결과의 감소량을 의미한다. 특정 미래시점 또는 목표기간까지의 변화 발생 지속성을 고려하여 시간이 지남에 따라 축소되는 결과의 크기를 비율로 산정하여 특정 기간에 대한 총 결과의 가치에 반영할 수 있다.

리스크 요인 (Risk Factor)	리스크는 영향(Impact) 또는 결과(Outcome)의 재무적 가치 환산 과정에서의 리스크 발생 가능성과 목표한 결과가 발생하지 않을 가능성 등 두 가지 측면에서 분석될 수 있다. 전자의 경우 재무적 가치 환산을 위한 데이터 수집 과정에서 데이터의 정확성과 관련한 리스크가 내재되어 있는 경우, 또는 준거연구와 사업 활동, 영향 및 결과와의 연관성을 수립하는 과정에서 가정(Assumption)이 많아질수록 리스크가 커지는 경우와 관련이 있다. 반면 후자의 경우 의도하지 않은 결과가 창출되거나 목표한 만큼의 결과가 창출되지 않을 가능성과 관련이 있다. 리스크 요인의 경우 임팩트 투자 결정 과정에서 투자의 잠재력(Potential) 분석단계에서는 물론이고, 임팩트 투자의 결과, 즉 사업 활동으로 인한 임팩트 및 사회성과 창출 결과를 평가하는 과정에서도 고려될 필요가 있다. 특히, 사회성과 창출 목표가 양적·질적 측면에서 달성되지 못할 가능성을 인식하고 이를 최종가치(Terminal Value) 산정 시 반영함으로써 보다 신중한 측정과 관리가 가능하다.

사회성과 측정 결과 산출 과정에서는 사회적투자수익률SROI 방식을 적용했으며, 공간복지 지원사업의 기간별 편익의 경우 공간복지 지원 이후의 시설에 대한 지불의사금액과 지원 이전 시설의 시세 간 차액을 그 금액으로 산정했다. 그리고 기간별 편익의 현재 가치를 합산한 결과에 프리미엄 요인을 곱함으로써 국내 공간복지사업 수혜자 관점에서의 실제 변화 결과를 편익 산출 시 반영했다.

2. 임직원 자원봉사 협력사업

따뜻한동행의 임직원 자원봉사 협력사업은 매월 진행되는 한미글로벌 임직원의 정기봉사활동을 지원하는 사업이다. 본 사업은 전국 40여개의 사회복지시설에서 수행되고 있으며, 자원봉사자와 수혜자 모두의 필요에 부합하는 봉사활동 지원을 위한 다양한 제도 및 프로그램을 운영하고 있다.

본 연구를 위해 한미글로벌 임직원 봉사활동의 역사 및 배경, 진행 과정 및 활동처의 변화, 그리고 임직원의 인식을 분석하기 위한 기존 사업

보고서 검토, 봉사활동 관련 시장 서비스 및 가격 조사, 봉사활동 참여 임직원과의 인터뷰 순으로 사회성과 측정을 위한 과정이 진행되었다.

특히 임직원 인터뷰 과정에서는 본 사업의 지속가능한 봉사활동 환경 조성 효과를 확인할 수 있었다. 임직원의 직무 전문성과 봉사활동에 대한 열정에 기반한 주체적 참여 의지, 참여 희망자들이 도움이 시급한 활동처의 필요와 연결될 수 있도록 제도적 지원 및 관련 프로그램이 뒷받침되어 봉사 참여 임직원들의 지속가능한 봉사활동 환경 조성을 위한 시너지 효과가 창출되고 있었다. 이러한 결과에 기반하여 봉사 활동처와 수혜자의 가족을 핵심 이해관계자로 설정하고 각 집단의 개별 결과를 중심으로 사회성과를 측정했다. 한편 활동처의 경우 한미글로벌 임직원 봉사활동을 통해 수혜 받은 인력과 그를 통해 절감한 비용을 편익으로 인식하여 한미글로벌 임직원의 평균 시급을 재무적 대용치로 사용했다.

한편 수혜자 가족의 경우 한미글로벌 임직원 봉사활동을 통해 주말 동안 수혜자에 대한 돌봄 시간 감소분 및 이에 들어갔을 비용을 편익으로 인식하여 이에 대한 장애인 돌봄 비용 및 가족 돌봄 휴가 지원비용의 평균금액을 재무적 대용치로 사용했다. 사업기간의 연간 총 편익은 봉사활동 총 시간에 한미글로벌 임직원의 평균 시급을 곱한 금액과 봉사활동 총 횟수에 전체 활동처의 평균 수혜자 인원에 대한 돌봄 비용 총액을 곱한 금액을 합산하여 산출했다.

연구결과 및 시사점

1. 사회성과 측정 및 화폐화 결과

본 연구 결과 각 기간에 대한 사업별 '사업비 대비 편익 창출 비율'을 도출하여 '따뜻한동행 사회적 가치Social Valuation 결과표'를 제시했으며, 전체 11개 사업에 대한 2년간의 총사업비 투입 대비 사회적 가치 창출비율은 3.4로 나타났다. 이는 따뜻한동행이 지난 2년간 사업비 투입 100만 원당 340

만 원 상당의 사회적 가치를 창출했음을 의미하는 것이다. 또한 연구 결과를 기반으로 사업별 비교 및 연도별 비교 결과를 도출하여 사회적 가치 창출 확대를 위한 사업별 향후 사업 보완 및 강화 방안을 제시했다.

위에서 제시한 국내 공간복지 지원사업의 경우 2018~2019년 2년간의 사업비 투입 대비 사회적 가치 창출 비율은 2.3으로 나타났다. 본 사업의 경우 수혜 시설별 측정 결과를 분석했을 때 소수 시설에 대한 맞춤형 집중 지원 시 효과성이 향상되며 사회적 가치 창출 비율이 높게 산출됨을 발견했다. 본 연구진은 이러한 분석 결과를 기반으로 단순 개보수 및 공간 일부에 대한 지원사업보다는 공간 전반에 대한 맞춤형 집중투자 방식의 지원사업이 더욱 효과적임을 강조하면서 향후 국내 공간복지 사업의 사회적 가치 창출 효과성 및 효율성 제고를 위한 방향을 제시했다.

한편 임직원 자원봉사 협력사업의 경우 2018~2019년 2년간의 사업비 투입 대비 사회적 가치 창출비율은 5.8로 상대적으로 높은 비율을 보였다. 이는 직원들의 자원봉사활동 참여에 대한 오너십, 활동처의 니즈 발굴 및 효과적인 솔루션 제공을 지원하기 위한 다양한 제도가 뒷받침된 결과로 판단되었다. 기존 사업 활동을 토대로 한 임직원들과 봉사 활동처 간의 지속가능한 소통과 연결을 향후 과제로 제시했다.

전체 사업에 대한 사업별 및 연도별 비교 결과의 활용에 있어서는 균형 잡힌 의사결정을 위한 활용 방식을 제안했다. 사업별 비교는 사업별 목표 및 특성, 자원 배분 방식의 차이가 크기 때문에 단순히 수치만으로 사업을 비교하거나 그 차이를 분석하는 방식보다는 특정 사업을 기준으로 해당 사업의 연도별 사업비 투입 대비 사회적 가치 비율 변화 추이를 파악하여 추이의 변동요인을 분석하고 향후 전략 수립 및 자원 배분 결정에 반영하는 것을 제안했다. 또한 연도별 비교의 경우 기준선 설정과 기준선 대비 증감 정도의 파악을 통해 효율적인 자원 배분 전략 수립 시 활용할 것을 제안했으며, 균형 잡힌 의사결정을 위해서는 사업비 투입 대비 사회적 가치 창출 비율 외에도 개별 사업 특성에 맞춰 효과성, 공정성, 지속가능성 등 다양한 측면에서의 판단기준을 종합적으로 고려할 것을 당부했다.

2. 연구의 시사점

본 연구는 따뜻한동행의 사회성과 측정 및 화폐화를 위한 첫 번째 시도로써 향후에도 계속적으로 조직의 비전과 미션에 맞는 측정 및 평가방식을 발전시켜 나가는 과정에서 본 연구 결과가 도움이 될 수 있을 것으로 기대한다.

또한 본 연구를 통해 개발한 임팩트 측정 및 평가 시스템은 사회성과에 대한 조직학습의 토대가 되어 향후 조직 내부의 사회성과 측정 및 관리에 대한 지속적인 피드백, 환류 체계 구축의 기반이 될 수 있다. 이러한 조직학습이 점차 내재화된다면, 사업별 특성 및 운영방식에 최적화된 사회성과의 측정 및 관리가 가능해지며 따뜻한동행의 전략 수립과 실행, 평가 등의 전체 사업 수행 프로세스에 도움이 될 수 있을 것으로 기대한다.

향후 원활한 조직학습과 사회성과 측정 및 관리 시스템의 내부 정착을 위해서는, 사회성과와 관련한 조직 내부 구성원 간의 합의와 커뮤니케이션 과정이 필수적으로 뒷받침되어야 한다. 본 연구과정에서는 따뜻한동행의 내부 구성원들과 사회성과 측정 프로세스 및 필요성에 대한 이해와 공감대를 형성하기 위해 관련 워크숍을 수차례 진행했다. 연구 과정에서의 경험을 토대로, 조직의 미션과 비전, 전략과 일치Align하며 실무과정에서의 중요한 사업수행 기준 및 원칙과도 충돌하지 않는 적합한 사회성과 측정 및 관리 시스템을 구축해야 한다. 이를 위해 내부 구성원 간의 커뮤니케이션 시스템이 요구되며, 이를 기반으로 사회성과 지표를 선정하고 측정방법을 발전시켜 나가야 한다.

또한 본 연구는 비영리 조직의 성과를 결과 중심의 사고思考를 기반으로 측정하고 평가함으로써 향후 국내의 다른 비영리조직이 참고할 수 있는 사회성과 측정 및 관리의 접근 방식을 제시했다는 점에서 의의가 있다. 그간 한국의 비영리 조직은 시장경제 시스템과 정부의 개입만으로는 해결될 수 없거나 그 손길이 닿지 않는 곳의 다양한 문제를 해결하며 많은 사회적 가치를 창출해왔다. 하지만 기존의 산출 위주 평가 방식은 해당 조직이 실제로 창출한 사회성과를 충분히 반영할 수 없거나, 조직의 선한 의도에도 불구하고 도리어 문제를 심화시키거나 목표한 사회적 가치를 충분히 창출하지 못하는 등의 예기치 못한 결과 발생을 관리할 수 없다는 한계가 있었다. 이러한 점에서 산출 대신 결과 또는 영향을 중심으로 사고하는 것은 장기적인 사업 관리에 있어 도움이 될 수 있으며, 특히 좀 더 측정이 쉽고 관리에 유용한 결과Outcome지표를 바탕으로 사회성과를 정확하게 측정할 필요가 있다.

　　본 연구의 사회성과 측정 프로세스 및 결과 도출 과정은 비영리 조직이 그동안의 사업 운영 과정을 검토하고 향후 사업 전략을 수립해나가는 과정에서 활용할 수 있는 추가적인 정보를 확보하고 경영 개선, 사업에 대한 이해 및 합의를 위한 객관적인 근거를 마련할 수 있는 방법을 제시한다. 이러한 방식을 비영리 조직이 적극적으로 받아들이고 활용할 수 있다면 사회성과 측정 결과를 기반으로 사업 개선을 위한 정보 획득, 이해관계자와의 소통 증진, 자금 확보 노력 등에 있어서 한층 의미 있는 성과를 만들어낼 수 있을 것으로 기대한다.

결어

세계적인 컨설팅 회사 맥킨지McKinsey는 2018년 보고서에서 '임팩트 이코노미Impact Economy'가 급성장할 것으로 내다봤다. 보고서에 따르면, 글로벌 차원의 임팩트 이코노미는 2014년 50조 원 규모에서 2018년 250조 원 규모로 5배 성장했으며 그 성장세는 더욱 빨라질 것으로 예측했다.[18] 최근 글로벌임팩트투자네트워크GIIN: Global Impact Investing Network는 2019년 임팩트 이코노미의 규모를 850조 원대로 추정한 바 있다.[19] 이는 앞으로 사회문제를 해결하는 것이 사회적 가치 창출에 그치는 것이 아니라, 일자리 창출 및 경제적 가치 제고로 연결될 수 있음을 시사한다.

임팩트 이코노미가 양적 팽창에만 그치는 것이 아니라, 질적으로 성숙하면서 사회의 그늘을 걷어내고 한 사람 한 사람의 삶의 질을 향상시키기 위해서는 지금보다 더 많은 사람들의 참여가 요청된다. 이러한 과정에서 사회혁신 솔루션의 도출, (영리조직·비영리조직·재단·사회적 기업·정부 및 공공기관·국제기구 등 다양한 조직 간의 협력을 통한) 컬렉티브 임팩트Collective Impact에[20] 기반한 사회혁신의 확장, 그리고 임팩트 측정 및 관리를 통한 사회혁신의 끊임없는 개선 및 발전을 위한 노력 등이 필요하다. 이는 21세기를 살아가는 우리 모두의 책임이자 특권이라 할 수 있을 것이다. 본고가 이러한 움직임에 있어서 작은 발판이 될 수 있기를 기대해 본다.

18   Fine, D., Hickson, H., Pandit, V., Tuinenburg, P.(2018). Catalyzing the growth of impact economy. McKinsey Report. Retrieved from: https://www.mckinsey.com/industries/private-equity-and-principal-investors/our-insights/catalyzing-the-growth-of-the-impact-economy

19   https://thegiin.org/assets/GIIN%20Annual%20Impact%20Investor%20Survey%202020.pdf

20   Kania, J., Kramer, M.(2011). Collective Impact, Stanford Social Innovation Review 9(1) (Winter 2011), 36–41.

2장. 사회적 가치를 창출하는 임팩트금융

지속가능한 사회

자본주의의 발전

자본주의는 인류가 만든 최적의 사회·경제시스템이다. 각 나라는 자국의 경제·사회·문화적 환경에 맞춰 다양한 형태의 자본주의를 발전시켜 왔다. 자본주의는 1917년 러시아혁명 이후 소련의 붕괴에 이르기까지 70여 년 동안 공산주의와 각축을 벌였다. 그러나 1989년 11월 베를린 장벽이 허물어지고 소련 공산주의 체제가 무너지면서 그 영향 하에 있던 국가들이 자본주의 물결을 받아들이기 시작했다. 몰락한 소련 체제를 이어받은 러시아에 이어 중국조차도 자본주의의 장점을 대폭 수용한 사회주의를 채택하고 있다. 자유시장 경제에 바탕을 둔 자본주의 신봉자들은 자본주의가 승리했다고 한다. 자본주의가 인류의 삶을 개선시켰으며 사회에 더 많은 자유와 풍요를 가져왔음은 부인할 수 없다.

자본주의하에서 사회구성원은 계약을 체결하여 어떠한 사업이라도 자유롭게 할 수 있다. 사업 아이디어를 가진 사람은 별다른 제약 없이 사업을 하며, 자신의 아이디어를 믿어주는 은행이나 개인으로부터 부족한 자금을 빌릴 수도 있다. 창출된 부는 현금, 금융자산, 부동산 등 다양한 형태의 자본으로 소유할 수 있는 사유재산권이 인정된다. 투자가 성공하면 더 많은 부를 소유하게 된다. 경쟁 과정에서 망하기도 하고, 사업이 확장되면 국경을 넘어 다국적기업으로 발전하기도 한다. 시장에서는 치열한 경쟁이 이루어진다. 경쟁을 통해서 가격은 더 낮아지고 품질을 보장하지 못하는 기업은 도태되며 이 과정에서 생존을 위한 혁신이 이루어진다. 혁신을 이루지 못하는 기업은 시장에서 살아남을 수 없다.

자유, 개인, 경쟁, 협력, 혁신은 자본주의 시스템을 이끌어가는 동력이다. 기업은 자본시장을 통해서 자본을 끌어들이고 성공하는 기업은 수익을 투자자들과 나누면서 투자의 우수성을 높이거나 보유함으로써 더 큰 기업으로 성장한다. 경제 규모가 커지고 성장하면서 자본주의는 풍요로운 사회로 이끄는 원동력을 제공한다.

다양한 사회문제의 발생

우리 사회에 번영과 경제적인 풍요를 제공했던 자본주의가 좋은 영향만을 가져온 것은 아니었다. 사유재산권, 경제활동의 자유, 사적 이익의 추구가 인정되는 자본주의 시장에서는 치열한 경쟁이 이루어지는데, 그 과정에서 실업, 빈곤, 환경 파괴, 양극화 등 다양한 사회문제를 양산하였다.

이에는 산업의 자동화로 인해 경제가 빠르게 성장하면서 상대적으로 높은 임금의 고부가가치 전문직과 저임금의 단순한 기술직 위주로 고용 형태가 변화하면서 양극화를 초래한 산업 구조적 요인도 있었다.[1] 사

---

1   실제로 미국은 고용 분배의 양극화를 비판하고 있는데, 직업별 고용증가율에 있어 전문직과 단순 기술직은 증가하고 있으나 중간 기술 정도의 직업은 계속하여 감소함에 따라 양극화를 초래했다는 연구가 있다(David Autor, The Polarization of Job Opportunities in the U.S. Labor Market, The Center for American Progress and The Hamilton Project, NW Washington, DC, Apr. 2010. pp.2-3., Thomas Piketty, Capital in the Twenty-First Century, The Belknap Press of Harvard University Press, 2014).

회적 취약계층은 저임금으로 긴 노동시간을 사실상 강요당했고 직업병과 산업재해에 노출되면서 생활환경·보건 등 다양한 사회문제를 야기했다. 그럼에도 불구하고 시장경제의 자유가 지배적인 이념으로 자리 잡은 기업들에 무제한적 이윤추구가 정당화되었고, 금융기관은 재무건전성을 위해 수익을 거둘 수 없는 경우 대출·투자 등의 기회를 주지 않아 사회적 취약계층은 금융에서도 소외되었다. 결국 2015년에는 가장 부유한 1%가 나머지 인구보다 더 많은 부를 소유하게 되었다. 이렇게 사회양극화, 금융의 쏠림현상으로 인해 금융배제 현상의 발생, 금융의 신뢰 훼손 등 금융의 한계가 발생했다. 토마 피케티Thomas Piketty는 자본수익률이 경제성장률[2]보다 빠르기 때문에 자본주의가 발전할수록 빈부격차가 심해진다고 분석하였다.[3]

자동화, 인공지능과 정보통신의 발달, 4차 산업혁명과 같은 혁신은 일자리를 만들기도 하지만 많은 일자리가 사라지게도 한다. 사회 발전을 위해 바람직한 일이지만, 이로 인한 사회문제의 골은 그 깊이를 예측조차 어렵다. 최근 우리가 경험하고 있는 코로나 사태나 금융위기와 같은 사회적 재앙은 언제든지 발생할 수 있다.

지속가능한 사회를 위한 노력

사회의 발전 과정에서 발생되는 이러한 이유 때문에 특정 개인이나 집단이 직업을 잃고 빈곤해진다면 누구의 책임일까? 현대 사회는 여러 가지 이슈가 서로 얽혀 있고 개인의 의지와는 다르게 사회에서 낙오될 수 있는 요소가 너무 많다. GDP가 성장하고 있다는 것만으로 그 사회가 발전하고

---

2 여기서 말하는 경제성장률은 생산된 용역 총량의 증가 속도를 나타내는 것으로 노동을 통해 돈을 버는 노동수익률이라고 볼 수 있다.

3 토마 피케티(Thomas Piketty)(장경덕, 유엔제이 옮김), 『21세기 자본: Le capital au XXI siecle』, 글항아리, 2014.

있다고 할 수 있을까? 2001년 노벨 경제학상을 수상한 조셉 스티글리츠 Joseph Stiglitz 컬럼비아대학 교수는 숫자로 보이는 경제성장만으로 사회가 발전하고 있다고 할 수는 없다고 말한다. 그의 저서『불평등의 대가』에서 경제성장으로 인한 불평등은 결국 사회 전체의 침몰로 이어질 수 있다고 경고하면서 성장 과정에서 떨어진 소외계층과 취약계층을 품고 가는 '포용성장Inclusive Growth'이야말로 진정한 성장이라고 역설하고 있다. 이러한 포용사회Inclusive Society의 틀이 만들어지지 않는 사회는 지속가능할 수 없다.

최근 사회 발전 과정에서 낙오된 사람을 배려하면서 모든 구성원이 희망을 품고 함께 가는 사회를 만들자는 '자본주의 4.0'에 대한 활발한 논의가 이루어지고 있다. 정부와 기업과 시민이 상호 협력하는 가운데 공생의 길을 가는 것이 자본주의 4.0의 정신이다. 절차적 정당성이 있다 하더라도 일부 개인이나 집단이 대다수의 사람보다 너무 많은 영향력을 갖고 있다면 장기적으로 균형 있는 사회를 이루기 어렵다. 최근 신자유주의에 대한 반성으로 따뜻한 자본주의, 공동체 자본주의, 창조적 자본주의 Creative Capitalism, 공유경제 등의 개념이 등장하는 것은 우연한 일이 아니다.

유엔UN도 이러한 연장선상에서 지속가능개발목표SDGs를 정하였다. 지난 15년 동안 추진해왔던 새천년개발목표MDGs, Millenium Development Goals의 후속 사업으로 SDGs를 2016년 이후 2030년까지의 목표로 설정하였다. 글로벌하게 전개되고 있는 경제 사회의 양극화, 불평등의 심화, 지구환경의 파괴 등 사회의 지속가능성을 저해하는 위협요소를 완화하기 위하여 각국이 노력하자는 것이다. 각국 정부는 우선순위를 정하고 구체적인 추진방향을 만들도록 요구받고 있다. 이는 그만큼 전 세계적으로 사회문제가 너무 많이 존재하고 사회의 지속가능성이 문제라는 것을 의미한다.

왜 사회투자인가

사회문제 해결의 일차적인 책임은 정부에 있다. 이를 위하여 정부는 매년 재정을 증액하고 있으나 급격하게 확장되고 있는 사회문제를 해결하기에는 역부족이다. 부족한 재원을 조달하느라 세금을 올리자니 납세자들의 저항이 만만치 않다. 그 간극을 민간 기업이 메우고 있다. 한국사회복지협의회와 대한상공회의소에 의하면 2018년 국내 상위 100대 기업이 한 해 동안 지출한 사회공헌 규모는 1조 7145억 원이었다.[4] 100대 기업 기준으로 1개 기업이 2018년 연간 지출한 평균 사회공헌 지출액은 약 306억 원으로 조사되었다. 기업은 사회공헌에 대한 사회의 요구와 사회공헌 지출 재원의 양적인 한계에 맞닥뜨리면서도 양질의 사회공헌활동을 고민하며 기업의 핵심 사업에 대한 선택과 집중을 통해 기업 이미지에 맞는 사회공헌에 역량을 집중하려고 하고 있다. 재원이 한정되어 있으니 돈을 쏟아붓는 복지만으로는 한계가 있다.

재원의 한계도 문제이지만 사회문제의 질도 문제이다. 현대의 사회문제가 점점 다양하고 복잡해져서 이제는 전통적인 복지 접근 방식만으로는 한계가 있다. 사회문제가 복합적인 요소를 담고 있기 때문이다. 특히 많은 사회문제가 경제와 연결되어 있다. 문제가 복잡하듯이 해결방식도 금융, 경영 등의 시장적인 기제를 융합하여 해결할 필요가 있다. 일회적인 지원보다 시행과정에서 시장이 이루어 낼 수 있는 수단을 동원함으로써 사회적 재원의 선순환과 지속가능성을 높일 필요가 있다.

이러한 재원의 한계와 사업의 효율성 제고라는 관점에서 '사회투자' 개념이 사회문제를 해결하기 위한 대안으로 떠오르고 있다. 사회투자는 투융자를 통하여 돈이 선순환되면서 사회문제를 해결한다. 그 과정에서

---

4 한국사회복지협의회, 대한상공회의소, 2019 사회공헌백서 '대한민국 사회공헌 지형도', p.12.

시장의 방법론이 활용된다. 사회문제를 단기적 일회적이 아니라 장기적인 관점에서 분석하고 투자한다. 미래에 심각해질 수 있는 사회문제에 대해서 예방적인 조치를 취할 수도 있다.

우리는 경제발전 과정에서 도로를 깔고, 항만을 건설하고, 다리를 놓는 사회간접자본SOC에 많은 투자를 했다. 지금 당장은 돈이 많이 들어가지만 장기적으로는 이러한 지출이 사회적 비용을 줄이고 경제의 효율성을 높인다. 사회문제를 해결하는 데도 이러한 접근방식이 필요하다. 사회간접자본에 투자하여 장기적으로 우리 사회에 필요한 기반시설을 마련하듯이 사회문제를 해결하는 데도 사회투자적인 접근방법이 필요하다. 전통적인 '주는 복지'에 대한 지원도 당연히 필요하지만, 재원의 한계와 사회문제의 다양성을 극복하기 위해서는 '사회투자적인 접근방식'도 병행해야 한다. 선진국의 경험은 사후적인 문제 해결보다는 사전 예방적인 사회투자 방식이 적은 비용으로 더 큰 효과를 낼 수 있음을 보여주고 있다.

임팩트금융의 출현

미국의 서브프라임모기지 사태로 발생한 2008년 금융위기, 도산 직전의 금융회사를 살리기 위해 투입된 엄청난 규모의 구제금융, 일반인들은 상상하기 힘든 규모의 보너스, 돈 잔치를 벌였던 월가, 실업과 빈부격차가 심각해지면서 고통을 받던 99%의 사람들은 금융회사의 부도덕한 행위에 실망하여 분노하며 월가를 점령하라고 외치면서 거리로 쏟아져 나왔다. 결국 금융위기는 경쟁과 시장논리에 의해 여러 세기동안 우리 사회의 성장을 주도해왔던 자본주의와 금융에 대하여 다시 생각하게 하는 계기가 되었다.

금융회사의 목표는 수익창출이다. 수익을 통해서 주주의 가치를 높이고 투자자에게 배분하는 것이다. 금융위기에서 보았듯이 상업금융은 돈의 논리로 작동한다. 때로는 실물경제가 동반하지 않는 '돈 게임'으로 금융 중심의 상품구조를 만들기도 하고, 이것이 작동되지 않을 때 경기 순환과 경제 불안정을 초래한다. 기존 금융에 사회변화와 혁신을 추구하면서 많은 수익을 동반하지 않는 사회적 프로젝트에 투자하라고 요구하는 것은 무리일 것이다. 2013년 노벨경제학상을 수상한 로버트 쉴러Robert Shiller 교수는 금융이 이 사회를 위하여 더욱 적극적인 역할을 수행하여야 한다고 말한다.[5] 기존금융에 대한 반성으로 새로운 금융에 관한 관심이 커졌다.

새로운 금융이 필요하다

자본주의의 지속가능성에 관한 문제가 끊임없이 제기됨에 따라 경제적 빈곤과 사회적 불평등에 시달리던 취약계층은 자주적인 조직체를 결성하여 집합적으로 대응하고자 협동조합을 설립하기 시작했다. 사회적기업, 마을기업 등 사회적 가치 조직의 등장, 경제활동의 결과에서 사회적 영향에 대한 관심 증대 등 사회문제를 타개하기 위한 방안이 논의되었다. 협동조합을 포함한 다양한 형태의 조직은 사회적 가치 창출을 주목적으로 하며 재무적 수익은 물론 사회적 수익창출을 위해 노력하였다. 이에 따라 기존의 전통적 금융에 대한 대안으로 새로운 특징을 가진 금융을 활용하고자 등장한 것이 임팩트금융이다.[6] 사회사업 및 사회적 지원이 더 이상 정부의 역할만이 아니라 사회가 함께 해결해야 하는 문제로 인식하였고, 사회사업이 새로운 부가가치를 창출할 수 있는 수단이 될 것이라 기

---

5 Robert Shiller(노지양, 조윤정 옮김), Finance and the Good Society(새로운 금융의 시대), 2012

6 Iona Joy et al., Understanding the Demand for and Supply of Social Finance: Research to Inform the Big Society Bank, 2011, pp.19-20.

대하였다. 사회분야의 자금조달에 대한 금융의 관심이 증가하면서, 사회적 가치에 중점을 두는 금융으로서 사회적금융Social Finance이라는 용어가 사용되기 시작하였고, 2000년대 중반에 들어서면서 임팩트금융으로 부르기 시작하였다.

임팩트금융의 정의

'임팩트금융'이란 무엇일까? 임팩트금융은 사회적으로 가치 있는 일에 돈을 투자 혹은 융자하여 지속가능한 발전을 이끄는 금융을 말한다. 임팩트금융은 사회적 가치를 창출하는 프로젝트에 자금을 유통하는 '착한 금융'이다. 임팩트는 '사회적으로 미치는 긍정적인 영향력'이다. 재무적인 가치, 즉 이윤창출에만 목표를 두지 않고 금융을 통해 빈곤, 인권, 환경과 같은 사회문제를 해결함으로써 좀 더 나은 세상을 만들기 위해 노력하는 금융이다.

임팩트금융은 '금융'이기 때문에 투자한 자금이 사회적으로 긍정적인 영향력을 미칠뿐더러 재무적으로 상환되어 재투자와 재융자가 이뤄져야 한다. 다만 일반금융이 단지 이윤창출만을 목적에 두고 자금을 융통한다면, 임팩트금융은 사회적 가치 창출에 무게중심을 좀 더 두는 것이다. 임팩트금융은 자금 회수 기간이 오래 걸릴 수 있기 때문에 '인내자본'이라고도 불린다.

임팩트금융은 사회투자 방식으로 사회문제를 해결하는 프로젝트에 재원을 공급하는 금융이다. 사회적인 가치를 중요시하면서 사회적으로 의미가 있는 프로젝트에 재원을 유통한다. 임팩트금융은 세 가지 목표Triple Bottom Line로 운영된다. 사회People 및 환경Planet문제를 혁신적으로 해결하는 프로젝트에 재원을 투융자 한다. 동시에 임팩트금융은 재원의 지속가능성을 담보하기 위한 적정수준의 수익Profit을 추구한다. 자본과 기업

가정신을 동원하여 사회 환경문제를 개선할 수 있는 강력한 도구이다.[7]

임팩트금융의 초기모델은 1970년대 초반 개발도상국의 빈곤퇴치 운동으로 시작된 마이크로크레딧Microcredit이라고 할 수 있다. 가난한 사람에게 '물고기를 주는 것'보다는 '고기 잡는 도구를 빌려주고 방법을 알려줌'으로써 자활할 수 있도록 하는 것이다. 이후 이러한 개념이 확장되어 사회적기업이나 협동조합을 통해 가치 기반의 프로젝트를 수행하는 기업에 재원을 공급하게 되고, 의미 있는 사회적 프로젝트에 규모 있는 금융을 제공하는 데까지 발전하고 있다.

해외의 임팩트금융

해외 임팩트금융의 확장 속도는 놀라울 정도다. 임팩트금융은 자본과 기업가정신을 동원하여 사회·환경 문제를 해결할 수 있는 강력한 도구로 인식되면서, 마이크로크레딧, 크라우드펀딩, 사회성과연계채권SIB, Social Impact Bond, 임팩트투자, 소셜뱅크, 지역금융CDFI 등 다양한 형태로 발전하고 있다.

1. 마이크로파이낸스Micro Finance

방글라데시 경제학자이자 은행가이며 2006년 노벨평화상을 받은 무함마드 유누스Muhammad Yunus 박사는 경제학 이론과 가난을 어떻게 연결할 수 있을까 늘 고민했다. 어느 날 작은 시골마을에서 한 실험이 노벨평화상 주인공으로까지 이어지게 될 거라고 그는 전혀 생각하지 못했다. 1974년 치

---

7   G8 Social Impact Investment Taskforce, 2014

8   2019. 6월 말 현재 2,568개 지점을 통한 대출잔액은 17억 달러(설립 이후 누계 대출 281억 달러)이며 99.1% 상환율을 기록 중이다(Grameen Bank 홈페이지. 2019. 5. 3).

타공대학의 경제학 교수로 재직하던 중, 방글라데시에는 대기근이 있었고 자연스럽게 사회에 관심을 갖게 됐다. 그 당시 방글라데시 전역에는 고리대금업이 성행하고 있었고, 이로 인한 피해는 고스란히 가난한 사람의 몫이었다. 유누스 박사는 가난한 사람이 빈곤을 벗어나기 위한 피나는 노력이 오히려 더 큰 피해를 가져오는 것이 문제라고 생각했다. 하지만 그는 문제에서 그치지 않고 그 안에서 기회를 찾았다. 그리고 제안한 것이 단 몇 달러의 대출만으로도 가난에서 벗어날 수 있게 하는 마이크로크레딧이다. 문제를 기회로 만들어 변화로 이끄는 정신은 1976년 한 지역 마을 거주민을 대상으로 소규모 대출을 시작할 수 있게 하였고 99%의 높은 원금상환율 성과를 보였다. 이를 계기로 1983년 방글라데시 정부의 허가를 받아 그라민은행Grameen Bank을 설립하였다. 그라민은행을 통해 대출받은 사람들의 수입이 늘고 빈곤율이 낮아지는 등 높은 성공률을 기록했다.[8] 이를 통해 스스로 가난에서 벗어날 수 있는 길을 열어주었다. 외국에서도 그라민은행에 많은 관심을 보였다. 이에 따라 그라민은행 훈련교육사업Grameen Bank Training Program을 시작했고, 그라민은행을 벤치마킹한 수천 개의 소액대출 프로그램이 생겨났다. 이러한 마이크로크레딧기관은 주로 우간다, 인도네시아, 세르비아, 온두라스와 같은 개발도상국에 확산되어 많이 운영되고 있지만 미국, 프랑스 등 선진국에서도 영업이 이루어지고 있다.

마이크로크레딧기관들은 이같이 금융에서 배제된 개인이나 계층을 대상으로 하여 소액을 담보 없이 신용으로 대출하며 관계 금융을 제공하여 금융의 효과성을 높여 준다. 또한 부가적으로 당좌 및 저축계좌, 소액보험 판매 및 금융교육 서비스를 제공하기도 한다. 마이크로크레딧의 목표는 궁극적으로 금융 소외계층의 빈곤 탈출을 도와 경제자립 및 자활기반을 마련할 수 있도록 하는 데 두고 있다. 초기에 대출 위주로 운영되던 마이크로크레딧은 대출, 송금, 보험 등을 아우르며 마이크로크레딧Micro Credit, 마이크로송금Micro Remittance, 마이크로보험Micro Insurance으로 발전하면서 저소득층에게 통합적인 금융서비스를 제공하는 마이크로파이낸스 Micro Finance로 발전하였다.

세계은행 조사에 따르면 전 세계적으로 하루 1달러 90센트 이하로 생활하는 인구는 무려 7억 7000만 명(2013년 기준, 11%)에 달하는데 이들은 저축이나 대출도 할 수 없고 신용이나 보험을 구할 수도 없다. 그럼에도 불구하고 기존 부채를 친구나 가족에게 의존하여 갚아나가야 하는 소위 '빈곤의 함정'에 상당수가 빠져 있는 것으로 조사되고 있다. 세계은행의 2017년 글로벌 핀덱스Global Findex 데이터 베이스에 따르면 세계 성인 인구 중 17억 명(31%)이 아예 은행계좌가 없는 금융 소외계층으로 추산된다.9 마이크로파이낸스는 이러한 금융 소외계층이 금융에 접근할 수 있는 기회를 제공하면서 발전하고 있다.

2. 임팩트투자Impact Investment 10

일반적으로 전통적인 영리투자는 재무적 이익을 기대하면서 이루어지고, 자선은 재무적 이익 창출보다는 무상으로 재원을 제공함으로써 사회가치만을 추구한다. 임팩트투자는 그 중간영역에서 사회적·재무적 가치 창출을 동시에 추구하는 금융방식을 말한다. 다만 자금이 지속적으로 선

---

9 세계은행은 제도권 금융 체계로부터 배제된 금융 소외계층을 제도권으로 포용시키는 소위 금융포용(Financial Inclusion) 이니셔티브를 적극 펼쳐오고 있으며 이에 따라 2011년 25억 명이었던 금융 소외계층이 2014년 20억 명으로 크게 줄어들면서 5억 명 이상이 소액금융 관련 업무로 직접 또는 간접적인 수혜를 받았으며 세계은행그룹 산하 국제금융공사(International Finance Corporation, IFC)는 2014년 현재 1억 3000만 명이 넘는 사람들이 소액 금융 관련 운영에서 직접 혜택을 입은 것으로 추정하고 있다. 세계은행 금융포용정책의 제1차 목표는 금융 소외계층의 2/3인 11억 명이 모바일폰을 가지고 있다는 점에 착안하여 디지털 기반의 금융계좌를 개설하는 것이다. 이로써 원격지 은행 방문이 필요 없고 각종 금융서비스 비용 절감이 가능해지기 때문이다. 제2차 목표는 현금 거래 선호 등으로 기왕에 가지고 있는 금융계좌를 활용하지 않는 계층의 금융계좌 활성화를 목표로 하는 것이다. 이는 전 세계적으로 공공요금 현금 납부(10억 명), 민간 기업의 현금 거래(3억 명), 정부의 임금, 복지자금 및 연금의 현금 지급(9000만 명) 등 현금거래가 아직 활발하다는 조사에 근거한 것이다.

10 김양우(2019) 편집 인용

순환할 수 있도록 보장하기 위해서 최소한 시장원금 회수를 목표로 한다. 투자 스펙트럼으로 보면 재무적 수익과 함께 사회적·환경적 임팩트 창출을 동시에 추구하는 사회투자, 투자적 복지영역의 투자라는 점에서 영리투자와 차별화된다. 한편 사회적 가치는 수익성 척도의 중요한 부분을 차지하기 때문에 반드시 측정할 수 있어야 된다. 임팩트투자는 객관적으로 측정된 사회적 가치를 재무적 가치와 함께 평가함으로써 투자여부를 결정하는 새로운 투자 패러다임이라고 할 수 있다. [그림 1]

임팩트투자라는 용어가 글로벌 금융시장에서 사용되기 시작한 것은 2007년경부터로 그 역사는 오래지 않으나 최근 들어 질적·양적으로 빠르게 성장하고 있다. 해외에서 임팩트금융이 성장하게 된 배경에는 사회

[그림 1] 임팩트투자의 영역

	구분		Value Proposition	방식	투자 대상
주는 복지 vs. 투자적 복지 / 사회투자 영역 vs.	자선		Impact Only	· 일회성 기부 · 자금 회수 불가	NPO

	임팩트 투자 (Impact Investing)	벤처자선 (Venture Philanthropy)	Impact First	· 벤처캐피탈 원리를 자선에 적용
				 ▸ 장기투자·역량강화 지원·
				  성과 측정
				· 자금 회수 어려움
				 ▸ 자선자본
				  (투자자본을 섞는 경우 있음)
					사회적기업, 소셜벤처 등

			Blended Value	· 사회적 가치와 재무적 수익을 동시에 추구 ▸ 지분·채권 투자, 대출 등 회수 가능한 형태의 자금 지원	
영리투자 영역	사회책임투자 (Socially Responsible Investing)		Finance First	· 비윤리적 투자처 배제 (Negative Screening) ▸ 투자 대상 선정 시 ESG (환경·사회·지배구조) 고려	ESG 준수 영리기업
	일반 투자 (Mainstream Investing)		Finance Only	· 수익 극대화 추구	영리기업

적 가치를 중요하게 여기는 록펠러재단, 맥아더재단과 같은 비영리재단과 임팩트투자에 특화된 전문 투자기관의 공이 크다. 이들은 밀레니엄 시대를 맞이하면서 사회문제를 혁신적으로 해결하고자 끊임없이 시도하며 임팩트금융 생태계의 초석을 마련하였다. 혁신적으로 사회문제를 해결하기 위한 인재를 육성하고, 수익과는 무관하게 실험적인 투자를 집행하고, 투자에 필요한 여러 가지 기법을 개발하면서 임팩트금융이 성장할 수 있는 발판을 마련하였다. 종래에는 사회문제 해결은 비영리나 공공영역의 일로만 여겨져 왔다. 그런데 최근 글로벌 대형 금융회사나 사모펀드 등 주류 금융회사가 임팩트금융에 본격적으로 진입하면서 급속한 성장을 이루고 있다. 골드만삭스, UBS, 베인캐피털, 블랙록 등 세계적 투자회사가 임팩트투자를 목표로 하는 별도 조직을 만들고 임팩트투자 자산을 늘리고 있다. 대형 사모펀드 같은 주류 금융기관까지 임팩트투자에 참여하고 있다. 세계 임팩트투자 관련 생태계를 선도하고 있는 글로벌임팩트투자네트워크GIIN: Global Impact Investing Network에 따르면 1997년 이전만 하더라도 50여 개에 불과하던 임팩트투자기관이 2019년 290개를 넘어섰으며 세계 임팩트투자시장 규모가 이미 약 850조 원(7150억 달러)에 육박하는 것으로 추정된다. 2019년 6월 GIIN과 미국국제개발처USAID가 공동으로 발표한 임팩트투자 보고서[11]는 최근 글로벌 임팩트투자시장이 빠른 속도로 긍정적으로 확장하고 있음을 보여주고 있다. 그 이유는 다음과 같다.

첫째, 임팩트투자산업의 투자자 구성, 투자 대상지역, 목표수익률, 운용자산 등이 매우 다양해지고 있다. 우선 임팩트투자는 대부분 펀드매니저이지만 재단, 은행, 개발금융기관, 가족사무소, 연금기금 등 다양한 주류 금융기관이 임팩트투자에 참여하고 있다. 이를테면, 골드만삭스 자산운용(2016년 65억 달러), 푸르덴셜Prudential사(5년간 10억 달러),

---

11   GIIN & USAID, Annual Impact Investor Survey 2019, The ninth edition,(2019.6) and tenth edition(2020.6)

TPG사의 라이즈RISE펀드(20억 달러), KKR사의 글로벌임팩트펀드Global Impact Fund(10억 달러) 등이다. 물론 아직 위험관리를 위해 전통적인 영리 투자와 임팩트투자를 병행하는 투자자도 있지만 놀랍게도 투자자의 2/3는 임팩트투자에만 전념하고 있다. 또 원칙적으로 시장수익률 달성을 목표로 하는 투자가 일반적이지만, 시장수익률 이하 또는 단지 원금 보전만을 목표로 하는 진정성 있는 임팩트투자자도 30%가 넘는다.

둘째, 글로벌 임팩트투자시장은 최근 4년 동안 연평균 17% 성장하면서 성숙단계에 접어들기 시작하고 있다. 지역별로는 주로 중동·북아프리카, 남아시아 지역에 집중되고 있고, 부문별로는 인프라, 물·위생 및 ICT 분야 등에 골고루 분포되어 있다. 앞으로도 투자금액이나 건수 면에서 모두 두 자리 수 증가세가 이어질 것으로 전망된다. 그러나 시장이 성숙기에 접어들면서 위험을 감안한 보수적인 투자패턴이 지속됨으로써 여전히 수요에 비해 절대적인 투자자금이 부족하다. 또 적절한 투자회수Exit옵션이 부족하다는 점도 도전과제다.

셋째, 임팩트투자자는 목표설정이나 운영에 있어 임팩트 측정 및 관리를 매우 중시하고 있다는 점이 특징이다. 실제로 대부분의 임팩트투자자는 자체 기준 또는 IRIS 등 국제평가표준을 이용하거나 정성적 평가체계를 가지고 있다. 또한, 60% 이상의 투자자는 UN의 17개 지속가능개발목표SDGs 달성에도 관심을 가지고 투자하고 있다.

넷째, 임팩트투자자는 투자성과에 매우 만족하고 있다. 통계적으로는 90% 이상이 재무적으로나 임팩트 창출 면에서나 기대하는 만큼의 성과를 얻었다고 평가하고 있으며 특히 이 중 15%는 기대를 훨씬 상회하는 성과를 거둔 것으로 나타났다.

다섯째, 기존 투자자는 임팩트투자 산업발전에 계속 적극적인 역할을 하고 있어 생태계 확장 전망이 매우 밝다. 투자자들은 임팩트 측정이나 관리 및 성공사례를 상호 공유하면서 임팩트비즈니스 개발을 지원하고 있는 한편, 임팩트금융 전문가교육 등에도 활발하게 참여하고 있다. 이들은 임팩트투자가 향후 금융의 근본 목적에 관한 사회의 인식을 바꾸고 모든 투자에 임팩트를 고려하는 '뉴노멀New Normal'이 형성되게 함으로써 투자관행의 변화를 이끄는 데 있어 핵심 역할을 하게 될 것이라는 인식을 점차 확산하고 있다.

3. 크라우드펀딩 Crowd Funding

미국 실리콘밸리에 본사를 두고 있는 비영리 소액금융대출기관인 KIVA는 대출형 크라우드펀딩을 수행하는 흥미로운 사례이다. KIVA는 온라인에서 무이자 원금상환 대출 서비스를 제공하고 있는데 2018년 기준 평균 대출규모는 394달러(최소대출금액 25달러, 약 3만원)로서 주요 대출부문은 농업, 식량, 소매업 등이다. 2007년 당시 500만 달러에 불과했던 소액 대출금이 2018년까지 누적기준 13억 달러로 늘어났고 이제까지 80개국에서 총 320만 명이 혜택을 입었으며, 상환율이 97%에 달하는 등 성공적으로 운영되고 있다. 세계 각국 현장에서 대출을 대행하는 파트너 중간기관으로부터는 이자를 받지 않는다. 대신 대출 1건당 3달러 75센트 정도가 들어가는 기관의 운영비는 대출자의 자발적인 선택적 기부로 60%를 충당한다. 2018년 중에만 7만 8000명이 대출과 함께 기부에 참여하였다. 나머지는 기업, 재단 및 개인 등의 후원에 의존하고 있다.

크라우드펀딩은 인터넷 플랫폼을 통해 소액자금을 다수의 개인으로부터 모집하는 금융방식을 뜻한다. 목적에 따라 기부후원형, 보상형, 대출형, 지분투자형으로 나누어진다. 2005년 영국에서 Zopa가 공정거래위원회로부터 신용공여허가를 받아 활동을 시작한 이래, 킥스타터Kick Starter, 인디고고Indiegogo 등 미국을 중심으로 급속히 확대되었는데 2013년 이후에는 중국이 핀테크 기술의 급속한 발전에 힘입어 새로운 강자로 떠오르고 있다. 2018년 중 세계 크라우드펀딩시장 규모는 102억 달러로 추정되는데 글로벌 비중은 중국이 37%에 달하여 미국(33%), 유럽(18%)을 넘어서는 최대시장이 되었다. 앞으로도 세계시장은 연평균 16%의 견고한 증가세를 보이면서 2025년에는 288억 달러(약 33조 원)에 이를 것으로 예상되고 있다.

크라우드펀딩은 소규모 창업, 게임, 영화 등 상업적 프로젝트에 유용하게 활용될 수 있지만, 지역사회 문제해결, 사회적경제기업 자금조달 등 사회적 가치 창출이 수반되는 공익분야에서도 쓰임새가 크기 때문에 임팩트금융의 중요한 영역 중 하나로 자리 잡았다고 할 수 있다. 특히 거래가 시장에서 자금의 공급자와 수요자의 직거래를 통하여 이루어진다고 하여 마켓플레이스론Market Place Loan이라고도 한다. 이러한 대출형 대안금융은 세계적으로 그 규모가 2000억 달러가 넘어가면서 크게 성장하고 있는 새로운 금융형태로 앞으로 시장잠재력은 더욱 커질 것으로 예상된다.

4. 사회성과보상채권SIB, Social Impact Bond

2010년 영국 피터버러Peterborogh에서는 교도소 수감자의 재범률을 줄이기 위해 SIB라는 새로운 개념의 금융상품을 선보였다. 막대한 재정을 쏟아붓는 심각한 사회문제에 민간 재원을 동원하여 문제를 해결하고, 그 프로젝트의 성공을 전제로 하여 사후적으로 정부가 투자원금과 인센티브로 보상해주는 방식이다. 사회문제 해결을 위한 민자 유치 방식이라고 볼 수 있다.

SIB는 임팩트금융의 첨단이라고 할 수 있는 기법이다. 사회문제를 해결하면서 재정의 한계를 극복하고 효율성을 제고하는 사회문제 해결의 신상품이다. 그 수행과정에서 최종 수혜자인 정부, 프로그램을 운영하는 민간 사업운영자 및 사업수행자, 그리고 그 사업에 자금을 투자하는 민간투자자 등 참여자 모두가 이기는 게임이다.[그림2]

민간이 공공사업을 수행하고 정부는 사회적성과를 측정하면서 성

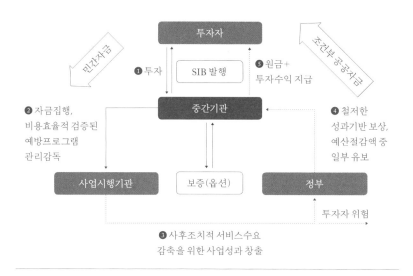

목표달성을 조건으로 하는 정부 지급보증 약정을 바탕으로
'Social Business 사업자의 사회성과와 연계된 채권'

투자자

민간자금

❶ 투자   SIB 발행   ❺ 원금+
투자수익 지급

조건부 공공자금

❷ 자금집행,
비용효율적 검증된
예방프로그램
관리감독

중간기관

❹ 철저한
성과기반 보상,
예산절감액 중
일부 유보

사업시행기관   보증(옵션)   정부

투자자 위험

❸ 사후조치적 서비스수요
감축을 위한 사업성과 창출

과목표를 달성하였을 때 약정 기준에 의해 예산을 집행하기 때문에, 정부 입장에서는 사업의 효율성을 높이고 예산절감 효과를 가져올 수 있다. 실제로 미국의 노숙자주택 제공사업의 경우 사전 시뮬레이션 결과에 따르면 정부가 기존 사업 예산의 65%만 지출하더라도 똑같은 효과를 낼 수 있다고 했다. 민간투자자들은 본인이 원하는 프로젝트에 투자할 수 있고 납세자들이 낸 세금은 결국 성공한 정책에만 사용된다. 사업을 수행하는 민간의 사업운영자와 사업수행자는 사업운영의 경험을 쌓고 성과에 의해서 보상받으므로 기존 복지사업을 수행할 때보다 더 열심히 하지 않을 수 없다. 사업수행기관인 사회적경제 조직에는 사업기간 중 안정적인 운영비가 확보됨에 따라 장기적인 재무 안정성을 누릴 수 있는 장점도 있다. 사회성과보상사업은 그 진행과정에서 주기적으로 그 진행성과를 독립된 평가기

관이 점검하도록 되어 있기 때문에 객관적인 사업평가와 이에 따르는 효율성의 증대를 가져올 수밖에 없다.

영국 피터버러의 성공사례가 검증되면서 SIB는 세계로 퍼져 나가고 있다. 2020년 1월 기준 전 세계 다양한 영역의 137개 사업에 대해 총 4억 4000만 달러 이상의 투자기금이 조성되어 시행 중이고 이 밖에도 32개국에서 약 70개의 프로젝트가 개발 중이다.[12] 국가별로는 영국 47개, 미국이 26개 사업을 운영하면서 생태계를 선도해 가고 있다. 이외에도 호주, 캐나다 등 25개국에서 활발하게 진행되고 있다.

물론 모든 복지사업과 사회문제가 다 사회성과보상사업의 대상이 될 수 있는 것은 아니다. 사업이 성공적으로 진행되기 위해서는 그 성과를 측정할 수 있는 사업의 선정이 중요하고, 객관적인 측정 방법과 기준에 대한 합의가 중요하다. 공무원들의 복지사업에 대한 인식 변화도 필요하다. 사업수행 기간이 비교적 장기적이고, 이 사업 자체가 시장의 기법을 사회 문제 해결에 도입한 것이므로 전통적인 복지적 인식만으로는 사업 진행 과정에서 많은 문제와 혼동을 야기할 가능성이 많기 때문이다. 사업 실패 위험이 정부 공공부문에서 민간으로 이전되기 때문에 대규모 투자를 일시에 유치하기 어려운 점은 한계로 지적된다. 또한 사업이 여러 해에 걸쳐서 진행되고 추후에 보상이 이루어지므로 단년도 예산 제도의 단점을 극복할 수 있는 탄력적인 재원 조달방식을 마련하는 것이 중요하다.

5. 사회적은행 Social Bank

네덜란드의 트리오도스은행 Triodos Bank은 사회적 또는 생태적으로 유익한 사업체와 자선단체 등에만 대출한다는 점에서 특이한 형태의 은행이다.[13] 일반적으로 윤리적 은행은 무기, 모피, 음란물, 환경 유해물질 생산

---

12   출처 Social Finance UK
13   이종수, 유병선 외, 보노보은행, 부키, 2012

및 유통 등 사회적으로 해로운 사업을 하는 기업에 대한 대출을 금지하는 '부정적 대출심사Negative Screen' 원칙을 준수한다. 트리오도스은행은 한 걸음 더 나아가 공정무역, 유기농 농장, 문화 및 예술 지원 사업, 신재생 에너지 및 사회적 기업 등에만 대출을 하는 '긍정적 대출심사Positive Screen' 기준에 입각하여 엄격한 대출을 한다는 점에서 다르다. 사회적 가치를 지향하는 소셜뱅크는 2009년 GABV Global Alliance for Banking on Values라는 연합체를 조직하여 교류하고 있는데 트리오도스은행이 사무국을 운영하고 있다. 이들 은행은 빈곤층, 지역사회와 환경의 지속가능한 발전을 위해 자금을 지원한다는 공통적인 사명을 추구한다. 2019년 5월 현재 자본금 5000만 달러 이상의 은행, 협동조합은행, 신협, 마이크로파이낸스, 지역개발은행 등 55개 금융기관과 12개 전략적 파트너기관이 회원으로 가입하고 있다. 가치지향 원칙을 공유하는 가운데 아시아, 아프리카, 호주, 남미, 북미, 유럽 등 세계 각국 6만 7000명의 직원이 5000만 명 고객을 대상으로 총 1976억 달러의 자산을 운용 중이다. 이들 사회적 가치 창출을 지향하는 금융기관은 사람People, 지구Planet 및 번영Prosperity을 동시에 추구하는 3대 목표, 지역사회와 현실경제 기여, 장기적 고객관계, 장기 자생력 확보 및 투명하고 포용적 지배구조 등 5가지 운영원칙을 공유하고 있는 것이 특징이다.

놀라운 사실은 글로벌 금융위기 이후 세계 경제침체 및 회복과정에서 소셜뱅크의 재무성과가 세계 유수의 글로벌 대형은행보다 더 양호했다는 점이다. 〔표 1〕에서 보듯이 2010년 이후 5년간 평균적으로 소셜뱅크가 글로벌 은행 대비 자산수익률ROA, 주식수익률ROE 모두 높았다. 특히 대출 (2.3배), 예금(2배), 자산(3.4배)의 증가율이 현저하게 높았고 수익증가율도 33% 높은 것으로 밝혀졌다. 이는 소셜뱅크가 외부충격에도 견실하게 버텨낼 수 있는 우수한 임팩트금융 방식이라는 점을 설명해 준다. 〔표 1〕

[표 1] 금융위기 이후 소셜뱅크와 글로벌 대형은행 성과

[표 1] 금융위기 이후 소셜뱅크와 글로벌 대형은행 성과

단위: 연평균, %

	금융위기 이후 5년(2010~14)		금융위기 전후 10년(2005~14)	
	소셜뱅크	글로벌 대형은행	소셜뱅크	글로벌 대형은행
자산수익률(ROA)	0.6	0.5	0.6	0.5
주식수익률(ROE)	7.9	7.7	8.4	8.9
대출 증가율	12.2	5.4	12.4	7.5
예금 증가율	12.0	5.9	12.4	8.7
자산 증가율	11.8	3.5	11.7	7.6
주가 증가율	12.0	7.3	13.3	10.9
총소득 증가율	9.1	6.8	9.5	5.7

출처: GABV 연차보고서(2015)

6. 지역금융 Community Finance

제도금융에 대한 접근이 어려운 낙후된 지역이나 취약계층이 적절한 비용으로 금융상품이나 서비스에 접근할 수 있도록 보완하는 대안 금융제도를 갖추는 것은 매우 중요한 사회적 과제이다. 최근 놀라운 통계 중 하나는 미국 같은 선진국도 가계의 약 25%가 은행계좌가 없으며 이들은 세 자리 수 이상의 초고금리 급전 단기신용대출인 급여연계 대출제도Payday Lending를 이용하는 것이 불가피한 경우가 많다는 것이다. 이는 낙후지역의 경우 개발 프로젝트뿐만 아니라 영세기업이나 저소득 주민이 필요한 자금을 일반 금융기관으로부터 조달하는 일이 어렵기 때문에 대안금융이 절실하다는 것을 의미한다. 미국, 영국 등에서 잘 정착되어 발전해 온 지역개발금융제도CDFI, Community Development Financial Institution는 이 같은 낙후지역 개발 프로젝트뿐만 아니라 저소득층 주민의 금융접근성 개선을 주목적으로 하는 임팩트금융이다.

미국의 지역개발금융 CDFI Community Development Finance Institution

미국에서는 지역의 빈곤문제, 재생문제 등 사회문제뿐만 아니라 금융 소외문제 해결을 위해 일찍부터 지역개발금융이 활성화되어 왔다. 1970년대 초반까지만 하더라도 미국의 전통적인 은행이나 보험사는 신용이 낮은 특정 낙후지역 저소득층에 대하여 일반대출이나 주택담보대출, 보험업무 등에 한도 설정 등 제약을 두거나 아예 취급하지도 않았다. 내부방침으로 도심 빈민가 같은 경제적 소외지역을 대상으로 금융서비스 기피구역을 설정하는 소위 금융소외 현상이 보편적이었다. 그러나 경제양극화의 부작용에 대한 사회적 인식이 점차 확산되면서 1977년 지역재투자법CRA, Community Reinvestment Act이 통과됨에 따라 이런 관행에 변화가 일어나기 시작했다. 은행여신의 일정부분을 반드시 지역밀착형 대출로 집행하도록 의무화한 것이다. 은행들은 의무규정을 맞추기 위해 취약지역 또는 취약계층에 대한 대출을 늘릴 수밖에 없었고 그 결과 대출 기피지역이 오히려 특별대출장려지역Green Lending으로 탈바꿈하는 계기가 마련된 것이다.

미 연방 정부는 제도 활성화를 위해 1994년 지역개발기금을 조성하고 프로젝트 공모를 통해 금융 및 기술지원을 시작하였다. 지역금융기관이 자체 조달자금 또는 연방정부자금 이외의 다른 재원을 조달하여 낙후지역에 투융자 할 경우 금융지원은 최대 100만 달러, 기술지원은 12만 5000달러까지 매칭하여 지원한다. 이때 금융지원은 10년 거치 13년 만기의 장기 고정금리 대출의 형태로 이루어진다.

이와 함께 미국 정부는 저소득지역 민간투자자를 대상으로 7년간 투자액의 39%에 달하는 신시장세액공제NMTC, New Market Tax Credit 혜택을 주고 있다. 지역개발을 위한 중간기관으로 인증받은 후 매년 CDFI기금에 개발투자사업을 신청하여 경쟁을 거쳐 선정되면 조세혜택을 받는 구조이다. 제도 도입 후 15차에 걸쳐 2018년까지 총 1178건의 저소득 지역 투자 및 허리케인 재해복구사업 등에 대해 총 575억 달러의 조세감면이 이루어졌다. 미국정부는 투입된 조세감면 1달러 당 평균 8달러의 민간투자 유입효과가 있어서 NMTC가 상당한 인센티브로 작용한다고 평가하고 있다.

연구에 의하면 정부가 직접 재원을 투입하는 것보다 CDFI를 통해 간접적으로 지역경제를 활성화시키는 효과가 훨씬 더 큰 것으로 분석되고 있다. 즉, 정부가 자금을 지역개발사업의 마중물로 공급하면 지렛대 작용으로 민간투자가 추가로 유입되는 정책효과가 매우 크다는 것이다. 결국 정부가 직접사업을 하는 것보다 지역개발금융기관의 생태계를 조성하는 디딤돌 역할을 하면서 낙후지역 투융자를 간접적으로 유도하는 정책이 효과적이라는 점에 주목할 필요가 있다.

영국의 책임금융 Responsible Finance

영국도 미국의 지역개발금융제도를 받아들여 나름의 방식으로 성공적으로 제도를 운영하고 있으며 2015년부터 책임금융이라는 독자적인 브랜드를 시행하고 있다. 영국의 지역개발금융기관은 주류 금융기관 접근이 어려운 개인, 영세기업 및 지역에 대한 책임 있고 저렴한 금융 접근을 사명으로 하는 사회적 기업을 지원한다. 1973년 영국 최초의 CDFI인 산업공동소유금융회사Industrial Common Ownership Finance Ltd[14]가 설립된 이후 기관 수가 빠른 속도로 증가하였으며 명실공히 지역사회에서 '최종 대부자' 역할을 하는 대출기관으로 자리매김해 왔다. 1990년대 말에는 CDFI가 기업진흥, 지역재생 및 금융포용 등의 분야에서 차지하는 역할이 상당히 크다는 점에 대한 인식이 확산됨에 따라 영국 정부가 총리실 산하 전담팀을 설치한 바 있다. 한편 2000년 재무부가 독립기구로 출범시킨 사회투자 태스크포스는 연구보고서에서 CDFI협회 설치, CDFI 및 낙후지역에 대

---

14 현재 협동조합·공동체금융회사(Co-operative & Community Finance)로 명칭 변경하여 운영 중임.

한 민간투자 시 세금혜택, 정부펀드를 통한 지역재생사업 금융지원 등의 정책을 제안하였다. 이를 바탕으로 2002년 지역개발금융기관협회CDFA가 출범하면서 지역투자세액공제제도Community Investment Tax Relief가 도입되고 피닉스펀드Phoenix Fund와 성장펀드Growth Fund 등의 자금지원이 뒷받침됨으로써 영국의 CDFI가 더욱 활성화되는 계기가 마련되었다. 2008년 이후 금융위기 중 은행의 대출공급이 경색된 가운데서도 CDFI는 2010년 중 자산규모가 누적 2억 파운드(3000억 원)를 돌파하는 등 오히려 크게 성장하였다.

2012년 지역성장펀드Regional Growth Fund를 통해 은행, 정책자금과 매칭하는 프로그램을 출시하고 CDFI에 총 6000만 파운드의 자금을 공급하는 등 활발한 활동을 펼치기 시작하여 점차 영국경제에서 차지하는 비중을 높여가고 있다. 특히 영국 지역개발금융기관협회는 2015년 '책임금융Responsible Finance'으로 브랜드를 바꾸고 책임 있고 공평하며 부담 가능한 금융공급을 대표하는 역할을 강화하는 데 힘쓰고 있다. 실제로 최근 10년간 책임금융 공급자들이 누적 약 20억 파운드(3조 원)의 자금을 41만 개의 사업체, 사회적기업 및 개인에 제공함으로써 투입 자금 1파운드당 7파운드 투입효과를 유발하여 약 7배에 달하는 지역경제 활성화 효과를 거두는 성과를 나타낸 것으로 분석되고 있다.

국내의 임팩트금융

우리나라 임팩트금융의 역사는 길지 않다. 2000년대 초 신나는조합과 사회연대은행과 같은 민간기관이 마이크로크레딧을 시작했다. 이어 2007년 「사회적기업육성법」과 2012년 「협동조합기본법」을 제정했고, 2013년 서울시의 사회투자기금 도입 등 짧은 기간 동안 국내 임팩트금융은 많은 성과를 이루었다. 2018년 정부가 사회적금융 육성방안을 발표하면서, 기업과 금융회사, 모태펀드와 한국성장금융과 같은 공적기관이 임팩트투자에 참여하고 있고, 「크라우드펀딩법」, 「P2P법」 등 다양한 제도가 도입되면서 그 지평을 넓혀 가고 있는 중이다. 국내 임팩트금융의 발전과정은 다음 5단계로 정리할 수 있다. 〔그림3〕

〔그림 3〕 **국내 임팩트금융의 발전과정**

제1단계: 토대 마련		제2단계: 사회적금융태동	제3단계: 제도 구축	
1960		2000	2007	2009
신협 「신협법」 등 마을금고		신나는 조합 사회연대은행	「사회적 기업 육성법」	「휴면 예금법」 ▸ 미소금융

제4단계: 규모 재원·네트워크			
2012	2013	2014	2015
고용노동부 모태펀드 「협동조합기본법」 제정	·서울시 사회투자기금 출범 ▸ 서울시로 이전(2017년) ·SIEN(Social Impact Evaluation Network) 출범	「사회적경제 기본법」 논의	·서울시 SIB (공동생활 아동) ·경기도 SIB (기초생활 수급자 탈수급) ·SPC(Social Progress Credit)

제5단계: 활성화 기반			
2016	2017	2018	2019
·「크라우드펀딩법」 제정 ·미소금융 ▸ 서민금융진흥원 ·SIEN ▸ SFN(Social Finance Network) 확대개편	·국회임팩트금융포럼 ·임팩트금융추진 위원회 출범 ·IFK임팩트금융 설립	·사회적금융 활성화 방안 ·사회가치 연대기금	모태펀드 한국성장금융 재원 확대

제1단계(기반 마련)

1960년대 초반 성가신협과 카톨릭중앙신협을 중심으로 자생적인 협동조합운동이 시작되면서 신용협동조합, 마을금고 등이 설립된 시기이다. 이들은 상호부조의 정신을 기반으로 한 사회적금융의 시조라고 할 수 있으나, 외환위기를 겪으면서 소규모 운동을 기반으로 한 몇 개 신협을 제외하고는 제도권 금융으로 편입되었다.

제2단계(사회적금융의 태동)

본격적인 사회적금융이 탄생한 것은 1997년 외환위기를 겪으면서 양극화, 대규모 실업, 도시빈민 등 사회문제가 심각해지자 사회적경제에 대한 관심이 급증한 2000년 초반 이후의 일이다. 기간 중 사회연대은행과 신나는조합과 같은 시민단체를 중심으로 한 마이크로파이낸스 기관이 등장하면서 저소득 취약계층에 대한 대출 사업을 시작하였다.

제3단계(제도 구축)

「사회적기업육성법」(2007)과 「협동조합기본법」(2012)이 제정되면서 사회적경제의 제도적 기반 구축이 이루어지기 시작했다. 2000년대 중반 이후 대부업에 의존하는 서민층의 비율이 높아지면서 사회문제화되자, 중앙정부 차원에서 서민 부채문제를 해결하기 위해 미소금융재단을 설립해 소액대출을 제공하기 시작했다. 그리고 2010년 사회적기업진흥원이 설립되고 사회적기업을 육성하고 확대하였다.

제4단계(규모의 재원 공급, 네트워크 구성)

2013년 서울시가 사회투자가 지속가능한 복지 구현의 해법이라는 인식 하에 사회투자기금을 설치하고 민간과 협력하여 취약한 부문에 융자하는 제도를 시행하기 시작했다. 사회투자기금의 민간 위탁운영 기관

으로 비영리재단인 한국사회투자를 선정해 사회투자 시장을 형성하는
등 적극적인 정책을 시행했다. 한편 2013년 4월 사회가치평가네트워크
SIEN, Social Impact Evaluation Network가 설립되어 정부 및 지자체, 연구자, 중간
기관 및 현장 활동가 등이 모여 국내 사회적기업이 창출하는 사회가치평
가표준에 대한 논의를 시작했다. 2015년 6월 한국임팩트투자 모임KIIN,
Korea Impact Investing Network과 연구모임인 사회적금융연구회SoFiA, Social Finance
Association가 합세하여 우리나라를 대표하는 사회적금융네트워크SFN,
Social Finance Network를 출범시켰다.

제5단계(활성화 기반 마련)

2016년 1월 시행된「크라우드펀딩법」으로 그동안 자본시장 이용이 어
려웠던 사회적기업도 크라우드펀딩을 통해 한층 원활하게 자금을 조달
할 수 있게 되었다. 2017년 민간중심의 임팩트금융추진위원회를 축으로
IFK임팩트금융이 출범하였다. 2018년 2월 금융위원회 등 관계부처 합동
으로 '사회적금융활성화 방안'이 발표되었고, 이를 기반으로 도매기금인
사회가치연대기금이 설립되고 임팩트기업을 위한 다양한 펀드가 조성되
기 시작했다. 2020년 8월 시행된「온라인투자연계금융업 및 이용자보호
에 관한 법률안」(일명 P2P금융법)으로 새로운 금융업이 만들어지면서
그동안 편법적으로 운영되어오던 P2P금융이 사회적경제기업에 재원을
공급하는 시장으로 확장할 것으로 보인다. (그림4)

1. 마이크로크레딧

우리나라에 마이크로크레딧이 탄생한 것은 2000년대 초였다. 1997년 외
환위기 이후 씨티뱅크가 기부한 재원이 그라민은행을 통해서 한국에 들
어와 그라민은행의 한국지부로 시작한 것이 신나는조합(2000)이었고,
더욱 한국적인 모델을 개발해 저신용 취약계층을 지원하기 위한 사회연대

	초기 민간의 시도가 재원의 부족과 법적 제약으로 확장되지 못하고 이후 정부의 개입으로 확대됨	
자활	현장운동가들의 실험으로 시작	▸ 자활지원제도(중앙, 광역, 지역 자활센터)
사회적기업 협동조합	NPO들의 시도	▸ 「사회적기업육성법」(사회적기업진흥원) 「협동조합 기본법」
마이크로크레딧	사회연대은행, 신나는조합 등	▸ 서민금융진흥원(미소금융)
크라우드펀딩	민간 크라우드펀딩 업체 출현 (기부형/대출형)	▸ 「자본시장법」 개정(일명: 크라우드펀딩법) 「P2P법」 제정
임팩트투자	민간 임팩트투자자들의 활동 한국임팩트금융	▸ 고용노동부 모태펀드 서울시 사회투자기금 사회적금융 활성화 방안(18.02) 사회가치 연대기금(19.01)

은행(2002)이 출범하였다. 마이크로크레딧에 대한 사회적인 인식이 부족했던 우리 사회에서 사회연대은행을 중심으로 당시 4800억 원에 달하던 휴면예금을 마이크로크레딧 재원으로 활용하고자 법제화가 추진되었다. 2006년 마이크로크레딧으로 노벨평화상을 수상한 유누스 박사가 우리나라를 방문하면서 추진동력을 얻어 2007년 휴면예금법이 제정되었다. 일자리를 통해서 저소득층의 자활을 지원하는 데 잠자고 있던 예금을 활용하자는 획기적인 발상이었다. 그러나 이 일에 정부가 중심에 서서 미소금융을 설립(2009)하고 대기업과 은행 등의 참여를 끌어들여 재원을 출연하게 하고 운영에 참가하게 하면서, 2000년대 초 민간이 시작하여 확장을 목전에 두고 있었던 민간 마이크로크레딧에 찬물을 끼얹는 결과를 초래했다. 2009년 보건복지부가 300억 원을 투입해 민간 마이크로크레딧의 확대를 지원했지만 일회성 정책에 그치고, 미소금융의 등장으로 민간 마이크로크레딧은 거의 고사했다. 정부 중심의 정책 추진이 가져오는 폐해를 단적으로 보여주었던 사례이다. 2005년 휴면예금에 대한 체계적인 법

제화와 함께 '빅 소사이어티 캐피털Big Society Capital'을 설립해 사회적 가치를 창출하는 프로젝트에 투융자 하는 영국 사례와 너무 비교되는 것이다.

2. 임팩트투자

국내 임팩트투자 발전 과정에서 특이한 점은 민간 중심으로 추진된 공동체 운동에 이를 뒷받침하는 법제화가 이루어졌다는 것이다. 2000년대 초 사회적경제 조직이 민간차원에서 만들어지기 시작했다. 이와 함께 「사회적기업육성법」(2007), 「협동조합기본법」(2012), 서울시 사회투자기금(2013)이 제정되었고, 자활기업(보건복지부), 사회적기업(고용노동부), 마을기업(행정안전부), 협동조합(기획재정부) 등 정부 차원에서 사회적경제 조직을 지원하기 시작했다. 각 정부부처는 인증이나 등록 제도를 시행하면서 선정된 사회적경제 조직에 인적·물적자원의 지원을 늘려나갔다. 정부 재정 투입은 주로 직접 지원이나 대출 형태로 이루어졌다.

「사회적기업육성법」 제정을 전후해 민간에서 자생적으로 임팩트 투자자가 나타나기 시작했다. 이들은 기업 후원을 받거나 소규모 민간재원을 유치해 사회적기업이나 소셜벤처에 대출 및 투자 활동을 벌여나갔다. 어느 정도 규모 있는 재원을 공급한 것은 서울시의 사회투자기금이었다. 2013년 서울시는 500억 규모의 사회투자기금을 조성하고 한국사회투자에 위탁하여 사회적기업이나 프로젝트, 협동조합 등에 대한 대출을 시행하였고, 사회주택종합지원센터를 설립해 도시재생, 사회주택을 확산하게 하였다. 이에 업무위탁을 받은 한국사회투자는 민간재원을 더한 600억 원에 상당하는 재원을 활용해 140여 개 프로젝트에 대한 대출을 시행했다. 이 자금은 태동하던 사회적기업과 프로젝트에 재원을 공급함으로써 임팩트투자의 마중물로서의 역할을 수행하였다. 다른 지자체들도 서울시 사회투자기금을 본받아 기금 마련을 시도했으나, 이후 「지방자치단체 기금관리기본법」 개정(2015)으로 민간위탁이 불가능하게 되면서 활발하게 이루어지지 못했다. 이즈음 임팩트투자 중개기관이 나타나기 시작했다. 2017년 5월 결성된 임팩트금융추진위원회를 중심으로 민간부문에서 재원을 확보하고 중간기관의 역량을 강화하자는 목표로 IFK임팩트금융이 설립(2017.12)되었다. 이에는 국내 8개의 은행그룹과 주요 증권사들이 참여함으로써 임팩트금융의 확장 가능성을 보여주었다. IFK임팩트금융은 임팩트투자가 사회적기업이나 소셜벤처를 넘어서서 고령화, 청년, 환경, 지방 소멸과 같은 심각한 사회문제를 담고 있는 규모 있는 프로젝트에 대한 투자로 확장되어야 한다는 비전으로 출범하여 기존 사회적기업이나 소셜벤처에 치중된 임팩트투자의 영역이 넓어질 수 있음을 보여주었다.

2018년 2월 정부가 발표한 사회적금융활성화 방안은 임팩트투자 재원이 크게 확장하는 데 지대한 공헌을 했다. 정부의 적극적인 추진으로 공공금융기관뿐만 아니라 민간금융회사와 대기업이 참여하면서 제법 큰 펀드가 조성되었다. 한국성장금융과 모태펀드가 조성한 기금은 임팩트금융 중간기관뿐만 아니라 상업적인 벤처투자사도 참여하게 함으로써 영리부문에서도 임팩트투자에 눈을 뜨게 하는 데 크게 기여했다. 사회적금융활성화 방안의 하나로 설립된 사회가치연대기금은 도매금융의 역할을 수행하면서 재원이 필요한 사회적기업과 프로젝트를 지원하고 있다.

3. 크라우드펀딩

기부후원형, 보상형의 형태로 시작한 국내 크라우드펀딩은 증권형과 대출형이 법제화되면서 서서히 자리 잡고 있는 중이다. 국내 크라우드펀딩의 원조는 2007년 중금리 시장을 목표로 시작한 팝펀딩, 머니옥션이었다. 이후 오마이컴퍼니가 기부후원형과 대출형 P2P업무를 하면서 사회적 목적을 가진 프로젝트를 지원하였다.

증권형 크라우드펀딩은 아직 비중이 작지만 2016년 「자본시장법」 개정으로 온라인소액투자중개업이 신설[15]됨으로써 법적 기반이 만들어졌으며 최근 투자한도, 모집규모, 대상 업종, 자금모집이 가능한 대상을 확대하는 등 규제완화로 시장 확대가 기대되고 있다.

대출형 P2P업은 그동안 관련된 법적근거가 취약해 대부업법의 적용을 받는 변칙적인 운영을 해 왔다. P2P업체는 직접적으로 대출 할 수 없어 대부업체를 자회사로 설립, 플랫폼회사와 대부업체가 함께 공존해야 하는 편법적인 형태로 운영되어 왔다. 그것도 많은 업체가 부동산 관련 재원을 모집하기 위해 P2P금융을 이용하기도 하고, 부실과 도덕적 해이로 인한 투자자 보호 문제가 끊이지 않았다.

2019년 10월 그동안 중금리 대출을 취급하고 있음에도 불구하고 법적 근거가 없어 대부업법에 따라 운영되어 온 P2P금융이 정식으로 제도권 금융으로 인정받는 법이 통과하여 2020년 8월 시행되었다. 마지막 금융산업법인 2002년 「대부업법」 이후 17년 만에 「온라인투자연계금융업 및 이용자 보호에 관한 법률안」이 국회를 통과함으로써 새로운 금융업이 등장하게 된 것이다. 이에 따라 P2P산업에 대한 불확실성이 사라지고 혁신 금융기법 도입, 투자자 및 차입자 보호 등이 가능하게 됨으로써 건전하게 성장할 수 있는 기반이 만들어졌다고 할 수 있다.

P2P 대출은 통상 빅데이터를 이용하는 신용평가모형을 활용하여 핀테크 기반으로 온라인 플랫폼에서 대출과정을 자동화[16]한다. P2P 대출은 이 과정에서 오프라인 지점 운영경비를 줄일 수 있기 때문에 절감된 비용만큼 은행권 대출이 어려운 저신용 대출자나 기업에 중금리 대출을

---

15 크라우드펀딩의 중개를 담당하는 온라인소액투자중개업자(온라인 플랫폼업체)를 온라인상에서 채무증권, 지분증권, 투자계약증권의 모집 또는 사모에 관한 중개를 영업으로 하는 투자중개업자로 규정하고 있으며, 자본금 5억 원 이상 등의 등록요건을 갖추고 금융위원회에 등록하면 운영할 수 있다. 자본금 등 종래 투자중개업자에 비해 진입규제가 대폭 완화되었다.

16 중국 전자상거래 업체 알리바바의 금융계열사인 앤트파이낸셜은 온라인 플랫폼을 통해 3분 만에 10만 개의 대출신청인 관련 파라미터를 분석하고 1분 만에 대출 결정을 내린다.

제공함으로써 사회적 가치를 창출한다고 할 수 있다.[17]

4. 사회성과보상채권 SIB, Social Impact Bond

우리나라에서 SIB가 본격적으로 거론되기 시작한 것은 2013년 무렵이었다. 당시 서울시 사회투자기금을 운영하던 한국사회투자가 SIB 추진을 서울시에 제안했고 서울시 의회는 2014년 3월 사회성과보상사업을 위한 조례를 통과시켰다. 그 이후 SIB를 전문으로 운영하는 팬임팩트코리아 Pan-Impact Korea와 같은 기관이 등장했다. 서울시와 경기도는 각각 SIB사업을 성공적으로 추진했다. SIB정책의 도입과 활성화를 위해 사회성과보상사업 지방정부협의회가 발족(2016.11)하였고, 행정안전부도 SIB 사업 발굴을 위한 지원을 확대하고 있다.[18]

서울시: 공동생활가정 아동교육 프로젝트

국내는 물론 아시아에서도 최초인 제1호 사업은 '서울특별시 공동생활가정 아동교육 사회성과보상사업'으로서 2016년 4월 본격적으로 시작하였다. 시내 62개 아동복지시설(그룹홈)에서 생활하는 경계선지능 및 경증 지적장애아동 100여 명을 양육하고 교육해 가족에게 돌려보내거나 자립

---

17 더욱 넓은 의미로는 제2금융권이나 사금융에 의존하였던 대출자가 '아낀 이자'와 '소상공인에 대한 대출에 따른 고용 창출효과'로 중금리대출의 사회적 가치를 정의하기도 한다(마켓플레이스금융협의회).

18 현재 국회 및 중앙정부 차원에서도 SIB사업 지원을 위한 정책적 노력을 강화하고 있다. 제21대 국회에서는 사회성과보상사업 활성화를 위해 「사회성과보상사업 추진 및 활성화에 관한 법률안」(김정호 의원, 2020.06), 「사회성과보상사업의 운영 및 활성화에 관한 법률안」(민형배 의원, 2020.08)이 발의 중이다. 행정안전부는 2021년(2020년 실적) 지방자치단체 합동평가 지표매뉴얼의 신규 평가 지표로 '사회성과보상사업(SIB) 기반 조성 우수사례'를 신설하는 등 사업 확산에 힘쓰고 있다.

19 서울시가 1호 사업으로 '공동생활가정 아동교육 사회성과보상'을 선택한 이유는 IQ 71~84로 장애는 아니지만 '느린 학습자'로 불리는 많은 경계선지능아동이 정서 불안과 따돌림, 학습부진과 사회부적응의 문제를 겪고 있으나, 장애로 인정받지 못해 특수 교육이나 프로그램을 이용하지 못하는 정책 사각지대에 방치돼 있기 때문이다.

을 돕는 사업이다. 이 사업의 목표는 적절한 개입 프로그램이 제공돼 학습과 정상적인 사회생활이 가능한 아동으로 사업효과를 낼 경우, 소외 아동의 삶의 질을 높이는 것은 물론 방치 시 일생에 걸쳐 발생할 사회적 비용 투입도 사전에 막을 수 있다는 데 있다. 교육은 총 3년간 정서를 치유하고 사회성과 지적능력을 개선시키는 적절한 개입 프로그램을 제공해 건강한 사회인으로서의 자립능력을 키워주는 방식으로 진행되었다.[19]

사업목표는 사회성 및 지적능력 향상을 성과목표로 하는데, 성과지표는 자립능력 향상과 사회 부적응 행동 감소이다. 대상아동에 대한 교사 평가척도TRF검사 결과가 교육 전보다 상승하고, 경계선급 아동의 지능이 정상 수준으로 개선되면 서울시가 사업비와 인센티브를 주는데 지급은 성공인원 비율에 따른 원금 무보장형 방식이다. 민간이 11억 원의 투자금을 조달하여 성공 시 최대 14.3억 원을 지불하는 구조인데 사업을 성공적으로 마무리 했다. 서울시는 청년실업 해소를 위한 29억 원 규모의 제2호 사업을 시작하였으며 앞으로도 다양한 분야를 대상으로 적용분야를 확대해 나갈 계획이다.

경기도: 해봄 프로젝트

경기도는 사회성과보상채권SIB에 크라우드 펀딩을 연계한 세계 최초의 경기도 SIB '해봄 프로젝트'를 시행했다. 해봄 프로젝트는 일반 수급자가 지원을 통해 자립에 성공, 1년간 보장급여를 받지 않고 탈수급 상태를 유지하는 것을 목표로 하는 사업이었다. 도내 중위소득 28% 이하의 일반 수급자 17만 명 가운데 근로 가능한 800명을 선발하고 이 중 20% 정도인 160명의 탈수급(누적 237건)을 목표로 하여 2년간 맞춤형 취업교육과 일자리 주선 등 자립을 지원했다.

2016년 5월 투자자 유치설명회가 있었으며 총 7억 9000만 원의 민간 투자 유치가 이루어졌다. 2020년 6월 최종 평가 결과 성과인원이 총 178명

(누적 247건)으로 나타나 성과율 22.25%로서 사업 목표 20%를 초과 달성했다. 이에 따라 투자성과율이 1차 투자 대비 19.0%, 2차 상반기 9.6%, 하반기 7.6%로 저금리 시대에 매우 높은 투자 결실을 거두었다. 해봄 프로젝트의 총사업비는 17억 8000만 원으로 최종 재산정되었는데 사회적 편익은 탈수급자의 보장급여 절감액 약 59억 3000만 원, 취업 소득액 59억 3000만 원 및 기타 성과 불인정자의 보장급여 절감 등 총 100억 2000만 원에 달한 것으로 평가된다.

한편 서울시에서는 현재 청년 실업해소를 위한 제2호 사업을 추진하고 있고 중장년 1인 가구를 위한 제3호 사업을 연구 중이며 부여군에서 경도인지장애자 치매진단 감소 사업을 추진하기 시작하였다. 이 외에 2020년 8월 현재 10개 지자체에서 사회성과보상사업 운영조례를 제정하는 등 점차 전국적으로 관심이 높아지고 있다.

사회적 가치와 임팩트금융

우리 사회에서도 사회적 가치에 대한 관심이 많아지고 있다. 사회활동은 물론이고 경제활동 과정에서도 가치가 중요한 판단의 기준이 되고 있다. 사회문제가 많아지고 사회가 불안할수록 사회적 가치는 우리 활동의 판단기준이 된다. 사회적 가치는 사회·경제·환경·문화 등의 모든 영역에서 공공의 이익과 공동체 발전에 기여할 수 있는 가치를 의미한다. 지속가능한 사회를 만들기 위해서는 사회의 모든 영역에서 사회적 가치가 내재되어야 한다. 사회적 가치는 시민사회, 비영리기관이나 사회적기업의 전유물이 아니다. 사회의 모든 조직은 사회적으로 필요한 가치를 창출한다. 이를 실현하는 활동은 사회 모든 주체의 과제이다. 국내외적으로 사회적 가치의 중요성이 증대되면서 기업 경영과 정부 정책 운용에 반영하려는 움직임이 확장되고 있는 것을 볼 수 있다.

해외의 사회가치측정 평가

사회적 가치에 대한 측정과 평가는 임팩트금융 관련 국제컨퍼런스의 단골메뉴이다. 해외에서는 영국과 미국을 중심으로 2000년대부터 사회적 가치를 측정하고 평가하는 연구에 많은 노력을 기울이고 있다.

미국의 비영리재단인 REDF와 Jed Emmerson이 2000년 SROI^Social Return on Investment를 개발하였으나 확산되지 못했으며, 영국에서도 SROI를 도입하여 연구를 계속하였으나 인센티브 부족과 신뢰성 등 문제로 기대에 미치지 못했다. 이에 따라 영국은 2011년 공유된 가치측정^Shared Measurement을 목표로 측정과 활용이 쉬운 사회적 영향평가 체계를 추진키로 결정하였다. 영국은 정부의 공동구매에 있어서 사회·환경적 가치를 촉진시키는 「사회적 가치법^Social Value Act」을 이미 시행하고 있고, 제3섹터의 사회적 가치를 정착시키기 위한 10년 계획(2012~2022)을 진행 중이다.

미국에서는 2009년 이래 글로벌임팩트투자네트워크^GIIN가 중심이 되어 임팩트 측정 및 관리를 위한 기반 구축에 앞장서고 있다. 주요 회원사인 록펠러재단^Rockefeller Foundation의 후원으로 아큐먼펀드^Acumen Fund와 비랩^B Lab이 공동으로 사회적 가치 측정 및 보고의 가이드라인과 지표은행을 제공하는 시스템인 IRIS^Impact Reporting and Investment Standard를 개발했다. 이후 IRIS에 기반 하여 임팩트를 등급화하여 평가하는 시스템인 GIIRS^Global Impact Investment Rating System를 발표했다. 2019년 상당수 임팩트투자기관이 의견을 수렴함으로써 이해관계자의 참여와 합의를 바탕으로 한층 개선된 IRIS+를 발표했다.

세계 유수 기업과 회계법인이 VBA^Value Balancing Alliance라는 컨소시엄을 구성하여 사회적 가치 측정체계를 공동으로 연구하고, 2022년까지 국제적으로 통용될 수 있는 사회적 가치 관련 회계표준을 만들어, 경제협력개발기구OECD회원국의 기업이 활용하도록 하는 것을 추진하고 있다. 이에는 OECD나 유럽연합EU집행위원회도 자문단에 동참하고 있다.

국내 동향

국내에서는 사회적기업이 확대되면서 이들이 창출하는 사회적 가치 측정 평가에 관심 있는 조직과 연구자가 2013년 사회적 가치평가네트워크SIEN, Social Impact Evaluation Network를 결성하여 주기적인 모임을 갖고 발전 방향을 논의하기 시작하였다. 이후 2014년 SK그룹이 사회성과인센티브제도SPC, Social Progress Credit라는 개념을 도입하여, 사회적기업이 사회문제를 해결한 성과를 화폐가치로 측정하고 평가하여 그 가치에 비례하여 일정 수준의 인센티브를 제공하는 프로그램을 진행하고 있다. 국내에서도 정부가 공공기관 평가에 사회적 가치를 반영하는 정책을 시행하고 있다. 2019년 5월 개최된 사회적 가치 민간축제인 SOVAC 2019Social Value Connect 2019에는 하루 행사에 4000명 이상이 모여 우리 사회에서 사회적 가치에 관심이 매우 크다는 것을 보여준 바 있다.

사회적 가치와 임팩트금융

임팩트금융은 사회투자방식으로 사회문제를 해결하는 사업에 재원을 공급한다. 임팩트라는 말은 소셜임팩트, 즉 사회적 가치를 의미하는 것으로 임팩트금융은 재무적인 성과를 달성하면서 사회적 가치를 만들어 내는 프로젝트에 투자한다. 이렇듯 임팩트금융의 근간에는 사회적 가치가 있다. 임팩트금융은 사회적기업이나 프로젝트에 대한 투자 의사결정을 할 때 3가지를 고려한다. 첫 번째는 투자 의사결정의 가장 중요한 전제조건으로서 어떠한 사회적 가치를 만들고 있느냐이다. 둘째는 사업주체의 생각과 철학이고, 마지막으로 사업의 지속가능성을 담보할 수 있는 수익성과 사업성이다. 사회적 가치는 임팩트금융의 핵에 해당하기 때문에 사회적 가치를 추구하지 않는 사업은 임팩트금융의 대상이 될 수 없다. 임팩트 금융기관은 사회적 가치를 추구하는 기업이나 프로젝트에게 자금을 투입하여 사회문제를 해결하고 사회의 긍정적인 영향을 이끌 수 있도록 해야 한다. 이를 위해서는 먼저 사회적 가치를 올바르게 측정할 수 있는 체계를 개발할 필요가 있다.

현재는 임팩트금융기관이 사회적 가치에 기반을 한다기보다는 재무적인 안정성이나 수익성에 초점을 맞춰 투자 여부를 정하는 경우가 많다. 사회적 가치를 고려한다 하더라도 사회적 가치를 측정하는 방식에 대한 연구가 미진하여 그 지표가 모두 다르다. 공정하고 일관성 있는 임팩트금융의 발전을 위해서는 사회적 가치의 항목들과 기본지표 등에 대한 합의와 평가방법을 정하고 공유하여야 한다. 이러한 사회적 가치는 대출과 투자의 한도와 이자율을 정하는 기준으로 활용될 필요가 있다.

임팩트 영역에 대한 투자는 그 활동 결과로 막대한 사회적 성과를 만들어 내면서 중소기업이나 벤처기업에 못지않은 사회적 기여를 하고 있다. 이러한 사회적 가치를 평가하고 측정하는 도구를 개발해 일정부분 보상해 준다면 민간재원이 많이 유입될 것이다. 약정한 사회적 가치 성과지표를 달성했을 경우 금리를 감면해주거나 상환금의 일부를 감면해주는 등 융자를 받은 기업도 지속가능한 성장을 할 수 있도록 유인책을 제공해야 한다.

사회의 다양한 현상을 계측하고 평가하는 일은 결코 쉬운 일이 아니다. 사회의 어느 가치가 다른 가치보다 우월하다고 주장하는 것은 쉽지 않다. 어떤 사람에게 중요한 가치는 다른 사람에게는 의미가 없는 일일 수도 있고, 사회적 배경이나 문화, 시대에 따라서 가치는 다른 평가를 받을 수 있다. 절대적이고 완벽한 가치평가는 불가능하다. 일반적으로 인정하고 동의할 수 있는 기준을 만들기 위해 많은 토론과 사회적 합의과정이 이루어져야 한다. 회계기준이 오랜 세월 동안 수정에 수정을 거듭하면서 정착되었듯이 사회적 가치 측정 평가 방법을 정하는 데 오랜 시간이 걸릴 수 있다. 따라서 이를 측정하고 평가하는 일은 많은 투자가 필요하다. 현재 운영되고 있는 민간 신용평가회사의 경우 투자대상 자산의 신용위험을 평가하여 공표함으로써 정보 비대칭을 극복하고 자금거래가 원활하게 이루어질 수 있도록 지원하고 있다.[20] 이처럼 임팩트금융에 있어서도 사회적 가치에 대한 객관적인 평가가 전제되어야 하기 때문에 전문적인 평가기관이 필요하다. 재원을 보유하고 있는 정부와 기업은 지속적인 참여와 투자를 통해서 방법을 개발해야 한다.

중요한 것은 사회적 가치 실현의 주체와 여러 이해관계자, 국민 공동체가 그 중요성에 대해 인식해야 한다는 것이다. 그리고 사회적 가치가 모든 조직의 목표와 전략에 내재 되어 실행되어야 한다. 가치 중심의 사회로 전환하지 않으면 우리 사회의 미래가 없다.

임팩트금융의 도전과제

짧은 기간 비교적 다양한 성과를 이루어낸 국내 임팩트금융은 양적 팽창에 비해 장기적인 발전을 보장할 수 있는 생태계 조성은 아직 미흡한 수준이다. 건강한 임팩트금융으로 안착하기 위해서는 다양한 투자재원이 마련되고, 이를 집행할 수 있는 전문 인력과 중개기관, 법·제도의 정비가 필요하다. 특히 공공부문 중심의 재원 공급을 넘어 민간재원이 자발적으로

---

20 민간 신용평가회사는 민간기업 제출용 기업신용평가와 공공기관 입찰용 기업신용평가를 나누어 평가서비스를 제공하고 있다. 민간기업 제출용 평가와 공공기관 입찰용 평가에서 상거래 신용도와 현금 흐름 등을 평가하며 재무비율 평가점수와 신용평가점수를 토대로 경영 상태를 평가한다(나이스디앤비 홈페이지 참고, www.g2b-rating.com, 2019.05.18).

〔그림 5〕 임팩트금융의 과제

시장에 유입될 수 있는 유인책이 마련되어야 한다. 〔그림 5〕

1. 전문 인력 및 중간기관 육성

전문 인력의 육성

혁신적인 사회적기업가를 육성하고 있는 아쇼카 설립자 빌 드레이튼Bill Drayton은 "소셜앙터프리너Social Entrepreneur는 물고기 잡는 법을 가르쳐주는 것에 그치지 않고 그 이상의 것을 해야 한다. 물고기 산업 전반의 변화를 이끌어 나가야 한다"고 말한다. 사회적기업가는 혁신을 이끌어내야 한다는 것이 그의 생각이다. 그가 사회적기업가의 개발과 육성에 힘쓰는 이유는 사회문제 해결과 경제발전을 동시에 가능하게 하는 것은 결국 사람이라는 믿음 때문이다. 그러한 신념 때문에 그는 사업이 아닌 사람에 투자했으며 지금까지 아쇼카의 인재들이 세계 곳곳에서 혁신적인 사회적기업을 이끄는 원동력이 되고 있다. 유능하고 열정 있는 사회적기업가는 사회적기업 성공의 핵심 요인이다.

사회적 의미가 있는 프로젝트에 투자하는 임팩트금융은 재무적 가치와 사회적 가치의 두 가지 목표를 동시에 추구한다. 임팩트금융의 전문

인력은 금융에 대한 경험과 전문지식을 갖추고 있어야 할 뿐 아니라 사회문제 해결에 대한 신념과 철학을 지녀야 한다. 금융이 더욱 의미 있는 사회적 목적으로 활용될 수 있다는 확신이 있어야 하는 것이다. 우리 사회에는 아직까지 유능하고 열정 있는 임팩트금융 인력이 절대적으로 부족하다. 아직 임팩트금융에 대한 인식이 부족하고 능력 있는 인재가 임팩트금융에 유입될 수 있는 유인도 취약하다. 이를 위해서는 임팩트금융이라는 새로운 분야에 대한 사회적 인식을 높이고, 사회적 목적에 금융을 적용하려는 기업가에 대하여 동기부여를 해 줄 필요가 있다. 또한 임팩트금융가가 재원을 원활하게 조달할 수 있도록 사회적 자본시장을 활성화할 필요가 있다. 일반투자자도 임팩트금융 상품이나 서비스에 대한 이해를 가지고 시장에 참여할 수 있도록 하여야 할 것이다. 이를 위하여 임팩트금융에 대한 체계적인 교육제도를 정비하는 것이 필요하다.

중간기관의 육성

우리 사회의 임팩트금융 전문기관은 자본력이 취약하여 주로 민간 기부나 정책당국 지원으로 재원을 조달하여 운영해 왔다. 임팩트금융 기관의 자생적 성장과 시장참여가 매우 어려운 상황이므로 규모와 유형에 따라 이들 기관에 대한 육성 시스템을 강화하고 자금 전달체계를 다양화할 필요가 있다. 과거 재단법인 한국사회투자가 서울시 사회투자기금을 위탁운영할 당시 주요 자금 공급방식인 중간지원기관 매칭 융자사업의 경우 중간기관의 자체 매칭 자금조달 상황이 열악하여 사회투자기금을 통한 자금 공급이 당초 기대에 크게 미치지 못한 사례가 있다. 이는 그만큼 중간기관이 처한 상황이 열악하다는 것으로 체계적인 육성 지원이 시급하다는 점을 시사한다.

임팩트금융 시장에 대한 데이터베이스 구축도 필요하다. 임팩트금융 기관에 대한 정보가 부족하여 사회적기업이 자금을 이용하기 어렵다는 인식이 있기 때문에 이들 기관의 데이터베이스를 구축하면 중간기관 발굴 및 육성을 위한 유용한 기초자료가 될 것이다. 한편 임팩트금융 중개기관 입장에서는 자신이 투자, 기부, 지원 등 재원공급을 받을 수 있는 기관에 대한 정보도 필요하지만, 주요 기금운용 대상인 사회적경제기업에 대한 정보도 시급히 필요한 상황이다. 이런 점에서 사회적경제기업에 대한 자금공급 시 지원 대상 기업들의 실제 사업 수행 여부, 대출 및 보증 정보 등 재무상황 등을 점검할 수 있는 데이터베이스 구축을 같이 추진하는 것도 매우 중요하다.[21]

2. 사회적자본시장의 육성

사회적기업은 창업 및 성장단계에서 투자 및 운영재원이 절실히 필요하다. 그러나 제대로 된 자본시장의 지원이 없어서 상당수가 뜻을 이루지 못하고 좌초한다. 다양한 민간투자자의 참여를 유도할 수 있도록 세제 혜택, 인센티브 제도 등 핵심 인프라를 구축하여 사회적 자본시장을 활성화할 필요가 있다.

영국, 미국, 캐나다 같은 선진국에서는 임팩트 영역에 대한 민간재원의 유치를 위하여 일정한 기준을 정하고 그 기준에 해당하는 사회적기업이나 펀드의 적격투자에 대해 소득세 공제 혜택을 주면서 투자를 독려하고 있다. 우리의 「조세특례제한법」에서도 중소기업 창업투자회사나 벤처기업 투자에 대해 다양한 세제 혜택을 주면서 투자를 유치하고 있다. 사회적기업에 대한 기부금도 일정 부분을 법인세 산정 시 손금으로 인정하고 있다. 이러한 세제 혜택을 임팩트 영역에 확장하여 적용한다면 많은 민간재원을 사회문제 해결을 위해 끌어들일 수 있을 것이다.

사회적가치기업을 위한 임팩트금융 활성화를 위해서는 민간투자자

---

21 김양우, "임팩트금융의 현재와 미래", 예탁결제, 제110호: 2019 여름호

와 자유롭게 참여할 수 있는 시장이 필요하다. 임팩트금융이 정부와 공공기관 등의 지원금이나 보증 또는 은행 및 대기업의 출연금으로만 이루어진다면 정책금융 또는 금융 복지정책에 지나지 않는다. 특히 임팩트금융시장의 경우 사회적 가치 실현이라는 공동의 목적을 가진 투자자가 자금조달을 원하는 기업이 만날 수 있는 장이다.

우리나라에서는 코넥스KONEX시장을 통해 상장된「사회적기업육성법」상의 사회적기업에 투자할 수 있지만, 국내 거래소 시장은 자본금의 요건을 강하게 규정하고 있어 사회적기업이 참여하기 어려우며, 사회적가치기업이 참여한다고 하더라도 재무제표상에는 사회적 가치가 평가되어 있지 않기 때문에 투자자가 사회적 가치 기업인지 알 수 없어 활성화되기 쉽지 않다. 이를 위해서는 현 자본시장을 활용하는 방안도 있지만 더욱 적극적으로 새로운 사회적거래소를 설립하는 것이 해결방안이 될 수 있다. 사회적가치기업의 자금조달 수요가 높아지고 있는 상황에서 사회적거래소의 설립은 사회적 가치 측정 평가 방법의 개발을 촉진하고 임팩트금융을 활성화하는 데 크게 기여할 것이다.

사회적거래소

해외에서는 임팩트금융에 대한 관심이 커지면서 임팩트금융 전문 거래시장이 다양한 형태로 활성화되고 있다. 최초의 사회적 증권거래소는 브라질 증권거래소가 자회사로 설립한 사회환경증권거래소BVS&A이다. BVS&A는 자금을 필요로 하는 사회·환경 관련 프로젝트에 자금을 공급하는 기구로 UNESCO와 UNDP의 지원을 받고 있다. BVS&A는 2006년 남아프리카공화국의 증권거래소에 SASIXSouth African Social Investment Exchange로 영향을 미쳤다. 브라질이나 남아프리카공화국은 프로젝트 형태의 거래소로 일반적인 상장 및 유통을 목적으로 하는 것보다는 특정한 사업계획의 추진을 위해 자금을 모집하고 사업을 진행하는 형태를 띠고 있기 때문에 크라우드펀딩과 유사하다. 영국의 사회적증권거래소Social Stock Exchange와 사회적 가치거래소는 일반적인 증권거래소에 상장된 기업의 사회적 영향에 대한 세부 정보를 제공한다. 또한 영국에는 ETHEX 거래소가 있는데, 이 거래소에 상장은 수익을 목적으로 하는 기업공개IPO보다는 사회적 성과 또는 자선적 측면을 강조하여 지분을 상장시키는 초기 단계의 투자로 EPO Ethical Public Offering로 명명하고 있다. 캐나다의 소셜벤처 연계시장Social Venture Connection의 경우는 투자자를 사회적가치기업과 연결하고 일반적인 증권시장에서만 거래를 가능하게 하는 운용체계이다.[22] 싱가포르는 정부와 아시아개발은행ADB, 록펠러재단의 출연으로 2013년 임팩트금융 증권거래소IIX ASIA를 설립했고, 사회·환경 목표에 대한 기준을 개발하여 재무기준과 함께 상장기준으로 규정하고 있으며, 주식 외에 비영리기구가 발행한 채권도 상장할 수 있도록 하고 있다.

3. 법 제도의 정비
사회적은행 설립

사회 발전 과정에서 구조적으로 발생하는 문제를 공적부문에서 다 해결할 수는 없다. 기존의 전통적인 복지 방법으로 사회문제와 취약계층을 지원하는 사회단체도 마찬가지이다. 현재 우리가 경험하고 있는 사회 위기가 우리 사회의 구조적인 일부분이 될 수 있다고 생각하면, 이에 대처할 수 있는 좀 더 체계적이고 지속가능한 방식으로 구조화할 필요가 있다.

우리 사회의 지속가능성을 위협하는 사회문제를 해결하고 '모두 다같이 인간답게 사는 사회'를 만들면서 사회적 가치를 창출하는 활동에 재원을 공급하는 사회적은행이 필요하다. 현재 금융제도와 법체계 속에서 기존의 금융회사에 이러한 일을 기대하는 것은 한계가 있다. 이를 위해서

22　SVX 홈페이지(www.svx.ca)

새로운 법적·제도적 기반을 만들어야 할 것이다. 경제성장이 최대 목표였던 개발시대에는 산업은행이 경제개발에 큰 역할을 담당했다. 이제 시대가 변하여 사회의 우선순위가 바뀌었다. 우리시대의 과제는 '모든 사람이 함께 잘 사는 사회'를 만드는 일이다. 사회적은행은 이러한 사명을 감당하는 새 시대의 산업은행과 같은 것이 될 것이다.

이를 위해서는 현행 「은행법」이 반영하지 못하는 예외적인 부분을 규정할 '사회적은행 특별법'의 제정을 고려해볼 수 있다. 사회적은행의 경우 건전성 규제요건 등 현행 금융감독 규정을 그대로 적용한다면 그 목적을 달성하기 어려울 것이다. 또한 재원 조달에 있어서 수신 이외에도 기부금이나 보조금을 포함하고 이에 대한 세제혜택이 주어져 다양한 사업이 가능할 수 있도록 해야 할 것이다. 동시에 업무의 투명한 공개를 통하여 금융소비자 및 투자자에게 신뢰를 쌓아야 할 것이다.

SIB 법 제정

사회성과보상채권SIB은 임팩트금융의 첨단상품이다. SIB는 특정한 사회문제를 해결하고자 하는 민간기관이 정부와 협약을 맺고 민간의 투자를 유치하여 일정 기간에 사회문제를 해결하고 약정한 목표를 달성하였을 때 정부가 투자 원금과 인센티브로 보상해주는 사업방식이다. 사회문제 해결을 위하여 금융이 결합된 형태이다. 정부 입장에서는 예산을 짜임새 있게 사용하면서 효율적으로 사회문제를 해결할 수 있다는 장점이 있다.

SIB에는 정부, 운영기관, 서비스 수행기관, 투자자, 평가기관 등의 다양한 주체가 각자의 역할을 수행하면서 민관 협치를 이루어간다. 지나치게 정부에 의존하는 사회문제 해결방식을 벗어난다. 민간의 자발적인 참여를 유도하고, 민간투자자가 적극적으로 참여할 수 있는 유인책을 마련할 필요가 있다. 사회문제 해결과 사회적 가치 실현을 위하여 민관의 적절한 역할 분담과 협력을 강화하여야 한다.

SIB가 안착되기 위해서는 이를 뒷받침하기 위한 법적·제도적 인프라를 갖출 필요가 있다. 제도보다 더 중요한 것은 사회문제 해결방식에 대한 정부의 인식 개선이다. 특히 다년간에 걸쳐서 진행되는 사업을 지원할 수 있는 정부 예산제도의 정비나 기금이 필요하다. SIB는 민간 투자를 유치하여 다년간에 걸쳐서 사업이 진행되며 정확한 평가를 통하여 성과를 측정하고 보상이 이루어진다. 따라서 전통적인 관료적 접근방식에 의한 지원방식과 단기적 예산체계를 넘어서야 한다.

서울시와 경기도의 시범사업 이래로 여러 지방자치단체에서도 SIB에 대한 관심이 커져서 '사회성과보상사업 지방정부협의회'가 발족되고 각각 조례를 만들어 추진하려고 하는 움직임이 있다. SIB는 다년도에 걸친 장기적인 성과를 기대하는 반면, 지방정부 담당자의 잦은 보직변경, SIB에 대한 이해도의 차이, 예산상의 문제점으로 인해 실제 이행과정에서 많은 어려움을 겪고 있다. 행정안전부가 SIB 사업발굴을 위한 지원을 하기는 하지만, 지방 자치정부의 범위를 넘어서 중앙정부 차원의 프로젝트는 수행할 수 없는 실정이다. SIB가 한 걸음 더 나아가기 위해서는 SIB에 대한 법적 근거를 마련하고 중앙정부 차원의 사회성과보상기금을 조성하여 강력하게 추진할 필요가 있다.

4. 민관협력

사회투자 개념이 정부와 시장의 한계와 실패로 야기된 사회문제를 해결하는 대안으로 전 세계적으로 확산되고 있다. 사회문제를 '주는 복지'가 아닌 선순환되는 투융자를 통해서 해결하면서 지속가능성과 효율성을 높이는 구조이다. 사회문제는 증가하고 있고 이를 해결할 재정이 부족한 우리나라에 꼭 맞는 개념이다. 이 같은 방식에는 사회현상과 문제에 대한 경험과 노하우를 가진 민간의 역할이 절대적으로 중요하다. 정부가 직접 수행할 수 없기 때문이다. 민간과 정부의 소통과 협업이 필요하다. 그럼에도 우리나라에서는 공급자로서의 정부의 역할이 너무 강해 보인다.

　세계은행은 이러한 사업을 진행할 때, 정부가 직접 재원을 집행하거나 관여하는 것보다는 민간이 이러한 일을 잘 수행할 수 있도록 법적·제도적인 생태계를 마련하도록 조언하고 있다. 지난 20년간 우리나라 시민사회는 많은 발전을 하면서 뿌리를 내리고 있다. 정부는 이러한 시민사회가 잘 정착할 수 있도록 민간의 역량을 강화하고 인프라 조성에 힘써야 할 것이다. 민간단체를 지원한다는 개념이 아니라 국가정책을 함께 수행하는 파트너로서의 관계 설정이 필요하다. "정부는 시장에서 직접 금융을 시행하는 일을 결코 잘할 수 없다. 정부의 역할은 시장 구성원이 그 역할을 잘 수행할 수 있도록 법적·제도적 환경을 만들고 생태계를 조성하는 것이다."라는 세계은행 권고에 귀를 기울여야 한다.

5. 장기적인 로드맵

우리보다 공동체정신과 사회적경제가 일찍부터 자연스럽게 발전해왔고 사회투자 방식으로 사회문제를 해결하기 위해 노력해온 유럽과 미국 등에서도 임팩트금융은 상당 기간 시행착오를 거치면서 발전해 왔다. 그만큼 쉽지 않은 제도이다. 그러기에 제도 정착을 위하여 단기적 성과보다는 장기적 관점에서 제도를 발전시킬 필요가 있다.

　정부의 사회적금융 활성화 방안의 중요한 부분인 사회가치기금이 모델로 삼고 있는 영국의 'BSC^{Big Society Capital}'는 12년 연구 끝에 탄생하였다. 영국에서 2000년 4월 사회투자조성을 위한 사회투자 TF^{Social Investment} ^{Task Force}가 설치되고 12년 동안의 신중한 실험과 토론 과정을 거쳐 2012년 휴면예금을 활용한 BSC가 만들어졌다. 노동당 정부가 시작하고 보수당이 완성하였다. 정권 교체에도 불구하고 사회문제를 해결하고자 하는 사회투자은행에 대한 연구는 계속되었고 BSC로 결실을 본 것이다. 정권이 바뀌면 지난 정권의 핵심 사업이 사라져 버리는 우리 현실과 크게 대비된다. 더욱 중요한 것은 BSC가 만들어지는 과정에서 사회적 가치 평가, 소셜뱅크, 다양한 임팩트투자자, 사회적금융네트워크, 인력양성 등 임팩트금융이 발전하는 데 필요한 다양한 생태계가 만들어졌다는 것이다.

임팩트금융은 사회문제 해결을 위한 유용한 수단임을 증명하면서, 이제는 경제성장 전략의 일환이며 자본주의의 한계를 보완하는 산업으로 발전하고 있다. 자본주의의 한계를 극히 자본주의적인 방식으로 해결하는 새로운 추세로 자리 잡고 있다. 임팩트금융은 그 적용 범위가 매우 넓다. 따라서 국내 문제뿐만 아니라 국제개발, 더 나아가서는 북한과의 경제·사회 문제를 교류할 수 있는 강력한 도구가 될 수도 있다. 정부는 세계적으로 확장되고 있는 임팩트금융에 대한 장기적 청사진을 그리고 이를 달성하기 위한 구체적인 사업전략을 단계적으로 수립해 추진할 필요가 있다. 임팩트금융은 우리 사회의 지속가능성을 위협할 수 있는 문제에 대응할 수 있는 체계이다. 금융 패러다임을 혁신적으로 바꾸고 지속가능한 사회를 만드는 새로운 금융의 시작이다. 장기적인 안목에서 이를 도입하고 활성화시키기 위한 법적·제도적 기반을 마련해야 한다.

3부
시민정신과 공동체

1장. 시민권의 역사적 고찰과 사회적경제

들어가며

2020년 대한민국의 단상 - 삶의 만족도 최하 그러나 경제 성장률 1위

2020년 현재 한국 사회는 행복할까? 최근 OECD '2020년의 삶은 어떨까?' 보고서에서 한국인의 삶의 만족도는 OECD 33개국 중 32위로 최저수준을 나타냈다. '삶의 만족도'는 10점 만점에 6.1점으로 조사대상국 전체 평균인 7.4점에 크게 못 미쳤다. 삶의 주관적 만족도가 '매우 낮다'고 답한 사람들의 비율도 12%로 OECD 평균(7%)보다 훨씬 컸다. 한편 OECD는 '2020 OECD 한국경제보고서'에서 코로나19 재확산이 없다는 전제하에 한국이 경제성장률 −0.8%로 OECD 37개국 중 1위를 기록하고 GDP 규모에서도 세계 10위권 안으로 진입할 것이라고 전망하고 있다. 그렇다면 이러한 괴리는 어디에서 오는 것일까?

성장지향 사회에서 겪는 산업·사회 문제 - 불평등과 단절의 심화

우리나라는 지난 반세기 동안 세계 역사상 유례없는 속도의 경제발전을 이루어 냈다. 1990년대 말 외환위기 때에도 IMF가 제시한 재벌개혁과 금융개혁을 차질없이 추진해 시장의 작동을 원활하게 했고, 경제성장에서 기술혁신의 기여도 비중도 상당히 높아졌다. GDP는 10위권 이내 진입을 목전에 두고 있고, IT 강대국, 창조력 랭킹 세계 1위라는 긍정적인 평가도 받고 있다. 그러나 이러한 경제발전과 회복 과정은 '사회적 양극화와 불평등'을 심화시키며, 성장 지향사회에서 경쟁을 부추기고 단절을 심화시키기도 했다. GDP 대비 사회복지 지출은 OECD 주요국 중 최하위에 머물고 있으며, 국내 체류 외국인 노동자, 결혼 이민자, 새터민의 증가로 외양적으로는 다양성 시대에 돌입하였으나, 불평등으로 인한 사회적 양극화 심화로 실업률, 자살률, 우울증 등 주요 사회지표가 계속 나빠지고 있다. 소득원천별, 학력별, 연령별로 모든 불평등지표가 외환위기 이후 최근까지 지속적으로 증가하고 있으며, 소득 불평등은 2018년 기준 OECD 4위이다.[1] 전체 산업 종사자의 82.2%를 차지하는 중소기업 종사자의 임금 수준은 대기업 대비 65.1%에 불과하다.[2]

우리나라는 OECD 평균보다 불평등과 단절이 심한 국가이다. 소득 상위 20%가 하위 20%에 비해 7배나 높아 OECD 평균(5.4배)을 훨씬 웃돌고 있다. 사회적 관계 단절과 신뢰 부족 문제도 심각하다. 필요할 때 의지할 가족이나 친구가 없다고 답한 사람이 응답자의 19%로 OECD 평균(9%)의 2배가 넘었다. 이는 국민 5명 중 1명이 사회적으로 고립돼 있다는 뜻이며, 세계 최고의 자살률과 연동되는 지표다. 사회적 지지Social Support 분야도 OECD 최저 수준이다.

대한민국이 '불평등과 단절'로 앓고 있다. 이러한 '불평등과 단절의 심화'는 현재 우리 사회 괴리의 주요 원인이며, 미래 지속성장과 경제·사회구조의 안정성을 가로막는 요인이 될 것이다. 이제 '성장률' 자체보다 그 '내용과 방향'을 짚어 보아야 할 시기이다.

---

1   국회입법조사처, 2019
2   중소기업위상지표, 2018

복지 혼종시대, 사회적 가치의 시대-
기업, 대학, 사회적경제조직 등 다양한 플레이어Player의 역할

복지 혼종混種시대다.[그림1] 이제 국가 정책만으로 사회를 발전시키고 문제를 해결하는 시대는 지나갔다. 정부의 역할만으로는 이미 한계에 직면하였다. 정부는 사회복지 수요에 대한 재정 투입을 늘려 양극화 문제 해결을 시도하고 있으나 사회적 유대를 복원하기에는 역부족이다. 이에 국가-시장-시민사회 간 새로운 연결과 융합을 위한 사회적경제, 신공공관리, 기업의 사회적책임CSR, 공유가치 창출CSV이 2000년대부터 부상하기 시작했다.

국내외 기업은 사회적 가치와 사회혁신, 사회적경제 시스템으로 진화중이다. 미국 포춘Fortune지는 매년 세계에서 가장 존경받는 기업 선정 기준에 재정 건전성뿐 아니라 사회적책임을 통한 기업의 혁신 비중을 늘리고 있으며, 애플, 아마존, 알파벳, 스타벅스, 마이크로소프트 등이 상위권을 차지하고 있다. 2019년 미국 대기업 총수의 연합체인 비즈니스 원탁회의Business Round Table도 사회적 가치의 혁신을 통한 이윤 창출을 기업의

[그림 1] **복지국가, 복지혼합, 복지혼종 시대의 국가-시장-시민사회의 관계변화**

	복지국가 ⟶	복지혼합 ⟶	복지혼종
관계특성	상호견제와 균형	상호협력과 의존	상호융합과 침투
관련이론	자유주의 경제학, 시민사회론	거버넌스, 파트너십	신공공관리, CSR, 사회적경제

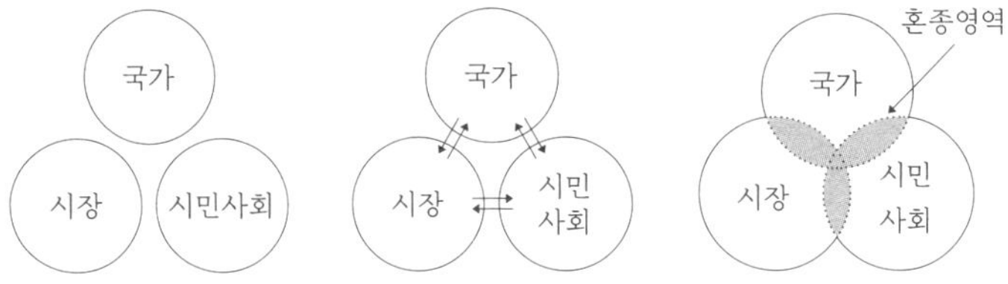

출처: 김수영, 2015. "혼종조직으로서의 사회적기업: 국가-시장-시민사회의 조직 내 충돌과 대응방식을 중심으로" 『한국사회정책』. 22(1), p.351.

사명으로 선포한 바 있다. SK그룹은 사회적 가치 측정을 국제 표준화하기 위한 활동에 본격적으로 나서고 있다. 특히, 2019년부터 자회사의 핵심성과지표KPI, Key Performance Indicator에 사회적 가치 창출 비중을 50%까지 늘리는 과감한 실험을 시도하며 실질적인 사회적 가치 창출을 위한 비즈니스 모델을 개발 중이다. 포스코POSCO, 한국전력, 가스공사 등 공기업도 사회적 가치를 사업 목록에 포함시키는 등 4차 산업혁명 시대의 신산업은 비즈니스 모델에 사회적 가치를 반영하여, 사회적·경제적 이익의 융합을 도모하고 있다.

대학도 예외는 아니다. 필자는 대학의 사명과 사회책임University Social Responsibility은 교육, 연구, 사회공헌이라고 보고, 교육과 연구를 통한 지역사회와의 연계Engagement뿐 아니라 대학이 지역문제를 혁신적으로 해결하고 지역사회와 협력해야 함을 주장한 바 있다.[3] 또한 대학의 사회책임 프랙티스로서 교육과 연구의 혁신, 대학 거버넌스의 혁신도 필요함을 역설하였다.

이제 대학 평가 시스템도 이러한 대학의 사회책임을 추가하고 있다. THE 세계대학 영향력 순위THE University Impact Rankings는 2019년부터 대학의 사회적 책무와 미래 역할에 대해 조명하고, 대학이 UN 지속가능발전 목표 달성을 위해 얼마나 노력하는지 대학 종합평가에 반영하고 있다.

불평등과 단절의 사회문제를 해결하기 위한 사회적경제 조직의 괄목할만한 양적 확대도 주목할 만하다. 한국 사회적경제의 대표 조직 유형인 사회적기업, 협동조합, 마을기업, 자활기업을 중심으로 사회적경제 기업의 규모를 살펴보면, 2018년 말 기준으로 총 기업 수는 1만 9295개, 고용 규모는 전체 취업자의 0.92%에 해당하는 11만 829명이다.[4] 국내 사회적기업은 인증제가 시작된 2007년 55개에서 2020년 현재 2435개로 크게 증가했다. 협동조합은 2012년 인가를 시작한 이래 유례없는 성장으로 2020년 현재 1만 2000여 개가 인가·신고되어 운영 중이다. 본고에서는 '사회적

가치' 시대 사회문제 해결을 위한 시민권의 개념과 역사에 대해 고찰하고,
공동체와 사회적경제의 관계 속에서 미래방향을 제안해 보고자 한다.

시민권Citizenship

시민권의 개념5

시민권은 구성원의 지위로서 일련의 권리와 의무·책무를 갖고 있으며,
'평등, 정의 그리고 자율성'을 내포하고 있다. 마샬Marshall과 다렌도르프
Dahrendorf는 각각 1950년과 1974년 시티즌십에 대한 저서에서 시민권Citi-
zenship이란 '권리를 지닌 주체로서의 개념과 단편적 권리의 총합'이라고 정
의하고 있다. 시티즌십은 국가나 인위적 법적 주체로서의 권리를 의미하
는 주권을 포함하는 개념으로 시민적 권리Civil Right보다는 훨씬 포괄적이
고 총체적인 개념을 뜻하는 것이다.

　　근대 이후 시티즌십은 본질적으로 '평등주의'를 내포하고 있다. 1950
년대 마샬과 아렌트Arendt는 각각 사회 자유주의와 시민 공화주의를 대표
하며, 시티즌십의 개념에 대한 상반된 견해를 보였다. 마샬은 시민권의 경
제·사회적 의미를 부각시킨 반면, 아렌트는 사회·경제적 의미를 제외하
고 있다. 1974년 다렌도르프는 '국가 구성원으로서의 권리', '평등권의 실

3　교수신문, 2020.2, http://www.kyosu.net/news/articleView.html?idxno=47628,
　　http://www.kyosu.net/news/articleView.html?idxno=47781
4　정부합동, 2019
5　본 절은 아래의 참고문헌 내용을 참고하였음.
　　Keith Faulks(2000), Citizenship, Routledge
　　Marshall, T.H.(1950), "Citizenship and Social Class and other Essays", Cambridge University Press
　　Dahrendorf, Ralf.(1974), "Citizenship and Beyond: The Social Dynamics of an Idea." in
　　Citizenship: Critical Concepts(1994), edited by B.S. Turner and P.Hamilton. London and New York

현', '공동체의 삶에 참여할 기회'를 시민권 개념에 포함하여 마샬의 개념을 계승하고 있다. 한편, 네덜란드 학자인 휜스테런Gunsteren은 아렌트의 개념을 계승하여 정치적 평등의 문제를 중심 주제로 다루고 있다.(표1) 따라서 시티즌십 개념은 학자에 따라 정치적 평등으로 혹은 정치·사회·경제를 포괄하는 개념으로 보기도 한다. 그러나 근대 시티즌십의 중심 개념에는 자유주의 국가의 발전에 의한 '평등'이 공통 요소라고 볼 수 있다.

1950년대 고전인 마샬과 아렌트의 저서 이후 시티즌십에 대한 연구는 뜸하다가 1980~1990년대부터 연구가 증가하기 시작했다. 그 이유는 무엇일까?

첫째, 이주의 시대가 본격화된 시기이기 때문이다. 이민과 이주가 활

〔표1〕 **학자별 근대 시티즌십의 개념 및 특징**

학자 & 저서	개념 및 특징
마샬, 1950 『시티즌십과 사회계급』6	·사회 자유주의 계보 시민적(민법적인)·정치적·사회적 시민권의 세 가지 유형으로 나눔 ·시티즌십의 의미를 단지 법적·형식적인 지위가 아니라 실질적인 현실적 권리의 문제로서 다루고 있음. ·자본주의가 가져오는 불평등과 파괴적 충격을 막으려면 시민적·정치적 권리만이 아니라 사회권이 필수적임. ·평등의 의미 강조. 시민권의 경제적·사회적 의미 부각시킴.
아렌트, 1951 『전체주의의 기원』	·시민 공화주의 - 제 권리를 가질 권리의 문제 ·사회·경제 문제를 공적 사안에서 제외
다렌도르프, 19747	·'국가 구성원으로서의 권리', '평등권의 실현', '공동체의 삶에 참여할 기회'를 시민권 개념에 포함
휜스테런, 1998 『시티즌십의 이론』	·신공화주의적 시티즌십론을 표방. 아렌트적 계보 ·다문화사회의 포용과 차이를 조절하는 문제가 시티즌십의 중요한 과제 ·모든 공적 영역과 활동에서 정치적 평등, 평등한 자유의 확보를 가장 중요한 가치로 보고 있음. ·정치적 평등의 문제가 중심주제. 사회·경제적 문제는 비중이 작음.

발해지면서 다문화 현상이 일어나고, 국가의 경계가 갖는 한계와 폐쇄성에 대한 각성이 시작된다. 국경의 민주화와 다문화적 시티즌십에 대한 요구가 생기면서 시티즌십에 대한 연구는 다시 활발해지기 시작했다.

둘째, 여성, 소수민족, 장애인 등 그간 추상적 보편주의에 의해 억눌려 왔던 다양한 '사회 소수자'의 정체성과 차이에 대한 인정의 요구가 증대한 것도 그 원인이라고 볼 수 있다.

셋째, 사회·경제적으로는 노동시장 유연화, 저출산, 고령화 등 '신사회 위험요인'이 중첩되면서 '복지국가가 어떠한 모습이 되어야 하는가?' 하는 질문이 제기되고, 복지국가의 제도만으로는 해결할 수 없는 다양한 사회문제가 시티즌십의 전선을 새롭게 달구었다.

넷째, 미국을 주 무대로 진행되었던 '자유주의와 공동체주의' 논쟁이 1980년대 활발했다. 레이건Reagan 정부인 이 시기에 미국은 신보수주의 이념의 확산으로 복지국가에 대한 도전이 제기되었고, 자유주의 사회에서 개인화가 가져오는 공동체의 공동화空洞化와 자유에 대한 위협이 공공선, 참여, 시민적 덕목과 능력 등 공화주의적 가치에 대한 관심을 높였다.

키이스 포크Keith Faulks(2000)는 시티즌십 개념을 탐구할 때 꼭 다루어야 할 세 가지 문제를 아래와 같이 제시하고 있다.

첫째, 시티즌십의 범위이다. 이는 사회적 투쟁과도 관련이 있는데, 사회적 투쟁은 본질적으로는 시티즌십의 범위와 이로 인한 혜택의 불평등에서 기인하기 때문이다. 즉 우리는 시티즌십 개념을 탐구할 때, 다음과 같은 질문을 던질 수 있다. '누구를 시민으로 간주해야 하며, 또 시티즌십의 혜택으로부터 어떤 이들을 배제할 때 어떤 기준이 정당한가?'이다.

둘째, 권리, 의무, 책무와의 관계에서 시티즌십의 강조점과 그 내용에

---

6 Marshall, T.H.(1950), "Citizenship and Social Class and other Essays", Cambridge University Press

7 Dahrendorf, Ralf.(1974), "Citizenship and Beyond: The Social Dynamics of an Idea." in Citizenship: Critical Concepts(1994), edited by B.S. Turner and P.Hamilton. London and New York

대한 질문이다. 즉 '시티즌십의 권리, 의무 그리고 책무의 관점에서 볼 때 시
티즌십의 내용은 어떤 것이 되어야 하는가?'라는 질문을 제기할 수 있다.

　　셋째, 권리, 의무, 책무와의 관계와 관련하여 '우리의 시티즌십 개념
은 얼마나 깊고 두터운 것이 되어야 하는가?'에 대한 질문이다. '시민으로
서의 정체성이 얼마나 큰 노력을 요구하며 포괄적인 것이 되어야 하는지,
시민으로서의 정체성이 개인, 가족 구성원으로서의 정체성과는 다른 근
원인지, 어느 정도로 우선권을 갖는지'에 대한 질문이다. 시티즌십의 개
념은 이러한 질문 속에서 역사적으로 또한 그 사회와 문화적 맥락 속에서
발전해 왔다. 〔표 2〕는 이러한 질문에 따라 시티즌십의 엷은 개념과 두터
운 개념을 구분하고 있다. 엷은 시티즌십은 개인의 권리가 우선하고, 수동
성, 독립성, 법적 의미를 내포하고 있다. 반면 두터운 시티즌십은 상호보완
적인 권리와 책임, 능동성, 상호의존성, 도덕적 의미를 아우르고 있다. 따
라서 개인과 국가 사회가 지니는 시티즌십의 개념은 이러한 연속선상에
서 차이를 보이고 있다. 〔표2〕

시민권의 역사[8]

> "인간은 사회적 동물이다. 공동체의 일에 참여하지 않는 것은 짐승이거나 아니
> 면 신이다." — 아리스토텔레스Aristoteles

시민정신, 시티즌십의 개념은 고대 그리스에서 출발한다. 고대 그리스 철
학자 아리스토텔레스는 "인간은 사회적 동물이다"라는 말을 하며 시티
즌십 이론을 발전시키는 최초의 체계적인 시도를 했다. 그 이후 시티즌십
의 개념과 의미는 변화해왔고 문맥과 범위, 내용 그리고 깊이 측면에서 보

8　본 절은 아래 참고문헌의 내용을 참고함.
　　Keith Faulks(2000), 『Citizenship』, Routledge
　　신진욱(2010), 『시민』, 책세상

〔표 2〕 시티즌십의 엷은 개념과 두터운 개념

엷은 시티즌십	두터운 시티즌십
권리의 특권적 우선성	상호보완적인 권리와 책임
수동성	능동성
필요악으로서의 국가	좋은 삶의 토대로서 정치 공동체 (반드시 국가일 필요는 없음)
순수하게 공적인 지위	공적인 것과 사적인 것 모두에 해당
독립성	상호의존성
선택을 통한 자유	시민적 덕성을 통한 자유
법적	도덕적

출처: Keith Faulks(2000),『Citizenship』, Routledge / 이병천·이종두·이세형 역(2005), 아르케

〔표 3〕 고대 그리스 폴리스와 근대 국가의 시티즌십 - 대조적 측면

	폴리스	근대 국가
공동체의 유형	유기적	법적·분화된 결합
규모	작음	큼
시티즌십의 깊이	심도 깊음	심도 얕음
시티즌십의 범위	배타적이고 불평등이 당연시됨	갈수록 포괄적이며, 이론적으로는 평등하다. 그러나 국가적 맥락에서 제한됨
시티즌십의 내용	확대된 책무	권리와 제한된 업무
시티즌십의 맥락	노예제 사회, 농업생산	가부장적이고 인종적이며 자본주의적인 체제, 산업생산

출처: Keith Faulks(2000),『Citizenship』, Routledge / 이병천·이종두·이세형 역(2005), 아르케

면 고대와 근대의 시티즌십은 대조적인 측면이 있다.〔표 3〕

시티즌십은 고대 그리스 폴리스Polis라는 작은 규모의 유기적 공동체에서 시작하여 근대 국가를 배경으로 발전하였다. 고대 그리스 시티즌십은 심도가 깊으나 점차 심도가 얕고 법적인 개념으로 진화해 갔으며, 범위도 폴리스 구성원에 제한된 배타적인 범위에서 포괄적으로 진화해 갔다.

한편 시티즌십은 단계별 차이도 있지만 연속성을 발견할 수 있다.

리젠버그는Risenberg는 시티즌십의 첫 단계를 그리스에서 시작하여 1789년 프랑스혁명으로 뚜렷해지는 근대의 시작점까지로 한다. 그의 분류에 의하면 위〔표 3〕이 명확하고 뚜렷하나 너무 일반적이라는 비판도 있다. 즉, 고대 그리스, 로마 그리고 중세 도시 사이에 존재했던 다양한 시티즌십의 개념을 하나로 일반화했다는 것이다.

따라서 본고에서는 시티즌십의 역사적 발전과정을 고대 그리스, 로마, 중세, 근대로 구분하여 정리해 보고자 한다.

1. 고대 그리스

시티즌십의 기원은 고대 그리스 도시국가인 폴리스로부터 출발한다. 고대 그리스 '시민'의 모습은 아고라에 모여 정치를 논하는 귀족들로, 이들이 정치와 사회문제를 자유롭게 토론하던 공간 아고라Agora는 그리스 민주주의의 토대를 이루었다. 고대 그리스의 폴리스는 행정 단위가 아니라 시민들이 공적인 사안을 토론하고 결정하는 정치적 공간으로 작은 규모의 유기적 공동체였다.

아리스토텔레스는 시민사회는 시민이 공동의 이익과 정의를 위해 협력하고 대화하는 '좋은 사회'로, 시티즌십의 실현을 '사람됨의 핵심적인 요소'라고 보았다. 따라서 고대 그리스의 시티즌십은 권리보다 책무에 근거했으며, 인간 본성의 정치적 표현으로 이해되었다.

시티즌십은 책무에 근거한 것으로 시민들은 책무를 덕행의 기회이자 공동체에 헌신할 기회로 인식하였다. 따라서 시민들은 폴리스에서 정치에 참여하며, 중요한 정치적·사법적 직책은 추첨을 통해 순환되었고 모든 시민은 정치 집회에서 발언하고 투표할 권리가 있었다. 이러한 통치제도는 시민적 미덕을 행할 많은 기회를 제공하였고, 모든 시민은 통치자인 동시에 피치자가 되기도 하였다. 고대 그리스에서 시티즌십은 부에 의해 결정되지는 않았으며, 시민계급의 공화정치로 운영되는 폴리스는 시민적 덕성을 갖춘 시민의 사회로 개인에 선행하여 개인을 구성하는 것으로 여겨졌다.

시티즌십은 정치 참여와 더불어 전쟁과도 관련이 깊었다. 막스 베버 Max Weber는 폴리스를 '전사戰士들의 길드'라고 부르기도 하였으며, 많은 학자가 폴리스에서의 군사적 전술의 변화가 시티즌십의 행사에 어떠한 영향을 미쳤는지 주목하기도 했다. 그리스에서는 전쟁과 시티즌십과 남성성 사이의 관계가 성립되었고, 이는 이후 시티즌십의 역사에서 반복적으로 재등장하였다.

폴리스의 유기적 특성으로 시티즌십은 개인의 사적인 삶과도 밀접하게 연계돼 있었다. 맨빌Manville은 "고대 그리스의 시티즌십과 폴리스는 하나였고 같은 것"이었다고 주장하며, "시티즌십의 책무는 폴리스에서의 모든 삶의 영역에 퍼져 있었다"고 하였다. 즉 아테네 시티즌십은 공과 사, 법과 도덕 같은 근대정치를 형성한 이원론이 적용되지 않고, 시민은 입법자와 집행자로서의 역할을 동시에 하면서 자신들의 일을 처리하고, 정치 참여와 군사적 의무를 수행하였다.

고대 그리스에서 시민 이데올로기는 정치와 사회를 지배하며, 시티즌십은 전체론적 속성을 지녔다. 시민 이데올로기는 교육, 여가 그리고 통치 제도를 지탱하였으며, 이것들은 능동적인 시티즌십을 행사하고 증진하는 것과 관련이 있었다. 따라서 시민들은 태어날 때부터 능동적인 시티즌십의 가치를 내면화했으며, 이러한 가치는 시티즌십 이행의 내용과 깊이에 큰 영향을 미쳤다. 폴리스 시민에게 시민적 미덕은 자유였고, 명예와 존경의 주요 근원이었다. 시민적 미덕이 개인의 자존과 목적의식의 중심이었기 때문에, 폴리스가 생명과 정체성을 거의 독점적으로 제공하였고 또 정의하였다. 도덕과 선에 대한 관념도 깊고 명확해, 시티즌십의 책무와 사적 도덕과 선에 따른 의무 사이에 충돌은 없었다. 선은 군사적 책무와 정치적 참여 같은 공동체에 대한 봉사에서 발견되었으며, 도덕과 선한 삶은 둘 다 시민적 미덕의 성취를 통해 공적으로 표현되었다.

따라서 고대 그리스의 시티즌십은 깊이 있고 두터웠으며, 정치적 주체성을 의미할 뿐 아니라 삶의 모든 영역의 바탕이 되는 가치와 뿌리 역할을 하였다. 책무가 강조되고 시민적 미덕의 성취가 삶의 나침반이 되었다. 시티즌십은 고상한 형태의 이상형이었다. 이렇게 깊이 있는 시티즌십을 가진 반면, 폴리스에서 시티즌십의 지위는 매우 배타적이었다. 시티즌십은 제한된 사회집단에만 적용되었고, 시민은 도시나 국가의 통치에 참여할 수 있는 자격을 갖춘 사람을 뜻했다. 시민은 토지 소유자와 전사인 귀족계급에 제한되었고, 여성이나 노예, 이방인은 비시민으로 간주돼 노동을 담당했다. 계층제와 배타성은 자명한 것으로 여겨져, 기원전 451~450년 페리클레스Perikles 통치하에서 시티즌십은 부모가 모두 폴리스 태생인 거주자만으로 제한되기도 하였다. 시티즌십은 비시민에 대한 우월성의 표시로서 그리고 일부 그 배타적 속성 때문에 높이 평가된 면도 있다. 폴리스 내 구성원은 사회 고위층 인사에게 요구되는 높은 수준의 책무, 도덕적 의무인 '노블리스 오블리제Noblesse Oblige'를 가지고 정치와 전쟁에 참여하였으며, 이는 비시민에 대한 우월성을 가지는 근거가 되기도 하였다.

이처럼 시민과 비시민 사이의 배타성은 두드러지지만, 폴리스의 구성원인 시민들 사이에서는 근대 시민의 뿌리가 되는 '자유와 평등' 이념이 존재했다. 아고라에서 정치를 논하던 이들은 자신을 정치 공동체인 폴리스를 함께 통치하는 시민의 한 사람이라고 생각해, 소수의 통치자에 복종하는 것이 아니라 시민들 자신이 자유롭고 평등한 권리를 가지고 정치 공동체를 만들어 가는 데 함께 참여하였다. 폴리스의 근본 원칙은 모든 시민이 폴리스의 동등한 주권자로서 정치에 참여할 권리를 갖는다는 것이었다. 고대 그리스의 '시민 관념과 시민권'은 소수 특권 계층에 한정되어 있긴 했지만, 이들의 정치적·도덕적 이상은 이후 근대에 시민의 이념과 권리가 '모든 인간'에게로 보편화되는 긴 역사적 과정의 출발점이 되었다.

2. 고대 로마[9]

고대 로마 시티즌십의 배경은 로마 공화국, 로마 제국으로 독특한 공화주의적 시민개념이 탄생했고, 그것을 관철시키는 혁명적 법규범인 「로마헌법」이 존재했다. 로마 문명은 제도와 문화 등 여러 측면에서 세계 역사에 영향을 미쳤고, 특히 공화국Republic과 로마헌법은 현재의 국가와 법치제도에 중요한 토대가 되었다. 공화국이란 소수의 통치자가 아니라 정치 공동체 구성원이 주권자로 인정되며, 이 구성원이 정치적 대표자를 선출하고 대표자가 구성원의 권리와 이익을 위해서 국정을 운영하는 국가형태이다. 이 구성원은 자유롭고 평등한 시민으로 정치에 참여할 수 있는 권리를 지닌다. 따라서 공화국 시대 로마의 시티즌십은 그리스처럼 정치 참여와 밀접한 관련이 있는 특권적인 지위였으나, 그리스의 배타성과는 대조적으로 제국이 확장되면서 시티즌십 개념은 포괄적으로 변해갔다.

그러나 점차 참여성을 상실했고 사회적 통제와 화해의 수단이 되어갔다. 제국을 확장해 가면서 로마 제국의 지배하에 있던 민족은 처음에는 로마 시민으로 인정받지 못하다가 3세기경 로마 제국의 신민 대부분에게 시민권이 부여되었다. 제국의 백성에게 시티즌십을 부여하여 시티즌십의 범위가 폴리스보다 넓어졌지만 이는 피정복민을 통제하고 화해하는 수단으로 작용하였다. 마키아벨리Machiavelli는 이를 보호주의적 공화주의라 명하며, 로마의 시티즌십은 '시민의 이익을 확보하기 위한 수단'이라고 보았다. 아리스토텔레스가 고대 그리스 시대 시티즌십을 '사람됨의 핵심적인

---

9 고대 로마 문명은 크게 세 시기로 구분된다. 기원전 10세기경에 시작된 군주정의 시기, 기원전 510년에 시작돼 약 450년간 유지된 로마 공화국(Roman Republic), 기원전 27년에 시작된 로마 제국(Roman Empire) 시기이다. 로마 제국은 서기 395년 서로마 제국과 동로마 제국으로 나누어질 때까지 지속되었다. 로마 제국은 유럽 대륙 전체와 소아시아 지역, 북아프리카에 이르는 광대한 영토를 갖고 있었다.

요소'로 보며 발전적 공화주의를 주창한 것과는 대조되는 개념이다.

따라서 그리스의 폴리스와 달리 로마 제국의 '시티즌십'은 엷고 법적인 개념이 되어갔으며, 시티즌십의 지위는 정치적 주체성을 나타내는 지위라기보다 사법적인 안전장치로 축소되었다. 시티즌십은 참여의 윤리와 분리되면서 법치를 표현하는 것에 불과하게 되었고, 사회적 불만의 근원을 잘라버리려는 도구적 동기가 강하게 작용했다. 니콜렛Nicolet은 이러한 로마 제국의 시티즌십을 "무엇보다 그리고 거의 배타적으로 인신보호의 권리라 부르는 것을 누리는 것"이라고 주장하기도 하였다. 이러한 로마의 시티즌십은 그리스보다 실용적이고 적용하기에 따라 확대할 수 있는 형태로서 탄력성과 포괄성을 지녔으나, 이러한 탄력성이 그리스 시티즌십의 '고상한 형태의 이상형'을 사라지게 하는 역할도 하였다.

한편, 로마의 시티즌십이 그리스보다는 규모와 범위 면에서 포괄적이었지만, 지위의 불평등은 여전히 존재하고 당연하게 받아들여졌다. 로마법이 주권자로 규정한 '로마 시민'은 기본적으로 로마 제국의 시민을 의미했지만, 고대 그리스처럼 영토 내의 거주민을 포괄하는 단어가 아니었다. 로마법에는 영토 내 국민의 신분을 구분하는 세 가지 기준이 있었다. 첫째, '자유 신분'은 자유인과 노예의 지위를 구분했고, 둘째, '시민 신분'은 로마 시민과 비시민의 지위를 구분했다. 마지막으로, '가족 신분'은 가족 내의 아버지와 아들의 지위를 구분했다. 이중 오직 아버지의 지위를 갖고 있는 로마 시민만이 공적·사적 권리를 모두 누릴 수 있었다. 따라서 시민권을 부여받은 로마 제국의 신민 사이에도 권리의 위계와 불평등이 존재했다.

그리스의 시민권이 시민과 비시민을 구분하여 배타적이지만 시민의 자격을 가진 사람들 간에는 '평등'의 이상을 추구한 것과 달리, 로마의 '시민 관념과 시민권'은 시민의 범위가 포괄적이고 제국의 국민에게 시민권을 부여하나, 시민의 범위 안에서 '위계'와 '불평등'이 존재했다. 그러나 로마의 '시민권 개념'은 공화국을 수립하고 제국으로 확대해 가는 과정에서 발전했고, 이를 구체화한 「로마헌법」의 존재로 근대 공화국가 및 법치 이념의 토대를 마련했다. 「로마헌법」은 로마 문명을 움직이는 가장 근본적인 법규범이자 정치 원리로서 오랫동안 전승되었고, 권력 분립과 권력 균형, 선거와 대표자의 임기 등 현대 헌법의 기본 원리를 담고 있었으며, '로마 시민'을 주권자로 규정했다. 고대 그리스와 로마의 '시민권' 개념은 깊이와 범위, 성격 면에서 대조적인 특성을 가지나, 여전히 일부 사회집단에 '시민권'이 제한되었다는 공통점과 역사적 한계를 지닌다.

3. 중세

고대 로마 제국이 붕괴한 이후 시티즌십의 중요성은 점차 감소했다. 그래서 중세 봉건시대에 시민사회는 거의 역사에서 사라진 듯 보이나, 예외적이고 계층적인 시티즌십은 고대와 성격을 달리하며 계속 존재했다.

중세시대 시민의 모습은 12세기 이탈리아 피렌체 시의회에 모인 상인과 수공업자로 대변될 수 있다. 고대 그리스와 로마의 '시민권'과 달리 중세사회와 시민권은 정치적 성격을 띠지 않았다. 중세시대는 유럽 전역에 기독교 신앙과 교회 조직이 전파되고, 로마 교황청과 성직자 계급이 국경을 넘는 영향력을 행사한 시기이다. 따라서 중세 유럽인에게는 국민, 농민 등의 세속적 신분과 가치 위에 존재하는 '신의 자녀'라는 정체성이 중요했고, '중세 시티즌십'의 배경은 교회와 종교가 주를 이루었다. 따라서 왕과 영주가 정치·경제적으로 지배하는 한편 종교적 권위가 지배하는 중세의 질서하에서 고대 시티즌십의 정치적 지위나 관념은 크게 위축되었다.

중세시대 '시티즌십'의 주요 특징은 '기독교의 영향'과 '시민적 도시 공동체'의 발달로 볼 수 있다. 교회가 충성심과 도덕적 모범의 중심으로서 정치 공동체를 대체하였고, 성 아우구스티누스Saint. Augustinus는 '개인은 세속적 삶에 관심이 있어서는 안 되고 그 대신 자아성찰과 기도와 같은 내적인 곳으로 방향을 돌려야 한다'고 주장하였다. 시티즌십의 행사를 통한 명예의 추구는 개인적인 구원의 추구로 대체되었다. 또 하나 특징인 '시민적 도시공동체'의 발달은 경제활동에 종사하는 상인과 수공업자에 의해 촉발되었고, 11세기경부터 여러 유럽 도시에서 시민의 조합과 다양한 상호부조가 생겨나기 시작했다. 따라서 중세시대의 권리와 자유는 신민에게 적용되기보다 집단, 조합, 신분에 적용되었다.

이러한 중세시대 시티즌십의 실행은 종교와 경제활동이 활발했던 피렌체나 베네치아 같은 몇몇 이탈리아 도시 공화국에서 나타났다. 막스 베버는 이들 도시는 근대적 시티즌십이 극적으로 등장하는 토대를 만드는 데 중요한 역할을 하였다고 주장하며, 중세시대 시티즌십을 '성곽과 시장의 융합'이라고 표현했다. 따라서 중세시대 시민은 영주에 귀속되지 않는 도시의 구성원 혹은 상인과 수공업자로, 이들의 역할은 종교생활을 통한 자아성찰과 개인적인 구원 추구, 그리고 경제활동에 종사하는 것이었다. 고대 그리스의 정치 참여와는 다른 참여의 윤리를 포함하고 있었으며, 도시 민병대는 시민에게 책무와 정체성이라는 중요한 인식을 제공하기도 했다.

그러나 중세시대 시티즌십의 실행에서 대부분의 사람은 배제되었으며, 시민의 권리는 재산 소유권에 따라 다양했다. 따라서 고대와 마찬가지로 보편적인 평등주의와는 거리가 있었다. (표4)

4. 근대[10]

"자연은 사람을 육체와 정신적 능력 면에서 평등하게 만들었다. 때로는 한 사람

---

10 Keith Faulks(2000), 『Citizenship』, Routledge
    신진욱(2010), 『시민』, 책세상
    장미경(2001), "시민권(citizenship) 개념의 의미 확장과 변화: 자유주의적 시민권 개념을 넘어서" 『한국사회학』, 35(6): 59-77.

〔표 4〕시티즌십의 역사적 개요

	고대 그리스	고대 로마	중세	근대
배경	·폴리스라는 작은 규모의 유기적 공동체	·로마 공화국 (Roman Republic) ·로마 제국 (Roman Empire), 로마 헌법(로마법)	·봉건사회 12세기부터 진행 ·교회, 종교 화폐경제와 산업적 활동의 발전으로 가능해짐	·국가 ·16세기 말에 기초가 다져진 자유주의적 국가의 발전과 밀접 ·1789년 프랑스 혁명 이후 공고화
개념 및 의의	·시민사회·시민이 공동의 이익과 정의를 위해 협력하고 대화하는 '좋은 사회' ·시티즌십의 실현은 "사람됨의 핵심적인 요소" (아리스토텔레스) ·권리보다 책무에 근거 ·인간 본성의 정치적 표현	·시민들의 이익을 확보하기 위한 수단(마키아벨리) ·점차 참여성을 상실, 대신 사회적 통제와 화해의 수단으로 작용 ·공화주의적 시민관념	·시민사회는 역사에서 거의 사라짐. 르네상스 시대가 열리면서 시민사회와 시민정신 부활 ·고대 정치 공동체와는 다른 참여의 윤리 포함	·고대와 전근대 개념의 연속선상에서 발전. 고대 그리스 스토아 철학자의 "도덕적 평등", 로마 자연법의 보편주의적 전통, "자유주의적 담론"에서 영감받음. ·보편성과 평등의 가치 중시 ·시민권이란 국가 시민이자 국가 구성원으로서의 주권, 또는 공적 행위자로서 정치적·법적 권리를 행사할 수 있는 자격
주요 학자	아리스토텔레스, 소크라테스, 플라톤	마키아벨리 니콜렛(Nicolet)	성 아우구스티누스	·초기 자유주의자들 - 토머스 홉스, 로크, 루소 ·기든스, 터너만, 바바렛 먀살, 아렌트, 다렌도르프, 휜스테런
실천	·그리스의 폴리스에서 제도적으로 처음 나타남. ·아고라에 모여 정치를 논함.	·시민에게 의무와 책무 요구 ·제국	·피렌체나 베네치아 같은 몇몇 이탈리아 도시 공화국에서 나타남.	·인간으로서의 보편적·평등적 능력 강조
누가 시민인가?	·폴리스의 구성원 ·토지 소유자와 전사(戰士) - 귀족계급	·제국의 백성 ·영토 내의 거주민을 포괄하는 단어 아님. ·자유신분, 시민신분, 가족신분	·영주에게 귀속되지 않는 도시(City)의 구성원 ·상인과 수공업자들	·귀족이 아니면서 적정한 부를 축적한 평민

	고대 그리스	고대 로마	중세	근대
시민의 역할 및 시티즌십의 지위	·입법자와 집행자로서의 역할을 동시에 하면서 자신의 일을 처리하고, 군사적 의무에 대해 고도로 발달한 인식을 통해 자신을 방어 ·정치적 주체성 ·정치 참여와 밀접한 관련이 있는 특권적 지위	·사법적인 안전장치 ·법의 통치, 법치를 표현하는 것에 불과 ·공화주의적 시티즌십 ·정치 참여와 밀접한 관련이 있는 특권적인 지위 - 그리스와 유사함.	·개인적인 구원 추구 - 자아성찰 ·경제활동에 종사 ·도시의 민병대 - 시민에게 책무와 정체성이라는 중요한 인식 제공	·시민은 특정 국가에 정치적·법적으로 소속되어 있는 존재로서 일정한 권리(거주권, 참정권)와 의무 (납세, 국방)를 가짐. ·국가의 역할: 중앙집권화된 국가나 정치제도, 교육제도, 개인의 자유를 보장하는 다양한 제도를 통해서 시민의 권리를 보장해 주어야 하는 것임.
시티즌십의 범위	·폴리스의 시민에게 시민적 미덕은 자유였고, 명예와 존경의 주요 근원 ▸깊이 있고 두터움.	·시티즌십의 지위는 참여의 윤리와 분리. 사회적 불만의 근원을 잘라 버리려는 도구적 동기 ▸엷고 법적인 개념이 되어감.	·예외적이고 계층적인 시티즌십 ·대부분의 사람은 배제됨. ·시민의 권리는 재산 소유권에 따라 다양함.	·독립적인 개인 부르주아 ·성인 납세자 ·재산 소유자
시티즌십의 성격	·고상한 형태의 이상형 ·배타적	·실용적. 적용하기에 따라 확대할 수 있는 형태 ·탄력성, 포괄적	·개인적인 구원의 추구 ·성곽과 시장의 융합	·평등주의 ·자유주의의 발전
특징	·이상형 ·시민의 참여 ·깊은 의미의 시티즌십은 폴리스와 같이 작은 규모의 동질적인 공동체에서만 가능	·사회적 통제의 수단으로 보는 냉소적 견해 ▸공동의 이익, 정치적 주체, 인간 잠재 능력의 성취 등의 개념으로 대체 ·탄력성과 실용성이 고대 그리스 '고상한 형태의 이상형'적인 성격과는 대조됨.	·기독교의 영향 ·시민적 도시공동체의 발달 - 권리와 자유가 신민에게 적용되기보다 집단, 조합, 신분에 적용	·홉스적 개인은 국가와 직접적인 관계 ·교회와 국가의 분리 ·노동자, 여성, 흑인, 기타 소수집단에 적용되는 개념은 아니었음.

이 다른 사람보다 명백히 육체적으로 힘이 더 세거나, 더 민첩한 정신을 가진 것이 발견되더라도, 모든 것을 고려했을 때 사람과 사람 사이의 차이는 고려할 만한 것이 아니다. 그 결과 사람은 다른 사람이 주장하지 않는 어떤 이익에 대해서도 자기 자신을 주장할 수 있다." — 홉스Hobbes

1. 자유주의적 시민권

근대의 시티즌십은 '자유와 평등'으로, 근대 시민의 모습은 1789년 프랑스 혁명에 참여한 열정적 민중으로 대변할 수 있다. 귀족주의적 시민 개념이 오늘날의 민주주의적 시민 개념으로 변화하게 된 결정적인 역사적 계기는 1789년 프랑스 대혁명이었다. 1789년 8월 26일 프랑스 국민 의회가 선포한 '인간과 시민의 권리 선언'은 모든 개인이 시민으로서 법적·정치적으로 평등함을 선포함으로써 전통 사회에서 계승되어 온 모든 특권을 폐지했다.

근대의 자유주의 시민권은 16세기 말 기초가 다져진 자유주의적 국가의 발전과 밀접한 관련이 있으며, 근대 초기 홉스, 로크, 루소 등 자유주의적 계몽 사상가에 의해 정립된 개념이다. 그러나 자유주의 시민권은 고대와 전근대 개념의 연속선상에서 발전되었으며, 고대 그리스 스토아Stoa 철학자의 '도덕적 평등'과 로마 자연법의 보편주의적 전통인 '자유주의적 담론'에 영감을 받았다.

근대 시티즌십의 배경은 '국가'로서 시민권이란 국가 시민이자 국가 구성원으로서의 주권, 또는 공적 행위자로서 정치적 법적 권리를 행사할 수 있는 자격을 뜻했다. 보편성과 평등의 가치를 중시 여겨 인류의 도덕적 평등을 주장하고 개인의 능력을 강조하였다. 이러한 근대의 시티즌십은 초기 자유주의 학자인 토머스 홉스, 로크, 루소 등에 의해 주창되고, 그 이후 1950년대 마샬과 아렌트, 다렌도르프와 휜스테런 등의 학자에 의해 개념과 범위를 달리하며 계승되었다. 마샬과 아렌트, 다렌도르프와 휜스테런의 개념과 특징은 본고 '시민권의 개념' 절에서 다루었으므로, 이 절에서는 역사적 발단에 중점을 두어 초기 자유주의자의 주장에 대해 살펴보고자 한다.

우선 시티즌십의 역사에 중요한 과도기적인 인물이고 가장 초기의 주창자인 홉스는 권리와 자유가 신민보다 집단, 조합, 신분에 적용되었던 중세시대와 달리 국가와 개인의 직접적인 관계를 부각하였다. 홉스의 통찰력은 자유주의 사상가들이 결정적으로 평등과 시티즌십 개념의 연계성을 구축하는 데 기여하였는데, 홉스는 개인이 사회 질서의 기초를 전복하는 힘뿐만 아니라 능력 측면에서도 본질적으로 평등하다고 믿었기 때문이다. 홉스는 개인의 평등을 믿었지만 개인과 국가와의 관계에서 '신민적 시티즌십'을 주장하며, 군주가 아닌 국가 자체가 '시민의 유일하고 적절한 충성의 대상'임을 명백히 하였다. 즉 국가주권을 강조하고 주권자의 권리를 옹호하며, 개인이 아닌 '주권자의 권리'에 초점을 두었다. 홉스는 안전과 질서에 중점을 둬 시티즌십의 목적이 시민적 미덕을 완수하거나 개인의 권리를 보호하는 것보다는 질서를 보장하는 것에 있음을 주장하며, 시티즌십과 관련된 공동체의 책무는 국가에 대한 전적인 복종임을 주장하였다. 이는 권력소재가 분산된 중세 봉건시대와는 차이가 있으며, 권리의 행사를 국가에 제한함으로써 질서를 강제하는 존재로서의 국가와 다양한 통치방식의 필요성을 제기하였다. 개인과 국가의 직접적인 관계, 주권자의 절대 권력을 강조한 측면에서 홉스의 시티즌십은 중세와는 명백한 차이를 가지며, 따라서 개인의 '평등'을 강조하나 유일한 개인의 권리는 '자기 보존'이라고 하며, 시티즌십의 참여 이론에 대해 매우 회의적이었다.

이후 로크는 홉스가 발견한 자유주의 전통을 발전시켰는데, 홉스와 달리 권리에 기초한 시티즌십 이론을 만들기 위해 평등한 개인이 국가와 직접적인 관계를 맺는다는 개념을 발전시켰다. 홉스는 개인의 권리 개념을 축소하고 참여에 대해 부정적이었는데, '정치와 시티즌십의 관계 소멸' '근대 반反 정치학의 아버지'라는 비판을 받기도 했다. 이에 로크는 안전에 대한 홉스적 관심과 생명·자유·재산에 대한 권리를 보호하는 것 사이에 균형을 잡으려고 하였다. 대부분의 자유주의자는 이런 권리를 자기 이익을 성취하기 위한 기초로 생각하게 되었다. 홉스와 로크는 개인의 권리 개념에 대해서는 차이가 있으나, 시민의 도덕과 재산을 안전하게 보장받는 것으로 시민권을 정의하는 측면에서 공통점을 지닌다. 이후 루소는 중앙 집권화된 국가, 정치참여 체계와 같은 정치제도, 교육제도, 그리고 개인이 자유를 박탈당하지 않도록 보호해주는 다양한 제도를 통해서 시민의 권리가 보장받아야 하는 것으로 보았다.

자유주의 학자들은 고대, 중세와 달리 평등주의를 주장하나, 신민적 시티즌십의 개념을 더 강하게 지니고 있었다. 그러나 18세기 프랑스 혁명 이후 시민의 참여와 권리가 강조되고, 인류 역사에서 '시민'으로 인정받지 못한 사회집단이 '시민 계급'의 핵심으로 부상하며 '시민' 개념의 의미를 '인간' 일반으로 보편화했다. 18세기부터 국가 사이의 경계가 더욱 명확해지면서 그 경계 안의 사람들은 그들의 자격 조건에 대해 관심을 가지게 되었고, 점증하는 국가의 힘에 종속적인 사람들에게 시티즌십의 지위가 중요해지기 시작했다.

근대 자유주의자의 시티즌십의 핵심은 '교회와 국가의 분리'였다. 종교개혁에 의해 야기된 유혈과 뒤이은 불안정이 결과적으로 정치를 종교로부터 분리시키려는 계기를 제공하였고, 유럽 종교전쟁이 끝난 후 일어난 국가의 세속화는 세속적 시티즌십이 등장할 수 있는 중요한 공간을 만들어 주었다. 종교개혁은 시티즌십에 더 큰 영향을 주었는데, 하나님과 개인 사이의 직접적인 관계가 자유주의자에 의해 시민과 국가의 관계로 원활하게 세속화되었다. 국가는 신적 존재를 대신하여 사람들이 열망하는 초점이 되었고, 시티즌십은 국가의 군사력과 더욱 정교해진 관료제로 힘이 집중되는 곳을 침식시키는 데 이바지하였다.

(표5) 근대 자유주의 학자들의 시티즌십

학자	주요 내용
토머스 홉스	·신민주의적 시티즌십. 국가와 개인의 직접적인 관계 및 안전과 질서에 초점
	·초점은 개인이 아닌 주권자의 권리. 시티즌십의 참여 이론에 대해 매우 회의적임. 절대 권력에 대한 주권자의 권리 옹호. 시티즌십과 관련된 공동체의 공동 이익에 대한 책무는 국가에 대한 전적인 복종. 유일한 개인의 권리는 '자기보존'
	·개인과 국가의 관계: 신민적 시티즌십. 시티즌십의 목적이 시민적 미덕을 완수하거나 개인의 권리를 보호하는 것보다는 '질서를 보장하는 것'에 있음.
	·시티즌십의 역사에 중요한 과도기적인 인물. 그의 많은 개념이 '로크'와 같은 고전적 자유주의자에게서 발견되는 좀 더 발전한 시티즌십 개념의 직접적인 원인이 되었기 때문임.
존 로크	·권리에 기초한 시티즌십 이론을 만들려고 평등한 개인이 국가와 직접적인 관계를 맺는다는 개념을 발전시킴.
	·안전에 대한 홉스적 관심과 생명·자유·재산에 대한 권리를 보호하는 것 사이에 균형을 잡으려고 함.
	·하나님과 개인 사이의 직접적인 관계가 시민과 국가의 관계로 원활하게 세속화됨.
장 자크 루소	·중앙 집권화된 국가, 정치참여 체계와 같은 정치제도, 교육제도, 그리고 개인이 자유를 박탈당하지 않도록 보호해주는 다양한 제도를 통해서 시민의 권리가 보장받아야 하는 것으로 봄.
	·시민: 개인의 개성이 사라지는 조합적·집합적 체계인 도시의 구성원 ▶시민권 개념은 1776년 미국 버지니아의 기본권 선언, 1787년 미국 헌법의 추가조항, 그리고 프랑스 혁명의 1791년과 1793년의 헌법에서 선포된 '인간과 시민의 권리'에서 명문화됨.
앤서니 기든스	·국가가 점차 권리 확대를 위한 요구의 핵심적 존재가 되었다 ▶이 과정을 통제의 변증법이라 부름.
	·시민에 대한 국가의 감독 능력이 공공교육, 사법제도, 그리고 의회의 발전을 통해 커진다 해도, 이 통제과정이 양쪽에서 작동한다는 것을 말하려고 했음. 더욱 거대해진 국가 권력은 사회 운동이 권리를 위해 나섰을 때 국가가 만든 소통의 통로를 이용할 수 있다는 것을 뜻했음.
	·국가는 결과적으로 강제력에 덜 의존하며 통치와 관련된 합의 수단에 더 의존하게 되었음.
	·시티즌십은 '합의적 통치'라는 이 새로운 체제의 중요한 부분이 되었음. 시티즌십의 확대가 부분적으로는 분열하려는 집단을 정치체제 속으로 통합시키기 때문임.

기든스Giddens는 이러한 국가가 배경이 되어 국가가 점차 권리 확대를 위한 요구의 핵심적 존재가 되어가는 과정을 '통제의 변증법'이라 명명하였는데, 한편으로는 시민들에 대한 국가의 감독 능력이 확대되고, 다른한편으로 시티즌십이 개인의 권리를 위해 작동했을 때 국가가 그 소통의통로가 되기도 함을 뜻했다. 국가는 결과적으로 강제력에 덜 의존하며 통치와 관련된 합의 방식을 고민하게 되고, 시티즌십은 합의적 통치라는 새로운 체제의 중요한 부분이 되었다. 시티즌십의 확대가 부분적으로는 분열하려는 집단을 정치체제 속으로 통합시키기 때문이다.

근대 시티즌십의 역사는 일련의 협상과 거래로 이해될 수 있다. 엘리트들은 사회적 변화의 결과를 관리하고, 권리 형태의 양보를 통해 사회적요구를 수용함으로써 자신들의 권력을 유지하려고 하였다. 이는 사회적권리의 발전이란 점에서 20세기 중반 여러 유럽 국가에서 '복지국가'의 형태로 그 정점을 이루었다.(표5)

2. 자유주의적 시민권 개념의 확장

"오늘날 가정을 이롭게 하는 일로는 충분하지 않다. 이제 우리는 세계를 이롭게한다는 개념을 갖고 우리의 참된 인간적인 심성을 넓은 세계와의 관계 속에서바라봐야 한다." ―괴테Goethe

근대국가 이전 절대국가들은 권리에 대한 요구를 성공적으로 봉쇄했고,주민을 정의하는 지위로는 시티즌십보다 신민성을 유지하였다. 그러나 자유주의가 시티즌십에 주입한 평등주의 논리가 시민의 정체성과 물질적 필요에 대한 국가의 중요성이 증대하는 데 기여하였다. 고대와 중세 근대까지위와 같은 역사적 배경을 가진 시민권의 개념은 역사적 발전과 사회의 다양화에 따라 여성, 노동자, 흑인 등 다양한 집단에 의해 도전을 받게 된다.

근대의 시민권 개념은 자유주의 사상가에 의해 국가를 중심으로 발전되었고, 시민에게 '보편적 권리이자 자격권'으로서의 의미를 지닌 개념이다. 그러나 자유주의자들이 정의한 '보편적인 성격'을 지닌 근대적 시민권은 실제 현실에서는 남성 부르주아 개인의 권리 보장으로 귀결되었고, 기타 소수집단을 배제하는 협소한 개념에 불과했다는 비판을 받았다. 또한 자본주의 체제의 모순을 극복하기 위한 대안으로 여겨졌던 복지국가 패러다임이 한계에 부딪혀 불평등 문제의 해소, 평등 개념과 분배적 정의, 개인 권리의 문제를 근본적으로 재조명해야 할 필요성이 대두되었다. 따라서 여러 학자의 논의를 통해 장미경(2001)[11]은 자유주의 시민권 개념의 수정·확장을 주장한다. 자유주의 시민권은 독립적인 개인 부르주아에 기초하는 개념이고, '위로부터 아래로 부여된 권리개념' 임을 명시하면서, 자유주의적 시민권 개념을 넘어 새로운 차원에서 시민권 개념의 재정의를 제안하고 있다. 즉 소수 지배층의 권리에서 다양한 소수집단을 포용하는 다원적 집단에 기초한 개념으로, 개인적·독립적 권리에 국한되었던 시민권 개념이 집단적·관계적 권리를 포괄하는 개념으로 변화되어야 한다고 주장하였다. 또한 국가로부터 부여된 법적·형식적 권리에 국한되었던 시민권 개념이 '평등'이나 '사회정의', '시민적 가치', '시민적 공공성' 등의 '가치와 원리'를 포괄하는 개념으로 확장되어야 함을 강조하였다. 그리고 시민적·정치적 권리에서 경제적·사회적·문화적 권리를 포괄해야 하며, 국가가 위로부터 부여해 주는 소극적 개념으로서가 아니라 시민이 적극적으로 아래로부터 요구해 나가는 더욱 적극적인 '아래로부터의 동학적 개념'으로 재정립되어야 함을 제안한다.[12]

---

11 장미경(2001), "시민권(Citizenship) 개념의 의미 확장과 변화: 자유주의적 시민권 개념을 넘어서.『한국사회학』. 35(6): 59-77.
    허영식(2004), "세계시민의 개념에 관한 시론: 세계시민교육의 이론적 기초"
    『아시아교육연구』. 5(3): 165-196.
12 조철기(2016), "새로운 시민성의 공간 등장: 국가 시민성에서 문화 시민성으로".
    『한국지역지리학회지』. 22(3): 714-729.

조철기(2016)[12] 또한 세계화 시대 시민성 개념의 확장과 새로운 시민성의 공간이 등장했음을 주장한다. 세계화 물결 속에서 근대 이후 강조되었던 국가 시민성이 약화되고 있음을 제시하면서, 세계화가 국가 외적으로는 '글로벌 시민성'을, 내적으로는 다문화 사회에 걸맞는 '문화적 시민성'을 요구하고 있음을 주장했다. 또한 개인의 일상적인 측면도 강조되면서 시민성이 미시적인 일상적 공간에서의 포용Inclusion과 배제Exclusion로 확장되고 있음을 주장했다. 즉, 국가 시민성에서 '문화적 시민성'과 '일상적 시민성'이라는 새로운 시민성의 공간이 도래하고 있음을 제시하고 있다. 그리고 공간적 관점에서 시민성을 경계가 뚜렷한 고착적인 관점에서, 상호 연결된 네트워크와 관계성으로 인식할 필요가 있음을 피력했다.

재노스키Janoski와 그랜Gran(2002)은 시민성을 자유주의적 시민성Liberal Citizenship, 공화주의적 시민성Republican Citizenship, 탈국가적 시민성Post-national Citizenship, 포스트모던 시민성Post-modern Citizenship으로 분류했다.[표6] 돕슨Dobson(2003)은 이와 유사하게 자유주의적 시민성, 공화주의적 시민성, 탈세계주의적 시민성으로 구분한다.

시민권, 공동체, 사회적경제

세 개념의 연결성

"발전이란 사람들의 실질적 자유를 확대하는 과정이다." —아마르티아 센

Amartya Kumar Sen(1933~), 1998년 노벨 경제학상 수상자

시민권의 역사적 발전과 흐름을 살펴보면, 결국 권리와 책임을 통해 구현

〔표 6〕 시민성의 유형

구분	자유주의적 시민성	공화주의적 시민성	탈국가적 시민성	포스트모던 시민성
강조점	의무보다 개인의 권리 강조	권리보다 의무 (책임) 강조	국가가 시민을 위한 유일한 것일 수 없음.	국가 정체성보다 사회적·문화적 정체성 강조
특징	개별시민의 권리를 충족시키기 위해 국가 제도의 역할 중요	개인보다 공동체 강조 ▸ 공동체주의	초국적 및 이중적 시민성(Transnational and Dual Citizenship), 디아스포라 및 세계시민주의 시민성(Diasporic and Cosmopolitan Citizenship)	다양성과 차이 인식. 소수민족, 젠더, 성, 종교, 연령 및 장애 등 소수그룹에 관심 문화적 시민성에 초점
공간	국민국가의 시민, 정치 기구 ▸ 지방의회가 열리는 대회의실, 복지사무소, 국공립학교와 병원	지역공동체 공식적인 자발적 조직, 시민 섹터	탈국가적 시민성 이러한 상이한 장소 간의 상호연결을 추적하는 것에 중점	국가라는 공간뿐 아니라 국가의 경계를 넘는 그리고 국가 아래의 공간으로부터도 온다는 것을 인식

되는 개인과 공동체와의 관계, 그 시대 공동체 안에서 가장 중요시한 가치에 따라 시티즌십의 범위, 역할 및 지위, 특징이 규명되어 왔다. 고대 그리스의 폴리스, 로마의 공화국 및 제국, 중세 봉건시대의 교회와 근대 국가들은 시티즌십이 발현되는 공동체였고, 이 안에서 '사람됨', '이익과 사회적 통제', '참여', '보편성과 평등' 등 각 시대 우선적 가치를 실현해 왔다. 그리고 시민권의 개념은 사회·문화적 배경에서 각 시대의 사회문제를 해결하려는 치열한 노력과 행동에 의해 규정되어 왔다. 결국 시티즌십은 공동체 속에서 발현되며, 둘 다 '포용과 배제'라는 개념과 연관되어 있다. 그 시대 시민을 누구로 보느냐, 시민권의 배경이 무엇이냐에 따라 '누구를 포용하고 누구를 배제할 것인가'가 결정되어 왔기 때문이다. 시민권, 시티즌십, 공동체는 그 자체로 긍정적인 용어로 보이지만, 누가 시민이고 누가 그 공동체 안에 속하느냐에 따라 '포용과 배제'의 논리가 적용되어 왔다.

근대 자유주의적 시민권 개념의 확장도 결국 이 '포용과 배제'의 문제와 연관되어 있고, 시민으로 취급받지 못하는 사람의 '포용'과 '다양성 사회'를 지향해 가는 우리들 노력의 일환이다. 또한 자유주의 시장경제와 복지국가의 한계에 부딪힌 현재, 사회적 가치 시대에 공동체의 중요성은 증대되고 있다. 복지국가의 공적 복지제도의 한계, 자본주의 사회의 폐해, 복지 사각지대의 완화는 결국 지역공동체 활성화를 통해 해결해 나갈 수 있기 때문이다. 최근 사회복지 전달체계에서도 '커뮤니티 케어'가 화두이고, '지역사회보장협의체' 등의 활동을 통해 공적복지의 경직성을 해결하고자 하는 시도가 정책적·제도적으로 시행되고 있다.

또한 행복과 삶의 만족에 영향을 주는 것이 경제적인 부 못지않게 다른 사람과의 '관계' 속에서 형성되는 친밀감, 유대감, 신뢰 등 심리·정서적 가치임을 주목할 필요가 있다. 본고 서두에 문제 제기한 '2020년 대한민국의 단상-삶의 만족도 최하 그러나 경제 성장률 1위'의 현상만 보더라도 이 점은 자명하다. 아마르티아 센은 "발전이란 사람들의 실질적 자유를 확대하는 과정"이라고 했는데, 발전에는 국민소득만이 아니라 사회안전망, 시민참여, 공동체의 소속감 등 다양한 영역을 포함해야 한다는 것이다. 이는 다양한 사람을 포용하는 사회·문화의 토양이 확립될 때 가능하다.

최근 우리 사회는 고도성장 과정에서 나타난 불평등이나 급격한 도시화로 인한 무관심, 소외 등의 문제를 과거 공동체 조직이 지향했던 상호 호혜, 협동, 나눔, 배려 등의 가치를 통해 해결하고자 하는 움직임이 많아지고 있다. 또한 시민권과 공동체의 연결 기제로서 '사회적경제'에 대한 관심이 증대되고 있다. 필자는 "우리나라 사회적경제의 출현은 복지국가의 실패, 시장의 실패에서 기인한 사회문제 해결의 대안으로 시민이 주체가 되어 시민이 자발적으로 공동체 속에서 사회문제를 해결하는 과정"이라고 정의한다. 현재 대표적 4대 사회적경제 조직 중 사회적기업은 이러한 문제 해결의 대안으로 '기업가정신과 사회혁신'을, 협동조합과 마을기업은 '공동의 합의와 공동체', 자활기업은 '역량강화' 등에 초점을 맞추고 있지만, 결국 시민과 공동체의 연결 기제로서 사회적경제가 작용한다고 생각한다.

다음 절에서는 현재 우리 사회에서 사회적경제의 개념 및 현황에 대해 간략히 살펴보고, 복지혼종시대 시민사회와 사회적경제의 역할에 대한 생각을 정리해 보고자 한다.

사회적경제 개념 및 현황[13]

필자는 사회적경제를 '사회적 가치를 실현시키기 위한 경제 행위, 사회 문제를 해결하는 공동체적 방식'이라고 정의한다. 「사회적경제기본법(안)」[14]에서는 사회적경제를 '구성원의 공동이익과 사회적 가치의 실현을 위하여 사회적경제 조직이 호혜 협력과 사회연대를 바탕으로 사업체를 통해 수행하는 모든 경제적 활동'으로 규정한다. 그리고 운영원칙으로서 ①사회적 가치 추구 ②자율·독립·투명한 운영 ③민주적 의사결정 구조 및 다양한 이해관계자의 참여 ④이익과 배분은 구성원 전체의 공동이익과 사회적 목적의 실현을 위해 우선 사용 ⑤조직 간의 상호협력이 유지되어야 함을 천명한다.

〔표 7〕는 사회적경제의 개념, 특징, 한국의 4대 사회적경제 조직을 정리한 것이다.(표7)

사회적경제는 1970년대 유럽에서 신자유주의의 팽창과 복지국가 체제의 붕괴를 경험하면서 고용과 복지부문에 집중적으로 나타난 여러

---

13 조상미, 김진숙, 강철희(2011), "사회적기업 정책특징 비교분석 연구: 영국·프랑스·이탈리아·
    한국을 중심으로."『사회복지정책』38(2):1-38.
    조상미, 김진숙(2014), "일본·홍콩·한국의 사회적기업 지원체계 및 지원방법 비교연구"
    『한국사회복지학』66(2): 287-317.
    조상미, 이경미(2020), "서울시 사회적경제 기업 정책의 경쟁력 분석-다차원 정책 경쟁력
    분석틀(MCF) 적용".『사회복지정책』47(1):51-83.
14 「사회적경제 기본법(안)」(윤호중 의원 대표발의, 의안번호 1880, 2020.07.14).

〔표 7〕 사회적경제 정의, 의의 및 특징, 대표 4대 조직

	사회적경제
정의	· 사회적 목적과 민주적 운영 원리를 가진 호혜적 경제활동 조직의 집합
	· OECD: 국가와 시장 사이에 존재하는 조직에 내재된 것으로 사회적 요소와 경제적 요소를 동시에 추구하는 것.
	· EU: 참여적 경영 시스템을 갖춘 협동조합, 상호공제조합, 사단, 재단 등이 사회적 목적을 추구하기 위한 경제적 활동
	· 캐나다 퀘벡: 사회적 목적을 달성하기 위해 '6대 원칙'에 따라 운영되는 기업의 경제활동 ▸ 구성원·공동체의 필요 충족, 국가로부터의 자율성, 민주적 지배구조, 경제적 성과 추구, 출자액에 비례한 배당 금지, 해산 시 잔여재산타법인 양도
의의	· 구성원 간 협력, 자조를 바탕으로 재화, 용역의 생산 및 판매를 통해 사회적 가치를 창출하는 민간의 모든 경제적 활동(사회적경제 활성화 방안, '17.10)
	· 국가, 시대별로 사회적경제에 대한 정의는 다양하나, 공통적으로 ① 구성원 참여를 바탕으로 ② 국가와 시장의 경계에서 ③ 사회적 가치를 추구하는 ④ 민간의 경제활동을 의미
특징	· (자율·민주) 경제적 효율성보다 구성원의 자발적 참여, 1인 1표 등 민주적 의사결정을 통한 자율경영을 통해 운영
	· (사회·통합) 영리 추구보다 구성원 간 이익공유, 취약계층 일자리 창출, 지역사회 기여 등 사회적 가치를 우선 추구
	· (연대·협력) 시민들이 사회문제 해결과 사회적 가치를 실현하기 위해 자발적 공동체를 구성하여 상호 협력
	· (경쟁·보완) 일반 영리기업과 경쟁하면서, 사회문제 해결에 있어 시장과 정부의 실패를 보완하는 제3의 영역으로 기능
	사회적경제 4대 조직
사회적기업 (고용노동부)	취약계층에게 사회서비스 또는 일자리를 제공하거나 지역사회에 공헌하여 지역주민의 삶의 질을 높이는 등 사회적 목적을 추구하면서 재화 및 서비스의 생산, 판매와 같은 영업활동을 하는 기업으로서 「사회적기업육성법」 제7조에 따라 고용노동부 장관이 인증한 기업
협동조합 (기획재정부)	조합원의 필요에 의해 자발적으로 결성되어 공동으로 소유하고 민주적으로 운영하는 사업체, 그 중 사회적협동조합은 조합의 목적 자체가 지역주민들의 권익· 복리 증진과 관련된 사업을 수행하거나 취약계층에게 사회서비스 또는 일자리를 제공하기 위한 것으로, 영리활동을 목적으로 하지 않는 것이 특징
마을기업 (행정안전부)	지역주민이 각종 지역자원을 활용한 수익사업을 통해 공동의 지역문제를 해결하고, 소득 및 일자리를 창출하여 지역공동체 이익을 효과적으로 실현하기 위해 설립·운영하는 마을단위의 기업
자활기업 (보건복지부)	지역자활센터의 자활근로사업을 통해 습득된 기술을 바탕으로 1인 혹은 2인 이상의 수급자 또는 저소득층 주민들이 생산자협동조합이나 공동사업자 형태로 운영되는 기업

출처: 한국사회적기업진흥원 홈페이지

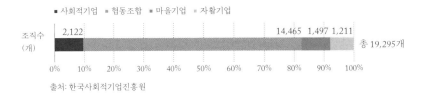

〔그림2〕 **2018년 기준 사회적경제 조직 현황**

■ 사회적기업 ■ 협동조합 ■ 마을기업 자활기업

조직수
(개)

2,122   14,465 1,497 1,211   총 19,295개

0% 10% 20% 30% 40% 50% 60% 70% 80% 90% 100%

출처: 한국사회적기업진흥원

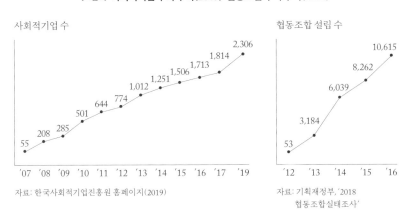

〔그림3〕 **사회적기업 수의 추이(2019)·협동조합 수의 추이(2018)**

사회적기업 수

2,306
1,814
1,713
1,506
1,251
1,012
774
644
501
285
208
55

'07 '08 '09 '10 '11 '12 '13 '14 '15 '16 '17 '19

자료: 한국사회적기업진흥원 홈페이지(2019)

협동조합 설립 수

10,615
8,262
6,039
3,184
53

'12 '13 '14 '15 '16

자료: 기획재정부, '2018
협동조합실태조사'

사회문제를 해결하는 대안으로 등장하였다. 이후 사회적경제는 정부 정책의 활성화를 기반으로 양적·질적으로 크게 성장하였다. 한편, 우리나라는 1990년대 저성장·저고용·저출산·고령화 사회의 빠른 진행과 사회적 양극화가 심화되면서 사회적 취약계층의 일자리 문제 해결을 위한 방안의 하나로 사회적기업에 대한 논의가 활발하게 이루어졌다.

즉, 양극화 심화와 실업률, 자살률, 우울증 등 각종 불행지표가 악화되는 가운데 복지수요는 급증하였으나 재정 부족으로 정부 역할이 한계에 직면하였기 때문에 이러한 사회문제 해결을 위한 수단으로 '사회적경

제'가 부상했다. 지속가능한 사회 발전을 위한 대안 모델 중 하나로 '사회
적경제'의 필요성이 커지고 있는 것도 그 요인이다. 우리나라 사회적경제
기업은 2007년 「사회적기업육성법」과 2012년 「협동조합기본법」의 시행
을 계기로 꾸준히 증가해 왔다. 주요 사회적경제 기업은 사회적기업, 협동
조합, 마을기업, 자활기업이다. 사회적경제 기업은 2018년 말 기준 총 1만
9295개이며, 고용 규모는 11만 829명이다.[15] 사회적경제 활성화 정책 성과
로 주요 4대 사회적경제 조직은 2017년 대비 15.7% 증가하였으며, 최근 5
년간 중소기업 수 연평균 증가율 2.6% 대비 6배 가까이 증가하였다.

사회적기업은 인증제가 시작된 2007년 55개에서 2020년 현재 2435
개, 협동조합은 2012년부터 인가를 시작해 2020년 현재 1만 7000여개가
설립되어 있다.[16] 대표 4대 사회적경제 조직 현황과 수의 추이는 〔그림 2〕,
〔그림 3〕와 같다. (그림 2) (그림 3)

또한 사회적경제 분야는 다양한 산업구조에 따른 높은 창업 가능성
을 지니고 있으며, 이러한 산업구조로 인해 앞으로 더욱 다양한 분야로
확산될 것이 예상된다. (그림 4) (그림 5) 따라서 소셜벤처, 사회적기업 및 사회적
협동조합의 창업 가능성이 크게 확대될 것으로 보인다.

시민권Citizenship과 사회적경제 - 어떻게 가야할 것인가?

시민사회의 핵심 경제행위 주체로서의 사회적경제

앞 장에서 살펴본 것과 같이 현재 사회적경제 조직은 정부정책의 성과로
양적으로 확대되고 활성화되고 있다. 또한 대기업과 공기업들도 '사회적

---

15 정부합동, 2019
16 한국사회적기업진흥원 홈페이지

가치'를 내세우며 변화하고 있다. 물론 이러한 양상은 긍정적이다. 정부가 사회문제 해결의 대안인 사회적경제 조직을 활성화하고, 기업도 사회문제 해결과 사회적 가치를 지향하고 있다. 그렇지만 현재까지 사회적경제 활성화는 조직의 확대와 사회적기업을 키우는 데 집중해 왔다. 물론 이러한 현상이 다 잘못됐다는 것은 아니다. 그러나 사회문제 해결의 주체가 되고 공동체 속에서 실질적인 문제를 해결해 나아가야 하는 시민은 어디 있을까? 시민들이 배제된 사회적경제 조직의 활성화가 얼마나 지속가능할까?

시티즌십이 재조명되기 시작한 것은 1980년대 초 서구에서부터였다. 이 시기는 복지국가 패러다임이 퇴조하고 신자유주의와 세계화가 본

〔그림 4〕 사회적기업 서비스 분야별 현황(2019)과 협동조합 업종별 현황(2018)

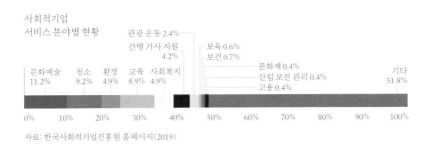

자료: 한국사회적기업진흥원 홈페이지(2019)

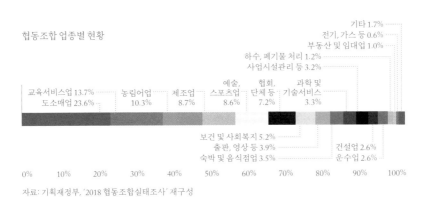

자료: 기획재정부, '2018 협동조합실태조사' 재구성

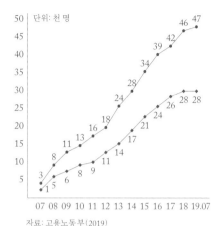

사회적기업 근로자 현황

자료: 고용노동부(2019)

사회적경제 창업 현황

자료: 한국사회적기업진흥원, 기획재정부,
행정안전부, 보건복지부(2017)

격화되기 시작한 시점이다. 시티즌십은 이런 현실이 낳은 여러 사회문제에 대한 타개책으로 재소환된다. 비슷한 시기에 사회적경제가 서구를 중심으로 다시 주목받기 시작한다. 역시 신자유주의와 세계화가 본격화 되어가면서 나타난 사회문제에 대한 대응이었다. 서로 다른 개념인데다 학문의 장에서 활발하게 만나고 있지는 않지만 사회적경제와 시티즌십은 밀접한 관계가 있다.

우리 사회에서 '사회적경제'라는 주제는 갑자기 나온 것이 아니고, 오래된 역사적 배경이 있다. 지학순 주교와 무위당 장일순 선생의 노력으로 현재 원주의 사회적경제 기반이 만들어졌다. 그들이 일으킨 원주 신협 운동, 원주 한살림 운동의 전통은 많은 사람에게 계승되어 지금 원주의 사회적경제 운동을 이끌고 있다. 이밖에도 충남 홍성군 홍동면의 풀무학교, 전북 완주 사회적경제 조직 네트워크 등에는 지역 주민이 한 땀 한 땀 노력으로 만든 귀한 발자취가 존재한다. 사회적경제가 제도적으로 활성화되기 시작한 것은 2007년 「사회적기업육성법」 제정을 그 전환점으로 보지만, 이미 사회적경제는 우리 안에 그리고 공동체 안에 엄연히 존재해 온 가치였다.

사회적경제 운동은 이전에는 분리되어 있었던 지역운동, 시민운동과 공동체 운동을 연계할 수 있는 좋은 접근방법이다. 또한 복지국가를 지향하는 가운데 사회복지 전달체계의 중요한 주체로서 작동될 때 시민사회 진영의 외연적 확대도 기대된다. 이러한 사회적경제 조직의 활동 속에서 시민운동의 내용도 더 많은 생활인-시민에게 전파될 수 있을 것이다. 생활인으로서의 시민이 경제활동을 하며 일상적인 공간에서의 시민권과 공동체 의식을 발현할 수 있는 기회가 될 것이다.〔그림 6〕

〔그림 6〕은 국가-시장-시민사회와 사회적경제의 관계성을 보여주고 있다. 위 그림의 의미는 사회적경제 영역이 기본적으로 시민사회 내에 배태되어 있음을 보여준다. 즉 '사회적' 가치가 생산, 교환, 분배, 소비되는 주 무대가 시민사회에서 이루어짐을 의미한다. 시민사회에 내재되어 있는 사회적경제가 제 역할을 할 수 있도록 시민사회의 역량을 담보해야 한다. 즉 건강한 시민사회가 사회적경제를 활성화할 수 있는 견인차가 되고, 사회적경제에 대한 균형 잡힌 인식이 건강한 시민사회를 만들어 갈 수 있는 '동전의 양면'과 같은 관계이다. 따라서 시민사회의 핵심적 경제행위 주체로서의 사회적경제가 살아나야 한다.

다시 지역으로, 시민정신과 공동체를 통한 사회적 유대의 복원,
시민의식과 공동체 연결 기제로서의 사회적경제 역할 강화

복지혼종의 시대에 다양한 플레이어의 역할은 고무적이다. 특히 기업들이 '사회적 가치'를 내세우는 양상은 이제 정말 우리 사회가 '포용과 다양성 사회'를 향하고 있다는 착각마저 하게 된다. 지역경제 활성화와 복지 서비스 기능을 담당하고 있는 사회적경제가 기존의 제도가 할 수 없는 지

출처: Quarter, J. & L. Mook. (2010). "An Interactive View of the Social Economy." Canadian Journal of
Nonprofit and Social Economy Research. 1/1. 8-22, Quarter & Mook (2010)

역문제 해결의 대안으로 떠오르고 이에 대한 정부의 지원도 증대하고 있
으니 이 또한 고무적이다. 그러나 과연 기업의 '사회적 가치' 지향과 정부
의 지원이 진정으로 '불평등과 단절'을 완화하고 지역의 사회문제를 해결
해 갈 수 있을까? '포용과 다양성 사회'를 향해 갈 수 있을까?

　　이제 다시 지역이다. '시민정신과 공동체'가 살아 숨 쉬는 지역이 없
다면, '사회적 유대'의 복원은 요원하다. 사회적 신뢰에 기반한 호혜적 이
타성을 재발견하고, 특정 소수만이 아니라 다양한 구성원을 포용하는 시
민정신이 상호 호혜, 협동, 나눔, 배려 등의 공동체적 가치와 연결될 때, 현

재 다양한 플레이어가 펼치는 각고의 노력이 한낱 구호로 끝나지 않을 것이다. 단순히 사회복지 전달체계로서의 사회적경제가 아닌 시민의 주체적 대응으로서의 사회적경제, 시민의식과 공동체 연결 기제로서의 사회적경제의 역할이 강화될 때, '사회적 유대'가 복원되고 '포용과 다양성 사회'를 향해 나갈 수 있을 것이다.

2010년 무렵 국내 베스트셀러가 되었던 말콤 글래드웰Malcolm Gladwell의 『아웃라이어Outliers』는 로제토 마을의 수수께끼로 시작된다. 1950년대 후반 미국에서 심장마비가 65세 미만 남성의 사망 원인 중 선두를 달리던 시기, 의대 교수였던 스튜어트 울프Stewart Wolf는 미국 펜실베니아주에 있는 이탈리아 출신 이민자 마을인 로제토에 심장마비 환자가 거의 없다는 사실을 발견하고 깜짝 놀란다. 사회학자 존 브룬John Bruhn과 함께 연구를 진행한 울프 교수는 그 원인이 식생활이나 특별한 운동, 깨끗한 자연환경 때문이 아니라 바로 로제토 마을의 '시민의식과 공동체성'에 있었다는 놀라운 사실을 발견했다. 로제토 주민은 주로 3대가 한 지붕 아래 함께 살며 서로 자주 방문하고 길을 걷다 멈춰 서서 잡담을 나누고 뒤뜰에서 음식을 만들어 나눠 먹는 게 일상화되어 있었다. 노인은 젊은이에게 존경받고 있었으며, 시민 모임이 22개나 되었다. 공동체적 정서가 있어 서로 도우며 현대 사회의 압박으로부터 스스로를 지켜내기에 충분한 '사회적 안전망'을 구축하고 있었던 것이다.

복지제도의 정착, 사각지대 완화도 '시민의식과 공동체'를 연결하는 지역의 힘이 살아나야 가능하다. 혼합조직인 사회적경제 조직은 지역경제 활성화와 복지서비스 기능의 결합을 통해 지역공동체 기반의 복지를 형성하고, 지역공동체로서의 역할을 정립해 나갈 때 지속가능성이 담보된다. 사회적 가치를 극대화하기 위해서는 다양한 조직이 사회혁신을 가능케 하는 인프라와 제도뿐 아니라 지역과 문화의 토양이 공존할 때 가능하다.

사회적 가치의 구현은 우리 모두의 몫이다. 정부는 제도에 대한 더욱 정교한 접근, 기업은 사회적 가치를 비즈니스 모델에 결합시키는 혁신, 대학은 교육과 연구를 통한 혁신과 지역사회 문제 해결을 함께 해 나가야 한다. 사회적 가치 평가와 구현의 문제도 사회적 신뢰가 높고 시민 참여가 활발한 사회에서 실질적 평가와 구현이 가능하다. 반면, 신뢰 격차가 크고, '시민정신과 공동체성'이 약한 사회에서는 또 다른 스펙 중심의 경쟁이 두드러지게 된다. '사회의 질'과 '사회적 가치' 구현 정도는 상호연관 속에서 강화되는 것이다.

'포용과 다양성 사회의 구현'은 '시민의식과 공동체성'에 기반한 지역복지공동체 구축만이 그 해결법이다. '동일성'에 기반한 '공동체성'이 아닌 다름을 포용하는 '다양성과 포용'에 기반한 '공동체성'의 확립과 실천이 절실하다. 포용과 다양성 추구, '사회적 가치'의 선택, 그 구현을 향한 진정한 '시민의식과 공동체'의 회복은 선택이 아니라 필수이다. 이를 길러낼 수 있는 '시민의식과 공동체성'을 담보하는 지역의 토양, 지역복지체계 구축이 절실한 시점이다.

이제 우리 사회가 '아웃라이어'를 만들어 내는 지역의 토양, 문화적 유산과 기회를 제공할 시기이다. '불평등과 단절'을 극복하고 '사회적 유대'의 복원을 위해 다양한 플레이어가 각자의 역할을 발휘하고 이들이 놀 수 있는 운동장이 필요하다. 우리 사회 자체가 '시민의식과 공동체성'을 담보하고 '포용과 다양성 사회'의 토양을 지닌 '아웃라이어'가 되기를 기대한다.

2장. 공동체 의식과 시민정신의 힘

우리 사회에서 옅어지는 공동체 의식

공동체Community의 사전적 의미는 '공통의 생활공간에서 상호작용하며, 유대감을 공유하는 집단'을 의미한다. 공동체는 'Common'과 'Unity'의 합성어로 공동체계, 공동생활, 공동소유 등의 의미를 지니고 근린공동체, 지역사회 등으로 다양하게 사용되고 있다. 공동체 구성요인은 다양하며, 공동체의 개념은 공간, 상호작용, 연대를 공동체의 핵심 요소로 보고 있다.(표1) 특히 현대 사회에서는 혈연·지연공동체와 같은 전통적인 공동체를 규정하는 공간의 중요성이 약화되고 상호작용과 연대를 중심으로 다양한 형태의 공동체가 등장하고 있다.

오늘날 상호작용과 연대를 중심으로 다양한 형태의 공동체적 집단이 존재한다. 교통 및 통신기술의 발달로 인해 공동체 개념 또한 공동의 유대감과 같은 정서적 부분의 비중이 커지고 있다. 이러한 의미에서 현대 사회의 공동체는 지역 특성보다는 개인적 친밀감, 사회적 응집력, 연속성 그리고 감정적 깊이 등이 그 구성요소로 비중 있게 다루어지고 있다. 가장 기본적인 공동체는 혈연공동체로 개인의 생존과 집단 재생산을 위한

[표 1] 공동체 정의 및 구성요소

연구자	공동체 정의	구성 요인
Hillery (1955)	일정 지역의 근접성을 바탕으로 구성원 간 상호작용이 발생하며, 공통된 목적과 의식을 공유하는 집단	지역, 상호작용, 공통의식
Amit (2002)	일정 집단 내에서 존재들의 감각공유를 바탕으로 한 지역 만들기의 과정이며 그 생산물	일정집단, 감각공유, 지역 만들기
Etzioni (1993)	사람들 간 공통의 가치와 신념을 바탕으로 한 사회적 네트워크	공통가치·신념, 네트워크
MacIver (1970)	마을이나 소도시, 국가와 같이 일정한 지역적 경계 안에서 공동의 생활을 하는 생활지역으로 일정 수준의 사회적 응집성을 갖는 공동생활의 일정 영역	지역 공간, 공동생활, 사회적 응집성
Mattessich. et al. (1997)	지리적으로 한정된 지역 안에 거주하면서 상호 간 자신들이 살고 있는 장소에 대해 사회적 심리적 유대를 가지고 있는 사람들	한정된 지역, 사회적 심리적 유대
박병춘 (2012)	물리적 공간으로서 일정한 지역을 주요 기반으로 하며 지역주민과 생활전반에 걸쳐 서로 긴밀하게 사회적으로 상호작용하고 공동의 목표와 가치라는 정서적 유대감을 공유하는 사회적 조직단위체	지역기반, 사회적 상호작용, 정서적 유대감
최병두 (2006)	지역성을 전제로 하며, 나아가 집단적으로 공유하는 가치의 공간으로 문화적 전통, 사회적 융합, 그리고 규범적 구조가 생산되고 재생산되는 영역	지역성, 공유가치, 전통과 규범 재생산

출처: 전지훈·정문기(2017). '공동체 인식과 행복의 영향관계 분석', 한국지방자치학회보, 29(1), 137~166.

중요한 조직 단위다. 지역을 근거로 한 지연공동체는 협동과 공감의 집단으로 전통사회에서는 혈연공동체와 지연공동체가 상당 부분 중첩되어 있었다. 혈연과 지연공동체는 오랫동안 우리 사회·경제·문화적 삶에 있어서 중요한 위치에 있었다. 하지만 20세기 들어 일제강점기, 한국전쟁, 산업화 등을 거치면서 전통적인 공동체의 비중이 크게 낮아졌다.

우리 사회는 새로운 환경에서 공동체적 가치를 실현하는 유연한 공동체가 생성되고는 있으나 전통적인 공동체의식은 옅어지고 있다. 그 원인과 해결방안이 무엇인지에 대해 살펴보고자 한다.

경쟁의식과 회복탄력성

2019년 드라마 'SKY캐슬'이 높은 시청률을 기록하며 인기리에 방영되었다. 이 드라마는 1%의 상류층에서 자신들의 부귀와 사회적 지위를 대물림하기 위해 자녀들의 대학입시를 둘러싸고 벌어지는 이야기다. 드라마 속의 주요 인물은 교수나 의사로 우리 사회에서 소위 성공한 사람들이었다. 사실 이들은 대한민국의 경제성장과 민주화라는 격변의 시대에 주역으로 살아온 7080세대로 현재 우리 사회 곳곳에서 기둥 역할을 하고 있는 50~60대. 이 드라마는 우리 사회의 축소판으로 소위 '가방끈 긴 사람들'의 민낯을 보여주었기에 한동안 대중적 인기를 크게 끌었다.

이제 우리 사회는 시장경제가 주도하는 무한경쟁의 산물이라 할 수 있는 저출산과 고령화, 그리고 청년실업 문제를 한층 지혜롭고 원만하게 해결해 나가야 할 시점이다. 이러한 당면한 사회문제를 외면하고 있을 수는 없다. 우리 사회는 치열한 경쟁사회다. 경쟁은 일상생활에서도 나타난다. 운전자들은 다른 차량의 추월을 용납하지 않는 카레이서가 되어 도로를 질주한다. 좋은 공연을 관람하려면 입장권이 매진될까봐 혹은 같은 값이면 남보다 더 좋은 좌석을 확보하려고 예매 사이트에서 클릭 경쟁을 벌인다. 우리 사회에서 경쟁은 대학 입학을 넘어서 취업과 그 이후 삶에 이르기까지 평생에 걸쳐 펼쳐진다.

고착화된 경쟁구도에서 개인은 다음과 같은 상황에 놓이게 된다. 첫째, 개인을 공동체의 일원이 아닌 고독한 존재로 전락시킨다. 개인에게 가장 큰 경쟁자는 학교 친구나 직장 동료 혹은 이웃과 같은 공동체의 구성원인 경우가 대부분이기 때문이다. 둘째, 개인의 모든 의사결정과 행위는 과정이 아닌 결과를 통해서만 평가된다. 경쟁의 출발은 평가를 통한 '줄 세우기'이기 때문이다. 셋째, 경쟁에서 밀려나면 실패자로 간주되고, 실패자에게 허용되는 재기의 기회는 그리 많지 않다. 하나의 경쟁을 마치면 또 다른 경쟁이 기다리고 있기 때문에 승리자에게 실패자를 챙길 여유는 없다.

경쟁사회에 가장 필요한 최선의 해결책은 회복탄력성의 강화이다. 영국의 희극배우 찰리 채플린Charles Chaplin은 "우리네 삶은 멀리서 보면 희극이고 가까이서 보면 비극"이라고 했다. 우리 인생을 가까이에서 들여다보면 희로애락의 연속이다. 우리가 맞닥뜨리는 크고 작은 일은 우리가 미처 예측하지 못한 데서 발생하곤 한다. 때로는 기대하지 않던 행운이 생기기도 하고, 때로는 사고나 병마와 같은 좋지 않은 일이 갑자기 들이닥치기도 한다. 문제는 이런 일이 언제 어떻게 찾아올지 예측 불가능하다는 것이다. 우리는 늘 불확실하고 예측하기 어려운 현실에 노출되어 있다. 불확실성과 예측 불가능에 대응할 힘이 필요하다. 그 힘이 바로 회복탄력성 Resilience이다.

회복탄력성이란 크고 작은 다양한 역경과 실패를 오히려 도약의 발판으로 삼아 더 높이 뛰어오르는 마음의 근력을 말한다.[1] 한마디로 요약하면 "회복탄력성은 변화하는 환경에 적응하고 그 환경을 스스로에게 유리한 방향으로 이용하는 인간의 총체적 능력"이라 할 수 있다. 우리는 세계 유래없는 눈부신 경제성장을 단기간에 이루었다. 실패는 도태를 의미했기 때문에 실패가능성이 있는 도전에는 나서기를 주저했다. 실패를 용인하지 않는 사회일수록 도전을 기피하고, 성공이 확실히 보장되는 경우에만 도전한다. 실패에 대한 두려움은 안전한 선택을 향한 무한 경쟁이 동반된다. 우리 사회는 실패하지 않는 계획과 선택을 강요받으면서 회복탄력성이 낮아졌다. 회복탄력성은 개인의 심리적 건강으로부터 발생하지만 다른 한편으로는 사회적 토양을 기반으로 발현하기도 한다. 회복탄력성의 가장 중요한 사회적 토양이 바로 공동체에서 형성되는 협력적 관계이다.

우리 모두는 각자가 주인공인 인생을 살고 있다. 하지만 개인의 자유

---

1 위키백과 인용

2 2017.06.20~23. 만19~59세 성인 남녀 1000명을 대상으로 마크로밀엠브레인 트렌드모니터가 조사한 결과임. 동아일보(2017. 8. 25) 기사 참조

가 공공연히 억압받던 과거에는 '나'를 드러내는 것이 좀처럼 쉬운 일이 아니었다. 반면 개인화 성향이 강해진 현대 사회에서는 개인의 의견과 주장도 스스럼없이 표현한다.

"10명 중 6명 이상(63.9%)이 자기 자신을 위해 사는 것이 인생에서 가장 중요하다고 생각하는 것으로 나타났다. 특히 여성(68%)과 20대(77%)가 스스로를 위한 삶을 사는 데 더욱 많은 의미를 부여했다. 또한 좋아하는 대상에 돈을 쓰는 것이 전혀 아깝지 않고(62.5%), 나를 위한 투자를 아끼지 않고 싶다(50.1%)는 사람들을 쉽게 찾아볼 수 있었다. 당연히 자기 자신에 대한 관심도 어느 때보다 높았다. 10명 중 8명(79.6%)이 평소 '나'에 대한 관심이 많은 편이라고 응답했는데, 역시 20대(87%)가 가장 높았다. 자신에 대한 가장 큰 관심사는 건강(49.7%·중복응답)이었지만, 외모(30.5%), 성격(27.4%), 재력(25.6%), 가치관(24.7%), 직장생활(21.8%), 친구관계(20.7%) 등 다양한 관심과 고민도 뒤따랐다."[2]

이렇게 자기 자신을 중요하게 생각하는 것은 긍정적인 변화지만, 동시에 타인에 대한 관심 부족과 공동체 의식의 약화를 초래했다. 우선 주변 사람들에 대한 관심이 줄어드는 경향이 뚜렷했다. 평소 타인에게 관심을 갖고 사는 사람이 2013년에 비해 많이 줄어든 것(2013년 65.1%→2017년 58.6%)을 확인할 수 있다.

우리 사회는 경쟁구도의 폐해를 절감하면서도 정작 사회적 회복탄력성을 강화하기 위한 대책 마련에는 소홀하다. 공동체의 가장 기본 단위라 할 수 있는 가족공동체의 실상을 들여다보면 문제는 더욱 심각하다. 통계청이 2018년 발표한 국민의 삶의 질 측정 조사 결과에 따르면, 가족공동체에 대한 삶의 질이 2006년 대비 2016년, 10년 동안 다른 영역에 비해 가장 크게 떨어진 것으로 나타났다. 가족공동체 분야의 삶의 질은 가족관계 만족도, 가족 형태, 사회적 관계, 지역사회나 사회단체 참여율 등을 고려해 평가한다. 가족관계 만족도, 지역사회 소속감, 사회단체 참여율이 높거나 사회적 관계망이 튼실하면 지수가 높아진다. 반면 한 부모 가구 또는 혼자 사는 노인의 비율이나 자살률이 오르면 지수가 하락한다. '기회는 열려 있고, 과정은 협력하며, 결과는 나누는', 공동체적 가치가 지금 우리 한국 사회에 절실히 필요하다. (그림 1)

사회갈등과 신뢰

우리 사회는 소득 양극화, 계층 간 불평등 확대, 사회지출 증가, 저출산·고령화로 인한 인구구조 변화 등 심각한 사회문제에 직면하고 있다. 정치·경제·사회를 망라하는 다양한 갈등요인을 해결하기 위해서는 제도·행정에서의 갈등관리가 수반되어야 한다. 사회갈등을 잘 관리하여 사회통합을 통한 지속가능한 성장을 이루는 것이 국가 발전의 핵심 요소이다. 지속가능한 성장 요인으로서 갈등관리, 사회통합에 대한 중요성이 부각되고 있다. 갈등관리, 사회통합, 사회자본(신뢰 등)과 같은 요소들이 경제성장에 중요한 영향을 미친다는 연구결과가 있다.

〔그림 1〕 **한국인 삶의 질, 가족·공동체 영역은 10년 전보다 하락**

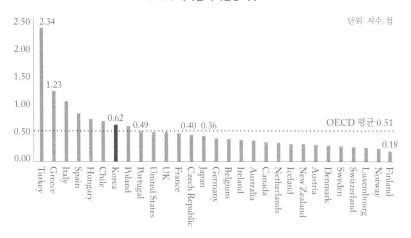

〔그림 2〕 국가별 사회갈등 지수

단위: 지수, 점

2.34

1.23

0.62

0.49

0.40 0.36

OECD 평균 0.51

0.18

Turkey / Greece / Italy / Spain / Hungary / Chile / Korea / Poland / Portugal / United States / UK / France / Czech Republic / Japan / Germany / Belgium / Ireland / Australia / Canada / Netherlands / Iceland / New Zealand / Austria / Denmark / Sweden / Switzerland / Luxembourg / Norway / Finland

* 갈등지수가 높을수록 갈등 정도가 강함. 2009~2013년 평균지수, World Bank WGL, OECD 자료 이용 지수계산
자료: 현대경제연구원

　　사회갈등은 사회구성원 간 신뢰를 위협하며, 개인 능력뿐 아니라 사회 전체의 역량을 감소시킬 수 있다. 사회갈등은 한 국가가 직면해 있는 내부적인 사회구조에 의해서도 발생하지만, 글로벌 금융위기와 같은 외부 충격에 의해서도 심화될 수 있다.

　　한 사회가 공동체 문제에 적절하게 대처할 수 있는가의 여부는 국가의 대응체계뿐만 아니라 그 공동체의 문제 및 갈등 해결을 위한 사회 저변의 인프라 구축 정도에 달려 있다. 사회자본Social Capital은 그러한 역량의 중요한 부분을 차지한다. 우리는 사회자본 중의 하나인 신뢰의 중요성이 부각되는 시대에 살고 있다. 지속적으로 경제성장을 하고 있는 나라는 대부분 '신뢰'라는 사회적 자본이 풍부한 국가다. 우리나라는 사회갈등이 매우 심각한 수준으로 사회통합지수는 경제협력개발기구OECD 회원국 중 최하위 수준이다.〔그림2〕

　　공동체의 가치에 대해 논하기에 앞서 우리 사회가 직면한 사회적 갈등과 비용에 대해 이야기 하지 않을 수 없다. '삼성경제연구소'는 2010년 '한국 사회갈등의 현 주소' 라는 보고서에서 사회 갈등으로 인해 우리가 치르는 경제적 비용이 연간 최대 246조 원에 이른다고 추산하였다. '현대경제연구원'은 2016년, '사회적 갈등의 경제적 효과 추정과 시사점' 보고서에서 사회적 갈등 수준이 OECD 평균 수준으로 개선되면 실질 GDP가 0.2%p 정도 추가 상승할 것이라고 분석하였고, 한국은 OECD 29개국 중 7번째로 사회적 갈등이 심한 것으로 나타났다. (그림 3)

사회적 갈등을 해결하기 위해서는 공동체 활동이 필요하다는 것이 입증된 셈이다. 이러한 사회적 비용 절감에 대한 공동체 활동의 기여도는 어떻게 산술적으로 측정할 수 있을까? 실제 공동체 활동에 대한 가시적 성과를 수치로 나타내는 것도 결코 쉽지 않다. 그럼에도 불구하고 공동체 활동가와 그들의 역할이 암울한 우리 미래 경제에 한 줄기 빛이 되어 줄 수 있다는 것이다. (그림 4)

사회적 비용 절감은 경제성장률을 넘어서는 그 이상의 사회적 가치 창출이라고 할 수 있다. 내가 사는 곳이 행복하면 우리가 살고 있는 이 나라가 행복하게 될 것이다. 이것이 바로 공동체 활동이 가지는 사회적 가치이다.

2016년 한국보건사회연구원이 발간한 '사회통합 지수 개발 연구' 보고서에 따르면 한국은 OECD 회원국 중 이스라엘 다음으로 사회통합지수가 낮은 것으로 분석되었다. 또한 한국의 사회통합지수는 25년 전인 1995년에도 0.26으로 최하위 수준이었으며, 그간 거의 변화 없이 최하위 수준을 유지해온 것으로 나타났다. 우리 국민 역시 사회 전반에 걸쳐 갈등이 심각하다고 생각하는 것으로 나타났다. 한국행정연구원의 '2018년 사회통합 실태조사' 결과를 보면 진보와 보수 간의 이념갈등이 87%로 가장 높게 나타났고, 다음은 빈부갈등 82%, 노사갈등 76%, 세대갈등 64%, 종교 갈등 59%, 남녀갈등 52% 순으로 나타났다. 5년 전 조사결과와 비교

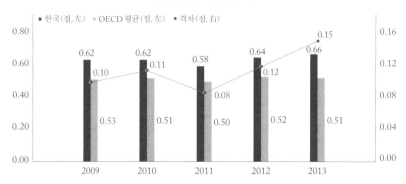

〔그림 3〕 한국 사회갈등 지수

■ 한국(점, 左) ▨ OECD 평균(점, 左) ● 격차(점, 右)

* 갈등지수가 높을수록 갈등정도 강함.
자료: 현대경제연구원

〔그림 4〕 사회적 갈등 개선 시 성장률 개선 효과

단위: %

기존 한국(0.62)	2.7
OECD 수준(0.51) 개선 시	2.9
G7 수준(0.49) 개선 시	3.0

* 괄호 안은 사회갈등지수, 한국은 2016~2020년 연간성장률 2.7% 가정, 사회갈등지수는 낮을수록 갈등이 적은 것.
자료: 현대경제연구원

하면 전체적으로 영역별 갈등순위는 같게 나타난 가운데 남녀갈등은 5% 상승하였다. 국민들의 64%는 세대갈등이 심각하다고 생각하고 있어 절대적으로 높은 수준이다. 유례없이 빠른 속도로 초고령사회로 진입하고 있는 우리 현실을 볼 때, 향후 세대갈등은 우리 사회 통합을 저해하는 중요한 요인이 될 것으로 보인다. 앞서 갈등이 가장 심하다고 생각하는 이념갈등 역시 그 배경에는 세대 간 갈등이 크게 자리 잡고 있어 앞으로 지속될 가능성이 크다.

한국행정연구원이 실시한 조사에서 우리 국민은 사회갈등 원인으로 '개인·집단 간 상호이해 부족'(28%)을 가장 많이 꼽았으며, 다음으로 '이

해당사자 간 각자 이익 추구'(25%)였다. '빈부 격차'는 그 다음인 21%로 나타났으며, '개인·집단 간 가치관 차이'는 12%였다. 2013년 조사결과와 비교하면 당시에는 '빈부격차'가 28%로 가장 높았으나 그간 순위 변동이 있었다. 조사결과를 면밀히 살펴보면 우리 국민은 사회 갈등에 대해 구조적 측면보다 개인의 인식 문제를 주된 원인으로 생각하고 있다. 갈등을 양산하는 구조적 측면인 '빈부격차', '권력집중', '기회의 불평등', '갈등조정 기구·제도 미비' 등은 빈부격차를 제외하면 주된 원인으로 꼽은 비중이 적다. 이에 비해 개인의 인식 문제인 '개인·집단 간 상호이해 부족', '이해당사자들의 각자 이익 추구', '개인·집단 간 가치관 차이' 등은 주된 원인으로 지목되었다.

현재 우리 사회는 이념갈등을 중심으로 빈부갈등과 노사갈등이 첨예하고, 세대·남녀·종교 갈등이 중첩되어 심각한 수준이다. 그럼에도 불구하고 사회통합의 중심 역할을 해야 하는 중앙정부와 정치권에 대한 신뢰도가 낮아 '통합'보다 '분열' 기제가 강력하게 작동하고 있다. 이러한 이유로 사회적 타협이 필요한 어젠다Agenda가 제대로 해결되지 못한 채 미봉책에 그치거나 사회적 갈등으로 확산하고 있는 것이 현실이다.

이미 본격화되고 있고 향후 파장이 더욱 커질 4차 산업혁명과 포스트 코로나 시대를 주도적으로 이끌기 위해서도 사회적 대타협이 절대적으로 필요하다. 4차 산업혁명과 포스트 코로나 시대의 대응 과정에서 발생하는 손익을 명확히 제시하고, 손해 보는 집단에 대한 대응책을 강구해야 한다. 또한 급격히 진행되고 있는 저출산·고령화 역시 이미 다양한 문제를 양산하고 있고 사회적 대타협이 요구되고 있다. 현 상황이 유지된다면 결국 미래세대에 모든 부담을 지우고, 이 과정에서 세대갈등을 비롯한 사회적 갈등이 폭발하는 불상사가 일어날 수도 있다. 현재도 사회갈등으로 인한 막대한 비용 때문에 국가발전이 저해되고 있다. 우리 사회의 지속적인 발전을 위해서는 절대적으로 사회통합이 필요하며, 이를 추진하고 실현할 수 있는 사회통합의 동력을 시급히 창출해야 할 것이다.

　우리 사회의 각종 갈등은 이해관계자 간의 문제에서 발생하지만 그 배경을 살펴보면 구조적 요인이 강하게 작동하고 있다. 표면적으로는 개별 사안에 대한 입장으로 갈리지만 그 배경에는 당사자의 사회적 필요와 경제적 이해관계, 그리고 세계관이 커다란 영향을 미친다. 이러한 이유로 사회갈등 해결은 구조적으로 작동하고 있는 각 요인에 대한 종합적 접근과 해법이 필요하다. 현재 우리 사회의 가장 핵심적인 구조적 요인은 고용 불안정과 점점 그 규모가 커지는 저소득층으로 인해 나타나는 사회 양극화 구조이다. 이러한 구조적 문제가 해결되기 이전의 사회갈등에 대해서는 정부 차원의 적극적인 대응이 필요하다.

　한편, 다수 국민은 구조적 측면보다 개인의 인식 문제를 사회갈등의 주원인으로 생각하고 있다는 점에 주목해 사회적 인식 개선을 동시에 추진해야 할 것이다. 이 지점에서 가장 중요하게 제기되는 이슈가 우리 사회의 다양성 확대 및 존중이고, 이를 위한 '관용'의 가치를 확산해야 한다는 지적이 있다. 우리 국민은 사람을 대하는 태도에 있어 '모든 사람을 믿을 수 있다'는 비중은 12%에 불과하고, '사람을 대할 때 매우 주의해야 한다'고 생각하는 비중이 88%인 것으로 나타났다.[3] 학교교육 현장에서의 교육 확대와 더불어 '관용'의 가치 확산을 위한 사회적 캠페인이 절실히 요구되고 있는 이유이다.

3　2018.04, BBC-입소스 글로벌 조사결과(BBC Global Survey: A world divided?)

지역공동체가 세상을 구한다

지역공동체는 지역주민을 기반으로 하는 생활의 장으로서 매우 중요한 생활공간이다. 지역공동체는 주민의 자발적 참여와 활동으로 일상생활이 지속가능토록 하는 터전이다. 따라서 공동체는 지역주민이 다양한 삶을 체험하고 공공복지가 요구되는 가장 기초적인 단위이다.

이와 같이 지역공동체의 논의가 강조되는 것은 다양한 사회문제 해결방안으로서 공동체의 중요성 때문이다. 지역공동체는 사람 중심을 의미하며 지역주민의 복리Well-being를 강조한다. 구체적으로 지역공동체의 의의는 우리 사회에서 빈부격차, 일자리 부족, 사회적 갈등, 이웃에 대한 배려 부족 등 국가와 시장만으로 해결하기 어려운 사회문제가 발생하여 삶의 질 저하를 초래하는바 이러한 사회문제를 해결하기 위함이다.

지역공동체를 구축함으로써 사회적 폐해를 줄이고 주민이 참여하는 지속가능한 지역발전을 가능케 한다. 지역공동체는 복지, 교육, 안전과 같은 사회문제, 저성장시대의 지역경제 문제에 대한 해결사 역할을 할 수 있다. 지역공동체를 구성하는 참여자들은 기본적으로 주민, 중앙 및 지방정부, 기업, 중간 지원조직, 시민단체, 전문가 등으로 다양하게 이루어진다. 지역공동체가 추진하는 활동이나 사업이 지역주민의 삶의 질을 향상시킨다. 지역공동체가 지속가능하기 위해서는 공동체 구성원을 넘어 지역사회 및 인근 지역사회로 공동체의 역할과 목적을 확산시킬 필요가 있다.

시카고대학의 저명한 금융경제학자 라구람 라잔Raghuram Rajan 교수는 그의 신저『제3의 기둥』에서 "자본주의 경제에서 공동체를 복원해야 하며, 바람직하고 건강한 사회를 구축하기 위해서는 국가State or Public Sector와 시장Market or Private Sector, 그리고 지역공동체Community로 구성되는 사회의 세 기둥이 균형 있게 작동해야 한다"고 강조했다. 그는 경제 위기에 대한 원인을 '불평등Inequality'이란 한 단어로 결론지었고, 이와 더불어 이 시대를 '자본주의와 민주주의가 모두 고장 난 시대'라고 정의했다.

라잔 교수가 주장하는 지역공동체에 대한 내용을 정리하면 다음과 같다.

> "'지역공동체'를 살려내야 고장 난 자본주의와 민주주의를 고쳐 쓸 수 있다. 자본주의는 효과성을 강조하지만 언제부터인가 효과적이지 않게 됐고, 이 때문에 지지하지 않는 사람들이 생겼다. 2000년 이전 경제시스템은 제2차 세계대전이 끝날 때부터 산업국가에 효과적으로 작동했고, 우리나라는 엄청나게 성장하는 데 도움이 됐다. 하지만 최근 이런 시스템이 무너지고 있다. 이런 고민에서 나온 게 『세 번째 기둥 The Third Pillar』이고, 시장과 정부가 지나치게 비대해지면서 자본주의에 균열이 생겼다."

라잔 교수는 공동체를 되살리기 위한 '포용적 지역주의 Inclusive Localism'를 제시했다. 시장 메커니즘의 우수성은 인정하되 그에 대한 맹신은 경계해야 하고, 국가는 최소한의 역할만 하되 과도한 개입을 경계해야 한다는 것은 흔히 들을 수 있는 말이다. 그의 주장이 특이한 것은 여기에 공동체의 역할을 추가해 국가·시장·공동체의 세 기둥이 균형 있게 작동하도록 해야 한다는 데 있다. 역사는 이 세 기둥이 서로 번갈아가며 득세와 실세를 반복해 온 과정이었다. 근대 이전은 경제 기구로서 공동체가 우위를 점했던 시기였다. 계몽과 진보보다는 미개와 야만이 압도적이었다. 교회와 영주가 그 중심에 있었다. 자유와 권력은 특권층만이 누릴 수 있었다. 하지만 교회 권위의 실추, 신대륙의 발견과 교역 확대가 이어지면서 근대 이후 지금까지 주도권은 주로 시장과 국가가 번갈아가면서 차지했다.

라잔 교수는 현재 글로벌 차원에서 불평등이 확대되는 것도 세 기둥 간 균형의 붕괴 때문이라면서 지역공동체가 세상을 구할 것이라고 했다. 여기서 말하는 지역공동체는 사회적 교류 없이 불특정 다수가 참여하는 가상 공동체를 뜻하는 것이 아니라, 실제 사람이 구성원으로 활동하는지역공동체를 의미한다. 라잔 교수가 강조하는 핵심은 세계 경제를 안정적으로 지탱해주는 '제3의 기둥'은 지역사회이며, 그렇지 않더라도 지역공동체가 이러한 역할을 수행해야 한다는 것이다. 최근 사회경제 전반의 분산화, 지역화 경향과 함께 사회적 관계의 필요성이 강하게 요구되는 것은 일상에서 다양한 관계와 공동체를 성장시킴으로써 문제를 해결할 수 있는 가능성이 높기 때문이다.

대기업의 슬림화, 하청, 외주화, 체인화 경향과 그로 인한 일자리의 불안정성은 비자발적인 1인 가구, 프리랜서 노동이나 임시직 일자리 등 노동과 일의 개인화로 연결되면서 전반적인 사회관계의 단절이나 소통의 부족현상을 초래하고 있다. 우리는 가족을 대신할 친밀한 관계, 직장 동료를 대신할 사회적 관계의 부족으로 초연결사회에서 사회적 연결이 부족한 모순에 직면하게 되었다. 지금 시대 최고의 복지는 '공감하고 신뢰할 수 있는 따뜻한 인간적 관계'를 이어주는 사회이다.

사회적 가치 창출: 유럽의 연대경제와 지역공동체 가치

1990년대 영국 노동당의 '제3의 길'과, 2000년대 보수당의 '빅 소사이어티'는 사회적 가치와 지역공동체 가치를 강조하면서 비영리와 사회적경제, 지역공동체 등 제3섹터의 활성화를 유도하는 정책이었다. 비영리 부문은 역사적으로 19세기 영국과 영연방 국가에서 자선단체나 박애주의 재단 등을 포괄하는 자선부문과 자원봉사부문에서 출발했다. 특히 영미권에서는 노블리스 오블리제 차원에서 개인 기부문화가 발달했고, 1990년대 이후 '기업의 사회적 책임CSR'이 강조되었다. 이에 더해, 기업사회 투자에 대한 사회적 가치 측정을 통해 사회적 가치 창출 활동의 지속가능성 제고를 위한 노력을 병행해 왔다.

사회적 가치와 관련해 유럽에서 또 하나 주목해야 할 개념은 '사회연대경제SSE: Social and Solidarity Economy'다. 이 개념은 20세기 말 프랑스와 스페인, 일부 남미 국가에서 널리 쓰였으며, 제3섹터 성장과 밀접한 관계가 있다. 제3섹터는 시장 영역에서 충분히 공급되기 어렵지만, 개인과 사회의 삶을 유지하는 데 필요한 '사회가치재Merit Goods'를 제공하는 시장이다. 원래 정부는 재화나 서비스를 공급하기 위한 지출을 지원하고, 제3섹터의 가치재 생산과 분배에 대해 책임을 부담한다. 통상 시장 영역에서 공급이 부족한 사회가치재는 가격이 높은 수준이지만, 정부 지원에 의한 제3섹터의 사회가치재는 무상 혹은 한층 낮은 가격으로 공급돼야 한다.

사회연대경제와 관련해서 국제노동기구ILO가 주안점을 두고 있는 것은 좋은 일자리Decent Work와 미래의 일자리The Future of Work다. '좋은 일자리'라는 개념에 대해 ILO는 다음과 같이 정의하고 있다.

> "이는 생산적이며, 정당한 소득과 일터에서의 안전을 제공하고, 가족에게 사회적 안전망을 주며, 개인의 개발과 사회 통합, 사람들의 관심사에 대한 표현의 자유, 자신의 삶에 영향을 줄 수 있는 결정에 참여하고 조직할 수 있는 자유, 모든 여성과 남성의 기회와 대우에 대한 평등을 가져다 줄 수 있는 일자리의 기회를 포괄한다."

ILO는 2008년 '공정한 세계화를 위한 사회정의 선언2008 Declaration on Social Justice for a Fair Globalization'을 발표하면서 사회연대경제에 주목했다. 회원국 요청에 따라 사회연대경제 관련 공공정책에 대한 각국 상황을 수집해 7개의 사례집을 내기도 했다. 2010년부터는 사회연대경제 아카데미를 개최해오고 있다. '사회연대경제 아카데미'는 ILO의 주요 의제인 '괜찮은 일자리Decent Work Agenda' 창출을 위해서는 협동조합을 비롯한 사회적경제 전 분야의 역량 강화가 필요하다는 제안에 따라 세계 도시에서 순회 개최 중

〔표 2〕ILO의 사회연대경제 아카데미 개최 현황(2010~2019)

회차	개최지	개최 시기	주제
1	이탈리아 토리노	2010.10.25.~29.	
2	캐나다 퀘벡, 몬트리올	2011.10.24.~28.	
3	모로코 아가디르	2013.04.08.~12.	An Opportunity to Enhance Youth Employment
4	브라질 캄피나스	2014.07.28.~08.01.	Towards Inclusive and Sustainable Development
5	남아프리카공화국 요하네스버그	2015.07.27.~31.	Social Innovation in the World of Work
6	멕시코 푸에블라	2015.11.23.~27.	
7	코스타리카 새너제이	2016.11.21.~25.	Employment Generation and Promotion of Local Development
8	한국 서울	2017.06.26.~30.	Innovation Ecosystems for SSE Public Policies - A Contribution to the Future of Work
9	룩셈부르크 룩셈부르크시	2018.09.25.~29.	The Future of Work
10	이탈리아 투린	2019.06.03.~07.	

이다. 2017년 8회 대회는 서울에서 열렸다. 〔표2〕

　사회연대경제는 협동조합, 상조 조직, 협회, 재단, 비영리, 사회적 기업을 모두 포함하는 개념으로 경제적·사회적 목적을 동시에 추구하며 연대를 이루어 상품이나 서비스, 지식을 생산하는 모든 조직을 포괄한다. 유엔UN 지속가능목표SDGs 중 8번째 항목에 해당한다. 우리나라에서는 사회적경제라는 용어가 일반적인 반면, 연대경제Solidarity Economy는 거의 사용하지 않는다. 두 개념 사이에는 상당한 차이가 있다. 한국에서는 협동조합, 사회적기업, 자활기업, 마을기업이 사회적경제를 구성하는 주요 조직이다. 하지만 유럽에서 사회적경제 개념을 가장 처음 확립한 프랑스는 비자본주의적이고 국가경제로 분류되지 않는 형태의 단체를 총칭하며 전통적으로 협동조합, NPO, 재단법인과 공제조합 등으로 구성된다.

이처럼 한국에서 일반적으로 정의하는 개념과 비교하면 NPO나 재단법인이 중요시되는 반면 사회적기업의 비율은 상대적으로 낮다는 것을 알 수 있다. 또한 스페인의 사회적 포섭기업은 한국의 사회적기업과 비슷하게 보이지만 실제로는 학업 중퇴자나 장기실업자 등 사회에서 위기에 놓인 사람들을 일정 기간 고용·훈련을 통해 일반기업으로 재취업 시키는 것을 목적으로 하고 있다. 사회연대경제는 취약계층에 안정적인 일자리를 제공하는 한국의 사회적기업과는 목적이 다르다.

1970년대부터 1980년대까지 유럽에서는 고도의 경제성장이 끝나면서 복지국가의 유지가 어려워진 한편, 중남미에서는 신자유주의에 따라 국영기업을 민영화했다. 이런 상황에서 두 대륙에서 기존의 사회적경제로는 담당하기 힘든 환경보호와 인권보호, 여성의 사회참여, 개발도상국 지원에 종사하는 사람들에 의해 연대경제라는 흐름이 생겨났다.

사실 연대경제 분야에서 사회운동가가 자신의 정체성과 관련된 분야에서 사업을 시행한 경우가 적지 않다. 예를 들어, 원자력 반대 운동가가 태양광 발전이나 풍력발전 협동조합을 시작하거나, 개발도상국을 열심히 지원하는 사람들이 공정무역 가게를 열거나 페미니스트가 여성지원 사업을 시작하고, 식품안전을 걱정하는 사람들이 유기농 식품을 취급하는 소비자 생활협동조합을 만드는 것과 같은 형식이다. 그렇기에 평소에는 태양광 패널 설치 기술자로 일하는 사람이 반 원전 집회에 참석하고 공정무역 가게 주인이 중남미 정치에 관한 세미나에서 의견을 제시한다. 그 외에도 마이크로크레딧, 지역화폐, 시민농장, 주택협동조합, 교육협동조합, 빈곤층의 협동조합 설립을 지원하는 중간 지원조직 등 다양한 사례가 연대경제에 속해 있다.

전통적인 사회적경제는 시장경제와 결합한 사회적 가치 활동을 의미하지만, 연대경제는 시장경제와의 결합 외에도 상호주의에 입각한 무상거래 등과 같은 비시장경제 영역도 포함한다. 즉 연대경제는 시장경제

(상품 및 서비스의 판매), 비시장경제(정부 지출 및 공공자금 지원) 및 무자본경제(자원봉사, 조합 내 상호주의 등)를 혼합하는 형태다. 연대경제는 생산자 및 소비자협동조합이나 직원협동조합 등 자조적自助的인 경제공동체를 통한 사회적 가치를 창출하는 특징을 보인다. 유럽에서는 시장과 국가와 제3섹터로의 연대경제가 양립하는 접근방식을 취한다. 이런 유럽의 제3섹터를 중심으로 한 사회적 가치 활동에 있어서 지역공동체는 당연히 지역사회의 사회적 가치 제고를 위한 중요한 추진 주체로 인식된다. 특히 사회적경제 기업들의 대부분은 지역사회 내의 사회서비스 혹은 사회가치재에 대한 수요를 기반으로 한 지역공동체 기반의 '마을기업'으로 볼 수 있다.

사회적 가치를 창출하는 공동체 사례

이번에는 사회적 가치를 창출하는 공동체가 우리 사회에서 어떻게 구현되고 있는지 살펴보고자 한다. 수용자 자녀가 당당하게 사는 세상을 만들고자 다양한 활동을 펼치고 있는 '아동복지실천회 세움'(이하 세움)의 사례4이다.

사회적 가치 창출하는 공동체의 핵심 요소

사회적 가치 창출에 있어 과정은 매우 중요하다. 사회적 가치는 결코 과

---

4 사례조사는 2020년 7월 8일 실시되었으며, 해당 조직의 사회적 가치 창출 활동과 공동체 구축을 위한 노력 등을 종합적으로 살펴보기 위해 기관 대표와 약 2시간 동안 인터뷰를 진행하였다.

5 진희선(2019)이 『가치를 만드는 사람들』에서 제시한 '사회적 가치를 이루는 구성요소'를 사례분석의 분석틀로 활용하였다.

정 없이 생산되지 않는다. 경제적 가치에 빗대어 사회적 가치를 논할 때, 기업 활동의 부가가치 생성과정을 뜻하는 가치사슬Value Chain의 전면적인 혁신을 강조하는 이유도 여기에 있다. 공동체와 시민정신은 사회적 가치 창출 과정을 관통하는 중심에 있다. 즉, 사회적 가치 창출의 주체이자, 과정이고, 결과이다. 사회변화로 새롭게 등장하는 사회문제에 대응하여, 공동체와 시민정신은 지속가능한 사회적 가치를 창출할 수 있게 하는 원동력으로서 기능한다. 그렇다면 사회적 가치를 지향하는 공동체는 어떻게 만들어지고 유지될까. 사회적 가치가 창출되는 과정 즉, 각 개인이 발견한 사소한 사회문제에서 출발하여, 점진적으로 협력과 연대를 거쳐 마침내 지속가능한 사회를 향한 활동으로 확산하는 과정에는 몇 가지 공통적인 요소가 존재한다.

이번에는 실제 사례를 통해 사회적 가치를 지향하는 공동체가 어떤 모습을 하고 있는지 이해해보고자 한다. 사례에서 중점적으로 살펴본 요소[5]는 크게 다섯 가지다. 사회문제(이슈)의 발견, 미션의 설정, 민주적 의사구조, 네트워크와 파트너십, 사회적기업가정신이 바로 그것이다. 이는 사회적 가치를 지향하는 조직의 활동 과정에 공통적으로 드러난 구성요소에 초점을 둔 것이다. 사회적 가치가 창출되는 핵심 과정을 주요 구성요소별로 분석해봄으로써, 지속 가능한 공동체를 이루기 위해 우리가 주목해야 할 사항이 무엇인지 가늠해볼 수 있을 것이다.

이슈의 발견, 빈곤아동 문제에 새로운 실마리를 찾다

사회문제는 시대에 따라 변화한다. 사회변화에 따라 새롭게 나타나는 사회현상 중, 해결되지 못하고 문제로서 드러나는 것은 그 시기의 사회문제가 된다. 빈곤아동은 그 본질이 사회구조적 불평등에 기인하는 대표적인 사회문제라 할 수 있다. 우리가 빈곤아동 문제를 바라볼 때, 그에 관련된 사회구조적 불평등에 주목하여야 하는 이유가 여기에 있다. 우리나라는

IMF 구제금융 이후 빈곤아동 문제가 수면 위로 올라오면서 다양한 법이 제정되었다. 지역아동센터는 1970~80년대 도시 빈민지역의 공부방 운동에서 시작한 것이 IMF를 거치면서 2004년 법제화되었으며, 아동그룹홈 또한 1997년부터 시범사업으로 지원된 뒤 가정해체가 늘자 2004년 「아동복지법」에 '공동생활가정'으로 추가돼 법적 지위를 부여받았다.

세움은 사회적 관심이 필요한 아동 중에서, 수용자 가정의 자녀를 지원하고 그들의 인권 옹호 활동을 펼치고 있는 조직이다. 2015년 이 기관이 설립된 데에는 이 기관의 대표가 지금으로부터 10년 전 특별한 아이를 만나게 된 것이 계기가 되었다. 그 당시 이경림 대표가 일하고 있던 성학대 피해아동을 위한 그룹홈에 한 아동이 입소하였다. 대개 입소되는 아이들은 빈곤 가정에서 적절한 양육이 어려워 오게 된다. 그런데 이 아이의 입소 사유를 자세히 들여다보니 안타까운 사연이 있었다. 아버지가 교통사고를 내서 갑작스럽게 교도소에 가게 되었고, 당시 제도적 지원에 대한 다양한 정보를 잘 알지 못했던 어머니는 옆집 아저씨에게 아이를 맡기게 되었다고 한다. 그런데 그 옆집 아저씨가 이 아이를 성추행하는 일이 벌어졌고, 그렇게 아이는 그룹홈에 오게 된 것이다.

이 일을 계기로 아동그룹홈에 입소한 다른 아동들의 입소 경위를 좀 더 세심하게 살펴보게 되었다. 그랬더니 "부모님이 외국에 계세요.", "부모님이 아프세요." 이런 식으로 이야기하던 아동 몇몇이 부모의 범죄로 인해 2차적인 피해를 입고 입소하게 된 아동이라는 것을 알게 되었다. 더 나아가 이 대표는 부모가 범죄로 인해서 수용자가 된 이후, 남겨진 아이들을 위한 사회적 제도나 지원이 너무도 미비하다는 것을 발견하게 되었다. 기존의 교정矯正복지는 범죄인을 사회로 복귀시키는 데에만 중점을 두고 있으며, 아무런 죄가 없이 남겨진 자녀들은 2차, 3차 피해를 겪음에도 그들을 위한 제도적 지원은 물론 지원이 필요하다는 사회적 관심 자체도 부족하다는 것을 절실히 느끼게 된 것이다. 이것은 기존 빈곤아동에 대한 새로운 문제의식의 각성이었고, 이를 계기로 세움이 만들어졌다.

조직의 미션과 이를 달성하는 시민의 힘

조직의 미션은 그 조직이 어떠한 사회적 가치를 창출할 것인지를 확인시켜준다. 또한 미션은 조직의 활동을 통해 구현된다. 즉, 다양한 사업 활동은 조직의 미션을 어떻게 수행할 것인지를 설명해주는 명확한 구상이자, 그 조직이 살아남기 위한 중요한 전략이 된다. 활동과 미션은 늘 건강한 긴장관계를 유지하며, 활동이 조직의 미션과 상충하거나 이를 훼손하는 일이 없도록 해야 한다. 또한 조직의 활동이 늘 미션을 지향하도록, 또한 다른 방향으로 치우치지 않도록 살피고 조정해야 한다. 사회적 가치를 지향하는 조직은 그 미션을 설정할 때, 조직의 현재 위치와 앞으로 그들이 가고자 하는 지점을 명확히 인지하고, 대상Target을 선정하여 경쟁력을 갖춤으로써 지속 가능한 성장 전략을 세울 수 있다.

세움의 미션은 '수용자 자녀가 당당하게 사는 세상'이다. 여기서 '당당함'은 다양한 의미를 지닌다. 기본적으로는 아동이 적절한 양육을 통해 성장하여 사회에서 자립적인 인간으로서 역할 할 수 있도록 하는 것이다. 또 하나의 측면은 설령 부모가 범죄자가 되었더라도, 그 자녀가 '주홍글씨'를 달지 않고 어느 부모의 자녀이든 차별 없이 자랄 수 있는 권리를 갖도록 하는 것이다.

유럽에서는 매년 6월 "Not my Crime, Still my Sentence!"라는 캐치프레이즈로 수용자 자녀에 대한 관심을 촉구한다. 수용자 자녀를 제2의 피해자, 숨겨진 피해자로 규정하고 부모의 죄가 자녀에게까지 전가되어서는 안 된다는 점을 호소하는 것이다. 이와 관련하여 유엔 아동권리협약에는 다음과 같은 조항이 명시되어 있다. 제2조 '어떠한 아동도 부모의 상황이나 법적 신분으로 인해 차별받아서는 안 된다', 제3조 '아동의 최고 이익은 보호되어야 한다', 제9조 '부모와 분리된 아동은 부모와 직접적이고 빈번한 접촉을 할 권리가 있다'. 세움은 유엔의 아동권리협약을 준수하여, 아직은 우리 사회에서 생소한 수용자 자녀에 대한 문제에 주목하여, 이들을 세상에 당당히 세우는 일Empowerment에 다양한 노력을 기울이고 있다. (그림 5)

그렇다면 미션은 어떤 모습으로 펼쳐질까. 세움은 그들의 미션을 다양한 사업 활동으로 보여주고 있다. 대표적인 사업은 크게 네 가지다.

첫째, 직접 사업으로 수용자 가정의 개별적인 욕구를 파악하고 그에 필요한 맞춤 지원을 하고 있다. 예를 들어 '성장지원비'라고 하여 용돈, 교육비, 의료비 등 가정 형편에 맞는 경제적 지원을 한다. 이때 심리상담 서비스도 함께 제공한다. 가족구성원들은 갑자기 가족 누군가가 교도소를 가는 상황을 맞닥뜨리는 경우가 많다. 남은 가족들이 한 번도 겪어보지 못한 생소한 장면을 당하면서, 재판, 면회 등에 신경 쓰다 보면 양육 스트레스가 심해지고, 이 스트레스는 아동에게 부정적인 영향을 미치게 된다. 세움은 이 때 아동뿐 아니라, 남겨진 부모 등 가족구성원들을 대상으로 양육상담, 심리상담 등을 통해 지지해 줌으로써 건강한 양육 환경이 조성될 수 있도록 도와주고 있다.

둘째, 참여 아동들의 욕구에 맞는 동아리 활동을 지원하고 있다. 현재 45명 정도의 아동이 3개의 동아리로 나뉘어 활동하고 있다. 한 달에 한 번 모임을 하고, 1박 2일 캠프를 가기도 한다. 사진 동아리 '빛픽쳐'는 사진에 관심 있는 청소년들로 구성된 모임이다. 전문 사진작가와 매월 모임을 가지며 사진 기술도 배우고 친목을 다진다. 여행캠프 동아리 '우행동: 우리들의 행복한 동행'은 여성수용자의 자녀라는 공통점을 가진 청소년들로 구성되어 있다. 여기서는 청소년활동 전문가의 지도로 청소년들이 주도적 활동에 참여한다. 이처럼 아동·청소년기에 있는 수용자 자녀에게 단체 활동을 지원함으로써, 의사소통 기술 등을 계발하고, 또래집단을 형성하여 자존감을 높이며, 비슷한 상황에 놓인 아동·청소년들이 감정을

〔그림 5〕 홈페이지에 소개되는 기관 미션

출처: 세움 홈페이지(http://www.iseum.or.kr)

〔그림 6〕 세움 사진동아리 '빛픽처'

출처: 사진작가 이요셈

공유하고 지지 기반을 형성할 수 있도록 지원하고 있다.〔그림6〕

셋째, 지역사회 인식개선 캠페인을 진행한다. 공모전, 전시회, 음악회, 거리캠페인 등 온·오프라인에서 시민들과 소통하며 수용자 자녀에 대한 인식을 긍정적으로 변화시키고자 다양한 활동을 실시한다. 2016년에는 "부모의 죄가 자녀에게 미쳐서는 안 된다 - Not my Crime, Still my Sentence!"를 주제로 포스터 공모전을 개최했으며, 2017년에는 "상처를 입히시겠습니까?"를 주제로 캘리그라피 공모전을 열었다. 공모전을 진행한 뒤에는 당선작 시상식과 전시회, 토크콘서트를 열어 시민들과 소통했다. 이러한 캠페인은 이 자체로 조직의 미션을 구현하는 구체적인 활동 중 하나이면서, 일반 시민들로 하여금 조직의 미션에 공감하고 교감할 수 있게 하여 조직의 생존을 위한 지지 기반을 형성해주는 미션 확산 운동의 역할을 한다.〔그림7〕

조직을 성장하게 하는 민주적 의사소통

조직은 절차적 체계가 필수인데, 이 때 조직구성원의 합의에 근거한 투명한 의결구도를 구축하는 것이 바람직하다. 특히 사회적 가치를 추구하는 조직은 공통적으로 민주적 의사결정방식의 중요성을 강조한다. 민주적 의사결정방식은 절차적으로 구성원들의 참여를 이끌어 자연스러운 소통과 화합을 가능하게 한다. 이러한 구조에서는 분권으로 인해 불필요한 권

출처: 세움 홈페이지(http://www.iseum.or.kr)

력이 배제되어 공공성을 이루기 쉽다. 세움은 총회, 이사회, 사무국으로 구성되며, 외부에 전문위원(법·교정, 복지상담, 경영기획 관련), 그리고 조사연구와 교육훈련을 위한 연구소로 운영되고 있다. 이사회는 형식적으로 존재하는 것이 아닌, 조직의 성장과 사회적 가치 창출을 실질적으로 지원하는 역할을 수행해야 한다. 세움은 기관의 정관에 의거하여, 연 3회 이상 이사회를 통해 기관의 사업과 정책을 결정함으로써 조직의 방향성을 함께 고민하고 재정적인 지원도 하고 있다.

또한 세움은 모든 조직원들이 함께 참여하는 민주적 의사결정 구조를 실현하고 있다. 기관의 정책은 회의를 통해 토론하고 결정하는 방식으로 추진된다. 세움에서는 직원들을 위한 안식월 제도를 운영하고 있는데, 현재 직원들의 연차가 늘어남에 따라 기준을 수정해야 할 시점이 왔다. 이에 모든 직원들에게 이를 공지하고 내규 관련 회의를 개최했다. 이 대표는 "직원들이 열심히 의견을 나누는 모습이 너무 좋았다"며, "다양한 의견이 나왔고, 다음 주에 해당 내규에 대해 결정하기로 했다"고 말했다. 기관의 내규를 정할 때, 기관의 대표나 상급자의 의사를 조직원들이 따르도록 강요하는 것이 아니라, 모든 조직 구성원들에게 역할과 책임을 부여하고 기관의 정책을 함께 결정해 나가는 모습이 인상적이다.

세움이 이러한 투명한 의결 체계를 갖춘 데에는, 민주적인 의사소통 구조가 있기에 가능했다. 그 예로 세움에서는 직원들이 수용자 가정의 가정방문 업무를 다녀온 뒤, 매일 열리는 아침 회의에서 그 내용을 공유하는 시간을 가진다. 직원들이 업무 내용을 서로 파악하는 것을 넘어, 감정을 함께 교류하고 고민하는 것이다. 이는 조직구성원 간 편안하고 자연스러운 민주적 의사소통을 가능하게 해준다. 나아가 이해와 공감을 통해 조직의 미션을 조직 구성원들에게 지속적으로 상기시키는 작용도 한다. 이에 대해 이 대표는 "모금에 대해 스트레스도 많고, 월급도 많지 않아 직원들에게 늘 미안하지만, 감사하게도 직원들 모두가 아이들과 가족을 만나는 일을 좋아한다"며, "회의 때 서로가 공감하는 직원들의 모습을 보면 고맙고, 이 시간이 참 소중하다는 생각이 든다"고 하였다.

이처럼 총회 및 이사회에서부터 일반 조직구성원에 이르기까지 원활한 정보의 흐름은 사회적 가치를 추구하는 조직에 있어서 매우 중요한 요소이다. 민주적 의사소통은 조직의 투명한 의사결정을 절차적으로 가능케 하며, 질서 있고 안정성 있는 조직으로 지속할 수 있게 해 준다.

공동체 혁신의 토양을 일구는 네트워크와 파트너십

사회적 가치 창출을 위한 활동에는 다양한 이해관계자의 참여가 필요하다. 국가의 정책, 시장의 지원, 시민사회의 참여가 복합적으로 연결되어 네트워크 및 파트너십을 이루어야 한다. 이는 조직이 원하는 목적을 달성하기 위해 다른 이해관계자를 단지 수단이나 도구로 활용하는 것과 거리가 멀다. 사회적 가치를 창출하는 일, 즉 사회문제를 해결하는 활동에는 그 전에 시도하지 못한 다양한 혁신적 방법을 동원해야 한다. 이를 위해 하나의 조직 범위를 넘어, 해당 사회문제에 공감하는 다양한 이해관계자가 문제 해결을 위한 역할에 참여하는 것이다.

'한 아이를 키우는 데 온 마을이 필요하다'는 아프리카 속담처럼 세움은 그들의 미션을 실현하기 위해 다양한 전문가와 네트워크 및 파트너십을 이루고 있다. 2015년 3월, 세움은 대표와 사업팀장 두 명으로 출발했다. 오랜 기간 빈곤아동을 위한 사회복지영역에서 일해 온 전문성과 추진력으로 시작했지만, 신생조직으로서 기관 조직을 체계화하는 일은 간단치 않았다. 그해 6월 세움은 아산나눔재단 '파트너십 온[6]' 1기로 선정되었다. 재단으로부터 2년 6개월 간 인건비와 임대료 등을 지원받아 조직운영의 안정화를 꾀했으며, 다양한 전문가를 만나 직원채용, 정체성 정비, 내부규정 제정 등 조직의 전반적인 기틀을 다지는 컨설팅을 받을 수 있었다.

한편 사회적 가치를 추구하는 조직이 아무리 좋은 미션을 수립한다 해도 그 미션이 진정으로 필요한 곳에서 실현되지 않는다면 그저 말뿐인 수사(修辭)에 불과할 것이다. 따라서 사회적으로 소외되고 배제된 대상을 찾고, 만나는 일, 즉 사각지대를 발굴하는 일은 사회적 가치를 추구하는 조직에 필수적인 과업이라 할 수 있다. 그런데 이는 조직 내 구성원들만의 힘으로는 한계가 있으며, 이 과정에서 다양한 이해관계 간 네트워크와 파트너십이 이루어지게 된다.

세움이 수용자 자녀를 만나게 되는 경로는 크게 다섯 가지다. 첫째, 교도소의 추천을 통한 의뢰다. 이는 전체의 50%로 많은 비중을 차지하고 있는데, 법무부를 통해 전국의 전체 교정시설에 안내 공문을 보내고 신청을 받는 것이다. 처음 기관이 설립되었을 때 1개 교도소와 시작한 것이, 이제는 법무부를 통해 전국 교정시설과 연계되었다. 둘째, 가족의 직접 신청에 의한 것으로 전체의 20% 정도를 차지하고 있다. 세움이 수용자

---

6 아산나눔재단 '파트너십 온' 프로그램은 국내 최초로 비영리기관 지원방식에서 '벤처기부' 원칙을 도입했다. 벤처기부는 고도의 파트너십을 맺고 장기적으로 지원하며, 금전적인 지원 외에 다양한 비재정적 지원을 제공하는 등 벤처 투자의 기법을 기부에 활용한 방식이다.
7 상담이나 교육을 위한 전제로 신뢰와 친근감으로 이루어진 인간관계

가족과 관계를 맺고 기관의 활동이 점차 알려지다 보니, 비슷한 상황에 놓인 가족들이 직접 인터넷 검색을 통해 신청하는 경우가 늘어나고 있다. 셋째, 수용자들이 직접 의뢰하는 경우로 전체의 20% 정도를 차지하고 있다. 세움의 활동 중, 한 달에 한 번 교도소에 방문하여 수감자들을 대상으로 하는 인성교육 집단 프로그램이 있다. 여기에 참여한 수감자들이 세움의 다양한 지원사업을 알고 직접 신청하는 것이다. 넷째, 지자체 공무원의 찾아가는 사례관리를 통한 의뢰이다. 사례관리 가정방문 과정에서 대상자들과 라포Rapport7가 형성되어 수용자 가족임이 드러나는 경우가 있다. 현행법 하에서 수용자 가족을 위한 지원이 부족하다 보니, 담당 공무원이 필요한 서비스 의뢰 기관을 알아보다가 연결이 되는 것이다. 이 외에 복지관 등 유관기관에서 기존에 알고 있던 네트워크를 통해서 의뢰되는 경우도 있다.

세움에서 지원이 필요한 수용자 자녀와 가족을 찾게 되면, 세움의 네트워크를 통하여 다양한 전문가가 파트너십을 이뤄 다각적인 개입이 이루어진다. 사업을 하던 아빠가 하루아침에 경제사범으로 교도소에 가게 된 사례가 있다. 집에는 압류가 들어왔고, 이 가정은 살던 집에서 나와 작은 오피스텔로 이사를 하게 되었다. 갑작스러운 일을 충격으로 아이 엄마는 너무도 살기가 힘들다며 자녀 4명을 보육원에 보내려 했다. 자녀들이 보육원에 가는 것을 거부하고, 엄마는 새벽부터 일하며 네 아이를 필사적으로 키웠다. 그러던 중, 살고 있던 오피스텔에 그만 화재가 났다. 다행히 엄마와 네 자녀는 무사히 빠져나왔고, 동주민센터 사례관리 담당자를 통해 세움에 연결되었다. 세움과 동주민센터 사례관리자와 함께 주거비 5백만 원과 LH의 지원을 받아 거주지를 옮길 수 있도록 도왔다. 첫째에게는 대학교수를 멘토로 연계하여 영어 학습지원을 했으며, 임상심리사를 연계하여 동생을 돌보는 스트레스에 대한 심리상담을 진행했다.

세움이 그들의 미션을 실현하는 데 있어 가장 큰 장애물 중 하나는 바로 수용자 자녀와 가족을 향한 사회의 차가운 시선이라고 강조한다. 수용자 자녀와 가족이 겪고 있는 문제를 알리고, 일반 시민들의 편견과 차별에 맞서 자신들의 미션을 관철시키고자 여러 가지 인식개선 캠페인을 펼쳤다. 세움의 이러한 노력의 궁극적인 목적은 세움의 미션과 활동에 동참하는 잠재적인 후원자와 지지자를 모으는 데 있었다. 기관 수입의 대부분이 후원금으로 이루어지는 조직 특성상 세움의 캠페인은 조직을 지속가능하게 하는 생존과 직결된 것이다. 이런 노력으로 세움의 후원약정 회원은 2015년 147명, 2016년 201명, 2017년 217명, 2018년 287명, 2019년 363명 등으로 꾸준히 증가하고 있다. [그림 8]

국제적인 네트워크 활동도 이어가고 있다. 미국이나 영국, 호주 등 선진국에서도 수용자 자녀를 위해 활동하는 시민단체는 그리 많지 않다. 따라서 각 단체가 자기 나라의 수용자 자녀 문제를 이슈화하는 데 협업하고 연대하는 일이 중요하다. 미국이나 영국은 수용자 자녀를 위한 활동을 이미 20년 정도 해오고 있기 때문에 우리보다 훨씬 깊이 있는 연구와 경험이 축적되어 있어 참고할만한 내용이 많다. 고무적인 일은 지난해 세움이 영국에서 한국 사례를 발표한 것이다. 이렇듯 각국이 문화는 서로 다르지만, '수용자 자녀'라는 공통분모가 있기에 상호 교류하며 단단하게 연대해 나가고 있다.

마지막으로, 학술분야에서도 네트워크를 활발하게 하고 있다. 세움의 조직 내 조사연구를 담당하는 연구소에서는 지속적으로 학술논문을 발표하고 있다. 국내에서 수용자 자녀를 위한 활동 단체가 많지 않기 때문에, 자신들의 경험을 이론화하는 것 또한 조직의 사명으로 생각한다. 학계 전문가들과 네트워크를 이루고 있으며, 특히 국외 네트워크가 활발히 진행되고 있다. 예를 들어, '월드오픈하트World Open Heart'라는 가해자 가족을 지원하는 일본의 단체와는 매년 세미나를 하고 있으며, 2017년 일본의 사법복지학회에 가서 발표도 했다. 유럽연합에 COPE Children

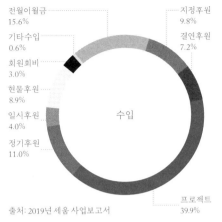

〔그림 8〕 **전체 수입의 대부분이 후원금으로 구성**

전월이월금
15.6%

기타수입
0.6%

회원회비
3.0%

현물후원
8.9%

일시후원
4.0%

정기후원
11.0%

지정후원
9.8%

결연후원
7.2%

수입

프로젝트
39.9%

출처: 2019년 세움 사업보고서

구분		금액	비율
후원금	지정후원	79,675,170	9.8
	결연후원	58,500,000	7.2
	프로젝트	324,551,651	39.9
	정기후원	89,396,000	11.0
	일시후원	32,123,174	4.0
	현물후원	72,473,919	8.9
회원회비		24,450,000	3.0
기타수입		4,819,146	0.6
전기이월금		126,679,033	15.6
수입 총계		812,668,093	100.0

of Prisoners Europe라는 단체와 제휴하고 있으며, 매년 캠페인을 함께 진행하고 있다. INCCIP International Coalition for the Children of Incarcerated Parents라는 국제 수용자자녀네트워크에서 이사단체로도 활동하고 있다. 얼마 전에는 이 단체에서 진행한 전 세계 수용자 자녀들의 코로나19로 인해 교도소 면회 금지 등 피해 관련 설문조사에 한국의 사례를 조사하고 리포트도 발표했다. 코로나19로 인해 접촉 면회가 금지되고 교도소에 가지 못하는 상황에서 수용자 자녀들이 어떤 어려움에 처해있으며 그에 대해 각 나라에서는 어떤 노력을 펼치고 있는지에 대한 조사였다. 이처럼 네트워크와 파트너십은 사회적 가치를 추구하는 활동에 있어서 공동체의 '사회적 자본'을 축적하는 역할을 한다. 이는 사회적 연대를 이루는 공동체 혁신의 토양을 가꾸는 일로써, 더욱 풍성한 사회적 가치를 창출할 수 있도록 해 준다.

더 나은 사회로의 변화를 이끄는 사회적기업가정신

오늘날 급변하는 사회 속에서 사회혁신을 이루고 가치를 만들어내는 사람들이 있다. 이들은 '사회적기업가'라 불리며, 주로 사회 정의를 실현하는 것을 중요한 임무로 여긴다. '영리기업가'가 새로운 시장이나 새로운 사업방식을 창조하여 경제를 발전시킨다면, '사회적기업가'는 그러한 방식으로 사회를 전진시키는 사람들이다. 사회적기업가는 일반적으로 제한된 자원으로 사회적 문제를 풀기 위해 도전하고 있다. 따라서 필연적으로 다양한 이해관계자와 공존해야 하며, 일반 시민에게 자신의 미션을 알리고 설득하는 전략을 갖추어야 한다. 사회적기업가에게는 사회적기업가정신이 필수 덕목이다. 사례를 통해 그 내용을 확인해보았다.

세움은 처음에 수용자 자녀와 가족을 어떻게 만나게 됐을까. 사업 초기, 사회적 편견 등으로 인해 개인 신상이 노출되어 있지 않은 이들을 찾아내기란 여간 어려운 일이 아니었다. 아이들을 찾기 위한 그 막연한 시작은 인터넷 검색에서부터 출발했다. '불우수용자', '범죄자녀', '7번방의 선물'까지…. 다양한 키워드로 검색을 하다 보니, 불우수용자 자녀에게 장학금을 주거나, 김장을 지원한 교도소 몇 군데를 찾게 되었고, 그중 몇 해 동안 지속적으로 이런 활동을 한 교도소 세 곳을 추렸다. 세움은 이들에게 무작정 전화를 했고, 이 중 두 곳은 경계하고 거절했으나, 다행히 한 곳에서 "너무 필요한 일이다"라며 긍정적인 반응을 보였다. 세움은 해당 교도소 수용자 중에서 혹시 지원이 필요한 자녀가 있는지 추천해 달라고 부탁을 했고, 교도관은 10명 정도의 아동을 추천해 주었다. 말 그대로 '안 해도 그만'인 그 일을, 교도관이 일일이 수용자들에게 설명하고 동의를 받아준 것이다.

다음은 수용자 가족의 동의가 필요했다. 세움은 아무래도 가족의 수감 자체를 숨기고 싶어 하는 경우가 많아, 좋은 기회라도 쉽게 설득하기가 어려우리라 생각했다. 그래서 다시 한번 교도관의 도움이 필요했다. 자신들의 가족이 수감되어 있어, 그만큼 신뢰하고 따르는 교도소 교도관을 통하여 연락을 취하는 전략을 세운 것이다. 교도소의 협조를 통해 가족의 동의를 수월하게 받아낸 뒤, 세움은 가족을 만날 수 있었다. 이러한 경험을 바탕으로 자신감이 생긴 뒤, 세움은 사업을 전국단위로 넓히기 시작한다. 법무부 교정본부 사회복귀과에 정식으로 연락해 단체의 활동을 소개하고, 전국의 전체 교정시설을 대상으로 공문 발송을 요청하게 된 것이다. 전국 교도소에 공문이 전달되자 200건이 넘는 신청이 들어왔다. 조직의 훌륭한 미션과 사회적기업가정신이 이 같은 수확을 얻은 것이다. 의미 있는 일에 흔쾌히 동참한 사람들이 있기에 가능했고, 막연하고 무모해 보이는 작은 시도에서부터 도전했기에 가능했다.

그렇다면 세움의 미션과 연계된 여러 활동은 어떻게 만들어지게 됐을까. 세움은 "현장에 답이 있다"고 말한다. 그 예로 우리나라 최초로 추진된 '아동친화적 가족접견실' 사업은 한 아이의 이야기에서 시작된 것이다. 교도소에 수감된 아빠를 너무 보고 싶어 하던 6살 아이에게 세움은 면회비 지원사업을 하였다. 아이와 엄마는 철창이 있는 반투명 플라스틱 유리 칸막이를 사이에 두고 아빠와 면회를 했다. 아빠를 만날 생각에 기뻤던 아이는, 칸막이 건너에 있는 아빠를 보고 손 한번 잡지 못하는 상황을 이해할 수 없었다. 아빠가 자신을 거부한다는 생각에 큰 충격을 받은 것이다. 그 후 엄마는 세움에 전화해 "다시는 아이를 데리고 면회 가지 않겠다"고 말했다. 수용자 가족을 돕고자 한 일이 오히려 상처를 입히고 끝나버린 것이다. (그림9)

세움은 이대로는 안 되겠다고 생각했고, 법무부의 문을 두드렸다. 접견실을 아동친화적인 공간으로 리모델링 할 것을 제안했다. 면회시간도 15분이 아닌 2시간 동안 할 수 있도록 개선이 필요하다는 의견도 전달했다. 이후 2017년 5월 여주교도소에 우리나라 최초의 아동친화적 가족접견실이 만들어졌다. 또한 가족접견실을 만들기 위한 계획부터 완공까지 전 과정을 매뉴얼에 담아 법무부 및 전국 교정기관에 배포하였고, 법무부는 2021년까지 전국 교도소에 순차적으로 확대해 갈 것을 약속했다. 한편 2019년 4월에는 「형의 집행 및 수용자 처우에 관한 법률」 개정에

〔그림 9〕 여주교도소 내 '아동친화적 가족접견실' 리모델링 모습

출처: 세움 블로그(https://blog.naver.com/childseum)

기여하기도 하였다.

　　이렇듯 세움에서 하는 사업은 늘 수용자 자녀와 그 가족을 향해 있다. 나아가 자신들의 미션을 확산하고 지지기반을 다지기 위해 핵심 관계자를 대상으로 교육도 꾸준하게 진행하고 있다. 교육에 참여한 교도관들은 교육을 받기 전에는 "수용자 가족에 대해 깊이 생각해본 적이 없다"고 말한다. 또한 수용자를 대상으로 한 상담과 교육에서도 "나만 힘들다고 생각했는데, 교도소 밖에 있는 가족에 대해 다시 생각하게 됐다"고 한다. 이렇듯 수용자 자녀와 가족뿐 아니라, 교도관, 수용자 등을 대상으로 한 세움의 상담과 교육은 오롯이 사회적기업가정신에 바탕을 둔 노력이라 할 수 있다.

　　사회적기업가는 사회적 가치 창출에 있어 한정된 자원으로 사업에 접근할 수 있도록 혁신적 방식을 모색한다. 이러한 불확실성 속에서 이들은 더 큰 인내심과 위기관리 능력, 실패에 대응할 수 있는 역량을 갖춰나가고 있다. 사회적기업가는 궁극적으로 사회적 영역의 변화를 이끄는 사람들이다. 이들은 현재의 문제 상황을 없애는 활동에 그치지 않으며, 문제의 원인을 찾아 조직적인 변화와 지속 가능한 개선책을 강구한다. 사회적

기업가는 그들의 미션과 연계된 활동을 통해 사회적 상태를 개선시키고자 한다. 따라서 사회적기업가는 확고하고 명확한 메시지를 가져야 한다. 다시 말하면 자신들의 활동을 통해 더 좋은 사회가 될 것이라는 확신을 가져야 한다. 사회적기업가의 목표는 시스템의 변화이며, 이를 위해 사회의 다양한 섹터들과 함께 목표점을 향해 나간다.

다시, 수용자 자녀가 당당하게 사는 세상
우리의 공동체는 어디까지 왔나

사회적 가치를 창출하기 위해서는 긴 호흡이 필요하다. 지금까지 세움의 발자취를 통해 우리 공동체에 변화된 것은 무엇인지 논해보고자 한다.

세움은 수용자 가족이 우리 사회에서 차별과 편견 없이 공동체를 이루며 살아갈 수 있는 세상을 지향한다. 그렇기에 재복역률[8]은 교정시설의 사회적·정책적 성과를 가늠할 수 있는 지표 중 하나다. 법무부[9]에 따르면, 2016년 출소자(2만 7917명)의 재복역률은 25.2%로, 2012년 24.8%, 2013년 24.7%, 2014년 25.7%, 2015년 26.6% 등 24~26% 수준을 유지하고 있다. 세움은 사업 지원을 한 수용자 가정을 대상으로 2년 뒤 재복역률을 조사하였다. 조사대상 약 120 가정 중 출소 후 연락이 닿은 70% 정도 가정에서 5.7%만이 재복역한 것으로 확인되었다. 이는 우리나라 전체 재복역률과 크게 차이 나는 것으로, 정교한 연구 결과는 아니나 세움의 활동이 사회적 가치를 창출하고 있음을 보여준다.

2015년 기관 설립 후 사업성과에 따른 사회적 책임이 커짐에 따라 세움의 고민은 점차 더 깊어지고 있다. 세움은 '팔로우업Follow-up' 차원에서

---

8 금고 이상의 형을 선고 받고 교정시설에 수용됐다가 출소한 후 범한 범죄로 3년 이내 다시 교정시설에 수용되는 비율

9 법무부 보도자료(2020.03.30), "2016년 출소자 재복역률, 전년도 대비 1.4%P 감소 – 재범방지를 위한 교정교화 활동 강화가 주요 원인으로 분석"

〔그림 10〕 캠페인에 참여한 시민들의 메시지

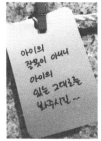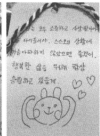

출처: 세움 페이스북(https://www.facebook.com/childseum)

출소 후 3개월까지 서비스 대상 가정에 경제적 지원을 하고, 해당 아동과 가정이 원하는 경우 최대 6개월까지 서비스를 지속하고 있다. 그럼에도 불구하고, 서비스 대상이 주로 부모의 복역 시점에 맞춰져 있으므로 여전히 한계는 존재한다. 부모의 출소 후 그 자녀의 삶이 극적으로 개선된다는 보장이 없고, 오히려 또 다른 스트레스 상황에 놓일 수 있기 때문이다. 세움은 2021년도 사업에 이러한 점을 보완해, 출소 전 준비와 출소 후 가족관계 강화 및 의사소통 증진을 위한 지원 프로젝트를 준비하고 있다.

세움의 미션은 '수용자 자녀가 당당하게 사는 세상'이다. 그들이 그리는 세상은 어떤 모습을 하고 있을까. 이 같은 물음에 세움은 "우리가 만난 아이들이 5년, 10년 뒤 성인이 되어서 '제 부모님이 교도소에 갔는데, 그때 어떤 단체가 저를 믿어주고 도와줬어요'라고 말한다면, 그것으로 우리의 미션은 달성된 게 아닐까요?"라고 말했다. 그만큼 세움의 미션과 활동이 그들 내부에서는 서로 공감하며 공유되고 있지만, 수용자 자녀와 그 가족이 사회적으로 당당히 목소리를 내기에는 여전히 많은 편견이 있다는 것이다. 세움은 수용자 자녀들이 더 이상 부끄러워하거나 죄책감을 느끼지 않고, 자신의 이야기를 세상에 꺼내 놓는 용기를 가질 수 있는 사회를 만들기 위해 여전히 고민하고 있다.〔그림 10〕

지난 2020년 5월 경향신문에 "엄마는 감옥에 있습니다"[10]라는 제목의 기사가 실렸다. 바로 수용자 자녀의 이야기를 다룬 기사였다. 기사는 2017년 국가인권위원회에 발표된 '수용자 자녀 인권상황 실태조사'의 주요 결과를 소개했다. 부모와 떨어져 살고 있는 미성년아동이 겪고 있는 문제와 여전히 우리 사회에서 소외된 수용자 자녀의 인권에 대한 이야기를 다루고 있다. 한 포털사이트에서 이 기사를 본 대부분의 네티즌들은 아이의 아픔에 깊이 공감하고 있었다.

> "아무 잘못 없는 아이들이 너무 가엾네요. 부모의 부재 이것만큼 아이들에게 고통스럽고 불편한 게 없는데 국가적으로 도울 방법이 마련되었으면 좋겠습니다."
> "이런 기사로 인해 세상이 조금이나마 변했으면 좋겠습니다."
> "수갑은 아이 안 보는 데서 채워주시고, 수건으로 가려주시지. 어린 아이가 평생 충격으로 기억할 것 같아서 가슴 아프네요."
> "미안하다 아가야. 이게 다 어른들 잘못이구나."

우리 사회에서 수용자 자녀에 대한 인식이 전부터 이랬던 것은 아니다. 2017년 10월 기사에서 당시 우리 사회가 수용자 자녀를 향해 어떤 인식을 가지고 있는지 가늠해볼 수 있다. "아빠가 경찰에 끌려간 순간… 정신적 괴로움·낙인 등에 시달리는 수용자 자녀"[11]라는 제목의 기사 또한 2017년 '수용자 자녀 인권상황 실태조사'의 주요 내용을 소개하고 있다. 2020년 기사와 마찬가지로 기사의 마지막에는 수용자 자녀에 대한 사회적 낙인 문제의 심각성을 설명하고, 이들이 사회적 보호 대상으로서 인식되고 관심이 필요함을 호소하고 있었다. 인상적인 부분은 기사를 본 네티즌들의 반응이 현재와 사뭇 다르다는 것이다.

---

10   경향신문(2020.05.23) "엄마는 감옥에 있습니다."
11   경향신문(2017.10.26) "아빠가 경찰에 끌려간 순간…" 정신적 괴로움·낙인 등에 시달리는 '수용자 자녀'

"아이들에겐 안 됐지만, 범죄자를 잡아 가둘 때 그런 것까지 신경 쓸 수는 없지 않나?"

"범죄자로 인한 피해자의 가족은 더한 피눈물을 흘린다. 역겨운 인권 타령하지 마라. 피해자가 우선이다."

"피해자 가족과 자녀들 보호와 지원부터 신경 쓰시오."

"가해자 가족도 다 보살펴 주는 거… 그렇다. 좋다 치자. 피해자와 피해자 가족들은? 도대체 누굴 위한 나라인가? 누굴 위한 세금인가?"

2017년과 2020년, 두 개의 기사에 달린 댓글 반응은 우리 사회가 바라보는 '수용자 자녀'에 대한 시선이 어떠한지를 말해준다. 수용자 자녀와 그 가족은 2017년 그때에도, 그리고 2020년 오늘도 우리와 함께 이 사회를 구성하며 함께 살아가고 있다. "Not my Crime, Still my Sentence!" 수용자 자녀들이 당당하게 사는 세상을 그리며, 우리 공동체가 나아갈 길을 다시금 기대해 본다.

코로나19 위기를 성공적으로 극복한 우리 사회, 시민정신의 힘

세계가 신종 코로나19 감염 공포에 휩싸여 있다. 이제는 우리 모두가 새로운 시대정신을 바탕으로 한 세계 시민의식이 절실한 시점이다. 미래가 불확실한 4차 산업혁명 시대에 아무리 뛰어난 현대 의술도 미미한 바이러스에 제대로 대처하지 못해 세계가 공포에 휩싸인 것을 보면서 우리 자신을 성찰할 필요가 있다.

코로나19 사태의 장기화로 소비심리가 위축되면서 소상공인의 임대료 부담을 낮추는 '착한 건물주 운동'이 전국으로 확산되고 있다. 서울 남대문시장 건물주들은 손님이 격감해 매출이 줄어든 입주 상인과 고통분담을 위해 임대료를 낮추거나 동결하는 데 솔선수범하고 있다. 3개월간 임대료를 20% 정도 인하하는 이 행렬 덕분에 상인들의 어깨가 다소나마 가벼워졌다. 지방자치단체까지 가세해 본격적으로 임대료 낮추기 운동을 시작한 곳은 전주 한옥마을이다. 2020년 2월12일 전주시장과 한옥마을 건물주 14명은 코로나19 사태 극복을 위해 최소 3개월 이상 10%가 넘는 임대료를 낮추는 상생선언식을 가졌다. 이후 이 운동이 전주 시내 곳곳으로 확산되고 있다고 한다. 또 광주 동구의 동명공동체상생협의회 소속 건물주는 매달 임대료 5~15%를 낮추고 '착한 건물주 운동'에 참여할 다른 건물주를 모집하고 있다.

중소벤처기업부가 '착한 건물주 운동'이라고 명명한 이 캠페인에 전통시장 임대인들이 대거 동참해 임대료를 인하 또는 동결했다. 부산의 대표적 카페 밀집지역인 전포카페거리에서도 임대료를 20~60% 인하하는 운동이 시작됐다. 광주 1913송정역시장 건물주는 이미 5개월가량 임대료를 10% 낮추기로 결정했다. 대구의 대표적 전통시장인 서문시장에서도 이런 움직임이 가시화되고 있다. 제주도는 공공시설을 임대하는 소상공인과 시장 상인에 공유재산 임대료는 30%, 공설시장 사용료는 50% 감면한다. 코레일은 철도역 매장의 임대료를 20% 낮추는 긴급 지원 대책을 내놨다.

비단 임대료뿐만이 아니다. 감염병특별관리지역인 대구와 경북 청도에는 전국에서 시민과 각종 단체의 따뜻한 격려가 쏟아지고 있다. 한국사회복지협의회도 동참하고 있다. 한국사회복지협의회 푸드뱅크사업단은 관세청 몰수 마스크 6000개를 대구·경북지역 코호트시설에 배분했고, 이머전시 푸드팩 4000개를 대구·경북지역에 지원했다. 이 밖에도 410개소 아동청소년그룹홈시설에 약 1억 원 상당의 식품을, 전국재해구호협회와 협업해 20개 사회복지직능단체 대상으로 16억 원 규모의 방역물품을 지원했다.

특히 눈길을 모으는 것은 대구와 경북으로 달려간 타 지역 의료인들의 살신성인이다. 코로나19로 인해 고통 겪고 있는 국민을 위해 방역 최일선에서 헌신하고 있는 의료진에게 경의와 찬사가 쏟아진다. 세계적인 팬데믹 상황에서 대한민국이 방역 선진국으로 우뚝 설 수 있었던 것도 우리 의료진의 탁월한 실력과 희생정신이 뒷받침됐기 때문이다. 목숨 건 우리 의료진의 헌신적 방역활동이야말로 일등공신이라 해도 과언이 아니다. 의료인으로서의 소명의식에 따라 바이러스와의 전장에 뛰어든 이들은 악조건 속에서 눈물겨운 분투를 벌였다. 그만큼 의료진의 눈물겨운 노력이 있었기에 방역 모범국가로 거듭날 수 있었다. 코로나 바이러스가 맹위를 떨치면서 시민들의 자구 노력과 연대 움직임도 자연스럽게 생겼다. 20여 년 전 있었던 IMF 구제금융 상황에서도 우리 국민은 금 모으기 운동 등을 벌이는 등 위기 상황에서 일치단결된 시민정신이 더욱 빛났다. 잠재되어 있던 시민정신이 표출된 것이다. 이번 코로나19 사태에 있어서도 개인적인 수칙을 지키는 데서 나아가 확진자나 유행 지역에 대한 편견을 버리고 감염병과의 싸움에 최선을 다하는 것은 바이러스에 짓눌린 우울한 이때 우리 사회에 한 줄기 희망의 빛을 안겨줬다.

우리나라 대도시의 경우는 병원과 의료진을 비교적 쉽게 접할 수 있을 정도로 촘촘한 의료체계를 구축하고 있다. 그러나 한때 전체 확진자의 76%가 발생한 대구·경북지역의 경우 의료 인력과 병상부족 문제가 심각한 상황이었다. 코로나19 확진 환자와 함께 일반 중증환자도 치료해야 하는 터라 진료현장은 혼돈 그 자체였다. 전국에서 의사들이 생업을 놓고 부족한 의료진으로 고군분투하는 대구로 모여들었다. 간호사들도 현직 간호사의 2%에 해당하는 3800명이 자원봉사 활동에 참여했다. 코로나19 확진 환자가 하루 수백 명씩 발생하는 상황에서 병원과 생활치료센터로 이송할 구급차와 대원이 부족해, 전국에서 온 구급차 346대가 대구지역에서 코로나19 확진자를 전국 병원과 생활치료센터로 이송했다. 부족한 대구·경북지역 병상문제를 해결하기 위해 전국 지방자치단체는 소속의료

원 병상을 기꺼이 대구·경북지역 환자를 위해 제공하여 치료를 도왔고 각종 물품을 지원하였다. 이러한 모든 것이 코로나19를 이겨내고 있는 한국의 힘이다.

코로나19라는 미증유의 위기에도 불구하고 성공적인 케이K방역으로 인해 대한민국에 대한 국민의 자긍심이 한껏 치솟아 있다. 하지만 재난은 각자의 욕망과 공동체적 시민의식이 동시에 표출되는 공간이자, 불안과 희망, 연대와 갈등 등 다양한 요소들이 격돌하는 공간이다. 따라서 국민의 자부심 이면에 있는 미래에 대한 불안감 등 국민의 진솔한 목소리에 더욱 귀를 기울일 때 포스트 코로나19 시대, 우리 사회도 좀 더 나은 변화의 길로 갈 수 있다.

'정의란 무엇인가'의 저자인 마이클 샌델Michael Sandel 미국 하버드대 교수는 한국이 코로나19 대응에서 성과를 거둔 이유로 한국 사회의 공동체 의식에 주목했다. 샌델 교수는 최근 외교부가 유튜브에 공개한 인터뷰에서 "주변국과 비교해 한국이 성공적인 방역 성과를 거둔 이유 중 하나는 넓은 의미의 공동체 의식과 사회적 결속력에 있었다"고 강조했다. 그는 강력한 공동체 의식, 고통 분담의 정신, 공공선을 추구하는 데 필요한 결속력 여부가 세계 각국의 코로나19 대응과 그 결과에 큰 영향을 미쳤다고 평가한 것이다. 그는 '착한 임대인', '착한 선결제' 등 코로나19로 힘든 자영업자를 돕기 위한 한국의 시민정신도 언급했다. 이어 "미국과 여러 유럽 국가에서는 기부 활동이 줄지었지만, 한국의 그것은 자선과 기부를 넘어선 행동"이라며 "효율적인 정부조차도 혼자서는 해낼 수 없는 일"이라고 주장했다.

우리나라는 초기 예상치 못한 코로나19 확진자의 급속한 증가에도 불구하고 창의적인 검사 방식과 대대적인 검사, 확진자와 접촉자에 대한 정확한 공개와 관리, 마스크 착용, 사회적 거리 두기로 성공적인 대응을 했다. 무엇보다도 사회적 신뢰, 시민의식, 의료인과 일반인의 자원봉사로 지역봉쇄 조치 없이 무사히 넘길 수 있었다.

우리나라는 세계 최초로 단 1건의 확진자도 없이 국회의원 선거를 성공적으로 치른 국가로 역사에 기록됐다. 코로나19 감염 방지를 위해 마스크 착용, 발열검사 후 손소독제를 쓴 후 일회용 비닐장갑 착용, 어린 자녀 동반 자제, 다른 투표자와 1m 이상 거리 두기, 상호 대화 자제 등의 투표 원칙이 질서 있게 지켜졌다. 14일간 자가 격리에 들어간 유권자에게도 외출을 허용해 참정권을 보장했으며, 66.2%의 투표율을 보여 근래 치러진 국회의원 선거 중에서 가장 높았다.

코로나19에 대한 이러한 성공적 대응은 드라이브 스루 선별검사소 같은 창의적인 검사방식과 대대적인 검사, 확진자에 대한 정밀한 관리, 접촉자에 대한 신속한 진단, 진단기술과 의료기술, 마스크 착용, 사회적 거리 두기를 철저히 지킨 시민의식이 있었기에 가능했다. 우리나라는 특정 지역을 봉쇄하지 않고 시민참여를 통해 성공적으로 코로나19에 대처한 선도적인 국가이기에 그 의미가 더욱 크다.

우리는 다른 나라와 달리 생필품 사재기도 없었다. 주거지 근처에 충분한 편의점, 마트 등 유통시설이 운영되고 있으며, 온라인 구매와 빠른 배송시스템이 이미 완벽하게 갖추어져 있었기 때문이다. 코로나19 초기 배송이 약간 지연되기는 했지만 필요한 물건을 구하지 못할 것이라는 소비자의 공포감은 전혀 없었다.

시민의 자발적 참여는 더욱 중요한 요인이었다. 시민들은 대구·경북과 같이 확진자가 많았던 위험지역으로의 이동을 자제하고, 종교시설, 체육시설, 여가시설을 폐쇄하고 이용하지 않았다. 각 지방자치단체도 각종 축제와 사람이 많이 모이는 행사를 취소했다. 시민들은 각종 모임과 회의를 피하고 '사회적 거리 두기' 운동에도 자발적으로 동참하였다. 공공기관은 물론 민간기업도 재택근무를 실시하거나 출퇴근 시간을 조절하여 사람들 간의 접촉을 최소화하는 데 참여하였다.

코로나19를 통해 얻은 소중한 우리 사회 시민정신에 대한 자부심을 지속하기 위해서는 정부, 기업, 근로자간 신뢰관계를 갖고 대화와 타협으로 문제를 해결하는 생태계를 구축해야 한다. 구체적으로 바람직한 사회적 신뢰를 위해서는 사회제도와 행정에 대한 시민의 참여를 더욱 강화해야 한다. 사회적 신뢰를 위해서는 사회구성원들이 지역사회에 대한 공동체 의식을 가지고 지역사회 문제 해결에 앞장서는 기제가 마련되어야 한다. 또한, 이익집단 대변을 위해서가 아니라 공공선을 위해 활동하는 사회적 리더를 충분히 양성하고 이들이 다양한 관점, 다양한 사회적 배경을 바탕으로 새롭게 정부, 기업, 시민사회에 참여할 수 있도록 사회적 기회가 제공되어야 한다. 끝으로 우리 사회는 성별, 연령, 장애 등으로 인한 차별과 배제를 극복한 사회적 포용 강화가 필요하다. 코로나19를 통해 얻은 한국 사회 신뢰를 바탕으로 한 시민정신의 힘을 통해 사회적 가치 창출은 지속될 것이다.

4부
컬렉티브 임팩트와
사회가치 전달체계

1장. 컬렉티브 임팩트의 골든 서클: 세계관, 프로세스 그리고 방법론

"창의혁신과 관련해 우리나라에서 가장 어려운 점 두 가지가 무엇인지 아세요?" 국내에서 창의혁신 관련 많은 프로젝트를 수행했던 전문가가 던진 질문이다. 수많은 경험을 통해 그가 얻어낸 결론은 무엇일까? 그 어려움은 다음과 같았다. 첫째, 대체적으로 문제 정의보다는 누군가가 정의한 문제를 해결하는 것에 익숙하다. 둘째, 협업 또는 함께 팀으로 활동하기보다는 독자적으로 행동하는 것을 선호한다. 그러나 우리가 직면한 현시대의 복잡한 사회·경제·환경문제는 독자적인 방식으로는 해결할 수 없다. 이러한 의미에서 컬렉티브 임팩트는 현대 사회문제를 치유하는 백신이 될 수 있다.

컬렉티브 임팩트가 더욱 필요한 시대

어렵고 복잡한 사회문제 해결에 활용되었던 컬렉티브 임팩트Collective Impact 가 금융, 산업혁신, 사회복지, 보건, 개발협력 등 다양한 전문 분야로 폭넓게 확산되고 있다. 이러한 추세는 컬렉티브 임팩트의 효과를 방증함과 동시에 선형적이며 독립적인 '개별적 임팩트Isolated Impact'의 한계를 반증하는 것이라 볼 수 있다.

코로나19가 국내외를 막론하고 경제력과 지역에 상관없이 창궐하고 있다. 또 전 세계적인 기후변화로 인해 인류 생존이 위협받고 있다. 이러한 글로벌 위기에 처해 있는 지금이야말로 우리는 컬렉티브 임팩트란 무엇이며, 이를 어떻게 시작할 수 있는지 제대로 이해할 필요가 있다. 컬렉티브 임팩트의 가치는 이를 무시하고 개별적으로 접근할 때 더 명확해진다. 미국 증권거래위원회 임원이 한 다음 발언은 음미할 가치가 있다.

> "보험 감독 기관은 보험만, 은행 감독 기관은 은행만, 증권 감독 기관은 증권만, 소비자 감독 기관은 소비자만 주시했어요. 하지만 신용 보증 업무는 이 모든 시장에 다 걸쳐 있지요. 그런데 우리는 상품도, 규제도 모두 전문 분야별로 나누었죠. 그러다가 문제가 생긴 겁니다. '이 시장 전체를 누가 관리하지?' 전문 분야별로 나누어 접근하다 보니 시스템 전체를 못 본 거지요."

2008년 세계 금융위기가 발생한 이유 중 하나가 고도로 전문화된 분업과 각 전문 분야 사이에서 놓친 큰 그림이다. 시스템을 놓치면서 각 주체의 최종 목표인 '금융시장의 안정'을 놓쳤던 것이다. 코로나19를 생각해보자. 감염 확산 방지를 위해 정부, 기업, 시민사회 등이 각자의 영역에서 부분 최적화로 최선을 다한다면 어떻게 될까? '사회적 거리 두기'를 기본으로 대중교통 체계, 보건의료 체계, 사회복지 전달체계, 경제 체계 등이 유기적으로 움직일 때 비로소 우리는 공통 목표인 지역사회 감염을 최소화할 수 있다. 이러한 컬렉티브 임팩트라는 수단을 통해 우리는 더욱 큰 사회·경제적 이익을 볼 수 있다. 우리에게 아직 용어는 생소하지만 컬렉티브 임팩트의 필요성과 실체는 사실 우리 삶에 이렇게 가깝게 자리 잡고 있다.

컬렉티브 임팩트 실행, 왜 어려운 걸까?

컬렉티브 임팩트는 5가지 요소 즉, 공동목표Common Agenda for Change, 지속적인 열린 의사소통Open and Continuos Communications, 상호 강화활동Mutually Reinforcing Activities, 공동 측정체계Shared Measurement for Data & Results, 그리고 중추지원조직Backbone Coordinating Organizations 등으로 구성된다. 이 다섯 가지는 효과적인 컬렉티브 임팩트의 필수 토대이다. 이러한 컬렉티브 임팩트의 필요성에도 불구하고 국내에서 프로젝트 실행 시 제대로 활용하지 않았던 데에는 이들에 대한 이해 부족이 큰 몫을 차지한 것으로 보인다. (그림1)

흔히 '철인경기'로 불리는 근대 5종 경기가 있다. 권총 사격, 에페 펜싱, 200m 자유 수영, 장애물 승마, 300m 크로스컨트리 등을 겨루는 종목으로 최고의 성적을 거둔 사람이 영예의 '철인'으로 인정되는 올림픽 종목이다. 근대 올림픽 경기의 창시자로 불리는 쿠베르텡Coubertin 남작은 "근대 5종 선수만이 올림픽 대회의 진정한 선수로 불릴 수 있다"고 말한 바 있다. 근대 5종의 전신인 고대 5종에 대해 그리스 철학자 아리스토텔레스는

〔그림 1〕 컬렉티브 임팩트의 5가지 요소

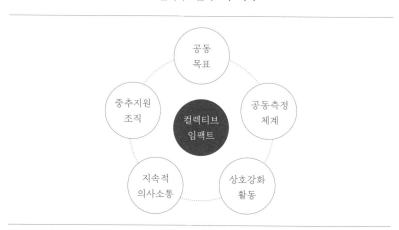

"가장 완벽한 스포츠맨은 5종 경기를 하는 사람이다"라고 했다. 이러한 경기에 입문한다면 무엇부터 시작해야 할까? 각 경기에 곧바로 뛰어들어 좋은 성적을 얻기를 기대하는 것은 불가능한 일일 것이다. '철인'이 되기 위해서는 기초체력을 비롯해 각 경기에서 요구하는 순발력, 지구력, 근력 강화를 위해 전문적이고 체계적인 훈련이 필요하다. 이러한 준비 없이 각 종목에 도전한다면 시도 외에는 의미 없는 결과만을 얻게 될 것이다.

이와 같이 컬렉티브 임팩트도 실행 전 5가지 요소에 필요한 기반과 기초, 그리고 이를 가능하게 하는 여건Enabling Environment이 먼저 갖춰졌을 때에야 비로소 실질적인 효과를 낼 수 있다.

컬렉티브 임팩트의 골든 서클을 찾아서

이 절에서는 컬렉티브 임팩트의 5가지 요소를 가능하게 하는 것이 무엇인지 컬렉티브 임팩트의 '골든 서클'을 통해 살펴보고자 한다. 골든 서클 Golden Circle은 사상가인 사이먼 사이넥Simon Sinek이 소개하면서 널리 알려진 프레임이다. 그는 세상을 바꾸는 혁신은 목적(Why)에서 과정(How) 그리고 결과(What)로 나아가는 흐름이 있다고 주장한다. 그 반대 흐름, 즉 결과물이나 방법론에서 시작할 경우, 근본적인 변화를 일으키고 유지할 충분한 힘이 되지 못한다. (그림 2)

컬렉티브 임팩트의 골든 서클은 컬렉티브 임팩트가 왜 필요한가에 대한 세계관(Why), 컬렉티브 임팩트를 준비하기 위한 프로세스(How), 그리고 컬렉티브 임팩트를 실행하는 요소와 방법론(What)으로 같이 구조화해볼 수 있다. 컬렉티브 임팩트의 골든 서클에서 기존의 5가지 요소는 구체적인 방법론에 해당된다. 이 글에서는 방법론에 이르기 전 이러한 방법론의 토대가 되는 근원, 즉 세계관에서 시작해 그러한 세계관을 바탕으로 기초체력이라 할 수 있는 준비과정으로서의 프로세스, 그리고 구체적으로 5가지 구성요소의 방법론을 준비하는 내용까지 소개할 예정이다. 이에 앞서 컬렉티브 임팩트가 실제적으로 어떤 모습인지를 이해하도록 필자가 경험한 사례를 공유한다. [그림 3]

컬렉티브 임팩트 사례와 시사점 : 자폐성 장애인 자립을 위한 컬렉티브 임팩트

국내에는 컬렉티브 임팩트를 기반으로 본격적으로 설계돼 꾸준하게 진행되고 있는 사업으로 '자폐성 장애인 자립을 위한 컬렉티브 임팩트'가 있다. 2016년 시작된 이 프로젝트는 하나금융그룹의 대표적인 사회공헌 사업이다. 2020년 현재 '자폐성 장애인의 자립과 일자리 창출' 사업으로 진행되고 있으며 유의미한 시사점을 도출해 내고 있다. 이 프로젝트가 어떻게 시작되었으며 어떻게 진화해가고 있는지를 단계별로 살펴보도록 하자.

1단계: 관련 소셜벤처와 사회적기업의 등장과 교류

사회혁신 컨설팅·임팩트투자 기관 엠와이소셜컴퍼니(이하 MYSC)가 교류하는 사회적기업 및 소셜벤처에는 자폐성 장애인과 관련된 회사가 많았다. MYSC가 공동 주관한 2016년 아시아소셜벤처경연대회SVCA에서 수상한 '두브레인Dobrain'(발달장애 아동의 인지치료 학습을 돕는 테크기업), MYSC가 임팩트투자를 집행한 인증사회적기업 '커피지아Coffeejia'(자폐성 장애인의 강점 영역을 활용해 '커피빈 감별사' 채용) 등을 통해 MYSC는 자폐성 장애 분야에 존재하는 난제, 즉 성인이 된 자폐성 장애인의 자립과 일자리 문제가 심각함을 점차 이해하게 됐다. 이외에도 국내에는 베어베터Bearbetter, 오티스타Autistar, 동구밭, 히즈빈즈Hisbeans 등과 같은 사회적기업 또는 소셜벤처들이 자폐성 장애인이 겪는 다양한 사회·경제적 어려움을 해결하기 위해 활발한 활동을 해나가고 있었다. 컬렉티브 임팩트에 있어 이러한 사회적 공감대 또는 일정한 집합적 흐름의 존재는 컬렉티브 임팩트가 자라나는 토양 역할을 한다.

2단계: 벤치마크를 찾기 위한 해외 사례 조사

사회복지 지원체계의 고도화도 계속되어야 하지만 자립과 일자리 문제는 민간영역의 참여 없이는 해결이 어려운 문제이기에 해외에서는 민간기업이 어떻게 참여하고 있는지 조사했다. 이를 통해 외국에서는 일자리 제공의 관점이 아닌, 자폐성 장애인의 특성과 강점을 기반으로 한 새로운 일자리 및 직무 개발이 활발하게 진행되고 있음을 알았다.

글로벌 소프트웨어 1위 기업인 SAP는 자폐성 장애인 중 아스퍼거 증후군이 있는 직원이 몰입 및 패턴 파악에 있어 비장애인보다 강점이 있음을 토대로 소프트웨어 테스팅 직무에 채용하는 Autism@Work라는 프로그램을 운영하고 있었다. 해당 프로그램의 성과를 바탕으로 SAP는 2020년까지 글로벌 SAP 직원의 1%를 자폐성 장애인으로 채용하겠다는 계획을 발표한 바 있다.

〔그림 2〕 사이먼 사이넥의 '골든 서클' 개념

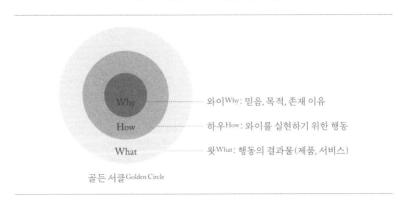

와이Why: 믿음, 목적, 존재 이유

하우How: 와이를 실현하기 위한 행동

왓What: 행동의 결과물(제품, 서비스)

골든 서클Golden Circle

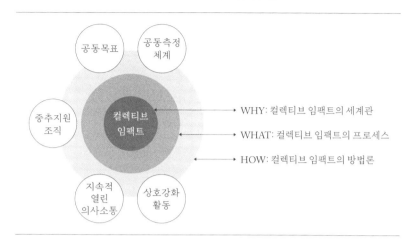

또 다른 사례는 이스라엘 국방부였다. 인공위성이 촬영한 위성사진을 정기적으로 검토하며 주요 지형지물의 변화를 확인하는 '인텔리전스 팀'에 시각정보에 민감한 자폐성 장애인이 복무한다는 정보였다. 실제로 이스라엘에는 '9900부대'라 불리는 특수부대에서 자폐성 장애인들이 복무하며 비장애인이 놓치기 쉬운 미세한 분야를 포착하는 특수 임무를 수행하고 있다.

또한, 싱가포르 유니클로는 자폐성 장애인들의 불안감 해소를 돕는 '허그 조끼Hug Vest'를 선보이는 등 기업의 CSR 측면에서도 여러 가지 새로운 시도가 진행되고 있음을 파악했다. 1단계에서 구체적으로 움직이는 활동가와의 교류, 2단계 조사를 통한 다양한 흐름의 파악은 컬렉티브 임팩트의 골든 서클 Why에 해당하는 시스템 사고Systems Thinking라고 불리는 것과 연계된다.

3단계: 국내에서 시도할 수 있는 아이디어 도출과 피드백

해외 리서치를 통해 MYSC에서 새로운 개념 설계를 담당하는 사회혁신랩은 국내에도 이러한 다양한 접근과 시도가 필요함을 깨닫게 했다. 특히 사회혁신랩의 한 컨설턴트는 가족 중 장애인이 있어 자폐성 장애인이 겪는 어려움에 깊게 공감할 수 있었다. 팀 내 이러한 공감대를 갖춘 구성원의 존재는 프로젝트가 구체화되지 않은 불확실한 초기 상태에서도 포기하지 않고 기회를 탐색해가는 동기부여에 도움이 된다. 이는 컬렉티브 임팩트의 골든 서클 Why의 사내기업가정신Intrapreneurship으로 설명된다.

리서치를 통해 덴마크의 스페셜리스턴Specialisterne이라는 사회혁신기업을 주목하게 됐다. 2004년 코펜하겐에 설립된 이 소프트웨어 테스팅 회사는 자폐성 장애인을 훈련시켜 마이크로소프트 등 IT기업에 솔루션을 제공하고 있었다. 이를 국내에 적용하여 자폐성 장애인의 자립을 모색하고자 공식홈페이지 및 SNS 등을 통해 연락을 취해보았지만 언어 장벽 등으로 인해 성공하지 못했다. 스페셜리스턴의 창업자인 토킬이 아쇼카 펠로우라는 사실을 확인하고 아쇼카코리아를 통해 소통이 시작되었지만 당시 막 북미 시장에 진출한 상황에서 한국을 비롯한 아시아 진출은 아직 계획이 없다는 회신을 받았다. 게다가 국내 여러 발달장애 전문가들이 우리나라에서 그 프로젝트는 성공할 가능성이 낮다는 의견을 보내와 더 이상 시도하지 않았다. 스페셜리스턴과의 소통을 통해 외국 접근의 국내 도입이 어렵다면 국내에서 자체적으로 시도해보는 차선책을 찾아보자는 공감대가 형성됐다.

한편, MYSC가 공유가치창출CSV 컨설팅을 진행하던 이랜드리테일의 스파오SPAO 브랜드에서 자사와 결합할 수 있는 전략적 사회공헌을 요청해왔다. 발달장애 디자이너의 감각 있는 디자인 제품을 만드는 오티스타와 협업을 통해 2016년 6월 한정판 여름 티셔츠를 제작했고, 해당 시리즈의 완판을 통해 자폐성 장애인의 자립을 돕는 민간기업 역할에 대한 경험을 추가적으로 축적할 수 있었다.

4단계: 최초의 개념검증 Proof of Concept **시도**

그러던 중 돌파구는 2016년 SAP코리아의 당시 CSR 담당 부장과 소통하며 열리게 되었다. SAP측은 소정의 사회공헌기금이 있는데 이를 활용할 수 있는 아이디어를 찾고 있다고 했다. MYSC 사회혁신랩은 SAP 본사가 추진하는 Autism@work를 국내에서도 시범적으로 추진해볼 수 있는 기회로 보고 '자폐성 장애인 자립을 위한 컬렉티브 임팩트 기반 마이크로워크Microwork 제안'을 했다. 당시 SAP 본사와 글로벌 지사에서는 Autism@Work를 통해 자폐성 장애인을 채용하고 있었지만, 아직 우리나라에서는 시도하지 않았기에 이 제안을 SAP 코리아는 매력적으로 받아들였다.

사회공헌이라는 틀에서 국내 최초로 자폐성 장애인 중 아스퍼거 증후군 소지자의 소프트웨어 테스팅 직무 수행 가능 여부 검증을 위해 '자폐성 장애인 임팩트 네트워크AIN: Autism spectrum disorder Impact Network'를 동시에 만들었다.

초창기 네트워크에는 동구밭, 모두다, 커피지아, 플레이31, 피치마켓, 테스트웍스 등이 참여했다. 각자 접근하는 가설과 솔루션은 다르지만 자폐성 장애인의 자립을 위해서는 전방위적인 협업이 필요하다는 점에 동의하고 구체적인 협업 아이디어를 구했다. 여기에 한국의학연구소 KMI, 연세세브란스병원 등도 사회공헌사업으로 지원했고, MYSC는 중추지원조직에 해당하는 코디네이터 역할을 맡았다.

이렇게 구성된 AIN 멤버를 중심으로 SAP 코리아의 사회공헌사업을 기획했다. 각 참여기관은 그동안 자폐성 장애인의 사회성, 직무 개발, 의사소통 지원 등 개별적으로 진행되던 각각의 솔루션만으로는 그들의 자립과 취업이 어렵다는 사실에 공감했다. 워크숍에서는 각 참여기관이 이해관계자 구도를 설명하고 이를 참여하는 모든 기관의 통합 네트워크로 정리했다. 또, 자폐성 장애인의 자립이라는 목표 달성을 위해 어떠한 변화이론Theory of Change이 필요한지 공동 작업을 진행했다.〔그림4〕

〔그림 4〕 자폐성 장애인을 위한 임팩트 네트워크^AIN 구조도

PLAY31 (로고) 🏠	AIN 파트너 기관·기업	KMI(한국의학연구소), 세브란스병원, 휴먼에이드, SAP Korea, 이랜드이서비스, RGKorea 등
동구밭 (로고) TESTWORKS D	AIN Lab(코디네이터)	MYSC
PM (로고) 모두다 (로고)	AIN 소셜벤처	동구밭, 모두다, 커피지아, 플레이31, 피치마켓, 테스트웍스 등
	AIN 지속가능위원회	이종헌(요즈마캠퍼스 이사), 홍은희(무의 대표) 등

이를 통해 테스트웍스TestWorks가 제안한 '자폐성 장애인의 소프트웨어SW테스터 교육과 취업 가능성 검증'이 채택되었다. 당시 테스트웍스는 삼성전자 수석연구원 출신이 설립한 사회적기업으로 IT 테스팅이 주요 사업 분야 중 하나였다. 해당 IT테스팅을 자폐성 장애인이 수행한 적은 없었지만 사회적기업 대표로서 이러한 가능성이 실증될 때 얻게 되는 소셜임팩트에 적극 공감하여 해당 교육과 실증 사업을 맡았다. 2020년 3월 동아비즈니스리뷰DBR 'AI 학습용 데이터 가공 스타트업 테스트웍스'에서 윤석원 대표는 당시의 상황에 대해 이렇게 인터뷰한 바 있다.

> "테스트웍스가 처음부터 자폐성 장애인들에게 관심을 가졌던 건 아니다. 처음엔 경력단절 여성을 고용해 소프트웨어 테스팅 업무를 수행했다. 그러다 2016년 초여름, 사회혁신 컨설팅 업체인 MYSC의 김정태 대표에게서 연락이 왔다. 'SAP코리아 및 (재)디코리아와 함께 자폐인 직업훈련 및 사회적응 교육 프로그램인 '오티즘@워크'를 운영하려고 하는데 테스트웍스가 협력사로 참여해 줄 수 있겠냐'는 제안이었다. 프로그램 참여자 선발 등 전체 프로그램 기획과 운영은 MYSC가 담당하고, 사회성 강화 훈련은 게임으로 자폐성 장애인의 발달을 돕는 프로그램 운영업체에서 맡을 테니, 테스트웍스는 전문성을 살려 IT 소프트웨어 테스팅 교육을 실시해 달라는 요청이었다. 자폐성 장애인 문제 해결이라는

공통의 소셜 미션을 중심으로 다양한 영역에 속한 기관들이 힘을 합쳐 '컬렉티브 임팩트'를 창출하자는 것이었다."

당시 SAP 코리아에 컬렉티브 임팩트 개념은 생소했지만 공동목표에 대한 참여기관의 목표의식이 뚜렷했기에 각자의 역할을 나누고 IT 테스팅 교육 프로그램 수강생을 모집했다. 모집 초기에는 참가자 신청이 저조했다. 국내 자폐성 장애인 중 아스퍼거 증후군에 대한 인식이 높지 않았고, 자녀가 아스퍼거 증후군이더라도 이를 인정하지 않는 분위기도 한몫했기 때문이다. 한양대학교 발달장애연구소 등 유관 기관 및 자폐인 부모 모임 등을 수소문하여 3명을 선발할 수 있었다.

　한 가지 특기할 사항은 SAP 코리아가 사회공헌사업임에도 사업의 특성을 감안해 수혜 인원을 3명으로 제한한 부분에 대해서 동의한 점이다. 대부분 기업의 사회공헌은 외부 홍보 효과를 감안해 투입되는 기부금 대비 가급적 많은 수혜자가 있기를 기대한다. SAP 코리아는 국내에서 처음 시도되는 프로젝트라 많은 인원보다는 소수에 집중하여 실제 효과를 검증하는 것이 매우 중요하다는 점에 인식을 같이 했다. 이러한 기업과 함께 했다는 점에서 자폐성 장애인 자립을 돕는 컬렉티브 임팩트 프로젝트가 큰 도움을 받은 것이 사실이다.

5단계: 개념검증 및 검증결과 분석

테스트웍스는 국내 최초로 총 40일 120시간짜리 자폐성 장애청년의 IT 테스팅 업무 교육 커리큘럼을 개발하는 데 성공했다. IT 테스팅 업무를 전혀 해보지 않았던 3명의 교육생을 이끌어가는 데 가장 큰 어려움은 교육보다는 자폐성 장애인과 직접 만나본 경험이 없었던 데 따른 상호 이해 부족이었다. 예를 들어, 자폐성 장애인은 개별 특성에 따라 독특한 습관이 있는데, 한 교육생은 쉬는 시간이면 양말을 벗어 책상 위에 올려놓곤

했다. 이러한 사회성 분야는 소셜벤처 모두가 게임을 통해 비장애인과 사회적 맥락에서 상호 작용을 늘려가며 새로운 관점을 습득하도록 도움을 주었다. 이러면서 테스트웍스는 국내 자폐성 장애인의 IT 테스팅 교육에 대한 독보적인 경험을 축적해갈 수 있었다.

교육을 통해 얻은 기대 이상의 성과는 3명의 교육생 모두 IT 테스팅 분야의 국제자격증 ISTQB^{International Software Testing Qualification Board}를 취득했다는 점이다. 최초 교육 프로그램 설계 시 자격증 취득은 포함돼 있지 않았다. 테스트웍스 역시 짧은 교육을 통해 자폐성 장애인이 자격증 취득을 할 수 있으리라고는 생각하지 않고 응시만으로도 의미가 있다고 생각했다. 교육생 전원의 국제자격증 획득은 컬렉티브 임팩트 주체들의 기대를 넘는 것으로 자폐성 장애인이 가진 잠재력이 무궁함을 알게 된 소중한 경험이었다. 테스트웍스 윤석원 대표를 비롯한 내부 강사진의 소감에도 이러한 깨달음 등이 잘 표현되어 있다.

본 프로그램은 본인에게 어떤 의미였나요?

강의 전에는 장애인들을 위한 일자리 창출을 복지개념으로 생각했다면 강의 후에는 그들은 일반인과 조금 다를 뿐이며, 충분한 능력이 있다면 고용에 있어서 장애인이라는 이유로 차별받아서는 안 되겠다는 생각이 들었습니다.(중략) 발달장애인이 SW 테스터로 활동하는 해외 사례는 익히 들어서 알고 있었지만 국내에서 실현 가능한 모델인지 궁금했습니다. 과연 발달 장애인이 테스터로 성장 가능할 수 있는지에 대한 가설을 실험할 수 있는 좋은 기회가 되었습니다.

본인이 정의하는 본 사업의 최종 성과는?

컬렉티브 임팩트에 기반을 둔 최초의 도전이라는 점에서 일단 의의를 두고 싶습니다. (중략) 일반인들도 취득하기 힘든 ISTQB 국제자격증을 딴 것도 매우 고무적인 일이라고 생각합니다. 가장 큰 성과는 소프트웨어 엔지니어의 전문교육을 통해 취업의 기회를 제공했다는 점, 해외의 성공사례를 국내에서도 시행해 보여준 점입니다. 국내의 경우 자폐성 장애인에 대한 이해도 부족할 뿐 아니라, 자폐성 장애인 보호자 분들도 자신의 가족의 문제로 한정하여 생각하시는 점이 아쉬웠습니다. 장애의 성격마다 사회적 대응도 달라야 한다는 점은 꼭 기억해야 할 것입니다. 이번 성과가 자폐성 장애를 가진 청소년 및 청년들, 그 보호자뿐 아니라 사회와 기업에게도 선례로 기록될 것이라고 생각합니다.

교육 이후 실제 효과를 검증하기 위한 인턴십 실습 과정은 SAP 코리아의 자매회사인 SAP랩스코리아Labs Korea의 도움을 받아 진행했다. 자폐성 장애인 교육생들이 SW 테스트 업무 중 테스트 자동화가 어려운 '사용자 인터페이스' 관련 영역의 오류나 특이사항을 점검해보는 실습이었다. 이 과정에서 예상했던 어려움은 각자 맡은 업무도 많은 구성원들이 자폐성 장애인 인턴을 지도하고 싶을까란 부분이었다. 놀랍게도 이러한 우려는 해당 인턴십 프로그램의 시범 실시가 사내에 공지되고 관심 있는 분들과 만날 때 깨끗하게 해소됐다. 자폐성 장애인 청년인턴의 멘토 역할을 하게 될 매니저가 자신이 왜 멘토링에 관심이 있는지를 설명해주었기 때문이었다. 그의 자녀 역시 자폐성 장애인이었는데, 미래에 자녀의 자립과 일자리에 많은 생각을 해왔던 터라 자기 자녀의 미래를 멘토링 하는 생각으로 하겠다는 다짐이었다. 이렇게 이미 해당 분야의 공감을 갖춘 파트너를 만나게 될 때 컬렉티브 임팩트는 최초 기획했던 이상의 성과를 달성하게 된다.

IT 테스팅 프로젝트와 병행해 AIN 멤버들은 컬렉티브 임팩트의 고도화를 위해 인식 개선과 상호 강화 활동이 계속 필요하다는 점에 동감했다. 특히 자폐성 장애인 영역은 그동안 주로 사회복지 및 비영리 분야로 간주되었다. 기존 기업들은 영리법인 형태를 띤 사회적기업 및 소셜벤처의 활동이 낯설어 비영리-영리의 구분 없는 컬렉티브 임팩트 활동이 아직은 쉽지 않은 상황이었다. AIN 참여기업 중 하나는 기업의 사회공헌 기금을 기부 처리해줄 수 있는 자폐성 장애인 관련 비영리단체를 접촉했지만, 비즈니스적인 접근을 하는 사회적기업과의 협업은 어렵다는 반응에 어려움을 토로했다. 서로의 이해를 높이기 위해 자폐성 장애인 분야에서 오랜 기간 활동했던 비영리단체를 방문해 상호 소개하고 해당 비영리단체의 지속가능한 활동을 통해 월 정기후원을 시작으로 영리-비영리 영역의 구체적인 관계 형성을 시작했다.

　매년 4월 2일 '세계 자폐인의 날'에 자폐성 장애인의 자립과 일자리 창출에 기여하는 사회적기업 및 소셜벤처의 활동을 알리기 위해 각 참여 기업의 제품 등을 선물로 증정하는 이벤트도 진행했다. 이러한 움직임은 조선일보 공익섹션 '더나은미래' 2017년 5월 29일자 기사에 "이제 사회공헌도 경쟁 아닌 협력!"이란 제목으로 소개됐다.

　　주민석(가명·21·S대 컴퓨터공학부 2년)씨는 아스퍼거 증후군을 지닌 자폐성 장애인이다. 사회성은 떨어지지만 한 분야에서 집중력이 뛰어나 '천재의 병'이라고도 불린다. 주 씨는 현재 테스트웍스라는 사회적기업의 인턴으로 근무 중이다. 소프트웨어SW를 출시하기 전 문제가 없는지 테스팅 하는 일을 한다. 주 씨의 취업엔 특별한 이들이 함께했다. 게임과 놀이로 사회성을 훈련받는 소셜벤처 모두다 프로그램, 도시농업으로 사회성을 키우는 소셜벤처 동구밭, 후원기업 SAP 코리아 등이다. 이들은 모두 '자폐성 장애인의 자립'을 위해 협력하는 '자폐성 장애인 임팩트 네트워크' 멤버들이다.

　　사회공헌에서 '컬렉티브 임팩트'가 중요 키워드로 뜨고 있다. 기업, 정부, 비영리단체 등 다양한 섹터의 조직이 공통의 문제를 해결하기 위해 협력하는 사회공헌을 말한다. 마이클 포터와 함께 CSV 개념을 도입한 마크 크레이머Mark Kramer가 2011년 발표한 개념이다. 사회혁신 컨설팅·투자 전문기업 MYSC가 지난해 초 구성한 'AIN'이 대표적이다. 이예지 MYSC 선임 컨설턴트는 "자폐성 장애인의 문제를 해결하는 소셜벤처는 많아졌는데, 정작 장애인 입장에서는 제각각 도움받아야 하느라 실질적인 도움이 안 됐다"며 "일자리뿐 아니라 정보 접근성, 사회성 함양 등 장애인이 제대로 자립할 수 있도록 단계별로 구조화해 지원하는 게 필요했다"고 말했다.

추가로 자폐성 장애인의 주요 이해관계자인 부모와의 커뮤니티 형성과 자문청취도 했다. 당사자인 자폐성 장애인이 무엇을 원하는지, 교육 경험과 성과가 무엇이었는지 직접 파악하기 어려운 경우가 있었기에 부모들이 함께 생활하며 공유하는 피드백은 무엇보다 소중했다. 예를 들어, IT 테스팅 교육에 참여한 한 교육생은 교육 수료 후 취업에 대한 기대감이 높아지면서 집에 와서 스스로 방 청소를 하며, 교육 참가를 위해 규칙적인 생활 리듬을 보이는 변화가 생겨서 놀랍다는 부모의 반응이 있었다. 이후 자폐성 장애인 부모들이 모인 자조조직은 하나금융그룹과 본격적으로 자폐성 장애인의 직무개발 관련 사회공헌사업을 기획할 때 이러한 사업의 필요성과 중요성을 확인하고 다양한 아이디어를 제공하는 든든한 조력자가 되었다.

6단계: 아카이빙 및 스케일업 준비

SAP 코리아 후원으로 AIN이 주축이 되어 진행했던 '자폐성 장애인의 IT 테스팅 직무 개발'은 소정의 객관적 성과를 거두었다. 이제 개념 검증Proof of Concept된 이 아이디어를 더욱 확장할 다음 단계를 준비해야 했다. SAP 코리아 사정상 더 이상의 후원은 어려웠기에 MYSC는 AIN 참여기업과 함께 그동안의 성과를 정리해서 2017년 4월 2일 '세계 자폐인의 날'에 맞춰『자폐성 장애인 자립을 위한 컬렉티브 임팩트 기반 마이크로워크 제안: SAP Korea Autism@Work의 SW 테스터 양성 및 채용 사례 기반』이란 소책자를 발행했다.

그동안 진행했던 내용을 기록 정리하고 이를 모두 외부에 공개하며 이러한 프로젝트 결과를 이어서 본격화하고 싶은 새로운 파트너를 찾기 위한 전략의 일환이었다. 이미 발달장애 관련 사회공헌 사업을 진행하고 있는 국내 게임회사를 비롯해 사회공헌에 관심 있는 기관에 자료를 송부하고 이 분야의 협업을 타진했다.

마침 하나금융그룹에서는 새로운 대표사회공헌 사업을 기획하는 중이었다. 당시는 사회적경제 영역이 부상하면서 기업의 사회공헌 역시 전통적인 비영리단체와 협업하여 진행하는 수혜자의 직접 지원에만 머물지 않고, 사회적기업 및 소셜벤처 등과 손잡는 협업 방식이 조금씩 확산되던 시기였다. 특히 하나금융그룹은 사회 취약계층의 일자리 창출이 우리 사회에 가장 필요하다고 생각했고, 하나금융의 사회공헌 기부금 및 네트워크를 최대한 해당 분야에 투입할 의지가 있었다.

자폐성 장애인의 SW 테스팅 직무가 가능하다는 정보를 입수한 하나금융그룹 사회공헌 담당자는 자폐성 장애인의 새로운 직무개발을 지원하는 사회공헌사업에 적극 동의했다. 이 부분은 컬렉티브 임팩트가 활성화되기 위해 반드시 필요한 파트너의 기업가정신과 관련되어 있다. 당시 명확한 결과물은 그려지지 않았지만, 필요성만으로 성과를 이루어나가고자 하는 융통성이 하나금융그룹 담당자에게 없었다면 다음에 소개할 스케일업Scale-up 단계는 세상의 빛을 보지 못했을 것이다.

7단계: 하나 '파워온임팩트' 시즌1의 시작

하나금융그룹의 전폭적인 지원으로 자폐성 장애인의 자립을 위한 새로운 직무 개발을 공동 목표로 하는 파트너들이 컬렉티브 임팩트를 위해 새롭게 모였다. 기획운영을 맡은 MYSC가 중추지원조직을 맡고, 사회복지공동모금회, 한양대학교 링크플러스사업단 등이 파트너로 참여했다. 동구밭(비누생산자), 테스트웍스(데이터매니저), 모두다(게임경험 디자이너) 등 기존의 AIN 참여기업 외에 새롭게 루비(실내정원사), 커피지아(초능력 콩 감별사 & 바리스타), 휴먼에이드포스트(기사 감수위원), 로사이드(문화예술 매개자) 등 직무개발에 참여할 7개의 사회적기업 및 소셜벤처도 선발했다.

2018년 시작된 제2기에는 (사)사회적경제활성화지원센터, 한국장애인고용공단, 커리어플러스센터 등이 공동주관 파트너로 합류했다. 제1기의 평가를 바탕으로 한층 세밀한 맞춤형 지원이 가능하도록 스페셜그룹과 챔피언그룹으로 나누어 직무개발 및 인큐베이팅을 진행했다. 2기 스페셜그룹에는 동구밭, 지노도예학교, 라하프, 드림앤바이크 등 4개 소셜벤처가, 챔피언그룹에는 테스트웍스, 소소한소통, 로사이드, 마인드케어테크놀러지, 향기내는사람들 등 5개 소셜벤처 등 총 9개 기업이 새롭게 컬렉티브 임팩트에 참여했다.

2019년 진행된 제3기에는 새로운 기업을 더욱 발굴해 참여시켰다. 스페셜그룹에 그레이프랩, 동안제일복지센터, 휴먼에이드포스트, 챔피언그룹에 교남어유지동산, 드림위드앙상블, 디스에이블드, 발그래협동조합 등 총 7개 소셜벤처가 추가로 컬렉티브 임팩트에 함께 했다.

하나 파워온임팩트Power On Impact는 2017년 3개년 계획으로 출발했다. 1단계에 해당하는 2017년에는 자폐성 장애인이 기존에 존재하던 일자리에 취업하는 관점에서 벗어나 자폐성 장애인에게 적합한 일자리의 탐색과 필요한 경우 새로운 직무설계에 도전하며 이와 관련된 소셜벤처 및 파트너 기관과의 연대를 모색했다. 2018년 2단계에는 실제로 이러한 맞춤형 직무가 유의미한 반향을 일으키도록 더욱 다양한 사례발표와 성과공유를 병행해 진행했다. 2019년 3단계에는 3년간의 시도를 기록한 백서『새로운 가능성과 확산의 기록 Hana Power on Impact: 발달장애인의 좋은 일자리를 위한 사회혁신 프로젝트 백서』를 발간해 전국적으로 배포했다.

하나 '파워온임팩트'의 3년간 성과는 무엇일까? 총 23개 참여기업의 발달장애인 고용률은 사업 참여 이전과 이후를 비교할 때 기존의 총 39명에서 101명으로 259% 성장했다. 이를 발달장애인과 비장애인을 합한 총 고용성장률로 보았을 때는 사업 참여 이전 158명에서 사업 참여 이후 307명으로 늘어나며 194%의 고용 증진 효과가 있었다. 실제로 각 참여기업의 직무에 배치되었던 자폐 장애인 청년 인턴은 다수가 인턴십 기간 이후에도 계속 고용되어, 맞춤형 직무가 제공되었을 때 자폐성 장애인 청년들의 취업 성공과 근속 모두 긍정적으로 강화될 수 있음을 입증할 수 있었다.

3년간 축적된 데이터와 기록을 비롯해 '발달장애인 고용기업을 위한 안내서' 등 유관 자료 등은 국내 유일의 자폐성 장애인 직무 관련 플랫폼 (poweronimpact.com)에 모두 공개되어 있다.〔그림5〕

8단계: 하나 파워온임팩트 시즌2, 그리고 현재

현재 하나 '파워온임팩트'는 시즌1을 종료하고 2020년 시즌2로 나아가고 있다. 그레이프랩, 데이터큐, 두빛나래협동조합, 드림위드앙상블, 라하프, 비컴프렌즈, 키뮤, 향기내는사람들 등 8개의 소셜벤처와 사회적경제 조직이 새롭게 참여했다. 시즌2에 접어들면서 자폐성 장애인과 관련된 국내 유관 소셜벤처들은 대부분 컬렉티브 임팩트로 연결되게 되었다.

2016년 AIN을 토대로 확장되어 하나금융그룹의 대표 사회공헌으로 발전한 '자폐성 장애인의 자립을 위한 컬렉티브 임팩트'는 지역 공기업 등에서도 많은 관심을 보이고 있다. 이에 더해, 자폐성 장애인 관련 소셜벤처들의 협동조합 설립 등 공식적인 조직화도 검토되고 있다. 3년이란 시간은 컬렉티브 임팩트의 성과를 논의하기에 짧은 기간이다. 하지만, 지난 3년은 컬렉티브 임팩트가 관련 기업을 모으고 자원 공유와 역할 분담을 통해 자폐성 장애인의 자립과 같은 목표를 달성하는 데 매우 유용한 수단이라는 것을 확인할 수 있는 시간이었다.〔그림6〕

다시 살펴보기

1. 컬렉티브 임팩트란?

컬렉티브 임팩트란 그동안 진행되어 왔던 '개별적 솔루션' 중심의 사회문제 해결과는 다른 방식으로, 특정 문제의 해결을 넘어서 특정 가치의 실현을 위해 필요한 종합적 접근 방식이다.

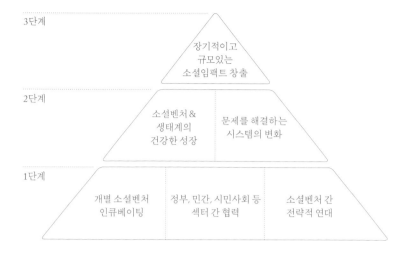

〔그림 5〕 자폐성 장애인의 새로운 직무 개발을 위한 '하나 파워온임팩트'의 3개년 계획

3단계 — 장기적이고 규모있는 소셜임팩트 창출

2단계 — 소셜벤처 & 생태계의 건강한 성장 | 문세를 해결하는 시스템의 변화

1단계 — 개별 소셜벤처 인큐베이팅 | 정부, 민간, 시민사회 등 섹터 간 협력 | 소셜벤처 간 전략적 연대

세계적 컨설팅 기업인 FSG는 컬렉티브 임팩트를 "다른 배경 및 다른 섹터의 기관이 공통 목표를 중심으로 각자의 노력을 조율하고, 공통의 성공지표를 활용하여 문제를 해결하는 방식"이라고 정의한 바 있다.

스탠퍼드대학교가 발행하는 스탠퍼드소셜이노베이션리뷰Stanford Social Innovation Review 2011년 겨울호에 게재된 '컬렉티브 임팩트Collective Impact' 제하의 글에서 사회변화 접근에 있어 개별 기관의 고립된 솔루션the Isolated Intervention of Individual Organizations에 초점을 맞추는 현실에서 특정 섹터를 넘어 해당 문제와 관련된 다양한 기관이 공통의 협업을 의도적으로 설계하고 추진할 필요에 대해 제안한 것이 컬렉티브 임팩트 개념에 대한 최초의 이론적 접근이었다.

미국 신시내티의 스트라이브Strive라는 비영리기관은, 지역교육 불평등 해소에 관여되어 있는 기관과 함께 공동의 목표를 설정하고 이를 달성하는 공동의 접근과 공통의 성과지표Success Indicator를 마련하여, 4년간 실행 이후 53개의 성과지표 중 34개에서 긍정적인 변화가 측정됨으로써 컬

23	지원 기업 수	259%	발달장애인 고용 성장률 39명 (하나파워온임팩트 참여 전) ▸101명 (하나파워온임팩트 참여 후)
13	발달장애인 개발·확대 직무	194%	참여기업 고용 성장률 158명 (하나파워온임팩트 참여 전) ▸307명 (하나파워온임팩트 참여 후)
9	발달장애인 고용 지원 프로젝트	226%	참여기업 매출 성장률

1. 발달장애인을 위한 새로운 직무모델 개발·고도화	새로운 발달장애인 직무 도입에 도전하는 사회혁신조직을 대상으로 채용부터 직무 훈련까지 과정을 지원함으로써 새로운 직무모델을 발굴했습니다. 나아가 안정적인 고용을 위한 R&D를 진행해 발달장애인의 고용확대에 기여했습니다.
2. 발달장애인 고용 활성화를 위한 콘텐츠 개발·확산	발달장애인을 위한 일자리정보제공 온라인플랫폼을 구축하고, 새로 발굴·개발된 직무 소개서, 고용 확대를 위한 매뉴얼 개발 등 필요한 콘텐츠를 개발했으며 세미나, 성과공유회 등을 통해 발달장애인 고용 이슈의 지속적인 확산을 위해 노력했습니다.

렉티브 임팩트의 효과성을 입증한 바 있다.

결론적으로 컬렉티브 임팩트란 미국의 유명한 만화 및 영화 '어벤져스Avengers'에 나오는 특별한 재능을 갖춘 캐릭터의 집단과 같이 '특정 문제를 해결하기 위해 또는 공동의 목표를 달성하기 위해 다양한 섹터의 기관들의 의도적인 협력과 성과'라고 정의할 수 있다.

2. 컬렉티브 임팩트가 필요한 이유

컬렉티브 임팩트가 필요한 이유는 다양한 사회문제 특징에 따라 다른 접근 방법을 필요로 하기 때문이다. '케이크 만들기(Simple)', '달에 로켓 보내기(Complicated)', '아이 키우기(Complex)'와 같은 3가지 유형에서 'Simple'

은 일정한 과정을 거치게 되는 경우 해결이 가능하며, 'Complicated' 역시 시간과 경험의 축적이 필요하지만 일정한 숙련을 통해 성공할 확률이 높다. 단, 'Complex'의 경우는 정해진 규칙 또는 시간의 흐름에 따라 자연스럽게 해결되지 않으며, 외부의 다양한 영향과 이해관계에 따라 적응해가야 하는 문제라는 점이 다르다. (그림 7)

컬렉티브 임팩트는 특히 'Complex' 성격의 사회문제를 다루는 데 효과적이다. 해당 문제를 둘러싼 다양한 인과관계를 포함해, 문제의 근원을 해결하기 위해서는 문제를 유발하는 상황 및 환경의 가치사슬Value Chain 상의 관점에서 파악되는 모든 인과관계를 다뤄야 하기 때문이다. 또한, 고립된 해결책으로는 당면한 문제의 일시적 해결은 가능하더라도 근원적인 변화는 이루기 어렵기 때문에 장기적이며 지속가능한 변화를 도모하도록 돕는 컬렉티브 임팩트가 더욱 중요하게 된다. (그림 8)

R&D 지원, 경진대회, 기부, 투자를 함에 있어 고립된 임팩트의 경우 통상 1개의 기관을 선별해서 지원한다. 이러한 지원구조에서는 문제 해결에 참여하고 있는 다양한 기관의 협력보다는 오히려 경쟁 문화를 조성하기도 한다. 또한, 기존 실적이 있거나 전례가 있는 기관에만 지속적인 후

〔그림 7〕 **컬렉티브 임팩트가 풀고자 하는 Complex 분야**

Simple	Complicated	Complex
Baking a Cake	Sending a Rocket to the Moon	Raising a Child
Right "Recipe" essential Gives same results every time	"Formulas" needed Experience built over time and can be repeated with success	No "Right" recipes or prococols Outside factors influence Experience helps, but doesn't guarantees success

〔그림 8〕 **다양한 접근과 방법론이 하나의 목표에 정렬되는 컬렉티브 임팩트**

Isolated Impact   Common Goals   Collective Impact

〔그림 9〕 **컬렉티브 임팩트의 5가지 구성요소**

공동목표	성과측정의 공유	상호 강화적 활동	지속적인 소통	중추지원조직 역할
Common Agenda	Shared Measurement	Mutually Reinforcing Activities	Continuous Communication	Backbone Organization

원과 사업기회가 연결될 확률이 높아, 신생기관이지만 혁신적인 접근을 실험하고 있는 기관에는 기회가 돌아가지 않을 확률이 높아질 수 있다. 또한, 해당 사업을 추진하는 기관의 경험과 역량이 공유되지 못하고 경험재로 축적되지 못해, 효과성 검증 역시 용이하지 않을 수 있다.

반면, 컬렉티브 임팩트를 추진할 경우 단수의 특정 기관만이 아닌 해당 목표의 달성에 기여하는 가치사슬 상에 참여하는 기관 간의 상호작용과 협업을 증진하며, 과거 실적이나 경험이 부족하더라도 혁신적인 기관의 참여기회가 확장되며, 큰 기관은 이를 통해 혁신을 학습하는 상호학습의 장이 생성되게 된다. 즉, 프로젝트 성과에 따라 참여기관 간 접근 방법의 효과성 검증이 용이하며 노하우 공유를 가능케 하는 효과가 있다.

3. 컬렉티브 임팩트가 작동하기 위한 5가지 구성요소

컬렉티브 임팩트를 기획하고 설계하기 위해서는 다음 5가지 구성요소가 필요하다. (그림 9)

① 공동목표Common Agenda: 컬렉티브 임팩트에 어떤 기관이 참여하는지를 명확하게 보여줄 수 있는 공통의 목표이자 해결하고자 하는 특정한 사회문제로 각 참여기관은 자신의 고유 미션과 자체적인 활동은 그대로 유지하면서, 공동목표와의 연계성 가운데서 컬렉티브 임팩트 참여를 결정할 수 있음.

② 성과측정의 공유Shared Measurement: 합의된 공통의 성과지표는 다양한 참여기관이 고립된 임팩트보다는 컬렉티브 임팩트를 추구하며 집중하도록 하는 명확한 지표로 활용됨.

③ 상호강화적 활동Mutually Reinforcing Activities: 각 참여기관이 제공하는 솔루션은 다른 참여기관의 솔루션의 효과를 강화하거나 시너지 효과를 제공하므로, 컬렉티브 임팩트를 통한 참여기관의 합은 단순 합을 넘어선 네트워크 효과를 만들어 냄.

④ 지속적인 소통Continuous Communication: 공통목표를 추구하는 과정에서는 끊임없는 소통과 조정 작업이 필수임. 각 참여기관이 각자의 솔루션에 집중하기보다 개별 솔루션이 집합적으로 상호 어떤 영향을 끼치며, 최초 설계된 성과를 달성하는 데 효과가 있는지를 주기적으로 확인하면서 이에 대한 조정 작업이 필요함.

⑤ 중추지원조직 역할Backbone Organizations: 솔루션을 제공하는 각 기관이 제반 지원 역할까지 수행할 여력이 없으므로, 각 참여기관에 자문과 지원을 하는 신뢰 있는 중간지원조직이 필요함.

4. 컬렉티브 임팩트와 기존 협업의 차이

유사한 목표를 가진 기관과의 협업 사례와 컬렉티브 임팩트는 다음의 3가지 면에서 차이가 있다.

① 팀워크의 차이: 협업은 두 명의 선수가 각자 별도 경기를 진행하고 각 경기 점수의 합산에 따라 해당 팀의 순위가 정해지는 복식 경기에 가깝다. 컬렉티브 임팩트는 축구 게임과 같이 포지션은 다르지만, 각자의 기량과 참여를 통해 공동의 성과를 만들어내는 단체 게임에 가깝다고 볼 수 있다.

② 오너십의 차이: 협업은 컨소시엄과 같이 총 100%의 참여율을 각 참여기관이 자신의 역할과 역량에 따라 나누어 맡고, 해당 비율만큼 수행한다. 컬렉티브 임팩트는 참여기관이 자신이 맡은 역할에 대해서는 100%로 참여하여, 각 참여기관의 오너십 구조가 다르게 된다.

③ 지원조직의 차이: 협업은 참여기관 간 직접 조율하지만, 컬렉티브 임팩트는 참여기관 외에 참여기관의 개별적인 지원과 참여기관 간 소통 및 공통적인 활동을 조율하는 독립적인 제3의 기관인 중추지원조직이 존재한다.

5. 컬렉티브 임팩트 개념의 확장

아시아 최초 및 한국 최초로 진행된 사회성과보상사업Social Impact Bonds은 공공 및 민간부문 등 다양한 섹터의 참여기관이 함께 한 금융 분야의 대표적인 컬렉티브 임팩트 사례라 할 수 있다.

2016년부터 2019년까지 진행된 이 사업은 경계선 지능아동(전국 80만 명 규모)이 아동그룹홈 퇴소 후 성인이 된 후 기초생활 수급자 전환 비율이 높은 문제를 선제적, 예방적으로 해결하기 위해 〔그림 10〕과 같은 컬렉티브 임팩트 구조로 설계되었다. **(그림 10)**

서울시, 민간투자자, 운영기관, 서비스수행기관, 평가기관 등 다양한 기관이 참여해, 경계선 지능아동의 사회성 및 지적능력을 개선하는 사전 예방적 프로그램을 수행하여, 공통목표인 '경계선 지능아동의 자립'이라는 컬렉티브 임팩트를 추진하였고 사업 결과 목표치를 초과하여 투자자에게 약 25%의 높은 수익률을 제공했다.

컬렉티브 임팩트의 골든 서클

전술한 바와 같이 자폐성 장애인의 자립을 위한 컬렉티브 임팩트는 2016년부터 현재까지 약 5년간 8단계에 걸쳐 진행되고 있다. 처음부터 계획이

〔그림 10〕 **컬렉티브 임팩트 개념이 금융에도 적용된 사례로서 사회성과보상사업**Social Impact Bonds

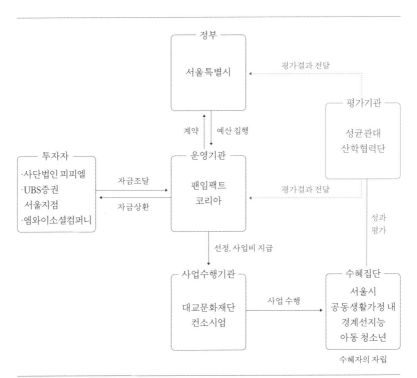

완전한 상태도 아니었으며 해당 단계에서의 결과물에 따라 그 다음 단계의 방향이나 파트너 기관, 역할 등이 매번 세심하게 조정되었음을 알 수 있다. 컬렉티브 임팩트는 이렇듯이 장기적이며 변동성이 강하다. 따라서 컬렉티브 임팩트에 참여하는 기관이나 개인은 그에 걸맞은 기업가정신과 유연함, 장기적 시각 등을 지녀야 한다. 그러한 준비가 되어 있지 않다면 컬렉티브 임팩트의 5가지 구성요소를 아무리 잘 기획한다 하더라도 프로젝트를 성사시키기 어렵다. 컬렉티브 임팩트의 5가지 구성요소가 제대로 기능하기 위해 필요한 Why와 How를 살펴보도록 하자.

1. Why: 컬렉티브 임팩트의 세계관

컬렉티브 임팩트의 Why에는 시스템 사고Systems Thinking와 사내 기업가정신Entrepreneurship 등이 자리 잡고 있다. 시스템 사고의 구현 없이, 또한 참여 파트너들이 사내 기업가로의 정체성을 갖추지 못하고 있다면 컬렉티브 임팩트는 시작할 수는 있어도 단순한 협업 수준 또는 현상적인 문제 해결에만 그칠 확률이 높아진다. (그림 11)

시스템 사고

시스템 사고란 문제는 단독으로 존재하지 않는다는 것을 인식하고 현상을 둘러싼 복잡한 인과관계와 영향을 주고받는 상호작용을 인지함을 의미한다. 문제가 발생한다는 것은 그 문제를 지속하고 유지하는 '문제의 생태계'가 존재한다는 것을 뜻한다. 현상적인 문제를 넘어 근원적인 이유가 무엇인지를 파고들 때 해당 문제의 해결가능성이 존재한다. 쉽게 생각하면 당연하고 쉬운 것 같지만 실제 시스템 사고는 무척 어려운 메타인지 영역으로 간주된다.

예를 들어, 정부는 과거 고령화·저출산이라는 국가적 어젠다를 다루면서 홍역을 치른 적이 있다. 해당 위원회의 한 전문가가 저출산 문제의

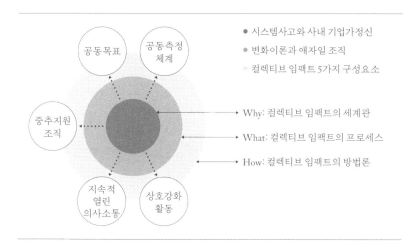

〔그림 11〕 컬렉티브 임팩트의 골든 서클: Why에서 시작해 What과 How로 나아감

원인을 고학력 미혼여성이 많아지기 때문이라고 정의하고, 고학력 미혼여성이 결혼 적령기를 넘길 경우 입사 시 불이익을 줌으로써 늦기 전에 결혼해 출산율을 높이자는 아이디어를 냈기 때문이다. 또한 행정안전부는 '전국 가임기 지도'를 만들어 지역별로 가임기 연령의 여성이 어떻게 분포되어 있는지 비교하기도 했다. 이러한 해프닝은 각각의 어젠다에 대한 깊은 시스템 사고 없이 한 분야의 시각에서만 문제를 해석하고 피상적인 수준에서 문제 해결에 접근했기 때문에 일어난 것이다.〔그림 12〕

컬렉티브 임팩트에서 이러한 시스템 사고를 하기 위해서는 먼저 '문제 정의'가 제대로 돼 있어야 한다. 하나의 팀, 조직, 기관이든 소속 구성원에게 "이 팀(조직, 기관)의 목표와 현재 가장 중요한 3가지 우선순위가 무엇인가요?"라고 물어보면 십중팔구 대답이 다 다를 확률이 매우 높다. 컬렉티브 임팩트에 참여하는 이해관계자에게 이런 질문을 하면 결과는 어떨까? 공통분모를 발견했지만 그것이 얼마나 일치하는지, 실제로 공동 목적으로 귀결되는지, 그 목적을 달성하는 다양한 세부사항이 얼마

나 상호 보완적인지에 대해 모두 다른 관점에서 입장을 정리할 것이다. 따라서 컬렉티브 임팩트가 시작되기 전부터 '문제 정의'는 참여기관 모두가 익숙해야 하는 과정이다. 또 다양한 시도와 학습을 통해 지속적으로 현재화되어야 하며, 그래야만 이후 컬렉티브 임팩트가 구성될 때 효과적인 진행이 이루어질 수 있다.

문제 정의는 "구체적인 대상(누가)이 최종 목표(무엇)를 위해서는 정의한 문제(가치 제안)가 해결되어야 한다"와 같은 방식으로 정리가 가능하다. 이와 관련 카카오임팩트와 MYSC는 '문제 해결의 옳은 시작, 100up 문제 정의'를 공동으로 기획한 바 있다.(**그림 13**)

사내 기업가정신

문제 정의 후 컬렉티브 임팩트의 골든 서클 Why는 사내 기업가정신이다. 사내 기업가정신이란 '특정 조직이나 기관에 속해 있으면서 정해진 역할 및 수동적 태도에서 벗어나 스스로 새로운 기회를 창출하고 외부 자원의 확보 및 외부 이해관계자와 협업하는 사내기업가Intrapreneur'를 의미한다. 외부에서 창업이나 혁신적인 접근을 하는 기업가Entrepreneur가 신생 조직을 통해 가치를 창출한다면, 사내기업가는 조직의 리더는 아니더라도 조직에 속하고 조직의 목적과 미션을 달성하는 기업가처럼 활동한다. 특히 사내기업가는 이러한 과정에서 개개인이 옹호하는 특정한 사회적·환경적 가치를 중요하게 활용하는 것이 특징이다. 즉, 이들의 동기부여는 맡겨진 일을 어떻게 하면 더 잘할 것인가를 넘어서, 어떻게 하면 더 나은 가치를 창출할 수 있을까를 고민하면서 강화된다.

구글의 레베카 박사는 원래 엔지니어로 근무하던 중 고향의 산림이 파괴되고 있다는 소식을 듣고 지역 주민과 함께 산림 복원 캠페인에 참여했다. 어떻게 하면 지역 주민들이 훼손되는 산림의 심각성을 깨닫게 할 수 있을까 고민하던 중 구글이 가지고 있는 다양한 위성채널을 떠올렸다. 즉,

〔그림 12〕 사회문제의 현상을 유발하는 근원적 원인을 파악하고자 하는 시스템사고 모형

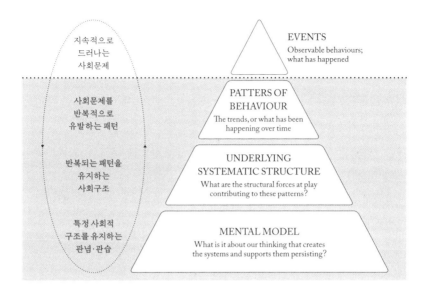

지속적으로
드러나는
사회문제

사회문제를
반복적으로
유발하는 패턴

반복되는 패턴을
유지하는
사회구조

특정 사회적
구조를 유지하는
관념·관습

EVENTS
Observable behaviours;
what has happened

PATTERS OF
BEHAVIOUR
The trends, or what has been
happening over time

UNDERLYING
SYSTEMATIC STRUCTURE
What are the structural forces at play
contributing to these patterns?

MENTAL MODEL
What is it about our thinking that creates
the systems and supports them persisting?

〔그림 13〕 카카오100up의 문제 정의 프레임

팀명/기관명	연락처	팀 스토리	주요 경력
		200자 이내	최대 3개
담당자명	관련 링크		
이메일	SNS, 홈페이지, 각종 채널 등 최대 4개		

정의한 문제의 대상과 주제를 적어주세요. 대상이 없다면 주제만 적어주세요.

Why	Who	What	How
왜 이 문제에 관심을 가지게 되었나요?	이 문제로 인해 어려움을 겪는 대상은 누구이고, 어떤 어려움을 겪고 있나요?	이 문제의 원인은 무엇인가요?	정의한 문제를 해결하기 위한 핵심 목표는 무엇인가요?
왜 해결되어야 하는 문제일까요?	이 문제와 관련한 이해관계자들은 누구이고, 어떤 역할을 하고, 서로 어떻게 연결되어 있나요?	이 문제를 해결하기 위한 기존 사례는 무엇이 있고, 그 성과와 한계는 무엇인가요?	우리 팀이 현재 구상 중이거나, 실천하고 있는 문제의 해결책은 무엇인가요?
		전 과정을 통해 정의한 진짜 문제는 무엇인가요?	

위성사진을 활용해 수시로 바뀌는 특정 지역의 변화를 시각적으로 확인할 수 있다면 산림 파괴의 직접적인 위험을 많은 사람들이 느낄 수 있다고 판단했다. 그렇게 해서 시작된 것이 우리가 익히 아는 '구글어스Google Earth'라는 흥미로운 사업이었고 레베카 박사는 해당 사업을 총괄하게 되었다. 이처럼 사내기업가는 더 나은 방법, 더 나은 가치를 창출할 수 있는 기회를 모색하며 주어진 역할과 범위를 적극적으로 넘어서곤 한다.

컬렉티브 임팩트에서 사내기업가가 필요한 이유는 무엇일까? 컬렉티브 임팩트는 기본적으로 처음부터 고정된 계획이나 구체적인 세부 목표를 가지고 시작되진 않는다. 방향과 미션은 있지만, 이를 실제 완성해 가는 것은 계속적인 시도와 탐색을 통해 가장 효과적이며 의미 있는 길을 찾아가는 과정을 통해 가능하게 된다.

컬렉티브 임팩트에 참여하는 각 참여기관의 담당자가 사내기업가가 아닌, 주어진 업무가 배정된 직원이라면 어떻게 될까? 최초에 명확한 목표가 없을 때 불안감을 느낄 수도 있고 추진하는 업무와 역할에 몰입하지 못할 수도 있다. 또한 인사이동으로 중간에 배치받은 직원은 선임이 했던 업무를 그대로 인수해 동기부여를 느끼지 못할 수도 있다.

성공한 컬렉티브 임팩트의 공통점 중 하나는 참여기업 담당자가 이러한 사내 기업가정신을 갖추고 있다는 점이다. 따라서 컬렉티브 임팩트를 만들기에 앞서 어떻게 하면 이러한 사내기업가를 사업에 참여할 수 있게 할 지 또는 각 참여기관이 조직 내 사내기업가들이 충분히 활동하고 성장하도록 어떻게 돕고 있는지 선제적인 점검과 행동이 요구된다.

2. How: 컬렉티브 임팩트의 프로세스

컬렉티브 임팩트의 골든 서클 Why 다음에는 How, 즉 컬렉티브 임팩트의 프로세스가 존재한다. 시스템 사고를 통한 문제 정의, 그리고 그 문제 정의를 기반으로 창의적이며 혁신적으로 시도하는 것을 두려워하지 않는 사내기업가들로 팀을 꾸렸다면, 다음은 구체적인 컬렉티브 임팩트의 경로를 확보해야 할 단계다.

변화이론Theory of Change

변화이론은 복잡한 길에서 자기 위치를 확인하는 데 필요한 지도와 같다. 즉, 달성하고자 하는 목표를 이루기 위해 충족해야 할 조건이 무엇인지 관계망과 흐름을 통해 나타내는 일종의 흐름도라고 할 수 있다.

이러한 변화이론이 컬렉티브 임팩트에서 필요한 이유는 무엇일까? 컬렉티브 임팩트는 일종의 지도로서 컬렉티브 임팩트에 참여하는 다양한 이해관계자들과 원활한 소통을 가능하게 한다. 등산에 필요한 장비와 복장을 갖추고 한 장소에 모였지만 정상에 올라가는 등산로가 다르다고 하면 의미가 없듯이 변화이론은 '모두가 중요하게 생각하는 여정과 순서'를 확인하는 도구다. 컬렉티브 임팩트가 진행되는 과정에서 언제든 참고하며 방향성을 잃지 않고 있는지 확인할 수 있어 참여하는 개개인에게 동기부여의 효과 및 프로젝트가 목적한 바에 따라 가고 있는지를 확인할 수 있는 기준이 된다. 무엇보다 변화이론은 그 자체가 '이론'이기에 가설이 무엇인지, 그리고 그러한 가설을 검증해가며 변화이론 자체를 계속 업그레이드해나갈 수 있다는 점에서 완전성을 추구하는 '사업계획'의 중압감 없이 도전과 실험을 지속하도록 돕는다. [그림 14]

맥킨지앤컴퍼니의 '변화를 만들어 내는 필요조건Secrets of Successful Change Implementation' 보고서에 따르면 변화이론의 전제조건은 '변화를 만드는 데 있어 조직적인 주인의식을 가지고 헌신Commitment을 하는 것'이다. 이러한 부분은 How에 앞서 Why의 시스템 사고와 사내기업가정신이 왜 먼저 선행되어야 하며 구축되어야 하는지를 잘 설명해준다.

소셜벤처 두브레인은 30개월 이상 7세 이하의 발달지연 아동을 위한 모바일 인지발달 교육 및 치료 솔루션을 제공하고 있다. 간단하지 않은 이

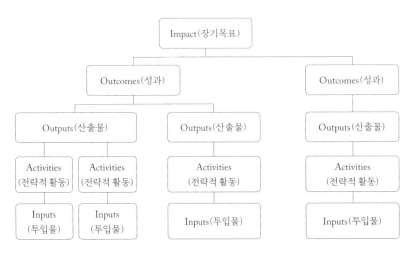

목표를 달성하기 위해 두브레인은 게임과 애니메이션을 접목해 재미 요소를 높이고, 쉽게 사용이 가능한 스마트폰, 태블릿 등을 이용해 발달장애의 진단, 교육 및 치료, 개별 사후관리 등을 진행하고 있다.

발달지연 아동의 인지가 발달되기 위해서는 이처럼 다양한 요소가 투입되어야 하고 작은 변화가 선행되어야만 다음 단계의 변화가 가능해진다. 다음은 두브레인의 변화이론을 MYSC에서 작성한 내용의 일부이다.

"두브레인은 이러한 변화이론 준비를 통해 발달장애 관련 다양한 이해관계자와 소통을 효과적으로 준비할 수 있었다. 컬렉티브 임팩트에 동참하는 기관들이 이렇게 각자 변화이론을 가지고 있을 때, 동일한 목표를 달성하기 위한 각자의 기여와 연결점을 한층 쉽게 파악할 수 있게 되며, 각자의 변화이론을 통합하여 더욱 거대한 컬렉티브 임팩트의 변화이론을 구성할 수 있게 된다."〔그림 15〕

애자일Agile 조직

변화이론을 만들 수 있다는 것은 조직이 변화에 대한 수용성이 높음을 의미한다. 목표이론이라 부르지 않고 '변화'이론이라고 하는 것과 같이 어떠한 목표나 계획을 실행하다 보면 반드시 최초 목표나 계획과 동일하게 진행되지 않게 된다. 따라서 컬렉티브 임팩트 참여기관은 당초 예상하지 못했던 변화가 생기거나 의도치 않은 시행착오가 있을 때 이를 은폐하지 않고, 또는 실패하지 않기 위해 안전하고 입증된 것만 집중하지 않고 나아갈 수 있는 조직적 역량이 중요하게 된다. 이를 애자일Agile 조직이라고 부른다.

애자일이란 개념은 원래 소프트웨어 개발자 그룹에서 2001년 선언

〔그림 15〕 **소셜벤처 두브레인의 변화이론**

Input			
AI 데이터 축적	발달인지 전문가 자문	병원과의 협업(임상시험)	
두뇌개발 프로그램 두브레인			

Output			
AI 데이터 기반 장애여부 진단 서비스	스마트 기기를 이용한 인지발달 교육 및 치료 서비스	개별 리포트를 통한 사후 관리 서비스	

Assumption

발달지연 예방 및 치료 효과	인지교육 및 학습 효과

Outcome

발달지연 아동의 인지능력 향상	
발달지연 가정의 건강과 삶의 질 향상	아동의 교육 기회 증진

Impact

건강과 웰빙	Goal 3 건강한 삶 보장 Target 3, 4 예방 및 치료를 통해 정신 건강 및 복지 증진	
교육 격차 및 불평등 해소	Goal 4 양질의 교육 보장 및 평생학습 기회증진 Target 4, 2 & 4, 5 양질의 영유아 발달교육 제공 및 초등교육 준비· 취약계층을 위한 교육에 대한 동등한 접근성 보장	

한 '애자일 소프트웨어 개발 선언'에서 파생되었다.

> "우리는 소프트웨어를 개발하고, 또 다른 사람의 개발을 도와주면서 소프트웨어 개발의 더 나은 방법을 찾아가고 있다. 이 작업을 통해 우리는 다음을 가치 있게 여기게 되었다. 공정과 도구보다 개인과 상호작용을, 포괄적인 문서보다 작동하는 소프트웨어를, 계약 협상보다 고객과의 협력을, 계획을 따르기보다 변화에 대응하기를 가치 있게 여긴다. 이 말은 왼쪽에 있는 것도 가치가 있지만, 우리는 오른쪽에 있는 것에 더 높은 가치를 둔다는 것이다."

선언문에서 말하는 '소프트웨어 개발'을 사회변화나 사회혁신 등으로 치환해 읽어보면 이 선언문은 컬렉티브 임팩트의 참여기업 모두에 필요한 내용임을 알 수 있다. 이러한 개념을 기반으로 하는 애자일 조직은 전통적인 과업 접근인 워터폴Waterfall 방식과는 다르다. 워터폴 접근은 기획, 설계, 제작과 같은 선형적인 접근이며 각 참여하는 부서나 과업이 정확히 구분되어 있다. 이러한 접근의 단점은 문제가 후반부에 발견될 경우 앞 단계에서 이를 바꾸기란 불가능하다는 점에 있다.

컬렉티브 임팩트가 직면하게 되는 다양한 변수와 시행착오는 기본적으로 워터폴 방식과 어울리지 않는다. 각 단계가 긴밀하게 연결되면서 빠르고 신속하게 피드백을 반영하여 기획을 조정해가며, 조정된 기획으로 설계를 하면서, 해당 단계에서 다시 조정과 보완을 빠르게 반복하는 것이 바로 애자일 방식이다. 따라서 애자일 조직이란 이렇게 '짧은 주기의 반복 실험' 및 '완성된 솔루션이 아닌 임시 솔루션의 테스트' 등을 허용하는 문화를 갖추는 곳을 말한다.

컬렉티브 임팩트 참여기관이 애자일 조직이 아닌 전통적인 워터폴 방식을 선호하는 곳이라면 어떻게 될까? 컬렉티브 임팩트의 5가지 구성 요소를 제대로 갖추었다 하더라도 단기간에 좌초할 확률이 높다. 어떻게 각 참여기관이 애자일 조직이 될 수 있을지는 이번 글의 범위를 넘어서는 영역이기에 구체적인 내용은『애자일 조직: 빠르고 복잡하게 변화하는 시대 조직 생존의 비밀』을 추천한다.

마무리하며

이번 절에서는 컬렉티브 임팩트의 5가지 구성요소가 실제로 작동하며 컬렉티브 임팩트의 효과가 나오기 위해서 선행적으로 필요한 것이 무엇인지 알아보았다. 이를 컬렉티브 임팩트의 골든 서클Golden Circle이라고 하며, What에 해당되는 컬렉티브 임팩트의 5가지 구성요소 이전에 먼저 Why 시스템 사고와 사내기업가정신, How 변화이론과 애자일 조직 등이 준비되고 검토되어야 함을 살펴보았다.

　복잡하고 복합적이며 오랫동안 존재했던 사회·환경문제는 그만큼의 복잡하고 복합적이며 오랜 기간의 솔루션이 필요하다. 컬렉티브 임팩트라는 접근을 취한다고 해서 사회·환경문제가 쉽게 해결될 것이라고 생각하는 것은 위험한 발상이다. 컬렉티브 임팩트가 성과를 낸다는 것은 컬렉티브 임팩트에 참여하고자 하는 참여기관의 Why와 How가 그만큼 준비되고 확보되었다는 것을 의미한다. Why와 How를 준비하는 것은 그만큼 많은 시간과 시행착오, 그리고 노력이 필요하다. 하지만, 그 기간과 노력이 많으면 많을수록 컬렉티브 임팩트는 더욱 큰 열매를 수확할 수 있을 것이다.

2장. 컬렉티브 임팩트 사례와
사회가치 전달체계

공익 분야 전문가들이 추천하는 컬렉티브 임팩트 사례

컬렉티브 임팩트 개념이 국내에 소개된 지 10년이 채 되지 않았다.[1] 대중적 입장에서 보면 아직 생소한 개념인 만큼 전문가[2]들의 견해도 조금씩 다르다. 이 장에서는 국내 공익 분야 전문가들이 컬렉티브 임팩트를 바라보는 시각과 이들이 추천하는 사례를 통해 그 개념과 사회적 가치를 살펴보고자 한다. 이러한 이유는 전문가들마다 시각차가 있고, 적용하는 기준이 얼마나 엄격하냐, 그렇지 않으냐에 따라 차이가 있기 때문이다.

한 전문가는 국내에서는 컬렉티브 임팩트 사례를 대부분 기업과 소셜벤처에서 찾고자 하는데, 컬렉티브 임팩트의 가장 전형적인 사례는 비정부기구NGO활동이라고 했다. NGO들은 사회문제에 관심을 갖고 있지

---

1 컬렉티브 임팩트는 마이클 E. 포터와 마크 크레이머가 설립한 CSV 컨설팅기관인 FSG의 주요 프레임워크 중 하나로 그 개념은 존 카니아(John Kania)와 마크 크레이머(Mark Kramer)가 『스탠퍼드 소셜 이노베이션 리뷰(Stanford Social Innovation Review)』 2011년 겨울호에 쓴 '컬렉티브 임팩트(Collective Impact)'에서 처음 소개되었다.

2 인터뷰를 한 전문가들을 사회혁신 또는 CSR 전문가라고 규정할 수도 있지만 그렇게 규정하기엔 범위가 한정되어 임팩트투자, 공익재단, 학계 전문가를 포용하기 힘들다고 보았다. 그래서 범위를 넓혀 공익분야 전문가라고 규정했다.

만 자신들만의 힘으로는 문제를 풀 수 없어 항상 외부자원을 끌어들여 해결했는데, 그 방식이 컬렉티브 임팩트 5가지 요소[3]를 그대로 준용하면서 진행했다는 것이다. 실제 미국 등 외국의 컬렉티브 임팩트 사례는 대부분 NGO 활동 방식과 같다고 했다.

또 다른 전문가는 엄격하게 적용하자면 국내에는 아직 의미 있는 사례가 없다고 했다. 이와 달리 또 다른 전문가는 기업 등 참여기관이 공동의 목표를 갖고 다양한 전문기관과 협업한 것은 컬렉티브 임팩트 사례라고 할 수 있다고 했다.

전문가들은 공동의 어젠다를 갖고 있느냐 하는 문제와 중추지원조직의 역동성과 지속적인 소통의 기준을 강조하는 것은 대체로 비슷한 입장이었다. 엄격한 기준에 맞춰 국내에는 아직까지 컬렉티브 임팩트의 적절한 사례가 없다고 정리하기보다는 어느 정도 컬렉티브 임팩트 요소를 가지고 있는 사례를 공유하며 컬렉티브 임팩트 사례가 더 확산되기를 기대하는 것 또한 전문가들의 동일한 견해였다.

전문가 추천 사례는 인터뷰를 통해 정리하였으며, 인터뷰에 응한 전문가들은 고대권 이노소셜랩 대표, 김민석 지속가능연구소 소장(전 LG전자 CSR팀장), 도현명 임팩트스퀘어 대표, 방대욱 다음세대재단 대표, 서명지 CSR IMPACT 대표, 서진석 행복나눔재단 그룹장, 신현상 한양대 교수, 최재호 현대자동차그룹 사회문화팀 책임매니저(가나다 순) 등 총 8명이다.[4]

고대권 이노소셜랩 대표는 "컬렉티브 임팩트 5가지 요소를 엄격하게 적용하면 국내에서 의미 있는 사례를 찾기 힘들다"며 "그 배경에는 우리

---

3 컬렉티브 임팩트 5가지 요소, 즉 공동의 어젠다(Common Agenda), 측정 시스템의 공유 (Shared Measurement System), 상호역량강화 활동(Mutually Reinforcing Activities), 지속적 커뮤니케이션(Continuous Communication), 중추지원조직(Backbone Support Organizations)을 말한다.

4 인터뷰 외 자료 제공과 조언을 해주신 분도 포함했다.

나라의 현실적인 한계가 있다"고 했다. 그 이유 중 하나로 컬렉티브 임팩트는 공동의 목표를 갖고 각자 뚜렷한 역할을 하며 이를 위한 성과 툴Tool도 필요한데 대부분 기업 사회공헌 시스템은 그렇지 않다는 것이다. 예를 들어, 장애인 일자리 확대란 공동의 어젠다를 두고 진행하는 경우 기업은 돈을 내지만 장애인 고용은 안하는 것이 대부분인데 이는 목표 달성을 위한 역할이 정렬되지 않았기 때문이라는 것이다.

또 하나 예로, 도시재생의 경우 컬렉티브 임팩트 요소로 이루어져야 하는 것이 당연한데 실제로 그렇지 않은 경우가 많다. 도시재생 주관부처인 국토교통부의 경우 하드웨어 변화는 가능하지만 소프트웨어(삶의 질) 변화에는 크게 영향을 미치지 못한다. 소프트웨어 변화는 행정안전부나 보건복지부, 기업 등에서 잘 할 수 있는 역할이기 때문이다. 또 정부 부처는 각자 자기가 맡은 일만 하고 빠지는데 이와 같은 부처 간 '칸막이' 문제를 혁신하는 것이 실질적인 컬렉티브 임팩트의 기대효과라고 강조했다. 고 대표는 국내 사례로 복지시설에 거주하는 경계선지능 아동을 대상으로 학습능력과 사회성을 향상시켜주는 것을 목표로 한 서울시 제1호 사회성과연계채권SIB: Social Impact Bond사업을 추천했다.

김민석 지속가능연구소장은 LG전자 CSR팀장으로 있을 때 직접 수행한 프로그램을 소개했다. 해외에서 진행한 사례 중 코이카KOICA와 함께 추진했던 에티오피아 'HOPE TVET Technical and Vocational Education and Training, 직업기술교육훈련학교'와 국내 사례로 직접 수행한 'LG소셜캠퍼스'를 추천했다.

김 소장은 에티오피아 'HOPE TVET'의 경우 단순히 기업이 자금을 지원하고 NGO가 사업을 담당하는 구조가 아니라 에티오피아 내 비즈니스 생태계를 구축하는 공동의 어젠다를 위해 LG전자가 처음부터 현지 법인을 설립하고 기술 및 기자재 지원 등 현지에서 지속적인 노력을 한 것이 컬렉티브 임팩트 요소를 갖춘 것이라고 설명했다. 'LG소셜캠퍼스'

경우도 '사회적경제 조직 활성화'란 공동의 어젠다를 가진 정부 조직과 학교, 기업이 각자의 전문 영역을 참여시킨 사례로 추천했다.

도현명 임팩트스퀘어 대표는 컬렉티브 임팩트 개념을 처음으로 제시한 FSG[5]와 5년 넘게 파트너십 관계로 협업했으며, 2013년 이미 컬렉티브 임팩트 연구 보고서를 몇 차례 내기도 한 전문가다. 도 대표는 "컬렉티브 임팩트는 협업, 파트너십과는 완전히 다른 개념"이라며 "엄격한 잣대를 들이대면 국내에서 적절한 사례를 찾기 쉽지 않다"고 했다. 협업과 다자간 협력체제 경우 주도세력이 있고 나머지는 동맹구조로 구성된다면, 컬렉티브 임팩트는 하나의 목적을 위해 각각 다른 조직이 모이되 각자의 역할을 대체할 수 없는 영역을 가진 조직의 모임이다.

그는 아주 쉽고 재미있는 비유로 영화 '어벤져스'를 예로 들었다. "'어벤져스'를 보면 제각각 다른 특기를 가진 주인공들이 등장하지만 상황을 보면 헐크 10명이 있어도 적을 물리칠 수 있고, 토르만 10명 있어도 이길 수 있어요. 사실상 시너지가 중요하지 않지요. 역할을 누군가 대체할 수 있다면 그건 컬렉티브 임팩트가 아니에요."

그는 또다시 영화 '오션스 일레븐'을 예를 들어 설명했다. "'오션스 일레븐'에 서커스 단원 출신 배우가 나오죠. 그 배우는 장애물을 피하는 능력이 뛰어난 역할을 맡았죠. 등장인물 중 누구도 그 역할을 대체할 수 없어요. 이렇게 각자 잘하는 구성원들을 모아서 협업하는 것이 컬렉티브 임팩트라고 할 수 있어요." 도 대표는 해외 사례로 '10만 개 기회창출 이니셔티브100k Opportunities Initiative' 프로젝트를, 국내 사례로 '행복얼라이언스'를 추천했다.

방대욱 다음세대재단 대표는 "엄격한 기준에서 보자면 시민사회, 기

---

5   2000년 하버드대학교 경영대학원 교수 마이클 포터(Michael E. Porter)와 마크 크레이머(Mark Kramer)가 설립한 미션 중심 컨설팅 회사. 당시 처음으로 컬렉티브 임팩트를 주요 업무 영역으로 하여 주목을 받았다.

업, 정부가 연동하여 새로운 변화를 만들어 내는 것이 컬렉티브 임팩트지만 폭넓게 보자면 재단이 복수 이해관계자와 컬렉티브 임팩트를 만들어 내는 사례도 있다"며 다음세대재단에서 진행해 온 '초록산타'를 국내 사례로 소개했다.

방 대표는 "기업의 사회공헌 프로그램은 늘 새로운 것을 만들어 내야 하는 부담을 갖고 있으며 홍보도 의식하지 않을 수 없는 것이 현실"이라며 "그래서 프로그램 기간이 짧은 것이 대부분"이라고 했다. '초록산타'도 2004년 처음 시작단계에서는 일반적으로 재단에서 추진하는 사회공헌 사례에 머물고 있었다. 2017년 다음세대재단이 참여하면서 사업 추진 구조를 완전히 개편했는데 이때 공동의 어젠다를 명확하게 설정하여 컬렉티브 임팩트 요소를 강화하였다.

서명지 CSR IMPACT 대표는 "2011년 동아비즈니스포럼 때 컬렉티브 임팩트를 언급한 적이 있다"며 "현장에서는 아직도 파트너십, 다자간 협력으로 이해하는 분들이 일부 있다"고 말했다. 서 대표는 2010년 한국가스공사 사회공헌사업인 온누리사업을 초기 컬렉티브 임팩트 사례로 꼽았다. 서 대표는 당시 온누리사업을 기획하면서 다른 기관과 협력을 제안했는데 처음엔 한국가스공사에서 예산이 충분한데 왜 다른 기관의 도움이 필요하냐며 반문했을 정도로 우리나라 사회적경제, 기업 사회공헌, 사회책임 분야에서 컬렉티브 임팩트에 대한 개념이 없었다고 말했다. 서 대표는 "2010년 당시 사업 진행을 하면서 힘든 점 중의 하나가 컬렉티브 임팩트를 이해시키면서 일을 하는 것이었다"고 회상했다.

서 대표는 컬렉티브 임팩트의 특징은 단순한 시너지 효과를 넘어 사회를 변화시키는 데 있다며 2010년 당시엔 컬렉티브 임팩트는 물론 다자간 협력조차 쉽게 받아들이기 힘들었지만 지금은 다자간 협력을 당연한 것으로 받아들이는 사회 변화도 컬렉티브 임팩트의 효과가 아니겠느냐고 반문했다. 서 대표는 온누리사업 초창기 쪽방촌 집수리 업체가 지속가능성을 발판으로 오늘날 사회주택, 청년주택 시공업체가 된 것도 선순환의 씨앗이 열매를 맺은 결과라고 평가했다.

스탠퍼드대학에서 발행하고 있는 스탠퍼드 소셜 이노베이션 리뷰 SSIR: Stanford Social Innovation Review[6] 한국어판[7] 발행을 담당하고 있는 한양대 신현상 교수는 "미국, 중국, 영국 등 해외에서도 한국의 컬렉티브 임팩트 사례에 대해 관심이 많다"며 "2019년 2월 미국 샌디에이고에서 열린 아쇼카국제컨퍼런스에서 한국의 컬렉티브 임팩트 우수 사례를 발표했다."고 해외동향을 소개했다. 신 교수는 2019년 3월 중국 베이징대학과 미국 스탠퍼드대학이 공동으로 베이징에서 개최한 국제컨퍼런스 또 2019년 9월 홍콩 영국문화원에서 동남아대학 사례 발표 때 한국대학 사례를 소개했다.

신 교수는 "컬렉티브 임팩트가 잘 되려면 참여자 중 누가 희생되는 구조가 되어서는 안 된다"며 "참여자 모두가 얻는 게 있어야 한다."고 강조했다. 이와 관련 참여기관 모두가 만족한 '2019년 SK SUNNY와 함께한 비즈니스실습 과목'을 컬렉티브 임팩트의 좋은 사례라고 소개했다.

최재호 현대자동차 사회문화팀 책임매니저는 직접 진행해 온 'H-점프스쿨'과 '청춘발산마을'을 추천했다. 'H-점프스쿨'은 현대자동차와 점프, 한국장학재단이 참여하여 교육격차 해소라는 사회문제를 해결하는 데 기여해 온 프로그램이다. 최 책임매니저는 특히 'H-점프스쿨'은 임팩트 측정 연구도 많이 되어 있고 결과를 정량화할 수 있는 부분이 많은 것이 특징이라고 했다. 최 책임매니저는 2019년 싱가포르에서 열린 AVPNAsia Venture Philanthropy Network[8]에 참석하여 'H-온드림' 사례를 소개했으며 2020년 6월 8일 온라인으로 개최한 AVPN에서 'H-점프스쿨' 사례를 소개했다. '청춘발산마을'은 현대자동차와 광주광역시, 광주광역시 서구, 사회적 기업 공공프리즘이 함께 한 도시재생 프로그램으로 주민 생활개선 프로그램을 통해 공동체 문화를 만들어 가고자 한 사업이다.

앞으로 소개할 국내 사례는 대부분 인터뷰에 응했던 전문가들이 실제로 프로그램을 추진한 것이라는 데 의미가 있다. 해외 사례에 대해선 FSG에서 소개한 두 개의 사례와 국내기업에서 추진한 해외 사례 하나를 소개하기로 한다.

컬렉티브 임팩트 해외 사례와 사회적 가치

1. 스트라이브 투게더 Strive Together

미국에서도 교육환경 개선, 특히 공교육시스템 개혁은 지난 수십 년간 해결하지 못한 사회적 과제였다. 이와 같은 사회 문제를 해결하고자 각 지역에서 지방정부와 교육기관, 시민단체, 공익재단 등이 다양한 개선책을 내고 프로그램을 추진해 보았지만 실질적인 효과를 거두지 못했다.

2000년대 초반 신시내티주와 북부 켄터키주의 공교육 환경도 열악한 것은 마찬가지였다. 신시내티주 고등학생 25%가 학업을 계속하지 못했으며 대학생 50%가 중퇴하고 청소년 범죄율도 크게 늘어나고 있는 상황이었다.

스트라이브 투게더[9]는 이와 같은 공교육 환경을 개선하기 위해 2006년 미국 신시내티주 지방정부와 공공기관을 비롯하여 지역의 기업, 교육단체, 자선단체, 시민단체 등 300여 개 조직이 참여하여 구성한 협의체다. 스트라이브 투게더는 각 단체가 문제해결을 위해 각자 노력한 것이 아니라 '공교육 환경개선'이라는 하나의 공동 목표를 위해 전체 구성원이 어떤

---

6 『스탠퍼드 소셜 이노베이션 리뷰(SSIR: Stanford Social Innovation Review)』는 미국 스탠퍼드대학의 '자선과 시민사회센터'에서 2003년부터 발행하고 있는 사회혁신과 비영리분야 매체다. 2011년 겨울호에 컬렉티브 임팩트 개념을 다룬 글이 알려지면서 우리나라에서도 컬렉티브 임팩트가 거론되기 시작했다.

7 한양대학교는 2018년 스탠퍼드대학과 저작권 계약을 맺고 한국어판(인터넷과 계간지)을 발행하고 있다.

8 AVPN(Asian Venture Philanthropy Network)은 싱가포르에 기반을 둔 범아시아 사회투자 네트워크로 임팩트투자 및 자선활동을 공유하는 참여 커뮤니티다. 매년 열리는 컨퍼런스에는 30~40개국의 관계 전문가 6000~7000명이 참여하고 있다.

9 www.strivetogether.org 참고

협력을 할지 지속적인 협의로 성과를 이루어낸 대표적인 컬렉티브 임팩트 사례로 평가된다.

신시내티주의 지역 지도자들은 북부 켄터키주의 3개 학군과 협력하여 요람에서 취업에 이르기까지 모든 단계에서 학생들의 성과를 향상시키는 것을 공동의 목표로 새로운 시민 인프라를 구축하면서 교육환경 개선의 첫걸음을 뗐다. 스트라이브 투게더는 참여 조직을 15개SSN: Student Success Networks로 나누고 각각의 SSN은 출범 후 3년 동안 격주로 모여 매회 2시간씩 코치와 함께 회의를 진행했다. 스트라이브 투게더는 이런 과정을 통해 공통의 평가지표를 개발하고 지난 성과를 바탕으로 상호 학습하면서 다른 조직을 지원할 수 있는 방안을 마련했다.

그 결과 스트라이브 투게더는 먼저 6개의 목표를 설정하고, 이를 토대로 53개의 측정 지표를 정한 후 단계적으로 개선을 추진할 수 있었다. 여섯 개의 목표는 유치원 준비, 초등학년의 독해, 중등학년의 수학 학습, 대학 또는 직업 준비, 대학 졸업률 또는 근로근속률, 취업과 생활 향상 등으로 연령에 따라 필요한 학습 단계를 제공하는 것으로 구성되었다. 측정 지표는 학년별, 지역별, 과목별로 세분화하여 설정하고 과거의 성과를 분석하고 평가하고 활용하는 데 그치는 것이 아니라 미래 목표를 설정하는 데에도 반영하였다.

초등학년 독해 능력 향상을 위해 조직된 3학년 독서 네트워크Third Grade Reading Network는 신시내티 공립학교, 유아서비스 제공업체, 어린이 병원 및 석세스 바이식스Success By 6가 협력하고 스트라이브 투게더가 중추조직으로 참여해 2020년까지 신시내티 공립학교 3학년 학생 중 90% 이상이 능숙하게 책 읽는 것을 목표로 세웠다.

이 목표에 따라 'LPDLearning Partner Dashboard'를 구축했다. LPD는 교육 분야 전문가가 맞춤형 교육을 할 수 있도록 학생들의 학업정보를 공유하는 시스템을 만드는 것이었다. 이를 바탕으로 신시내티 공립학교는 어떤 학생이 어떤 기관으로부터 무슨 교육 서비스를 받고 있는지 추적할 수 있는 자료를 취합했고, 코빙턴 인디펜던트 공립학교Covington Independent Public School는 학생들의 과거 학업성과 기록을 종합적으로 파악할 수 있는 데이터 웨어하우스Data Warehouse10 자료를 제공했다.

참여기관들은 정기적인 회의를 통해 각 조직의 역할과 전문성에 대한 상호 이해, 사업 추진의 진행사항과 성과 등을 공유하며 추후 협력 프로젝트에 대한 구상 등 상호 강화 활동을 지속했다. 교육지원 비영리단체인 GCSCGreater Cincinnati Stem Collaborative가 기업의 협력을 이끌어내는 역할을 했다. 피앤지P&G는 학생들의 교육 환경개선을 위한 비용 지원은 물론 북부 켄터키의 제조업체와 협력하여 학생과 학부모, 교육자에게 진로교육을 제공했다. 신시내티대학교는 교수진들이 참여하여 학생 및 학부모들에게 IT기술은 물론 경력 개발과 관련된 다양한 리소스를 제공하는 어플리케이션을 개발해 공급했다.

그 결과 신시내티 공립학교 3학년 읽기 성취도는 73% 향상되었으며, 코빙턴 인디펜던트 공립학교와 뉴포트인디펜던트학교Newport Independent School 학생들의 고등학교 졸업률은 90% 이상 높아졌다. 처음 5년간(2006~2011년) 53개 지표 중 40개 지표가 눈에 띄게 개선되었고 전체 유치원 아동들의 읽기 역량이 9% 향상되었으며, 고등학교 졸업률이 11%, 대학 진학률이 10% 증가했다.[11]

이 공교육 환경개선 프로젝트는 미국 전역으로 알려지게 되면서, 스트라이브 투게더는 2011년 전국적인 비영리단체로 체제를 갖추었다. 2020년 현재 스트라이브 투게더는 1만 800개 이상의 지역조직과 함께 활동하

---

10 데이터 웨어하우스(Data Warehouse)란 사용자의 의사 결정에 도움을 주기 위하여, 기간시스템의 데이터베이스에 축적된 데이터를 공통의 형식으로 변환해서 관리하는 데이터베이스를 말한다.

11 '기업 자원봉사 A-Z ② 해외는 지금, 컬렉티브 임팩트다!', 조선일보 더나은미래, 2017.09.25, '우리가 하고 있는 컬렉티브 임팩트 : 협업을 넘어서려면', 『공유가치매거진』, 2019.11.01.

는 70개 커뮤니티 파트너십을 지원하고 있으며 65억 달러 규모의 새로운 공적기금을 확보하고 있다.

2. 10만 개 기회창출 이니셔티브The 100k Opportunities Initiative

'청년 실업'은 세계 각국의 고민거리였지만 미국에서도 심각한 사회문제로 떠올랐다. 2008년 리먼 브라더스 사태로 인한 금융위기 이후 미국 청년 취업률은 심각할 정도로 저조했다. 2015년 6월 전체 실업률이 5.3%인데 비해 16~19세는 18.1%, 20~24세는 9.9%나 되었다. 대학생들은 여름 방학을 이용한 '서머잡Summer Job'을 통해 생활비나 학비를 버는 경우가 많다. 하지만 경기부진으로 서머잡이 크게 줄면서 생활형편이 어려운 대학생들이 중도에 학업을 포기하는 경우가 크게 늘었다.

이와 같은 청년실업을 해결하기 위해 2015년 7월 미국의 17개 대기업들이 향후 3년간 청년들에게 10만 개의 일자리를 만들어 주기 위한 공동 프로젝트를 추진하기로 했다.[12] 바로 10만 개의 기회창출 이니셔티브다.[13] 10만 개 기회창출 이니셔티브는 기업이 단순히 '일자리 늘리기'에 공동협력한 것이 아니라 채용 전 단계부터 공동협력 시스템을 도입하여 청년실업이란 사회문제 해결에 성공한 대표적인 사례로 꼽힌다. 기업과 지역사회, 연구소, 대학이 '청년실업 해소'라는 공동의 어젠다를 위해 각자 자신들의 역할을 한 사례다.

하워드 슐츠Howard Schultz 스타벅스 회장이 제안한 청년실업 해소 프로젝트에는 마이크로소프트MS, JP모건체이스, CVS 헬스, 월마트 등 IT와 금융, 유통업 등 각 업종별 대표기업이 참여했다. 슐츠 회장과 그의 부

---

12 '스타벅스 등 미 대기업들, 청년 일자리 10만개 만든다', 중앙일보 2015.07.14,
    '미 대표기업들의 청년일자리 10만개 프로젝트', 한국경제, 2015.07.15.

13 www.100kopportunities.org 참고

14 김재구 외(2020), 『포스트 코로나 시대 사회가치경영의 실천 전략』, 클라우드나인,
    pp.138~139.

인이 공동으로 설립한 슐츠패밀리재단Schultz Family Foundation은 프로젝트 추진에 3000만 달러를 기금으로 내놓았다.

핵심 대상은 16~24세 청년층 중 학업을 포기했거나 직업이 없는 청년들이다. '단절된 청년층'이라고 불린 이 인구가 2015년 560만 명에 달했다. 청년 7명 중 1명꼴이다. 기업들은 인력 채용에 앞서 정보를 공유하고 채용을 위한 교육을 공동으로 진행했으며 도시별로 대표 운영조직이 전문화된 청년 고용 관련 서비스를 직접 제공하거나 관련 네트워크를 관리했다. 아스펜 포럼Aspen Forum은 오퍼튜니티 유스 인센티브 펀드OYIF: Opportunity Youth Incentive Fund의 자금을 도시별 대표 운영조직에 배분하고 주요 기업과 함께 크로스 섹터 간 협력을 지원했다. 또한 지역 운영조직을 대상으로 연 2회 내셔널 러닝 커뮤니티National Learning Community를 운영했다.[14]

이런 시스템을 기반으로 스타벅스는 1만 명 이상을 채용하기로 했다. 참여 기업들의 정규직과 파트타임 근로자 선발 계획에는 인턴, 수습, 직업 훈련 프로그램이 포함돼 있었다. 이후 스타벅스는 지속적으로 이 프로젝트를 추진하여 2020년까지 10만 명을 채용하겠다는 목표를 설정하고 채용 전략과 혜택에 대한 의견을 모으는 청년리더십협의회를 구성했다.

이런 프로그램은 청년들의 역량을 키워 양질의 일자리를 구할 수 있는 디딤돌이 된다. 임시직이나 낮은 임금 일자리를 전전하는 악순환을 막을 수 있는 장치이기도 하다. 10만 개 기회창출 이니셔티브는 고용 시장의 수요와 공급 불일치를 해결하는 연결고리 역할도 했다. 대학 졸업장을 요구하지 않는 일자리가 350만 개 있지만 청년층은 이런 일자리가 있다는 정보를 모르고 있는 것이 현실이다.

10만개 기회창출 이니셔티브는 첫 번째 사업으로 2015년 8월 중순 시카고를 시작으로 7개 시범도시에서 대규모 채용박람회를 가졌다. 이와 함께 기업이 채용을 계속 유지할 수 있도록 지역 내 기관들이 기술 훈련, 교육 서비스, 사례 관리를 지원했다. 2018년까지 채용박람회에 참가한 청년 47%가 현장에서 채용되었으며, 기술훈련과 교육을 받고 채용된 청년들의 직장 유지율은 또래 청년들에 비해 3배나 높았다. 슐츠패밀리재단은 2018년 취업희망 청년들을 위해 특별히 구성된 최초의 디지털 채용 플랫폼(joblaunch.org)을 시범 운영하면서 가상채용박람회인 제1회 전국청년 채용의 날을 개최하기도 했다.

프로젝트는 2018년 이후에도 계속되어 2020년 현재 10만 개 일자리 창출의 목표를 훨씬 초과해 20만 개의 일자리를 창출했다. 시애틀, 로스앤 젤레스, 댈러스, 워싱턴 D.C., 시카고, 피닉스, 애틀랜타 등 7개 도시에서 꾸준히 활동이 이어지고 있다. 여기에 취업 성공을 뒷받침하는 지역사회 조직도 300개가 활동하고 있으며 기업 파트너도 55개로 늘어났다. 취업을 위한 디지털 교육과 취업 지원에 관여하는 인력도 5만 명이나 되었다.

10만 개 기회창출 이니셔티브는 2025년까지 100만 명의 청년이 취업할 수 있도록 지원시스템을 확대하고 있다. 10만 개 기회창출 이니셔티브는 단순히 대기업이 나서서 고용을 확대한 것이 아니다. 기업 뿐 아니라 지역사회 조직에서도 기술훈련과 교육을 지원하는 등 취업과 고용 유지를 위해 사회 구성원 전체가 참여했다는 데 의미가 있다.

3. 에티오피아 'LG-KOICA 희망직업기술학교 HOPE TVET, Technical and Vocational Education and Training College'

에티오피아 HOPE TVET은 2013년 LG그룹이 코이카와 비영리기관인 사단법인 월드투게더가 함께 하고, 에티오피아 현지 TVET청이 협력하여 2014년 수도 아디스아바바Addis Ababa에 설립한 직업기술교육훈련학교다. LG그룹과 코이카의 협력사업으로 월드투게더가 주관했지만 LG가 단순히 자금을 지원하는데 그친 것이 아니라는 데 의미가 있다. LG그룹이 후원하는 HOPE TVET 사업 지원을 위해 LG전자는 2013년 에티오피아에 현지 지점을 설립했는데 설립 초기부터 비즈니스와 사회공헌을 5대5

비율로 목표를 설정했다.[15]

LG전자는 IT 및 전자·전기기술, 우수한 가전제품과 서비스 체제 등 기업이 가진 강점을 바탕으로, 코이카가 가진 에티오피아에서의 공신력을 더해 학교를 설립하고 학생들을 모집했다. 월드투게더는 예전부터 에티오피아에서 농촌개발 사업, 한국전쟁 참전용사후손지원사업을 해온 경험이 풍부했다. 여기에 에티오피아 TVET청이 협력관계를 구축하니 각자가 가진 장점을 극대화할 수 있는 환경을 마련할 수 있었다.

LG전자는 2009년부터 유엔 세계식량계획WFP, World Food Programme를 통해 에티오피아에 식량지원 등을 해왔다. 최빈국인 에티오피아에서도 개발도상국의 현상 중 하나인 도시집중화와 도시와 농촌 간 빈부격차가 심해지고 있었다. 단순한 식량지원은 지속가능성의 의미가 없었다. LG그룹과 코이카는 지역 내 비즈니스 생태계를 만드는 것이 무엇보다 중요하다고 보고 도시지역에 직업훈련학교를 짓기로 했다. 즉 기술교육으로 비즈니스 생태계를 조성하여 지속가능한 발전체계를 구축한다는 공동의 어젠다를 충분히 숙지하고 공감한 상태에서 HOPE TVET를 시작한 것이다.

컬렉티브 임팩트의 5가지 요소 중 중추지원조직 구성은 LG전자와 월드투게더가 맡았다. 코이카와 에티오피아 TVET청, 그리고 LG전자와 월드투게더가 지속적인 커뮤니케이션 체제를 구축하여 열악한 교육환경 개선이란 사회문제 해결에 나선 것이다.

학생 선발은 여성, 장애인 등 취약계층을 비롯해, 한국전쟁 참전용사 후손들을 우선적으로 뽑았다. 취약계층 위주로 선발했기 때문에 처음부터 학비는 무료로 했으며 초기에는 급식까지 무료로 했다. 교육의 질을 높이기 위해 LG전자는 1년에 1~2회 현지 강사들을 대상으로 한 명장들의 특강을 마련하기도 했다. (그림 1)

---

15 이 프로젝트는 (주)LG가 자금지원을, LG전자는 실제 운영에 참여했다.

사진 제공: LG전자

에티오피아 전국에 3000개 정도의 TVET가 있고, 그 중 수도 아디스
아바바에 2000개가 있다고 한다. HOPE TVET는 3000개 TVET 중에서
에티오피아 정부 평가 최우수 직업훈련학교에 선정되기도 했다. TVET는
1~5레벨로 구성되어 있는데 HOPE TVET는 4레벨까지 교육을 받을 수
있고 레벨 승급을 위해선 정부 주관 시험을 봐야 한다. 전국 평균 합격률
이 60% 정도 되는데 HOPE TVET 출신 학생들의 합격률은 98%나 된다.
HOPE TVET 졸업생은 1기수당 60~80명인데 현재 4기까지 250명 정도
졸업했으며 졸업생들의 취업과 창업은 100%를 달성해 계량적 성과측정
을 통한 공동의 목표를 이룬 것으로 평가되었다.

LG전자와 코이카는 향후 지속가능성을 어떻게 확보하느냐를 고민
하다가 수익모델을 개발하기로 했다. 이 방침에 따라 최근 취약계층을 제
외한 나머지 학생들의 식사를 유료화했다. 또한 야간에는 강의실이 비어
있는 것을 감안해 일반인 대상 유료강좌를 개설해 운영하고 있다. 이 직업
훈련학교 모델은 2년 전부터 베트남과 방글라데시에도 전수해 현지에서
유사한 시스템으로 운영하고 있다.〔표1〕

[표 1] 에티오피아 HOPE TVET의 컬렉티브 임팩트

공동의 어젠다	도시 빈곤층에 기술교육 지원으로 지역 내 비즈니스 생태계 구축
중추지원조직	LG전자, 월드투게더
참여 기관과 역할	· (주)LG, LG전자: 자본·인력 및 기자재 지원, 현지 법인 통해 기술 교육 · 코이카: 자본 지원, 에티오피아 정부와 협력 · 월드투게더: 현지 경험 바탕으로 직업훈련학교 운영 · 에티오피아 TVET청: 교육행정 지원, 향후 학교 운영 인수
측정 시스템의 공유	레벨 업 시험 합격률, 졸업생 취업률 및 창업률, 성과 등을 참여기관이 공유, 향후 발전적 모델 개발 협력 ▶ 두바이 LG 현지 법인 등에 인턴, 취업 ▶ 베트남, 방글라데시 등에 직업훈련학교 시스템 수출
특징	최빈국 상황 감안 식량 지원, 자선 구호활동 위주에서 도시 빈곤층 대상 직업훈련교육으로 취업 및 창업 성과
사회적 의미	기업이 지속적인 관리를 위해 현지 법인 설립, 현장과 상시 커뮤니케이션 체제를 구축한 것은 공동의 목표를 달성하기 위해 다자간 협력체계를 보여준 것임. 식량 지원에서 기술교육 지원으로 전환하여 지속가능한 발전모델을 만들고 이 성과를 다른 지역과도 공유함.

컬렉티브 임팩트 국내 사례와 사회적 가치

1. 한국가스공사의 온누리사업

한국가스공사의 온누리사업은 한국 사회의 초창기 컬렉티브 임팩트 사례로 평가된다. 2010년부터 시작된 온누리사업은 저소득층 가구 및 취약 사회복지시설을 대상으로 난방시설 개선을 통한 에너지효율 개선사업이다.

한국가스공사가 사업 재원을 지원하고, 사회복지공동모금회가 기금을 관리하며, 한국사회복지협의회 사회공헌센터가 중추지원기관으로 기획, 관리 등 전체적인 운영을 담당하는 구조였다. 세부 운영과정에는 대상 가구 및 시설 현장 관리를 담당한 한국주거복지협회, 난방시설 개선 시공을 담당한 전국 각지의 자활공동체, 안전검사를 담당한 한국가스공사, 공동지급을 위한 물량 확인과 부속자재 지원을 담당한 경동나비엔이 참

〔그림 2〕 경북 경산의 한 주거시설 수리 전(왼쪽)과
수리 후(오른쪽)참여자들이 새집 앞에서 기념촬영을 하고 있다

여했다. 이런 시스템으로 인해 사업의 시공과 사후 평가 부문에서도 전문 조직의 참여가 이루어졌다. 한국사회복지협의회 사회공헌센터는 참여조직 간 상호 신뢰를 확보하고 성과 평가 및 개선의 협의체계를 확립하기 위해 각 조직의 대표가 참여하여 교류하는 자리를 마련했다.

2010년 1차 년도에는 20억 원의 예산을 들여 681가구에 난방비를 지원하였으며 87가구, 41개소를 대상으로 에너지효율개선공사를 했다. 여기에 자활시공업체도 30개 업체가 참여했다.

온누리사업은 체계적인 효과 분석을 제시한 사례로 평가된다. 2010년 당시 이미 IRIS Impact Reporting and Investment Standards 글로벌 표준 사회적 성과 보고기준을 통해 데이터 수집 및 가공과정을 거쳐, SROI Social Return on Investment 방법론16을 활용한 성과 분석을 했다. 그 결과 349명의 고용 효과에 5억 7300만 원의 일자리 소득을 거둔 것으로 나타났다. 또한 난방시설 개선으로 3400만 원의 난방비 절감 효과를 얻었다. 이것은 20억 원을 투자했는데 사회적 투자 효율은 26억 원의 가치를 거둔 것을 의미한다. 〔그림 2〕

온누리사업은 취약계층의 난방시설 개선을 취약계층인 자활공동체에 맡김으로써 취약계층의 시설 개선이란 복지 확대 외 취약계층의 소득

---

16 재무제표에 반영되지 않는 사회적·경제적·환경적 가치를 측정하는 방법이다. 기업이 자본과 다른 자원을 얼마나 효과적으로 사용하여 지역사회를 위한 가치를 창출하는지 확인할 수 있다.

증대라는 경제적 효과까지 거둔 사례라는 데 의미가 있다. 그러나 온누리 사업은 2020년 현재 10년째 지속적으로 이어져 오며 예산도 초기보다 2배나 늘어났지만 컬렉티브 임팩트 효과는 크게 개선되지 못한 것으로 평가되고 있다. (표2)

2. 현대자동차그룹의 H-점프스쿨

현대자동차그룹 대학생 교육봉사단 H-점프스쿨은 2013년 현대자동차그룹이 주요 사회문제 중 하나인 교육격차 해소를 위해 사단법인 점프와 함께 시작한 프로그램이다. 저소득층이 당면한 교육 불평등 문제를 우리 사회의 '기울어진 운동장'으로 보고 이를 해결하고자 한 것이다.

〔표 2〕 온누리사업의 컬렉티브 임팩트

공동의 어젠다	저소득층 가구 및 취약 사회복지시설 에너지효율 개선
중추지원조직	한국사회복지협의회 사회공헌센터
참여 기관과 역할	한국가스공사: 자본 지원 사회복지공동모금회: 기금 관리 한국사회복지협의회 사회공헌센터: 운영 총괄 한국주거복지협회: 대상 가구·시설 실측내용 견적서 등록시스템 제공 자활공동체: 난방시설 개선 시공 참여 한미글로벌: 시공 감리 한국산업기술컨설팅: 에너지효율 진단
측정 시스템의 공유	한국주거복지협회 전산프로그램 활용 견적서 등록 정보 공유, 온누리사업 사무국인 한국사회복지협의회 사회공헌정보센터가 참여기관과 진행상황 공유, 매년 사업 후 컨퍼런스 개최 결과 공유
특징	IRIS 이용 데이터 수집 및 가공 SROI 방법론 이용 사업 효과 분석
사회적 의미	2010년 당시 사회적 문제 해결에 전문기관 다수 참여, 다자간 협력체계 모델을 제시했으며, 사업의 성과를 목표 달성에만 두지 않고 시공 감리 등 질적 성과를 병행했다는 점. 당시 참여한 시공업체들이 현재 청년주택, 사회주택 건설을 담당하는 사회적 기업으로 성장, 되돌아보면 지속가능성이 담보된 사업이었음.

프로그램의 요지는 먼저 우수 대학생들에게 양질의 교육과 멘토링을 제공하고, 이 대학생들이 다시 취약계층 청소년들의 교사로 활동하는 것이다. 서울, 부산과 대구 지역에서 교육봉사로 사회에 기여하고자 하는 대학생들을 '장학샘'으로 선발하여 1년간 매주 6시간씩 학습지도 및 정서지원에 필요한 학습센터(지역아동센터, 복지관 및 중·고등학교)에 파견하는 형식이다.

참여기관은 현대자동차그룹을 비롯하여 사단법인 점프, 전국 각 대학교, 서울장학재단, 지역아동센터 등이다. H-점프스쿨의 운영체계는 현대자동차그룹이 재원과 임직원 멘토단(2040세대 사회인 포함)을 지원하고, 사단법인 점프가 주관기관으로서 대학생 교육과 취약계층 청소년 교육을 담당하고, 각 대학교 대학생들이 '장학샘'으로 참여하여, 지역아동센터 청소년들의 학습지도를 담당하는 구조다. 여기서 중추지원조직을 담당하는 곳은 H-점프스쿨 사무국이다.

점프는 '누구나 차별 없이 배움의 기회를 누리고 성장하는 사회를 만들어 갑니다'를 미션으로 정하고 한국의 교육시스템에서 비롯되는 사각지대에 주목한 비영리 교육소셜벤처다. H-점프스쿨은 2013년 문을 연 이래 2019년까지 대학생 참가자 862명, 청소년 참가자 3116명, 참가 학습센터 122곳, 청소년 학습시간 76만 4000시간에 이르며 1대1 멘토링 578회, 소그룹 멘토링 201회, 단체 멘토링 32회를 실시했다.[17]

청소년 참가자 3116명 중에는 저소득층, 복지사각지대, 다문화가정, 조손祖孫가정 청소년들도 포함되어 지원을 필요로 하는 다양한 계층으로 폭을 넓혔다는 데 의미가 있다. 현대자동차그룹에서는 이에 대해 청소년 사교육비 절감 111억 원, 대학생 진로교육비 절감 17억 원, 지역아동센터 강사 채용비 절감 18억 원 등 모두 146억 원의 교육 및 사회적 가치 창출

17 H-점프스쿨 홈페이지 참고
18 신현상(2019), '점프의 사회혁신 성과 분석 보고서'

효과를 거두었다고 밝혔다.

신현상 한양대 교수팀은 H-점프스쿨 문제해결 방식의 혁신성에 대해 사회문제를 정확히 진단하고 거기에 맞는 솔루션을 찾았는데 그것은 다름 아닌 나눔의 선순환구조를 채택한 것이라고 분석했다.[18] 신 교수팀 분석 자료에 따르면 실제로 H-점프스쿨에 참여한 청소년그룹에서 직접적인 교육격차 완화 성과를 보였다. 학습지도를 받은 청소년 중 73.5%가 성적이 올랐고, 정서적 안정이 확립되고 긍정적 태도가 함양된 청소년은 78.4%에 달했다.

또한 H-점프스쿨에 참여한 대학생 '장학샘' 80% 이상이 의사소통, 책임감, 팀워크 등의 역량이 성장했다고 밝혔으며, 사회생활에 도움이 되었다는 의견은 90.3%에 달했다. 실제로 일반 대학생에 비해 H-점프스쿨 '장학샘' 출신의 대학생들이 약 12% 더 높은 취업률을 보였다. 학습센터 담당자의 H-점프스쿨 추천도가 99.9%에 달할 만큼 만족도가 높게 나타났다. [그림 3]

〔그림 3〕 H-점프스쿨의 참여자 역할과 구조

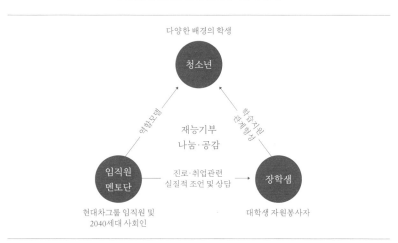

다양한 배경의 학생

청소년

역할모델

재능기부
나눔·공감

학습지원
관계형성

임직원
멘토단

진로·취업관련
실질적 조언 및 상담

장학샘

현대차그룹 임직원 및
2040세대 사회인

대학생 자원봉사자

신현상 교수는 H-점프스쿨은 현대자동차그룹, 사단법인 점프, 대학 등 교육기관, 그리고 정부 및 지자체 등 다양한 파트너들의 협력을 기반으로 하는 다자간 협력모델을 구축한 사례라고 평가했다. H-점프스쿨은 교육격차 해소라는 사회문제를 해결하기 위한 솔루션을 만들고 컬렉티브 임팩트를 성공적으로 창출한 사례로 세계 각국의 컨퍼런스에서 소개되기도 했다. 2018년 7월 불가리아 소피아에서 열린 NBM^{New Business Model} 컨퍼런스에서 청소년과 대학생, 파트너 및 지역사회에 단계적으로 끼치는 영향이 크다는 성공 사례로 소개되었으며, 벨기에 브뤼셀에서 열린 EU 집행위원회 컨퍼런스에서 다자간 협력 모델 우수 사례로 소개되었다. 또 2019년 4월 미국 BCCCC^{Boston College Corporate Citizenship Conference}에서, 6월에는 스위스 '유엔기구 간 사회연대경제 태스크포스^{UNTFSSE} 국제컨퍼런스'에서 H-점프스쿨 사례를 발표했다.^(표3)

3. 서울특별시 아동복지시설 사회성과보상 사업

서울시 제1호 SIB사업[19]인 서울특별시 아동복지시설 사회성과보상 사업[20]은 우리나라는 물론 아시아에서도 처음으로 시도된 사업이라는 상징성이 있다. 2011년 서울시에 SIB를 처음 제안한 사람은 곽제훈 팬임팩트코리아^{Pan-Impact Korea} 대표였다. 오랜 검토 끝에 2014년 3월 서울시의회 의결로 SIB 정책을 제도화했으며 2015년 4월 '서울특별시 아동 복지시설 사회성과보상사업'이 서울시의회를 통과하면서 본격적으로 추진되었다.

이 사업은 아동복지시설(그룹홈)에 거주하는 경계선지능 아동을 대상으로 학습능력과 사회성 향상을 목표로 계획되었다. 경계선지능아동을 대상으로 정한 이유는 그들이 학습 부진과 따돌림 등 어려움을 겪

---

19 SIB(Social Impact Bond) 사업이란 민간기업이 공공사업에 사업비를 투자하고 성과를 내면 사업비와 성과금을 주는 방식의 새로운 복지사업인 '사회성과연계채권'이다.

20 팬임팩트코리아 홈페이지(http://panimpact.kr) 참고

공동의 어젠다	저소득층 청소년 학습지원으로 교육격차 해소
중추지원조직	H-점프스쿨 사무국
참여 기관과 역할	현대자동차그룹: 자본 및 임직원 멘토단 지원 사단법인 점프: 운영 총괄 서울장학재단: 대학생 '장학샘' 장학금 지원 참여 대학교: 대학생 자원봉사자 모집 안내 지역아동센터: 청소년 교육 대상기관으로 참가
측정 시스템의 공유	점프가 대학생 모집 및 학습 지원 관리 H-점프스쿨에서 교육 참가자 등 계량적 측정 성과 공유
특징	자원봉사자로 참여한 대학생들도 멘토링 받을 기회를 가짐으로써 재능기부의 선순환 구조를 이룸
사회적 의미	학습 편차가 심한 취약계층 청소년을 대상으로 단순한 학습 지원이 아니라 1대1 또는 1대 다수 등 상황에 적합한 학습지원을 하여 맞춤형 학습 효과를 거둠. 프로젝트 시행 7년이 경과한 현재 지원 받았던 청소년이 대학생이 되어 자원봉사자로 참여함으로써 기부의 선순환 구조를 만들었음.

고 있으나 장애로 분류되지 않아 정부 지원의 사각지대에 놓여 있기 때문
이다. 실제로 복지시설에 거주하는 경계선지능 아동의 경우 시설을 나온
후 수급자가 되는 비율은 30%로 일반 아동의 15배가 넘는다.

사업의 운영기관은 팬임팩트코리아가 맡았다. 팬임팩트코리아는
서울시와 협약 체결 후 11억 1000만 원의 민간 투자금을 모았으며 투자
자들은 사단법인 피피엘People and Peace Link, 엠와이소셜컴퍼니MYSC, 유비
에스증권UBS Securities이었다. 팬임팩트코리아는 공모를 통해 대교문화재
단 컨소시엄을 수행기관으로 선정하였고, 서울시는 평가기관으로 성균
관대학교 산학협력단을 선정했다.

수혜집단은 서울시 62개 아동복지시설에 거주하는 경계선지능 아
동 100여 명이었다. 교육은 심리·특수교육·사회복지 등을 전공한 멘토교
사(15명)가 아동의 인지능력과 사회성 저하 원인을 파악한 후 1대1로 주

1~2회 개인 수준별 맞춤교육을 진행했다. 특히 동일한 교사가 3년간 교육을 진행하도록 한 것도 주효했다.

이 사업은 2016년 8월 시작되어 3년 후인 2019년 8월 종료되었다. 성균관대학교 산학협력단은 그해 10월 SIB 사업 종합성과보고서를 발표했다. 사업의 성과기준은 33%부터 성공 구간으로써 투자자에게 원금 외 인센티브를 단계별로 지급하도록 했다. 최대 성과기준은 42%였는데 실제 52.7% 성공으로 최대 성과 목표를 10%P 이상 초과 달성했다. 팬임팩트코리아는 서울시로부터 성과보상금을 받아 2019년 12월 24일 투자자들에게 원금과 약 25%의 인센티브를 상환했다.[21]

한편 영국, 미국, 독일 등 30여 개국에서 140여 건의 SIB 사업이 진행 중이다.[22] 이 사업을 계기로 중앙 부처와 다른 지자체들도 SIB에 관심을 갖기 시작했으며 SIB 조례를 제정한 지자체들도 점점 늘어나고 있다.[표4]

〔표4〕 서울시 아동복지시설 사회성과보상사업의 컬렉티브 임팩트

공동의 어젠다	경계선지능 아동 대상 학습능력·사회성 향상
중추지원조직	팬임팩트코리아
참여 기관과 역할	서울특별시: 성과보상제도 사업 발주 팬임팩트코리아: 운영 총괄 (사)피피엘, 엠와이소셜컴퍼니, UBS증권 서울지점: 투자 참여 대교문화재단: 사업 수행 성균관대학교 산학협력단: 사업 평가
측정 시스템의 공유	운영기관인 팬임팩트 코리아 중심으로 정보 공유 계량화 가능한 평가기관의 보고서 공유
특징	지자체 참여 사업은 대체로 연간 단위로 추진하는데 이 사업은 처음부터 3년 기간을 정해 지속적 추진을 한 점(예를 들어 한 교사가 한 학생을 3년간 교육함으로써 장기적·체계적 교육이 가능)
사회적 의미	오랫동안 정책 사각지대에 방치되었던 경계선지능 아동에 대한 관심이 높아진 것이 가장 큰 의미라고 할 수 있음. 또한 대한민국 최초이지 아시아에서도 처음으로 복지문제를 사회성과보상사업으로 추진했다는 점도 의미가 큼.

4. 사노피-아벤티스코리아의 초록산타

초록산타는 일반적인 기업 사회공헌 사례에서 10년 넘게 지속해오며 진화하여 컬렉티브 임팩트를 보여주는 사례다. 2004년 사노피-아벤티스코리아와 아름다운가게가 소외계층 아이들을 위한 차량 공연으로 시작한 초록산타는 2006년부터 1형 당뇨병 환아를 첫 대상으로 시작하여 만성·희귀난치성 질환 환아까지 대상을 확대하여 정서지원 프로그램을 시행했다.

2013년부터는 여러 문화예술 파트너 및 효과연구팀과 초록산타 상상학교를 운영해왔다. 이때까지는 아동·청소년 대상의 프로그램 경험과 전문성 부족, 자주 변경되는 파트너로 인해 운영 관리가 기대만큼 이뤄지지 않았다.

2017년 다음세대재단, 유스보이스Youth Voice가 참여하면서 초록산타 상상스타터십과 같은 혁신적인 캠페인을 시도할 수 있는 환경을 구축했다. 2018년 효과연구를 와이즈미WiseMe와 진행하면서 신뢰성과 공신력을 확보하기 시작했다.

초록산타는 사노피-아벤티스코리아가 기부금 및 질환 정보를 공유하고, 비영리기관인 아름다운가게가 지원사업비를 중간지원조직인 다음세대재단에 지원하는 구조다. 다음세대재단은 이 사업비를 운영기관인 유스보이스에 전달하고 유스보이스가 실무 사업을 수행한다. 여기에 의료기관, 환자 단체 및 환자 커뮤니티가 참가자 모집 등 활동으로 참여하고, 창작자 및 예술가들이 만성·희귀난치성 질환 환아와 부모들의 정서 치유를 담당한다. 이 과정을 연구기관인 와이즈미가 효과연구 평가를 하고 이를 전체 참여 기관들과 공유한다.

초록산타의 세대별 지원은 단계별로 진행된다. 1단계 상상학교는 8~

---

21 곽제훈(2019), 'SIB 이야기 6: 국내 제1호 SIB 사업의 결과', 팬임팩트코리아 소셜임팩트 본드 매거진 11·12월호

22 '서울시 '제1호 SIB'… 경계선지능 아동의 인지·사회성 52.7% 개선 확인', 이로운넷 2020.02.06.

13세 아동과 부모를 대상으로 하며, 2단계 상상워크숍은 14~19세 청소년들을 대상으로 한다. 또 3단계 상상스타터십은 20~29세 청년들을 대상으로 한다.

상상학교에서는 아동들을 대상으로 8주간 다양한 매체의 창작 교육을 통해 자신의 생각과 이야기를 친구들에게 표현하고 삶의 에너지를 채워나갈 수 있는 정서적 활동을 지원한다. 이와 함께 부모들을 대상으로 아동들과 마찬가지로 8주간 자신과 가족의 삶이 건강해질 수 있도록 미래 교육, 문화다양성 등 다양한 분야의 정보를 공유하는 프로그램을 지원한다.

상상워크숍은 청소년들이 학업으로 바쁜 일상에서 벗어나 나를 돌아보며, 자신을 발견하고 표현하는 프로그램이다. 상상스타터십은 청년들이 사회생활을 통해 자신의 새로운 가능성을 발견하고 사회인식 변화의 계기를 마련하는 프로그램이다.

초록산타는 평가방법을 가능한 객관화하는 데 신경을 쓴다. 상상학교(1회기) 전 사전 평가를 하며, 상상놀이터(9회기) 후 사후 평가를 한다. 또 상상수료식(10회기) 후 추후 평가를 통해 행사 당일 평가보다 훨씬 객관적 판단을 하도록 하고 있다.[그림4]

2019년 초록산타 상상학교 효과 연구 결과를 살펴보면 참가 아동의 정서 및 행동문제의 변화 중 공격행동의 경우 55.8%에서 51.73%으로 나아졌으며, 참가아동 부모의 정서변화도 5.83%에서 4.92%로 개선되는 효과를 보였다.

대개 제약회사들이 희귀난치성질환 아동들을 후원하는 형태는 치료제 판매를 하면서 수익금 일부를 기금화 하여 지원하는 것이 일반적이다. 또한 다자간협력체계에서 기업이 재원을 지원하는 입장에서는 사업을 주도하거나 방향성을 정할 때 영향력을 끼칠 수 있다. 초록산타의 경우 재원을 지원하는 사노피-아벤티스코리아나 기부금을 전달하는 아름다운가게의 목소리는 거의 들리지 않는 시스템을 갖고 있다. 기업과 연관되는

〔그림 4〕 초록산타의 운영체계

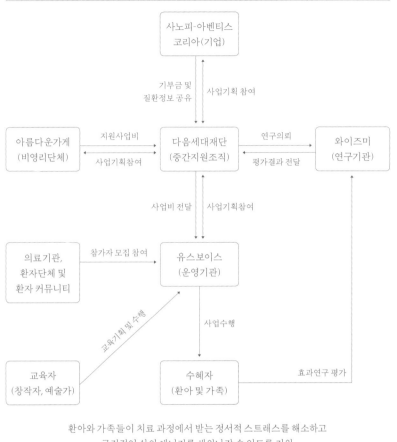

환아와 가족들이 치료 과정에서 받는 정서적 스트레스를 해소하고
긍정적인 삶의 에너지를 채워나갈 수 있도록 지원

홍보성 이벤트도 보이지 않는다. 시스템은 지원해야 할 대상에 집중되어
있고 평가 또한 외부기관에서 체계적으로 이뤄지고 있어 참여기관들이
각자 맡은 일에만 집중하는 것이다.〔표5〕

5. SK SUNNY와 함께 한 비즈니스실습

'SK SUNNY와 함께 한 비즈니스실습'은 한양대 경영학과 신현상 교수의

〔표 5〕 **초록산타의 컬렉티브 임팩트**

공동의 어젠다	만성·희귀난치성 질환 환아와 가족의 정서 함양 지원
중추지원조직	다음세대재단
참여 기관과 역할	사노피-아벤티스코리아: 후원금 지원, 프로그램 기획, 임직원 봉사 아름다운가게: 기금 지원, 프로그램 기획, 오프라인 행사 진행 다음세대재단: 프로그램 총괄 및 관리, 프로그램 기획, 수행기관 선정 유스보이스: 사업 수행, 참가자 관리, 프로그램 기획 및 진행 와이즈미 심리상담연구소: 연구수행, 성과 공유
측정 시스템의 공유	효과연구, 브로슈어 제작, 보도자료 배포 등
특징	만성·희귀난치성 질환 환아 지원프로그램의 경우 대부분 환아에 집중하여 구성되는데 초록산타 경우 환아와 함께 부모도 지원 대상에 포함하여 환아 가정 전체를 지원 대상으로 하는 것으로 구성되어 있음.
사회적 의미	만성·희귀난치성 질환 환아에 대한 지원도 중요하지만 이들 부모의 심리적 상처도 치유할 프로그램을 만들었다는 것이 의미가 큼. 또한 시간과 인내가 필요한 만성·희귀난치성 질환 환아 지원을 아동, 청소년, 성인 시기별로 나누어 체계적으로 지원하고 있다는 것도 장기적인 프로그램이기에 가능함.

강의 과목이자 비즈니스실습 프로젝트다. 최근의 마케팅 분야는 인터넷·모바일 상거래 급증과 밀레니얼 세대의 참여로 비즈니스 환경 변화가 심한 영역이다. 중소기업과 사회적 기업들은 급변하는 디지털 마케팅 분야에 어떻게 적응해야 할지가 큰 과제다. 이에 따라 카드뉴스·동영상 등 비쥬얼 콘텐츠를 결합한 방식의 디지털마케팅 역량에 대한 수요가 급증하고 있다.

비즈니스실습은 디지털마케팅 역량에 대한 수요에 대응하기 위해 실습과 멘토링을 통한 액션러닝 기반 PBL^Project-Based Learning 교육으로 사회문제 해결을 시도하는 강좌다. 비즈니스실습은 2부로 나뉘어 운영된다. 전반부에는 디지털 콘텐츠를 기획하고 제작하는 액션러닝 프로젝트를, 후반부에는 개인 또는 팀이 제작한 디지털 콘텐츠를 활용하여 SNS를 통해 디지털 마케팅을 실제로 수행한다. 마케팅 목표층의 반응을 이끌어내면서 시장과 고객을 이해하는 액션러닝 프로젝트를 수행하는 구조다.

이런 강좌를 어떻게 컬렉티브 임팩트 사례로 볼 수 있을까? 이 강좌에 참여하는 기관들과 그 역할을 살펴보면 대학 강의에서도 컬렉티브 임팩트가 일어날 수 있다는 것을 알 수 있다.

행복나눔재단SK Sunny이 학생들의 프로젝트 활동비를 지원하고, 실제로 사회적 기업을 돕는 디지털마케팅 프로젝트를 수행했다. 컨설팅 전문회사 마소캠퍼스MASO CAMPUS에서 기업 실무진의 노하우가 축적된 고품질의 강의를 지원했다. 이런 지원을 바탕으로 학생들은 실무 역량을 키우고 사회적 기업들은 실질적인 도움을 받을 수 있었다. 중추지원조직 역할을 맡은 신현상 교수와 마소캠퍼스는 이 과정에서 끊임없이 피드백을 했다. '디지털 마케팅 애로를 겪는 사회적 기업 지원'이라는 공동의 어젠다를 위해 각자가 가진 역할을 해 성공적인 결과를 이끌어 냈다.

참여한 사회적 기업은 경북 안동에 위치한 국내 최초 고택 리조트 구름에, 대학생 놀이시터가 아이와 함께 노는 돌봄서비스 제공업체 놀담, 시각장애인 점자교육기기 '탭틸로Taptilo' 제작 및 판매기업 오파테크OHFA TECH, 느린 학습자를 위한 쉬운 콘텐츠 제작 및 교육서비스를 제공하는 피치마켓PEACH MARKET 등 10개 기업이었다.

학생들은 이들 사회적 기업을 대상으로 콘텐츠를 만들고 417만 원의 디지털 광고비를 집행하여 광고 노출 96만 5000여 건, 참여 8만 4000여 건, 클릭 6600여 건, 공감(좋아요·댓글·공유 등) 2200여 건 등의 성과를 거두었다. 비즈니스실습은 하나의 같은 목표를 위해 각자의 자리에서 힘을 모았을 때 생기는 시너지 효과가 대단하다는 것을 보여준 강의(실습)로 평가받았다.(표6)

〔표6〕 SK SUNNY와 함께 한 비즈니스실습의 컬렉티브 임팩트

공동의 어젠다	디지털 마케팅에 애로를 겪는 사회적 기업 지원
중추지원조직	담당교수(신현상), 마소캠퍼스
참여 기관과 역할	행복나눔재단 SK Sunny: 학생 활동비 지원, 디지털마케팅 실무 노하우 지원 마소캠퍼스: 디지털마케팅 실무 노하우 지원 참여 대학생: 현장조사 및 SNS 등 디지털 마케팅 실행 참여 사회적 기업: 디지털 마케팅으로 인지도 향상
측정 시스템의 공유	참여만족도 조사 결과 공유, 성과공유회 워크숍 공개, 성과공유회(성수동 카우앤독) 개최
특징	한 학기 수업에서 소규모 컬렉티브 임팩트 성과 거둠. 대학이 가진 장점(인적 자원 풍부, 연구 토대, 실패에 대한 높은 관용도)을 활용, 기업과 시너지 효과 거둠.
사회적 의미	학생들이 사회문제 해결을 이론적으로 배우는 것에 그치지 않고 직접 실습을 통해 체험하고 역량을 키울 기회를 가짐. 대학과 기업이 대학생과 함께 협업을 한 것도 대학생의 사회 참여 확대로 평가됨.

컬렉티브 임팩트 시대의 사회가치 전달체계

컬렉티브 임팩트와 사회가치 전달체계의 관계성은 둘 다 복잡한 현대사회 구조 속에서 '반드시 이 방향으로 나아갈 수밖에 없다'는 필연성을 갖고 있다는 데 의미가 있다. 도현명 임팩트스퀘어 대표 등 컬렉티브 임팩트 사례 인터뷰에 응했던 전문가 그룹을 비롯해, 김재구 명지대 교수 또한 우리 사회의 고질적인 문제는 복잡한 구조를 띠고 있어 이를 해결하기 위해서는 컬렉티브 임팩트 방식이 불가피하다고 입을 모은다.

여기서 짚고 넘어가야 할 부분은 사회가치 전달체계의 정의와 논의 범위다. 사회가치 전달체계에서 사회가치에 대한 정의와 의미는 먼저 현재 발의 중인 「공공기관의 사회적 가치 실현에 관한 기본법23」에서 찾아볼 수 있다. 이 법안에서 사회적 가치는 '사회·경제·환경·문화 등 모든 영

역에서 공공의 이익과 공동체의 발전에 기여할 수 있는 가치'라고 정의하고 있다. 그리고 세부 항목으로 ①인간의 존엄성을 유지하는 기본권리로서 인권의 보호 ②사회적 약자에 대한 기회 제공과 사회통합 ③지역사회 활성화와 공동체 복원 등 13개[24]를 규정해 놓았다.

박명규 서울대 교수, 이재열 서울대 교수 등은 『사회적 가치와 사회혁신: 지속가능한 상생공동체를 위하여』(2018)에서 사회적 가치는 21세기의 시대정신이며 공동체를 새롭게 하는 힘이자 혁신을 사회화하는 원천이라고 했다. 현실에 바탕을 둔 정치, 경제적 한계 즉 신자유주의 경쟁이 초래한 공동체의 해체, 양극화의 고통, 소외와 낙오, 인간성의 파탄을 극복하기 위한 21세기형 공동체론이 바로 사회적 가치라는 것이다. 이와 같은 사회적 가치는 사회에 대한 문제 제기라는 의미를 갖고 있기 때문에 현상을 이론적으로 설명하기 위한 논리적 개념이라기보다 바람직한 가치를 구현하려는 정책적인 함의를 담고 있는 개념이라고 설명하고 있다.

그렇다면 사회적 가치의 실현 주체는 누구인가? 사회·경제·환경·문화 등 모든 영역에서 공공의 이익을 추구하려면 정부와 공공기관, 기업, 시민사회 등이 모두 참여해야 한다. 이를 사회적 가치 실현 영역과 연결하면 정부와 지방자치단체는 사회복지정책 입안 및 시행을 담당하고 공공기관과 민간(기업, 시민단체 등)은 사회적 책임, 사회공헌 실행을 담당하는 것으로 구분 지을 수 있다.

---

23 「사회적 가치 기본법」은 2014년 6월 문재인 의원이 발의한 것을 시작으로 김경수, 박광온 의원이 각각 2016년 8월, 2017년 10월 발의했으나 임기 만료로 폐기되었다. 21대 국회 들어와서 박광온 의원이 2020년 6월 1일 '1호 법안'으로 발의했다.

24 「공공기관의 사회적 가치 실현에 관한 기본법」 13개 항목은 ①인간의 존엄성을 유지하는 기본 권리로서 인권의 보호 ②재난과 사고로부터 안전한 근로, 생활환경의 유지 ③건강한 생활이 가능한 보건 복지의 향상 ④노동권의 보장과 근로 조건의 향상 ⑤사회적 약자에 대한 기회 제공과 사회 통합 ⑥대기업, 중소기업 간의 상생과 협력 ⑦품위 있는 삶을 누릴 수 있는 양질의 일자리 창출 ⑧지역사회 활성화와 공동체 복원 ⑨경제 활동을 통한 이익이 지역에 순환되는 지역경제 공헌 ⑩윤리적 생산과 유통을 포함한 기업의 자발적인 사회적 책임 이행 ⑪환경의 지속가능성 보전 ⑫시민적 권리로서 민주적 의사 결정과 참여의 실현 ⑬그 밖의 공동체 이익실현과 공공성 강화다.

정부의 사회복지서비스가 확대되고 그 전달체계가 변화하면서 사회복지
서비스 담론을 둘러싼 다양한 유형의 논쟁이 진행되어 왔다. 사회복지서
비스 관련 중앙 정부와 지방자치단체 간 역할과 책임 분담의 적정성 여부
에 대한 논의도 그 중 하나다.

　　중앙 정부와 지방자치단체의 사회가치 전달체계를 짚어보려면 정책
과 제도 차원에서 사회복지서비스 전달체계를 먼저 살펴보아야 한다. 사
회서비스전달체계는 사회서비스를 필요로 하는 수요자에게 해당 서비스
를 중복이나 누락 없이 적절하게 전달할 수 있도록 하는 환경 및 구조, 제
도를 말하는 것으로 사회서비스를 공급하는 주체들 간의 조직적인 연계
및 공급자 간의 조직적 연결이라고 정의할 수 있다.[25] 기존 사회복지서비
스 전달체계는 중앙정부의 보조금과 지방정부의 분담금을 준거로 지방정
부가 복지서비스 공급기관을 선정하여 지원하고, 공급기관이 이용자를
선택하여 서비스를 제공하는 전달체계로 이루어졌다.[26] 이 장에서는 사회
서비스 전달체계의 정의를 토대로 학계에서 조명한 사회복지서비스 전달
체계의 변화 과정을 살펴보고 이어서 사회문제화된 이슈를 중심으로 짚
어보고자 한다.

사회복지계 해묵은 과제 '전달체계 개편'

2019년 2월 22일 대한변호사협회회관에서 의미 있는 세미나가 열렸다. 재
단법인 동천 주최로 열린 '사회복지법연구세미나: 사회복지법인·시설·전
달체계 발전 방향'은 사회복지계 숙원인 '전달체계 개편'을 본격적으로 제

25　김준현(2014), '사회서비스 전달체계 공공성 위기 고찰: 정당성 위기를 중심으로', 『한국사회와 행정연구』, 24(4), pp.191~192.

26　양기용(2013), '사회서비스 공급체계변화와 공공성', 『한국공공관리학보』, 27(1), pp.104~105.

27　'포용국가 이루려면 사회복지서비스 전달체계부터 개혁해야', 한겨레 2019.03.08.

28　남찬섭(2017), '사회서비스 전달체계의 문제점과 과제', 『월간 복지동향』, (227), p.7.

기했다.[27] 세미나에서 발제를 한 남찬섭 동아대 교수는 "사회복지서비스는 수요자 중심을 강조하는 방향으로 진화해 왔고 2003년에서 2014년까지 연평균 16.8%의 증가세를 보이는 등 정부도 노력해 왔지만 국민이 체감하는 복지서비스 수준은 그리 높지 않은 편"이라며 "그 원인은 미흡한 전달체계에 있다"고 강조했다. 즉 지금까지 정부가 단순히 보조금을 전달하는 역할에 그쳐 공적 책임을 소홀히 했다는 것이다. 또 다른 발제자인 이상훈 서울사회복지공익법센터장은 "복지 전달체계는 국가의 공적 책임을 시민에게 전달하는 과정"이라며 "그동안 민간과 정부가 만나는 복지 전달체계가 천편일률적이어서 민간의 전문성과 활력이 정책에 반영되지 못했다"고 지적했다.

이와 같은 사회복지서비스 전달체계 개선 문제는 근래에 대두된 문제가 아니다. 사회복지서비스 전달체계 구축은 1990년대 중반부터 본격적으로 시작되었다. 첫 시도는 서상목 보건복지부 장관이 보건복지부 산하에 보건복지사무소와 사회복지사무소를 두는 것으로 추진되었으나 시범사업으로만 그쳤다. 이후엔 시·군·구와 읍·면·동 등 기존의 지방행정조직 내에서 복지기능 강화를 추진했다.[28] 2006년 당시 시·군·구는 조사업무를 담당하고 읍·면·동은 찾아가는 복지와 사례 관리업무를 하는 것으로 역할 분담을 했다. 이 역시 인력 부족 등으로 효과를 거두지 못했다.

사회문제가 된 사건과 제도 개편 중심으로 살펴보자면 항상 '사건 이후 대책 마련'으로 이어져 왔음을 알 수 있다. 2004년 12월 18일 대구 불로동 한 가정에서 4세 남자 어린이 사체가 장롱에서 발견된 사건을 계기로 2005년 2월 참여정부가 사회복지 전달체계 개편 방안을 추진했다. 2009년 공무원에 의한 복지 급여 횡령사건이 잇달아 발생하자 온라인 시스템의 구축이 본격화되었고 사회복지통합전산망을 추진하기 시작했다. 2014년 12월 송파 세 모녀법의 일환으로 제정된 「사회보장급여의 이용·제공 및 수급권자 발굴에 관한 법률(사회보장급여법)」이 2015년 7월 시행되었다. 이후 문재인 정부 들어 사회복지서비스 전달체계는 '주민직접 참여제도 확대 및 마을자치 활성화'로 구체화되는데 이는 공공서비스 플랫폼이라는 정책으로 발표되었다.[29]

공공기관과 기업의 사회가치 전달체계

공공기관과 기업의 역할과 책임은 설립 목적과 목표가 상이한 만큼 확연히 다르다. 다만 우리나라 공공기관과 기업의 사회가치 전달체계는 대체로 비슷한 양상과 수준을 보이고 있어 같이 다룬다.

기업의 사회 참여 진화는 1단계 기부, 자선(현금 또는 현물), 2단계 전략적 기부, 자선(현금 또는 현물, 임직원 자원봉사), 3단계 기업의 사회적 참여(장기간 파트너십이 주는 사회적, 상업적 이익), 4단계 사회가치경영(기업 이해관계, 이익창출의 가치 재정립)으로 나눠볼 수 있다.[30] 이와 함께 캐롤Carroll의 CSR 피라미드 이론, CSR 진화 단계 등을 많이 거론하고 있지만 여기서는 기업과 공공기관에서 주로 이뤄져 왔던 사회공헌 차원에서 살펴보기로 한다.

우리나라 초창기 기업의 사회공헌은 주로 빈곤계층에 쌀 전달, 장학금 전달 등 자선과 기부가 주를 이루었다. 대상과 영역도 경영주의 관심분야이거나 학연, 지연 등의 범주에서 정해졌다. 이를 사회공헌 1.0 시기로 보면 한국에서 사회복지가 시작된 1950년대 이후부터 1980년대까지라고 할 수 있다.

사회공헌 2.0시대엔 기업의 제품 또는 기술을 제공하는 자선과 기부가 주를 이루었다. 필요시 기업이 직접 물품을 구매해서 전달하는 방식도

---

29 남찬섭(2017), 위의 논문 pp.5~10.

30 Boston Corporate Citizenship Center: Four wave forum, international business leaders forum. 정성일(2018), 제5회 Deloitte-CEO 스코어 정책포럼 '사회적 가치' 실현을 위한 신성장동력, 재인용

31 한국사회복지협의회(2019), 『2019 사회공헌백서』 참고

여기에 해당된다. 2000년대 초반까지도 이런 형태가 주를 이루었다.

사회공헌 3.0시대엔 기업과 직접 연관이 되지 않는 사회문제에 대해 참여하기 시작했다. 예를 들면 GS칼텍스에서 아동심리치유 프로그램을 지속적으로 추진하는 것이나 한국타이어나눔재단에서 위기청소년 자립 프로그램을 진행하는 것이다. GS칼텍스 입장에서 어린이는 직접적인 소비자도 아니고 심리치유는 업종과 전혀 관계없다. GS칼텍스가 아동심리치유를 지원한다고 휘발유가 더 많이 팔릴 것을 기대하는 것은 아니다. 하지만 아동폭행, '왕따'가 사회문제가 되자 이를 해결하는 것이 우리 사회의 과제임을 인식하고 실천한 것이다. 한국타이어에서 출연한 한국타이어나눔재단 역시 위기청소년과 아무런 관계가 없다. 다만 사회안전망이 허술한 위기청소년의 2차 피해노출 등이 심각한 사회문제라고 인식하고 이를 예방하기 위해 쉼터를 제공하고 자립을 위한 기술교육을 지원하는 것이다.

사회공헌 4.0시대엔 한 기업에서 단독으로 사회문제 해결에 참여하는 것이 아니라 다자간 협력체계가 주를 이룬다. 기업과 공공기관, 대학, 지자체, 시민단체 등이 공동의 어젠다를 목표로 각자 역할을 하는 실질적인 컬렉티브 임팩트를 실현하는 형태다. SK가 시작하여 현재는 52개 회원사가 참여하고 있는 행복얼라이언스가 그 예라고 할 수 있다.

기업의 사회공헌 유형을 시대별로 구분해 보았지만 실제 현장에선 위의 유형이 혼재되어 있다. 한국사회복지협의회가 조사한 100대 기업의 사회공헌 유형을 살펴보면 봉사활동 16%, 물품기부 16%, 현금기부 20%, 교육 제공 19%, 캠페인 및 체험 기회 제공 15%, 인프라 6%, 기타 8%로 나타났다.[31] 이 같은 통계가 말해주듯 기업의 사회공헌은 아직까지 기부가 주를 이루고 있다. 말하자면 사회적 책임을 일찍 인식한 기업은 수혜자에게 더욱 효과적인, 사회문제를 한층 효율적으로 해결하기 위한 노력을 하고 있지만 그렇지 않은 기업은 아직도 1.0시대, 2.0시대의 방식을 채택하고 있음을 알 수 있다. 공공기관 역시 기업의 사회공헌 유형에서 크게 벗어나지 않는다.

사회복지서비스 전달체계를 넘어 사회가치 전달체계로

사회적 가치 시대 연 문재인 정부

2017년 5월 문재인 정부는 출범하면서 공공기관의 사회적 가치 실현을 100대 국정과제의 하나로 정했다. 이에 발맞춰 행정안전부가 2018년 사회적 가치 중심의 정부 운영계획을 담은 '정부혁신종합추진계획'을 발표했다. 기획재정부는 공공기관의 경영실적을 평가하는 데 사회적 가치를 주요 평가 항목으로 반영했다. 또 2020년 8월 '사회적경제기업 일자리 창출 지원방안'을 발표했는데 주요 내용은 공공기관의 사회적경제 기업 제품 의무 구매조항 신설, 공공기관 경영평가에 사회적경제기업과의 협업 실적을 반영하는 것을 포함하고 있다.

공공기관은 사회적 가치 실현을 위한 별도 조직을 구성하기 시작했다. 한국서부발전, 한국수자원공사, 한국농수산식품유통공사, 예금보험공사 등 공공기관들은 2017년 12월 이후 잇달아 사회적 가치위원회(사회적 가치추진위원회, 사회공헌위원회 등 명칭은 다양)를 발족했다.

민간 기업에서도 SK가 일찍이 사회공헌위원회(2019년 초 사회적 가치위원회로 명칭 변경)외 SK의 최고 의사결정기구인 수펙스SUPEX 추구 협의회, 사회적 가치연구원 등을 통해 '사회적 가치'를 주도해왔다. SK 외 미래에셋대우가 2018년 10월 25일 사회적책임위원회를 발족했으며, 호반그룹도 2020년 1월 사회공헌위원회를 출범한 데 이어 대한항공이 2020년 8월 사회적 책임 강화를 위한 환경·사회·지배구조ESG위원회를 설립하는 등 최근까지 많은 기업이 회사 조직 내 별도의 기구로 사회적 책임, 사회적 가치를 담당하는 조직을 설립했다.

이와 같은 조직적 움직임에도 불구하고 아직은 사회적 가치 실현이 크게 동력을 얻지 못하고 있다. 그 원인은 정부 주도형으로 시작하여 지자체와 공공기관들은 미처 준비하지 못한 데 있다. 그리고 법과 제도가 완전히 정착되지 못한 상황에서 개별 조직의 목표와 실행 방안 등이 조직 내 공감대를 형성할 정도의 내부 학습도 부족했기 때문인 것으로 보인다.

공공기관을 평가하는 기획재정부도 준비가 부족했다. 평가 항목 중 2017년 경영평가 기준의 경영 기획 및 사회적 책임, 정부 권장 정책, 일자리 창출 가점 항목이 2018년 사회적 가치 구현의 5대 지표로 바뀌었을 뿐이다. 말하자면 기존 평가 항목의 지표 명칭만 바뀌었거나 지표에 대한 구체적인 가이드라인이 마련되지 않았다. 평가를 받는 공공기관 입장에서 보면 각 항목에 제시한 사회적 가치가 규범적으로 모호하고, 실행 방법도 구체적이지 않다.[32] 공공기관과 기업들 역시 별도 조직만 갖추었을 뿐 아직까지 사회문제 해결에 뚜렷한 움직임이나 성과를 보이지 못하고 있다. 겉은 거창하지만 속은 숙성되지 않은 것이다.

사회가치 전달체계가 '지역사회 안전그물망'이 되려면

남찬섭 동아대 교수는 2017년 논문 '사회서비스 전달체계의 문제점과 과제'에서 2005년 2월 참여정부가 사회복지 전달체계 개편방안을 추진하면서 필요성을 밝힌 부분을 언급하며 "12년이 지난 지금도 정부의 전달체계 관련 대책에서 거의 동일하게 언급되는 내용"이라고 지적했다. 남 교수는 "지금에 와서도 전달체계 개편의 필요성을 언급하는 것은 그동안 정책적 노력이 소홀했음을 거꾸로 보여주는 것"이라고 말했다.

2020년인 지금은 어떠한가? 사회적 가치 실현을 핵심정책 과제로 내건 정부와 더불어민주당은 21대 국회 제1호 법안으로 '사회적 가치 기본법'을 발의한 상태다. 법과 제도가 정착되면 이를 근거로 구체적인 시행방안이 나올 것이다. 그러나 법만 통과된다고 해법이 줄줄이 나오는 것은 아니다.

---

32   양동수 외(2019), '공공기관의 사회적 가치 실현: 포용국가 시대의 조직 운영 원리', LAB2050, pp.12~19.

사회적 가치 실현에서 가장 중요한 것은 배려와 공감, 자발성과 참여다. 박명규 서울대 교수는 "이런 가치들은 본질적으로 내면화한 인간형, 공존지향적 문화가 자리 잡을 때 가능하다"고 말한다. 그러므로 가치지향적인 인성을 함양하기 위한 교육 개혁, 시민교육, 참여민주주의 같은 시민사회 영역의 노력이 필요하다고 강조한다.

이를 바탕으로 현대 사회조직에 맞는 사회가치 전달체계를 모색해 본다면 첫째, 다자간 협력체계 구축, 둘째 공동의 어젠다 채택, 셋째 중간 지원조직의 패러다임 전환, 넷째 지역 중심 사회적경제 생태계 구축 등을 떠올릴 수 있다.

최근 프로젝트 중 지자체와 공공기관, 기업과 지역사회단체, 그리고 NGO까지 다양한 조직이 협력체계를 구축하여 진행되는 것은 더러 있다. 단순한 다자간 협력체계에서는 어느 한 기관이 목소리가 커 주도권을 갖고 있는 경우가 많다. 때로는 정부 부처이기도 하고, 때로는 자금 지원을 하는 기업이기도 하다. 다자간 협력체계라고 해도 주도권을 가진 조직과 그렇지 않은 조직이 있을 때에는 지속가능성이 약할 뿐 아니라 시너지 효과도 기대하기 어렵다. 특히 정부 부처나 공공기관이 공모를 하여 추진하는 사업일 경우, 공공성과 공정성을 확보할 수 있지만 시너지 효과는 그다지 기대하기 어렵다. 심하게 말하면 정부 부처가 할 일을 공모 신청한 민간단체 등에 위탁하는 것과 다를 바 없다. 해마다 파트너가 바뀔 여지가 있는 이런 경우는 지속가능성은 담보되지 않는다.

사회문제 해결 차원에서 하나의 어젠다를 정하는 것부터 끊임없는 토론이 이어지고 공감대가 형성되었을 때, 거기서 채택된 공동의 어젠다를 목표로 했을 때 오늘날의 복잡한 현대 사회 구조에 대응할 수 있는 사회가치 전달체계의 첫 단추를 끼울 수 있을 것이다.

중간 지원조직의 패러다임 전환을 논하기에 앞서 먼저 사회가치 전달체계 상의 중간 지원조직의 대상과 범주에 대해 규정할 필요가 있다. 정부 부처와 수혜자 사이의 중간 지원조직은 어떤 것이 해당될까?

큰 범주에서는 지방자치단체, 공공기관이 중간 지원조직이 될 수 있다. 광역시·도와 기초 시·군·구, 사회적기업진흥원 등이 이에 해당된다. 지방자치단체와 수혜자 사이의 중간 지원조직으로는 읍·면·동의 주민센터와 지역종합사회복지관, 지역아동센터, 노인복지센터, 그리고 사회복지법인과 공익법인이 여기에 해당된다. 공공기관과 수혜자 사이의 중간 지원조직도 지방자치단체와 수혜자 사이의 중간 지원조직과 범주가 크게 다르지 않을 것이다.

기업과 수혜자 사이의 중간 지원조직으로는 어떤 것이 있을까? 이는 기업의 규모, 또는 프로젝트의 규모에 따라 중간 지원조직이 있을 수도 있고, 없을 수도 있다. 중간 지원조직을 꼽아본다면 기업이 설립한 재단, 비영리 공익법인, NGO 등이 해당된다.

중간 지원조직은 수혜자와 직접 접촉하는 창구이기에 사회가치 전달체계에서 가장 중요한 위치에 있다고 할 수 있다. 이와 같이 중요한 중간 지원조직에는 위로 관리·감독기구를 두고 있다는 공통적인 특징이 있다. 이 구조는 중간 지원조직의 구성원들이 능동적으로 일하기보다 수동적으로 일할 가능성이 높다는 것을 시사한다.

다자간 협력체계에서 공동의 어젠다를 실현하기 위해서는 중간 지원조직의 구성원들이 능동적으로 일할 수 있는 환경을 조성하는 것이 우선되어야 한다. 그러기 위해서는 중간 지원조직에 구체적인 역할과 권한을 주어야 한다. 그 다음에 필요한 것은 중간 지원조직의 구성원들에 대한 교육과 진정성 확보다. 물론 교육과 진정성 확보는 모든 참여기관·단체에 해당되는 요소이지만 특히 중간 지원조직에 더 필요하다고 생각한다.

하나의 예를 들자면 사회복지관장이나 노인복지관장은 더 많은 기부가 들어오길 바라고, 항상 기부가 절실함을 강조한다. 기부를 강조한다고 기부가 늘어날까? 아니면 기관장이 기부자의 미담을 소개하거나, 수혜를 받은 대상자의 가슴 뭉클한 사연을 개발하는 데 집중하는 것이 기부가 늘어날까? 손을 내밀기 전에 감동을 전하는 것이 마케팅전략이라면 복지관 대표는 마케팅전략을 배우는 자세로 패러다임을 전환해야 한다.

또 다른 예로, 독거노인에게 도시락 배달 업무를 맡은 담당자를 생각해 보자. 도시락을 전달하는 데 충실하면 된다고 생각하는 직원은 도시락을 전달하는 것만으로 업무를 마칠 것이다. 그런데 어떤 직원은 도시락을 전달할 때마다 어르신의 건강상태를 물어보고, 손이라도 잡아준다면 도시락 배달 업무는 차이가 없지만 독거노인의 근황 파악은 크게 달라질 것이다. 후자의 경우 '위기에 방치된 독거노인'이란 상황은 발생하지 않을 것이다. 사회적 약자에 대한 진정한 포용성이 없다면 후자와 같은 도시락 전달은 일어나지 않을 것이다. 사회가치 전달체계에서 사회적 가치와 진정성의 중요성은 바로 이와 같은 데 있다.

이와 같은 진정성이 현실에 뿌리 내리게 하기 위해선 다자간 협력체계에 참여하는 구성원 모두에게 사회적 가치 교육이 필요하다. 사회적 가치 아카데미와 같은 교육시스템을 만들어 체계적이고 지속적인 교육이 이어져야 한다.

주목할 만한 새로운 움직임, 민·관 협력 지역복지공동체 구축

사회문제 해결을 위해 다자간 협력체계가 필요하다는 데에서는 우리 사회에서 어느 정도 공감대가 형성되어 있다고 본다. 사회적 가치 실현도 지자체나 공공기관 또는 기업이 각자 프로젝트를 추진하는 것이 아니라 협력체계를 갖추는 것이 바람직하다는 데 대해서는 큰 이견이 없다.

서상목 한국사회복지회협의회 회장은 『사회복지 4.0 사회혁신과 지역복지공동체』(2018)에서 "국민 개개인에게 적합한 맞춤형 사회복지 서비스는 국가 단위보다는 지역단위로 이루어져야 그 효과를 발휘할 수 있다"며 "기본적 서비스는 정부 차원에서 제공하고 추가적 맞춤 서비스는 민간 부문과 공공 부문이 협력하는 형태로 제공하는 것이 바람직하다"고 말했다.

현장에서 진행된 프로그램으로는 국토교통부에서 시행하는 새뜰마을사업에 광주광역시, 서구청 등 지자체와 현대자동차그룹, 사회복지공동모금회, 광주창조경제혁신센터 등이 도시재생사업으로 참여한 광주서구 발산마을을 들 수 있다. 정부 부처인 국토교통부가 추진하는 이 프로젝트는 도로 정비, 집수리 등 하드웨어가 주를 이루었는데 여기에 민간자본(현대자동차그룹)이 들어가 적정 조직(사회적 기업 공공프리즘, 광주창조경제혁신센터 등)과 연대해 빈집을 활용한 게스트하우스, 마을축제, 마을투어 프로그램 등 소프트웨어를 더해 마을 주민의 삶의 질을 높이는 효과를 거둔 것이다.

한국사회복지협의회는 보건복지부와 함께 2019년부터 지역 중심의 사회가치 전달체계에 주목하고 '지역사회공헌 인정제'를 추진하고 있는데 이 역시 다자간 협력체계를 기본 골격으로 하고 있다. 취지는 지역 소재 기업들이 사회공헌 프로그램을 진행할 때 지역사회 네트워크와 긴밀히 연결하여 지역의 현안을 함께 해결하고자 하는 데 있다. 선정 기준으로는 ①사회공헌 조직 및 지원체계 ②지역사회 네트워크 구축 및 파트너십 성과 ③사회적 가치 창출 성과 ④지역사회 통합·연계 성과 등이다. 지역사회 네트워크와 얼마나 오랫동안 지속적으로 교류하고, 단순한 교류가 아닌 공동의 목표와 협의체계를 갖추고 있느냐에 가장 중점을 두고 있다.

이 외에도 한국사회복지협의회는 2020년 8월 전국사회연대경제 지방정부협의회[33]와 '공공과 민간 부문의 사회적 가치 실현 활성화'를 위한 업무 협약을 맺었다. 업무 협약의 주요 내용은 공공과 민간의 지역공동체 생태계 구축, 필수 노동자와 플랫폼 노동자의 처우개선과 고용안정성 확보를 위한 정책 연계 및 제도개선 등이다. 총 47개 기초자치단체를 회원으

---

33 전국사회연대경제 지방정부협의회는 사회적경제(기업) 활성화와 사회적 가치 환경 조성을 위한 정책개발, 제도 기반 조성 등을 주요 사업으로 하고 있다.

로 둔 전국사회연대경제 지방정부협의회와의 협력은 지역 중심 사회가치 전달체계를 구축하는 디딤돌이 될 것으로 기대된다.

한겨레경제사회연구원은 2019년 2월 한국지방행정연구원, 한국가스공사, 한국수자원공사, 한국철도공사, 한국토지주택공사, 한국사회적기업진흥원 등 공공기관과 희망제작소, 전국사회연대경제 지방정부협의회와 '공공기관 사회적 가치 확산을 위한 상호 협력 협약식'을 가졌다. 협약에 참여한 9개 기관은 '공공기관 사회적 가치 협의체'를 구성, 공공기관뿐 아니라 시민단체, 민간 기업에까지 사회적 가치를 확산하는 플랫폼으로 육성하기로 했는데 앞으로 이런 연대가 공동의 어젠다를 갖고 프로젝트를 추진하면 사회가치 전달체계는 지금보다 훨씬 광범위하면서도 촘촘해질 것이다.

또 기획재정부가 2020년 8월 발표한 '사회적경제기업 일자리 창출 지원방안' 중 권역별 지원기관, 마을기업지원센터, 사회적경제지원센터 등 중간 지원기관을 단계적으로 통합하기로 한 것도 주목할 만한 조치다. 각각의 중간 지원기관이 하나의 큰 플랫폼 안에 들어오는 형식으로 진행된다면 하나의 공동 어젠다 아래 각각의 조직이 하나로 뭉치는 형태가 될 것이다.

지역 중심 사회적경제 생태계 구축으로 구체화

복잡한 사회구조는 새로운 방식의 전달체계를 필요로 한다. 이 새로운 전달체계로 지역사회 거버넌스체제가 주목받고 있다. 지역사회 거버넌스는 지역의 상황을 가장 잘 아는 지역주민들의 의견을 수렴할 수 있으며 공공기관과의 협의도 수월한 체제다. 여기에 사회적 가치와 공공성을 더하면 지역사회 거버넌스는 지역 중심 사회적경제 생태계로 구체화 된다.

지역 중심 사회적경제 생태계를 구축하자는 취지는 중앙집중식 사회가치 전달체계를 벗어나 실핏줄과 같은 지역의 풀뿌리네트워크에 기반을 두자는 것이다. 지역 중심 사회적경제 생태계 구축은 통합적 민·관 협력체계가 골격을 이루는 것이 바람직하다. 민·관 협력체계가 구축하는 사회적경제 생태계가 구체적으로 드러내는 모습은 플랫폼이다. 다자간 협력의 플랫폼이 중요하다는 사실은 다음의 예에서 실감할 수 있다.

> "모 복지관을 방문한 적이 있다. 복지관 입구에는 그동안 그 복지관 사업에 도움을 주었던 수많은 기업, 기관의 이름과 로고가 새겨진 작은 현판이 빼곡하게 붙어 있었다. 저 많은 기업과 기관이 이 아름다운 사업에 동참했구나 하는 생각보다는 저 많은 기업과 기관이 파이핑 방식[34]이 아니라 플랫폼 방식으로 모였다면 얼마나 더 큰 사회문제를 해결할 수 있었을까 하는 생각이 들었다."[35]

지금까지 여러 지원기관으로부터 파이프를 각각 갖다 대는 방식으로 운영을 해 온 것을 비판적인 시각으로 바라본 것이다. 서진석 행복나눔재단 그룹장은 역발상적으로 복지관이 하나의 작은 플랫폼이 될 수 있다고 본다. 플랫폼으로서의 복지관은 다양한 수혜자와 그 수혜자들의 욕구를 발굴하면서 양적·질적으로 확대시켜 나가고 다른 한편으로는 다양한 사회자원을 끌어들일 수 있는 존재다.

지금까지 논의한 사회가치 전달체계는 다자간 참여 중심, 지역 중심, 사회적경제 중심으로 귀결된다. 말하자면 지역중심 사회적경제 생태계를 구축한 플랫폼을 구축하는 것이다. '사회적 가치'라는 큰 어젠다를 공동의 목표로 구축하는 지역중심 사회적경제 생태계 플랫폼은 시대적 요구다. 플랫폼은 체제이자 틀이다. 이 플랫폼을 움직이는 것은 결국 사람이다. '사람 중심의 사회'를 이루는 사회가치 전달체계의 관건은 사회적 가치가 내재화된 사람이다.

---

34 모든 활동을 통제자의 계획에 따라 움직이는 방식을 말한다.
예를 들면, 각각의 기업이 사회공헌을 한다고 할 때 독자적으로 하는 것을 말한다.
35 서진석(2018), '사회혁신 플랫폼(1): 파이핑 VS 플랫폼'

가치를 창출하는 사회공헌

서상목, 이상우, 장영신, 전우일, 정외택, 정대영,
강훈, 길준수, 이준호, 장동호, 우용호, 배도

우리 사회는 빠르게 변하고 있다. 오늘을 사는 우리는 사회혁신으로 이 변화에
답해야 한다. 사회공헌이 그 방법 중 하나가 될 수 있다. 이 책은 한국 사회공헌의
현주소를 파악하고, 가치를 창출하는 사회공헌 사례와 함께 사회공헌 생태계
조성을 위한 정책과제를 담고 있다. 한국사회복지협의회 회장이 사회공헌의
이론적 배경을, 분야별 책임자가 실무경험을 직접 푼 사회공헌 이론과
현장성을 동시에 담은 책이다.

사회복지 4.0

서상목, 이상우, 김태완, 장영신, 정무성, 한동우, 김수욱, 최균

4차 산업혁명 시대를 맞아 새로운 '사회복지 4.0 시대'를 준비하기 위해
어떤 대응이 필요할까? 이 책은 사회문제 해결의 새로운 원동력으로 부상하고
있는 사회혁신 사례와 함께 국내외 지역복지공동체 사례를 담고 있다. 나아가
공동체 의식과 나눔 문화 확산, 새로운 사회서비스와 일자리 창출, 기업사회공헌
활성화를 통해 사회혁신과 지역복지공동체가 어떻게 구체적으로 현실화할 수
있는지를 독자들이 이해하기 쉽게 풀어냈다.

왜 커뮤니티케어인가

장영신, 석재은, 최균, 오하시 켄사쿠(大橋謙策)

커뮤니티케어를 주제로 한 정책토론회의 전문가 발제와 토론자료를 한데
모은 책이다. 우리나라 실정에 맞는 커뮤니티케어 정책을 만들기 위해 머리를
맞대고 고민해 온 소중한 기록이다. 제1장은 왜 커뮤니티케어인가, 제2장은
커뮤니티케어의 의의와 정책과제, 제3장은 커뮤니티 케어와 지역복지공동체
구축, 제4장은 일본의 지역공생사회정책과 커뮤니티소셜워크를 소개하며,
국내 지역복지공동체를 구축을 통한 커뮤니티케어의 방향을 제시한다.

사회적 가치 시대를 연다

발행일 2020년 11월
발행인 서상목
발행처 한국사회복지협의회
　　　　서울특별시 마포구 만리재로 14
　　　　한국사회복지회관 5층
　　　　02-2077-3955
디자인 홍디자인

ISBN 978-89-90381-76-7
값 15,000원